LA REVUE «DIE HILFE», 1894-1944
UN LABORATOIRE D'IDÉES EN ALLEMAGNE

DIE ZEITSCHRIFT «DIE HILFE», 1894–1944
EIN IDEENLABOR IN DEUTSCHLAND

La collection **CONVERGENCES,** publiée avec le concours d'un comité de lecture franco-allemand, réserve une place privilégiée à des ouvrages relatifs aux périodiques culturels et politiques considérés comme expressions de l'opinion publique, des mouvements d'idées, des mentalités ainsi que des phénomènes culturels et sociaux pris dans leur ensemble.

CONVERGENCES est une collection d'esprit pluraliste et interdisciplinaire. Elle est vouée à la fois à la rencontre des méthodologies et des champs disciplinaires en lettres et sciences humaines ainsi qu'à l'étude des phénomènes d'interculturalité envisagés sous leurs formes les plus diverses.
La collection est ouverte à des travaux qui concernent de manière prioritaire — mais non exclusive — l'aire culturelle germanique, les relations franco-allemandes et les transferts culturels.

Collection publiée sous la direction de Michel Grunewald

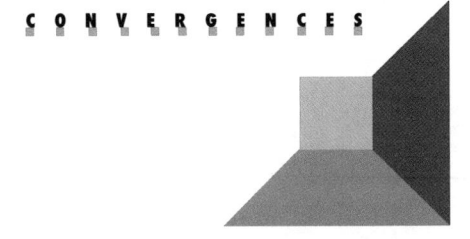

CONVERGENCES

Vol. 56

LA REVUE «DIE HILFE», 1894-1944
UN LABORATOIRE D'IDÉES
EN ALLEMAGNE

DIE ZEITSCHRIFT «DIE HILFE»,
1894–1944
EIN IDEENLABOR IN DEUTSCHLAND

Philippe Alexandre et/und Reiner Marcowitz (éds/Hrsg.)

PETER LANG

Bern • Berlin • Bruxelles • Frankfurt am Main • New York • Oxford • Wien

Information bibliographique publiée par «Die Deutsche Nationalbibliothek»
«Die Deutsche Nationalbibliothek» répertorie cette publication dans la «Deutsche Nationalbibliografie»;
les données bibliographiques détaillées sont disponibles sur Internet sous ‹http://dnb.d-nb.de›.

Publié avec le concours du Centre d'études germaniques interculturelles de Lorraine
(Université Paul Verlaine de Metz/ Université Nancy 2)

ISBN 978-3-0343-0355-2
ISSN 1421-2854

© Peter Lang SA, Editions scientifiques internationales, Berne 2011
Hochfeldstrasse 32, CH-3012 Berne
info@peterlang.com, www.peterlang.com, www.peterlang.net

Tous droits réservés.
Réimpression ou reproduction interdite
par n'importe quel procédé, notamment par microfilm,
xérographie, microfiche, offset, microcarte, etc.

Imprimé en Suisse

Remerciements

Le présent ouvrage propose au lecteur les actes d'un colloque franco-allemand qui s'est tenu à Nancy les 23 et 24 octobre 2008.

Nous remercions très chaleureusement le Professeur Etienne Criqui, Directeur du Centre Européen Universitaire de Nancy, qui a accueilli ce colloque, ainsi que les Archives du Libéralisme allemand (Archiv des Deutschen Liberalismus) de Gummersbach, et en particulier Jürgen Frölich, pour leur coopération sur le plan scientifique.

La tenue du colloque «La revue *Die Hilfe* (1894-1944), un laboratoire d'idées en Allemagne» et la publication de ses actes ont été rendues possibles par le soutien du Centre d'Etudes Germaniques Interculturelles de Lorraine (CEGIL).

Nous exprimons également notre gratitude à Madame Bernadette Debiasi qui, avec beaucoup de dévouement, a assuré la composition de cet ouvrage.

Inhaltsverzeichnis / Table des matières

Introduction / Einführung

Philippe ALEXANDRE, Reiner MARCOWITZ
Die Hilfe 1894-1944, revue libérale et laboratoire d'idées   3

Le libéralisme en France et en Allemagne
Der Liberalismus in Frankreich und in Deutschland

Etienne CRIQUI
Le libéralisme en France sous la Troisième République   31

Karl Heinrich POHL
Der Liberalismus in Deutschland, 1890 bis 1933   39

Reiner MARCOWITZ
Ein doppeltes Scheitern: Das Ende des organisierten Liberalismus
und das Ende der Weimarer Republik   67

Questions économiques et coloniales
Wirtschafts- und Kolonialfragen

Patricia COMMUN
Friedrich Naumann, *Neudeutsche Wirtschaftspolitik*, 1906
De la défense du capitalisme en crise   81

Christina STANGE-FAYOS
Kolonialfragen in der *Hilfe*   99

La Russie – La question d'Orient
Russland – Die orientalische Frage

Philipp MENGER
Naumanns Angst. Das Russlandbild der *Hilfe* (1895-1919)
zwischen Furcht und Faszination   115

Eberhard DEMM
Friedrich Naumann, *Die Hilfe* und die orientalische Frage   135

L'idée européenne
Die Europa-Idee

Philippe ALEXANDRE
Le discours européen dans la revue *Die Hilfe*, 1894-1944
Essai de synthèse   161

Karl HOLL
Wilhelm Heile und seine proeuropäische Tätigkeit
in der Weimarer Republik
Biographische Voraussetzungen und Umrisse
von Heiles Europakonzeption   197

La Première Guerre mondiale, une période de rupture
Der Erste Weltkrieg, eine Periode des Umbruchs

Michel DURAND
Die Hilfe pendant la Première Guerre mondiale.
Questions de politique intérieure   223

Julia SCHRODA
1918-1919: Das Umbruchsjahr im Spiegel der nationalsozialen
Wochenschrift *Die Hilfe*   247

Weimar et la démocratie –
Troisième Reich et Seconde Guerre mondiale
Weimar und die Demokratie –
Drittes Reich und Zweiter Weltkrieg

Thomas HERTFELDER
«Nur die Demokratie kann Deutschland wieder aufrichten»
Staat und Demokratie im *Hilfe*-Kreis, 1918-1933   277

Jürgen FRÖLICH
National-sozial versus Nationalsozialistisch?
Die Hilfe und der Aufstieg des Nationalsozialismus, 1923-1933   317

Inhaltsverzeichnis / Table des matières   IX

Wolfram PYTA
Die Deutung des Zweiten Weltkriegs in der *Hilfe*   341

Index / Register   355

Liste des auteurs / Verzeichnis der Beiträgerinnen und Beiträger   359

INTRODUCTION
EINFÜHRUNG

Die Hilfe 1894-1944,
revue libérale et laboratoire d'idées

Philippe ALEXANDRE, Reiner MARCOWITZ

Ces actes de colloque consacrés à la revue libérale allemande *Die Hilfe* viennent prendre leur place dans une série d'études et de projets quadriennaux qui constituent l'un des domaines d'activité du Centre d'Etudes Germaniques Interculturelles de Lorraine (CEGIL). Ces travaux relèvent d'un champ de la recherche en sciences humaines où interfèrent l'étude de la presse, plus spécialement des revues généralistes, l'histoire des idées et l'histoire culturelle.

Le projet était ici de réunir un ensemble de chercheurs dans le but de définir le profil d'une revue et de suivre son évolution depuis sa création jusqu'à sa disparition dans des contextes très différents. *Die Hilfe* compte parmi les périodiques allemands dont l'histoire mériterait une étude systématique. Son évolution, son fonctionnement, la personnalité de ses éditeurs, le réseau de ses collaborateurs, son lectorat, son engagement dans le débat d'idées, dans les campagnes électorales, la réception de ses idées, sont autant de sujets qui donneraient matière à des études spécifiques qui constitueraient les chapitres d'une véritable histoire de la revue. Le présent volume a pour intention de poser quelques jalons et un certain nombre de questions.

Etudier *Die Hilfe* est une manière d'appréhender le libéralisme de gauche allemand des années 1890 à la fin du régime hitlérien: ses idées, ses formes d'organisation et ses crises, de mieux apprécier l'action et l'influence de quelques-uns de ses représentants parmi les plus éminents, comme Friedrich Naumann ou Theodor Heuss.

En Allemagne, le libéralisme organisé a connu un recul depuis la fin des années 1870. Ecarté des responsabilités gouvernementales par Bismarck, il n'en a pas moins conservé une influence qui ne saurait être sous-estimée. Il est, en effet, resté actif dans des associations d'étudiants, des syndicats ainsi que dans des associations telles que le Evangelisch-Sozialer Kongress,[1] dans

---

1 *Cf.* Gottfried KRESTCHMAR: *Der Evangelisch-soziale Kongress: der deutsche Protestantismus und die soziale Frage*, Stuttgart 1972; Ellen STRATHMANN-VON SOOSTEN: *Hundert Jahre Evangelisch-sozialer Kongress: die Anfangsjahre des Kongresses*. In: *Pastoraltheologie*, 80. Jg., 1991, pp. 132-143; Klaus TANNER: *Gotteshilfe – Selbsthilfe – Staatshilfe – Bruderhilfe: Beiträge zum sozialen Protestantismus im*

lequel Friedrich Naumann et quelques-uns de ses amis ont été très engagés. Beaucoup de libéraux étaient protestants, mais le libéralisme allemand était également représenté par de nombreuses personnalités juives, dans le monde de la finance, de la politique et de la presse.² A cet égard, les noms de Leopold Sonnemann, fondateur et patron de la *Frankfurter Zeitung,* et de Theodor Wolff, rédacteur du *Berliner Tageblatt,* viennent immédiatement à l'esprit. Ainsi le libéralisme allemand a-t-il pu continuer d'exercer, dans l'Allemagne de Bismarck et de Guillaume II, une influence diffuse qui a assuré une certaine continuité à ses idées. Enfin, l'on ne saurait oublier que les libéraux allemands ont conservé une majorité dans un certain nombre de grandes villes et qu'ils sont restés présents au Reichstag.³

La faiblesse du libéralisme en tant que mouvance politique et idéologique tient essentiellement à trois problèmes.⁴ Il a toujours eu de la peine à se définir. Ainsi parle-t-on, dans le cas de l'Allemagne, d'un libéralisme natio-

---

19. Jahrhundert, Leipzig 2000. Il est intéressant de noter ici que Klaus Tanner reprend les termes du sous-titre de *Die Hilfe* dans le titre de son étude.

2   *Cf.* Ernest HAMBURGER: *Juden im öffentlichen Leben Deutschlands in der monarchischen Zeit 1848-1918* (Schriftenreihe wissenschaftlicher Abhandlungen des Leo Baeck Instituts; 19), Tübingen 1968.

3   Aux élections de 1912, le Fortschrittliche Volkspartei (FVP), parti libéral de gauche, obtint 12,3% des voix et 42 sièges au Reichstag, le Nationalliberale Partei (NLP), parti libéral de droite, 13,6% des voix et 45 sièges. Ils avaient respectivement perdu 7 et 9 sièges par rapport à 1907, mais en 1912 d'autres partis avaient subi des pertes plus importantes encore au bénéfice des sociaux-démocrates qui, pour leur part, avaient gagné 67 sièges. Avec 25,9% des voix et 87 sièges sur 397, les deux partis libéraux ne représentaient tant s'en faut pas une mouvance politique négligeable. La situation du libéralisme allemand avant 1914 peut être appréciée de manières différentes. Il ne s'est jamais vraiment remis de ses défaites électorales des années 1880, il a souffert de ses divisions et n'a jamais réussi à constituer un grand parti uni. C'est ce sur quoi Hans-Ulrich Wehler a insisté, même s'il rappelle que le libéralisme est resté dans l'Allemagne de cette époque une force de mouvement. Mais on peut aussi, comme Thomas Nipperdey, rappeler que le libéralisme allemand a conservé, à l'époque de Guillaume II, sa capacité critique, que le Fortschrittliche Volkspartei a connu un certain succès lors des élections au Reichstag de 1912 grâce à des alliances conclues avec la social-démocratie au second tour de scrutin, enfin que les libéraux ont obtenu en 1912 plus d'un quart des voix, tandis que les conservateurs, qui dans les années 1890 encore atteignaient les 20%, chutaient à 12%. *Cf.* Hans-Ulrich WEHLER: *Das deutsche Kaiserreich 1871-1918* (Deutsche Geschichte; 9), 7ᵉ édition, Göttingen 1994, pp. 80-83; Thomas NIPPERDEY: *War die wilhelminische Gesellschaft eine Untertanengesellschaft?* In: du même: *Nachdenken über die deutsche Geschichte. Essays,* München 1986, pp. 172-185; ici p. 183.

4   Ursula KREY: *Der Naumann-Kreis: Charisma und politische Emanzipation.* In: Rüdiger VOM BRUCH (Hrsg.): *Friedrich Naumann in seiner Zeit,* Berlin / New York 2000, pp. 115-147; ici p. 115.

nal, d'un libéralisme économique et d'un libéralisme social-libéral. Il est, en outre, difficile de le situer sur le spectre des partis politiques, entre le conservatisme, le catholicisme et la social-démocratie. Il a toujours été divisé; cela tient à sa nature même. En Allemagne, le clivage entre libéralisme de droite et libéralisme de gauche est né de la discussion sur la nature et l'organisation de l'Etat national dans les années 1860. Après la fondation de l'empire bismarckien, en 1870/1871, différents partis libéraux, héritiers de traditions régionales, ont continué d'exister, tandis que d'autres partis ou formations se constituaient, se délitaient puis se regroupaient, sous l'influence de personnalités comme Eugen Richter, Theodor Barth ou Friedrich Naumann, au gré de l'évolution du contexte politique et social. Les positions des uns et des autres divergeaient, selon qu'ils étaient «libéraux» ou «démocrates», appartenaient aux milieux de la finance et de la grande industrie ou étaient issus de la petite et moyenne bourgeoisie, résolument impérialistes ou de sensibilité pacifiste, favorables ou non à une politique sociale, selon qu'ils étaient du nord ou du sud.

L'histoire de la revue *Die Hilfe* – Quelques repères chronologiques

Il ne peut s'agir ici de proposer une histoire de la revue *Die Hilfe*. Une telle entreprise ne pourrait être menée à bien que par une équipe de chercheurs travaillant sur le long terme dans un esprit transdisciplinaire. Cette histoire suppose un recensement préalable de toutes les sources possibles, une analyse systématique d'un hebdomadaire, devenu bihebdomadaire en 1930, qui a paru sans interruption durant cinquante ans, dans des contextes très différents, et pour lequel ont travaillé un nombre impressionnant de collaborateurs réguliers et occasionnels. Quelques repères chronologiques et biographiques paraissent toutefois indispensables pour suivre l'évolution complexe de *Die Hilfe*.

Trois facteurs importants, mais non exclusifs, permettent de périodiser l'histoire d'une revue: les changements qui interviennent dans son organisation et qui sont liés au parcours de ses fondateurs ou de ses directeurs; ses relations avec des partis ou des formations politiques dont elle est proche ou dont elle est un organe, et qui peuvent avoir pour conséquence d'infléchir sa ligne générale; les ruptures qui se produisent dans le contexte politique et qui ont une incidence sur la vie de la revue, en particulier sur son financement. Les modifications apportées au sous-titre, voire au titre d'un périodique, peuvent aussi marquer des changements de période.[5] Ainsi l'histoire de *Die Hilfe* peut-elle être divisée en cinq périodes:

1. De 1894 à 1896, elle a été le forum du groupe des jeunes chrétiens-sociaux (Junge Christlichsoziale), inspirés par Friedrich Naumann (1860-1919), qui s'étaient séparés du pasteur Stoecker.
2. De 1896 à 1903, elle a été l'organe du Nationalsozialer Verein. Cette association, qui entendait être non pas un parti traditionnel, mais un mouvement, tenta de faire valoir l'idée d'un «socialisme national». Elle ne réussit toutefois pas à s'imposer dans le paysage des partis établis, et après deux revers électoraux, elle décida de se dissoudre. Naumann et un certain nombre de ses amis rejoignirent alors les rangs de la formation libérale ayant pour nom Liberale Vereinigung. L'idée de socialisme national devait toutefois survivre à cet échec.
3. De 1903 à 1918, *Die Hilfe* a compté parmi les principales revues du libéralisme de gauche allemand. Cette période fut entre autres marquée par la collaboration de Theodor Heuss, qui prit en charge la direction de la revue et développa sa rubrique culturelle (1906-1912).[6] Naumann fut élu député au Reichstag en 1907 par la circonscription de Heilbronn; Heuss joua un rôle important dans cette élection.[7]
4. Deux faits majeurs inaugurèrent la période de l'histoire de *Die Hilfe* qui commença en 1919: la création du Parti démocratique allemand (Deutsche Demokratische Partei – DDP) et la disparition de Friedrich Naumann, survenue le 24 août 1919. Sous la République de Weimar, la revue fut un forum de discussion important pour le réseau des personnalités qui s'étaient engagées en faveur de la démocratie bourgeoise, mais aussi le reflet des divergences de pensée qui les divisaient. Durant les années 1928 à 1932, le DDP connut un déclin rapide.

---

5 *Die Hilfe* a eu pour sous-titre «Gotteshilfe, Selbsthilfe, Staatshilfe, Bruderhilfe» de décembre 1894 au n° 35 du 1er septembre 1901; «Nationalsoziales Volksblatt», à partir du n° 36 du 8 septembre 1901; «Nationalsoziale Wochenschrift» à partir du n° 30 du 24 juillet 1904; sans sous-titre à partir du n° 31 du 30 juillet 1904; «Wochenschrift für Politik, Literatur und Kunst» à partir du n° 52 du 30 décembre 1906; «Zeitschrift für Politik, Literatur und Kunst» à partir du n° 27 du 5 juillet 1920; «Zeitschrift für Politik, Wirtschaft und geistige Bewegung» à partir du n° 1 du 7 janvier 1933.
6 Heinz-Dietrich FISCHER: *Theodor Heuss (1884-1963)*. In: du même: *Deutsche Publizisten des 15. bis 20. Jahrhunderts* (Publizistik-historische Beiträge; 1), München-Pullach / Berlin 1971, pp. 356-367.
7 Jürgen FRÖLICH: *Von Heilbronn in den Reichstag. Theodor Heuss, Friedrich Naumann und die «Hottentotten-Wahlen» in Heilbronn 1907*. In: *Zeitschrift für Württembergische Landesgeschichte*, 67. Jg., 2008, pp. 353-366.

5. La formation du Deutsche Staatspartei en 1930 marqua une inflexion dans la ligne de *Die Hilfe*, qui, après la dissolution du DDP, se rapprocha d'éléments libéraux se situant plus à droite, mais l'instauration de la dictature nazie fut encore plus lourde de conséquences pour la revue qui fut désormais soumise aux vicissitudes du régime et disparut à la fin de l'été de 1944, alors que la guerre totale avait atteint son paroxysme.

C'est à Francfort-sur-le-Main, où Friedrich Naumann exerçait alors les fonctions de pasteur à la Mission intérieure, que parut, le 2 décembre 1894, le premier numéro spécimen de *Hilfe*.[8] Très engagé dans la mouvance chrétienne-sociale, Naumann avait décidé de créer sa propre revue qui devait permettre à un *groupe* de prendre la parole,[9] celui des Jeunes chrétiens-sociaux qui s'étaient séparés du prédicateur aulique, conservateur et antisémite, Adolf Stoecker. Un contrat passé avec des bailleurs de fonds[10] devait assurer une situation indépendante au directeur de la revue et le dégager de tout risque financier.[11]

Les fondateurs de *Die Hilfe* entendaient s'opposer à la fois à la révolution et à un monarchisme étroit; s'engager en faveur d'un mode de scrutin plus démocratique à la diète de Prusse et dans les municipalités; plaider en faveur d'une réforme sociale s'inspirant d'un socialisme d'Etat, d'idées du mouvement ouvrier et de l'action charismatique.[12] Ils partaient donc de la réalité de l'existence de la social-démocratie, et avaient en vue une monarchie à orientation sociale.

Ce programme le montrait bien, l'orientation religieuse des premiers temps était moins fortement marquée: Naumann s'était s'engagé sur le champ de bataille de la politique. En voulant défendre la cause du prolétariat, *Die Hilfe* se rendit suspecte aux yeux des classes dirigeantes, mais elle ne réussit pas à gagner la confiance des ouvriers du fait de sa fidélité à la monarchie et de son impérialisme. Le jeune mouvement dont elle exprimait les idées s'orientait vers un socialisme pratique, patriotique et chrétien pour

8 *Cf.* Wilhelm HEILE: *Fünfundzwanzig Jahre*. In: *Die Hilfe*, n° 1, 1er janvier 1920, pp. 3-5; Carl SCHNEIDER: *Die Publizistik der national-sozialen Bewegung 1895-1903* (Dissertation – Friedrich-Wilhelms-Universität zu Berlin), Wengen im Allgäu 1934, pp. 11-14.
9 Theodor HEUSS: *Friedrich Naumann, das Werk, die Zeit*, Stuttgart / Tübingen 1949, p. 87.
10 Parmi ces bailleurs de fonds, il y avait le professeur Anton von Harnack, Johannes Weiß, quelques autres amis de Francfort et Max Weber. Theodor HEUSS: *Friedrich Naumann*, p. 89.
11 Pour des détails plus précis nous renvoyons à Rolf TAUBERT: *Die Hilfe (1894-1943)*. In: Heinz-Dietrich FISCHER (Hrsg.): *Deutsche Zeitschriften des 17. bis 20. Jahrhunderts* (Publizistik-historische Beiträge; Band 3), München 1973, pp. 255-264.
12 Naumann: *Wohin?* In: *Die Hilfe*, n° spécimen du 2.12.1894, p. 1.

construire une Allemagne grande et forte. Sous l'influence de Max Weber, partisan d'une *Weltpolitik* énergique, Naumann sépara désormais la raison politique et les considérations religieuses. Il exprimait ses idées avec un réalisme parfois brutal, que lui inspirait la conscience des grands enjeux nationaux; il s'agissait pour lui de conscientiser l'opinion et le personnel politique allemand chez lequel il souhaitait voir se manifester les instincts nécessaires à la survie de la nation.[13] Sa force de conviction lui permit de réunir autour de lui non plus seulement des théologiens de la Mission intérieure, mais aussi des spécialistes en de nombreuses matières.[14]

L'échec de l'expérience national-sociale et la dissolution du Nationalsozialer Verein en 1903 ne furent pas sans conséquences pour l'histoire de *Die Hilfe*. Naumann et la plupart de ses amis adhérèrent à la Freisinnige Vereinigung, parti libéral de gauche. De même, la formation, en 1910, du Fortschrittliche Volkspartei (Parti populaire progressiste), né de la réunion du Freisinnige Volkspartei, de la Freisinnige Vereinigung et du Deutsche Volkspartei ainsi que l'entente avec la social-démocratie dans les scrutins de ballottage aux élections au Reichstag de 1912 furent des étapes marquantes.[15]

Naumann fut l'éditeur de *Die Hilfe* jusqu'en 1919. Son premier rédacteur en chef fut Martin Wenck, secrétaire du Nationalsozialer Verein, qui, en 1901, reprit la direction de la *Hessische Landeszeitung* de Marburg, un journal allié; il fut relayé, à partir du 1er août de la même année, par Paul Rohrbach, connu des lecteurs pour ses « Asiatische Briefe » publiées dans la revue.[16]

---

13   *Cf.* Gertrud BÄUMER: *Die Fortsetzung von Naumanns Werk*. In: *Die Hilfe*, n° 32, 25.8.1920, pp. 482-483.

14   *Cf.* Philippe ALEXANDRE: *Une Allemagne forte et prospère dans une Europe en paix. Le point de vue européen de la revue national-sociale «Die Hilfe», publiée par Friedrich Naumann (1894-1914)*. In: Michel GRUNEWALD (dir.), en collaboration avec Helga ABRET et Hans-Manfred BOCK: *Le discours européen dans les revues allemandes / Der Europadiskurs in den deutschen Zeitschriften (1871-1914)* («Convergences»; vol. 3), Berne 1996, pp. 257-291; Michel GRUNEWALD: *«Praktisches Christentum» – «Praktische Politik». Christentum und Politik in Friedrich Naumanns Zeitschrift «Die Hilfe» (1895-1903)*. In: Michel GRUNEWALD, Uwe PUSCHNER (dir.), in Zusammenarbeit mit Hans Manfred BOCK: *Das evangelische Intellektuellenmilieu in Deutschland, seine Presse und seine Netzwerke (1871-1963) / Le milieu intellectuel protestant en Allemagne, sa presse et ses réseaux (1871-1963)* («Convergences»; vol. 47). Berne 2008, pp. 135-162; ici p. 135.

15   Le programme du Fortschrittliche Volkspartei demandait: le suffrage égalitaire, direct, secret en Prusse; la démocratisation de la constitution de l'Empire; l'impôt progressif sur les revenus, la fortune et les successions; des mesures permettant aux travailleurs d'améliorer leur condition par la création de coopératives; le développement du Droit international et des instances d'arbitrage. Wilhelm MOMMSEN (Hrsg.): *Deutsche Parteiprogrammme*, München 1960, pp. 173-175.

16   Friedrich NAUMANN, Adolf DAMASCHKE: *An unsere Freunde!* In: *Die Hilfe*, n° 26, 30.6.1901, p. 1.

Appelé par Naumann à la tête de *Die Hilfe* en 1906, Theodor Heuss développa sa rubrique littéraire et culturelle; celui-ci ayant accepté la direction d'un journal de Heilbronn, Wilhelm Heile lui succéda dans les fonctions de rédacteur en chef.

Sous la République de Weimar, *Die Hilfe* fut un forum qui offrait une possibilité de dialogue à des éléments très disparates du libéralisme dit de gauche, proches du Parti Démocrate Allemand (DDP), mais qui ne partageaient pas les mêmes vues, par exemple sur l'attitude à adopter vis-à-vis des vainqueurs et du «système de Genève». Tous attendaient cependant du nouveau régime de démocratie parlementaire qu'il permette aux Allemands de surmonter leurs conflits de classes, d'intérêts et d'idéologie, à une nouvelle classe politique compétente d'émerger, à la république de pouvoir s'adapter aux réformes.[17]

Lors des élections de 1928, un constat s'imposa aux libéraux-démocrates allemands: ils avaient perdu la quasi-totalité du capital confiance dont ils avaient bénéficié en 1918. De 1928 à 1930, le processus de dissolution fut rapide.[18] La question de la marine militaire provoqua une division parmi les instances dirigeantes du Parti démocrate, qui fut dissout à l'automne de 1930. Une partie de ses membres se rapprocha de certains éléments de la droite nationale avec laquelle ils créèrent le Deutsche Staatspartei; Anton Erkelenz et Ludwig Bergsträsser rejoignirent les rangs de la social-démocratie; les pacifistes Helmut von Gerlach et Ludwig Quidde créèrent un Parti démocrate radical (Radikaldemokratische Partei) qui devait rester sans influence.[19]

Dans les années 1920, Anton Erkelenz et Gertrud Bäumer furent les éditeurs de *Die Hilfe* avec la collaboration de Wilhelm Heile, Walter Goetz, Ludwig Haas, Wilhelm Vershofen, et celle de Ludwig Haas durant un certain temps. Anton Erkelenz s'étant retiré pour protester contre l'orientation prise par le DDP et la revue, Gertrud Bäumer édita seule cette dernière à partir d'août 1930; elle fut relayée par Walter Goetz vers le milieu de 1931. A partir du n° 1 du 7 janvier 1933, l'en-tête porta la mention: «Fondée par Friedrich Naumann», suivie de quatre noms: Walter Goetz, Fritz H. Hermann, Theodor Heuss et Gertrud Bäumer, qui représentaient l'ensemble des collaborateurs de la revue. Mais à partir du 18 mars, seuls restèrent mentionnés

---

17　*Cf.* article de Thomas Hertfelder dans ce volume.
18　Werner STEPHAN: *Aufstieg und Verfall des Linksliberalismus 1918-1933. Geschichte der Deutschen Demokratischen Partei*. Göttingen 1973, en particulier le dernier chapitre intitulé: «Kurzer Weg zum Abgrund».
19　Karl HOLL: *Ludwig Quidde (1858-1941). Eine Biografie* (Schriften des Bundesarchivs; 67), Düsseldorf 2007, en particulier le chapitre: «Eine schwierige Beziehung: Quidde und die DDP», pp. 423-460.

Theodor Heuss et Walter Goetz.[20] *Die Hilfe* déclarait n'être l'organe d'aucun parti, mais rester fidèle au programme national-social. Continuant à fonctionner comme un «lieu d'indépendance intellectuelle», elle affirmait sa neutralité, qui permettait à des sensibilités différentes de s'exprimer, dans un esprit social et communautaire. Cela n'était possible, affirmait-elle, qu'en tenant compte de toutes les manifestations du patriotisme. La Loi sur les rédacteurs en chef (Schriftleitergesetz) du 4 octobre 1933 constitua la première mesure prise pour écarter les opposants de toute activité journalistique. Désormais se posa la question de la survie de *Die Hilfe* qui se voyait marginalisée.

Les libéraux avaient pris trop tard conscience du danger que représentait le national-socialisme, et, pour diverses raisons, le dernier carré opposa peu de résistance après la «prise du pouvoir» par les nationaux-socialistes. En mars 1933, les 4 députés libéraux votèrent au Reichstag les pleins pouvoirs à Hitler. Le régime totalitaire étant instauré, seules les ambiguïtés du discours permirent à *Die Hilfe* de survivre.

A partir du début de 1934, les éditeurs de la revue furent: Theodor Heuss, Fritz H. Hermann, Walter Goetz, Gertrud Bäumer. Jusqu'en 1938, des changements intervinrent dans la direction de *Die Hilfe*, Theodor Heuss dut renoncer en 1936, suite à plusieurs avertissements,[21] les noms de certains collaborateurs réguliers disparurent, soit parce qu'ils avaient choisi l'exil, soit parce qu'ils n'étaient pas «aryens». Axel Schmidt devint en 1938 l'éditeur de la publication; puis, après le décès de celui-ci, survenu à la fin de 1940, c'est Hans Bott, homme de confiance de Theodor Heuss, qui, jusqu'en 1941, fut à la fois l'éditeur et le rédacteur en chef de *Die Hilfe*. Enfin, de 1941 à 1944, le sociologue Werner Ziegenfuß[22] assura la direction de la revue, qui fut alors éditée par Friedrich Osmer à Berlin. Aux quelques anciens membres du cercle de la revue, qui entendaient marquer leur différence, il ne restait comme solution que la «résistance entre les lignes».[23]

Le chiffre de ses tirages est un des indicateurs qui permettent de se faire une idée de l'influence qu'a pu avoir un périodique. Il est toutefois loin

---

20 Jürgen FRÖLICH: «*Die Umformung des deutschen Seins erlaubt keine passive Resignation.*» *Die Zeitschrift «Die Hilfe» im Nationalsozialismus.* In: Christoph STUDT (Hrsg.): «*Diener des Staates» oder «Widerstand zwischen den Zeilen»? Die Rolle der Presse im «Dritten Reich»* (XVIII. Königswinterer Tagung – Februar 2005), Berlin 2007, pp. 115-129; ici p. 117.

21 *Cf.* Jürgen C. HEß: «*Die deutsche Lage ist ungeheuer ernst geworden.*» *Theodor Heuss vor den Herausforderungen des Jahres 1933.* In: *Jahrbuch zur Liberalismus-Forschung* 6, 1994, pp. 65-136.

22 *Werner Ziegenfuß.* In: Wilhelm BERNSDORF, Horst KNOSPE (Hrsg.): *Internationales Soziologenlexikon,* Stuttgart 1984, Bd. 2, pp. 952-954.

23 Jüren FRÖLICH: *Die Umformung,* pp. 124-126.

d'être un critère d'appréciation totalement satisfaisant; il ne dit rien en effet sur les zones géographiques où ce périodique était lu, ni sur les lieux où il était diffusé afin de toucher un certain lectorat, ni sur le nombre réel de ses lecteurs, ni sur les conditions dans lesquelles il était lu. *Die Hilfe* apportait des informations relatives aux réunions régulières organisées par les «amis» de la revue *(Hilfe-Abende)*; il ne s'agissait pas seulement d'avoir un échange d'idées, mais aussi de constituer – au-delà des frontières régionales – une communauté d'idées et d'action *(Arbeitsgemeinschaft)* dans tout le pays.[24] Cette ambition relevait du défi dans une Allemagne où les traditions régionales restaient fortement ancrées. Les variations du chiffre des tirages et du nombre des abonnés n'en restent pas moins un indicateur qui reflète les effets produits sur un journal ou une revue par la conjoncture, qu'il s'agisse de la situation économique du pays, de l'évolution du paysage politique ou de l'état de l'opinion.

A la fin de sa première année d'existence, *Die Hilfe* indiquait un nombre d'abonnés qui avait progressé de 7500 à 10400. Dans une annonce publicitaire du 3 septembre 1899, elle disait être «l'hebdomadaire le plus lu en Allemagne».[25] En 1910, elle faisait état d'un tirage de 15000 exemplaires, chiffre qui, après 1918, devait tomber à 4000,[26] puis se stabiliser à 8000. Mais la revue eut à subir les effets de la crise de 1929 et du contexte politique qui en résulta; en 1933, année de débâcle pour les intellectuels allemands, elle ne comptait plus que 800 abonnés. En province durent s'organiser de véritables chaînes de lecteurs.[27] En 1939, le tirage était de 1433 exemplaires; puis une bonne partie de l'édition, soit 800 exemplaires environ, fut envoyée clandestinement à des émigrés, et, pendant des années, la moitié devait être diffusée gratuitement.[28]

Un «laboratoire d'idées»

Die Hilfe doit-elle être considérée comme un organe de parti politique? C'est là une question à laquelle il est difficile d'apporter une réponse bien

---

24 Friedrich NAUMANN, Ad[olf] DAMASCHKE: *An unsere Freunde!* In: *Die Hilfe*, n° 26, 30.6.1901, p. 1.
25 Cité par Michel GRUNEWALD: «*Praktisches Christentum*» – «*Praktische Politik*», p. 138, note 15.
26 *Cf.* article de Thomas Hertfelder dans ce volume, note 3.
27 Jürgen C. HEß: *Die deutsche Lage*, p. 128.
28 Témoignage de Hans Bott. Rolf TAUBERT: *op. cit.*, p. 264.

tranchée, et l'on peut dire que son statut se caractérise par une certaine ambivalence.

Une revue au-dessus des partis

Les liens ont toujours été étroits entre *Die Hilfe* et les formations politiques qu'elle soutenait.[29] Durant les premières années, une rubrique ayant pour titre «Unsere Bewegung» publiait des informations sur les activités et les congrès du Nationalsozialer Verein,[30] et la revue fut un des moteurs de ses campagnes électorales. Après la dissolution de cette association, *Die Hilfe* devait s'affirmer, sans ambiguïté aucune, comme un organe du libéralisme de gauche allemand, qui a contribué à la formation d'un parti libéral de gauche uni, le Fortschrittliche Volkspartei, qui lors des élections au Reichstag de 1912 obtint un résultat dont elle se félicita. En 1911 fut créé un supplément mensuel à *Die Hilfe*, ayant pour titre *Die Volkspartei*. Il s'agissait d'un tract très peu cher que les lecteurs de la revue étaient invités à distribuer dans leur entourage, et à apporter ainsi leur contribution à une éducation politique dont le déficit était le premier ennemi du libéralisme.[31]

Pourtant, les éditeurs de la revue se sont toujours efforcés de la situer au-dessus des partis et de faire en sorte qu'elle conserve une hauteur de vues que n'a pas un organe totalement dépendant des orientations d'un parti ou d'une formation politique. En juin 1924, par exemple, sa direction notait: «*Die Hilfe* n'est pas un organe de parti démocratique, mais pour toutes les forces démocratiques d'Allemagne un guide qui les exhorte et les met en garde.»[32]

La situation politique intérieure de l'Allemagne amena la direction de la revue à bien préciser la nature de la mission qu'elle s'assignait. *Die Hilfe* avait quatre directeurs: Walter Goetz, Fritz H. Hermann, Theodor Heuss et Gertrud Bäumer, qui se présentaient comme une équipe. Cette liste était censée montrer que la revue n'était «pas un organe de parti mais la représentante d'une politique qui renoue avec le mouvement national-social

---

29 Carl Schneider souligne que *Die Hilfe* a joué un rôle important dans la formation du Nationalsozialer Verein; il utilise, dans le titre de la partie de sa thèse consacrée à cette question, l'expression «parteibildende Funktion». Carl SCHNEIDER: *op. cit.*, p. 24.
30 *Cf.* par exemple *Der nationalsoziale Vertretertag*. In: *Die Hilfe*, n° 41, 12.10.1902, pp. 1-5.
31 Franz SCHNEIDER (directeur du Buchverlag der *Hilfe*): «*Die Volkspartei*». In: *Die Hilfe*, n° 9, 29.2.1912, p. 132.
32 *An die Freunde der «Hilfe»*. In: *Die Hilfe*, n° 11, 1.6.1924, p. 169.

d'autrefois et entend, dans le même esprit, sans lien avec des programmes politiques existants, contribuer à clarifier les questions touchant aujourd'hui à notre vie nationale».[33]

Dans une lettre-circulaire du 12 avril 1933 adressée aux «amis» de *Die Hilfe*, Theodor Heuss rappelait que celle-ci s'était toujours distinguée par un esprit d'ouverture inspiré par l'intérêt national:

> *Die Hilfe* considère depuis des années qu'il est de son devoir de rendre moins rigides les frontières entre les partis et de se mettre au service de toute volonté nouvelle, en lui permettant de comprendre clairement les choses et en lui apportant de l'aide. Dans ses colonnes, il n'a jamais été fait peu de cas de la mission historique des partis, mais ces derniers n'ont jamais été considérés que comme des instruments de la politique au quotidien: au-delà des partis, ce qui, dans notre travail, retenait notre attention, c'était le peuple et la personnalité créatrice, la nation en lutte et l'impératif de la justice sociale. Nous savons que des gens qui, pour reprendre les notions du schéma des partis, se situaient ou se situent sur notre ‹droite› ou notre ‹gauche›, sentent à quel point, aujourd'hui précisément, on a besoin d'un espace servant à un rassemblement intellectuel, à une discussion impartiale, à une critique sincère, en sachant qu'une pensée nationale et sociale n'a jamais été, n'est jamais et ne sera jamais le monopole d'un groupe détenteur du pouvoir, mais un devoir et la propriété de toute personne sincère qui suit l'évolution de sa patrie avec passion, inquiétude et amour.[34]

En septembre 1934, l'équipe de direction mettait en avant l'héritage intellectuel dont *Die Hilfe* était, selon elle, dépositaire, celui d'un socialisme national, dans lequel les Allemands de 1934 pouvaient puiser une «force». Lorsqu'elle fut créée, la revue avait une «mission» à remplir: il s'agissait de raviver le feu éteint de la volonté de renouveau social, d'expliquer aux couches «bourgeoises» les soucis qui étaient ceux des paysans et des ouvriers, de rappeler sa responsabilité à une Eglise prisonnière de liens étroits qui l'inféodaient à l'Etat, d'inculquer aux masses le sens de la nation et de leur faire comprendre que leur destin était lié à la puissance de l'Etat. C'est *Die Hilfe* qui avait détourné Friedrich Naumann de la pastorale pour le conduire sur le champ de bataille de la politique. Il ne s'agissait pas, en 1934, de livrer des «formules» et des «règles» toutes prêtes, mais de favoriser le réveil de cet état d'esprit, de cette *Gesinnung*, qui devait permettre de penser l'avenir de la nation, en toute indépendance, avec le sens de la responsabilité et avec réalisme.[35]

---

33 *An die Leser!* In: *Die Hilfe*, n° 1, 7.1.1933, p. 1.
34 Rundschreiben an die Freunde der Zeitschrift *Die Hilfe*, 12.4.1933, Berlin-Tempelhof. In: *Theodor Heuss. In der Defensive. Briefe 1933-1945*, herausgegeben von Elke SEEFRIED (Theodor Heuss. Stuttgarter Ausgabe. Briefe – Stiftung Bundespräsident-Theodor-Heuss-Haus), München 2009, [document] n° 11, pp. 133-135. (Les citations sont traduites par Philippe Alexandre et Reiner Marcowitz).
35 *An die Leser und Bezieher der Hilfe*. In: *Die Hilfe*, n° 18, 15.9.1934, pp. 409-410.

C'est cette tradition revendiquée par *Die Hilfe* depuis ses origines, cet esprit d'ouverture, cette volonté de se situer au-dessus des partis, de favoriser une réflexion collective, qui permettent de la considérer comme une forme de «laboratoire d'idées». Le *Journal Officiel* français du 14 août 1998 donne de ce concept la définition suivante: «Groupe plus ou moins formel, dont les membres interviennent dans les débats publics sur les grands problèmes économiques et de société, parallèlement aux travaux effectués par les administrations publiques.»[36] La nature et le fonctionnement du groupe qui, dans les années 1890, s'est constitué autour de Friedrich Naumann et de la revue *Die Hilfe* répondent dans une large mesure à cette définition.

1. Ce que l'on a appelé le *Naumann-Kreis* formait un groupe, «plus ou moins formel» et très ouvert, d'esprits partageant les mêmes idées générales, en particulier sur les questions relevant de la politique sociale et nationale. Certains éléments de ce groupe originel ont suivi des voies parfois très différentes, vers la gauche et vers la droite.[37]
2. *Die Hilfe* fonctionnait comme une tribune. Il arrivait souvent qu'un article pose une question et défende une thèse, en invitant les lecteurs à donner d'autres points de vue. Dans cet esprit, la contradiction était la bienvenue, dans la mesure où elle aidait à faire progresser le débat. Les prises de position de Naumann ont été parfois vigoureusement contestées. Tel fut par exemple le cas en 1900, quand il approuva le discours dans lequel Guillaume II demandait une répression sans pitié de la révolte des Boxers en Chine *(Hunnenrede)*. Il répondait et argumentait.[38]
3. *Die Hilfe* s'est toujours efforcée de responsabiliser ses lecteurs, qui étaient censés former une communauté. Des réunions régulières *(Hilfe-Abende)* permettaient d'échanger des idées à partir des articles de fond publiés dans la revue. En juin 1912, la rédaction écrivait:

---

36 «Liste des termes, expressions et définitions du vocabulaire de l'économie et des finances», publiée au *Journal Officiel de la République* du 14 août 1998.
37 Le pasteur socialement très engagé Paul Göhre, cofondateur du Nationalsozialer Verein en 1896, rejoignit les rangs de la social-démocratie en 1900, Max Maurenbrecher, membre de l'association, fit de même en 1903. Comme le pasteur Gottfried Traub, il devait adhérer à la Deutsche Vaterlandspartei en 1917. Ces ruptures dans les parcours personnels de membres du *Naumann-Kreis* les ont naturellement éloignés de *Die Hilfe*. Anton Erkelenz, qui fut engagé dans la création du DDP et codirecteur de la revue à partir de 1923, la quitta durant l'été de 1930 pour protester contre le rapprochement des libéraux de gauche avec le Jungdeutscher Orden et la création du Deutsche Staatspartei. Il entra au SPD.
38 Carl Schneider voyait en Friedrich Naumann un «publiciste» plus qu'un «journaliste», mais soulignait que celui-ci ne sous-estimait pas l'importance des quotidiens pour son mouvement. Carl SCHNEIDER: *op. cit.*, p. 31.

[...] comme sans doute aucune autre revue *Die Hilfe* est liée à son lectorat par une communauté de travail *(Arbeitsgemeinschaft)*. De même que *Die Hilfe* est fière du fait que, partout dans le pays, ses amis comptent parmi ceux qui, au sein du Fortschrittliche Volkspartei, se battent avec le plus d'énergie et font le plus preuve d'esprit de sacrifice; de même elle compte sur le fait que l'on continuera à la faire bénéficier, elle aussi, d'une collaboration active. Car *Die Hilfe* n'est pas un but en soi. Pour pouvoir aider, elle a besoin d'aide.[39]

C'est là que le titre: *Die Hilfe* prenait tout son sens.

4. Cette revue a en outre formulé des idées qui ont suscité des débats en Allemagne. *Nationalsozial, Demokratie und Kaisertum, Neudeutsche Wirtschaftspolitik, Mitteleuropa* ou *demokratischer Nationalismus*,[40] sont des notions ou des titres qui restent liés à la pensée politique de Naumann.
5. Les collaborateurs de *Die Hilfe* formaient un réseau très complexe qui s'étendait à d'autres laboratoires d'idées allemands, comme le Evangelisch-sozialer Kongress dans les années 1890, ou groupes d'action militante, comme la Liga für Völkerbund, après 1919. Beaucoup parmi eux ont eu une activité de conférenciers, travaillé pour plusieurs journaux et revues; un certain nombre ont exercé des mandats de député et des fonctions de ministre.

Le Naumann-Kreis

Dans sa thèse sur la presse du Nationalsozialer Verein (1934), Carl Schneider s'intéressait à la question du leader charismatique chez Friedrich Naumann, sans toutefois employer expressément cette notion. Il soulignait que Naumann possédait, à un haut degré, le talent de rassembler, que sa relation aux membres de son cercle était sous-tendue par une grande estime personnelle, mais qu'«il n'a jamais été en mesure d'avoir une quelconque influence en dehors de cette sphère».[41] Il en voulait pour preuve les grandes concessions qu'il faisait constamment à ceux de ses partisans qui ne partageaient pas ses opinions sur telle ou telle question. Naumann n'avait pas, selon lui, l'étoffe nécessaire, ou ne voulait pas l'avoir, pour exercer une telle influence.

---

39   Verlag und Redaktion der *Hilfe*: *An die Leser!* In: *Die Hilfe*, n° 26, 27.6.1912, p. 401.
40   Jürgen C. HEß: *«Das ganze Deutschland soll es sein.» Demokratischer Nationalismus in der Weimarer Republik am Beispiel der Deutschen Demokratischen Partei.* (Kieler Historische Studien; Bd. 24), Stuttgart 1978.
41   Carl SCHNEIDER: *op. cit.*, p. 60.

Quant à la revue *Die Hilfe*, ayant d'abord pour vocation de servir à l'«échange d'idées», elle ne pouvait être en permanence l'organe de presse de son mouvement.[42]

Ursula Krey a apporté une contribution décisive à l'étude de ce *Kreis*, de ce cercle qui s'était constitué autour de Friedrich Naumann. La question de son influence réelle sur les contemporains et sur la postérité a fait l'objet de discussions.[43] Il n'en reste pas moins qu'il a une importance qui est liée au constat objectif suivant: il a émancipé de la tradition conservatrice toute une jeune génération de protestants; il a dépassé certaines barrières universitaires et sociales; Naumann n'a pas été un leader protégé, il s'est exposé lui-même au «feu croisé de la critique», en provoquant la contradiction et en déclenchant des conflits; il a su mobiliser un nombre impressionnant de personnes autour de projets. Ursula Krey résume ainsi la thèse qu'elle défend:

> L'importance de Friedrich Naumann réside moins dans sa personnalité en soi ou dans ses écrits que dans sa capacité à s'adresser aux hommes, à les rassembler, à les mobiliser et à les marquer pour toute leur vie, à comprendre leurs attentes et à les réaliser de la manière la plus adéquate possible.[44]

Si le Naumann-Kreis mérite de retenir l'intérêt de l'historien d'aujourd'hui, c'est en raison de la capacité qu'il avait à «déclencher des crises, à les identifier et à en formuler la nature»; en ce sens, il a été «un facteur et un indicateur des conflits sociaux» de l'époque wilhelmienne.[45]

«Fortschritt, Buchverlag der *Hilfe* GmbH»

La revue *Die Hilfe* peut difficilement être considérée comme une entreprise isolée; elle s'inscrit en effet dans un système complexe dont l'histoire reste à écrire. Naumann créa à la fin des années 1890, à Berlin, une maison d'édition qui a publié des livres et les revues: *Die Hilfe*, *Die Zeit* (1901-1903), un *Hilfe-Almanach*,[46] *Patria. Jahrbuch der Hilfe* (1901-1913), un *Arbeiter-Jahrbuch* et *Die Volkspartei* (1911), pour ne citer que celles que nous avons

---

42 *Ibid.*
43 Theodor Heuss, avec son imposante biographie de Friedrich Naumann et en inspirant la création de la Fondation Friedrich Naumann, a fait de son mentor une sorte de mythe, mais certains, comme l'historien Thomas Nipperdey, ont relativisé cette influence. *Cf.* Thomas NIPPERDEY: *Deutsche Geschichte 1866-1918*, vol. II, München 1992, p. 531. Cité par Ursula KREY: *op. cit.*, p. 118.
44 Ursula KREY: *op. cit.*, p. 120.
45 *Ibid.*
46 *Hilfe-Almanach 1911*. Mit den Ergebnissen der letzten Reichstagswahlen 1907-1910, Berlin: Buchverlag der *Hilfe*.

pu identifier. Cette maison avait pour raison sociale «Fortschritt: Buchverlag der *Hilfe* GmbH».[47] Elle fut dirigée à partir de 1904 par Franz Schneider, reprise en 1931 par Hans Bott.[48] En 1901, elle fut réorganisée en vue de permettre la publication des deux hebdomadaires *Die Hilfe* et *Die Zeit*, à partir du 1er octobre. *Die Hilfe* fut transformée pour des raisons que sa direction exposait en ces termes:

> *Die Hilfe* telle qu'elle existe actuellement était un compromis entre une revue et une feuille populaire. C'est en cela que résidait sa spécificité, mais aussi le problème tout à fait particulier qu'elle posait. Elle était trop difficile et trop coûteuse pour être une feuille populaire et trop modeste et limitée pour être un organe consacré aux sciences et aux arts. Après une longue réflexion et considérant avec soin les tâches que nous imposeront l'avenir politique et la campagne électorale imminente, nous avons pris la décision de publier deux hebdomadaires qui, totalement indépendants l'un de l'autre, défendent le même esprit, chacun à sa façon, avec une présentation différente et une manière différente d'exposer les choses.[49]

Die Zeit, nationalsoziale Wochenschrift, a été dirigée par Paul Rohrbach.[50] Elle devait être, dès 1903, réunie à la revue *Die Nation* de Theodor Barth. Cette dernière disparut le 1er avril 1907; en accord avec sa direction, Naumann recommanda à ses lecteurs de s'abonner à *Die Hilfe*.[51] *Patria* parut de 1901 à 1913.[52] Le but clairement exprimé de ce supplément paraissant à Noël était de défendre les valeurs nationales. «Notre patriotisme est tout entier d'inspiration sociale, écrivait Naumann dans la première préface; c'est un

---

47 C'est au-dessous de l'appartement de Naumann à Berlin, qui a aussi longtemps servi de siège au Nationalsozialer Verein, qu'étaient installées la maison d'édition et la rédaction de *Die Hilfe* (1901-1906: Hohenfriedbergstraße, n° 24, devenue Naumann-Straße en 1929; puis de 1906 à 1918: Königsweg, n° 4).
48 Hans Bott (1902-1980) a travaillé étroitement avec Theodor Heuss dans les années 1930, notamment pour la publication de *Die Hilfe*. Après 1945, il a édité un certain nombre de ses œuvres. Cf. *Begegnungen mit Theodor Heuss: Gruß der Freunde zum 70. Geburtstag am 31. Januar 1954*, hrsg. von Hans BOTT und Hermann LEINS. Tübingen 1954.
49 Der Verlag der *Hilfe*: *An die Leser!* In: *Die Hilfe*, 1.9.1901, p. 1.
50 *Die Zeit* proposait des éditoriaux de Hellmut von Gerlach (politique intérieure), Paul Rohrbach (politique étrangère), Friedrich Naumann (questions d'actualité), Adolf Damaschke (politique communale), Fr. Weinhausen (questions syndicales); ses pages littéraires étaient rédigées par Erich Schlaikjer, Paul Schubring et le pasteur Bonus. *Die Zeit* a également compté parmi ses collaborateurs: Rudolf Sohm, Lujo Brentano, le professeur Rein, le pasteur Gottfried Traub, Martin Wenck, Max Maurenbrecher et bien d'autres membres du *Naumann-Kreis*.
51 *Cf.* déclaration parue dans le n° 20, du 16.2.1907 de *Die Nation*; Prospectus publicitaire: Buchverlag der *Hilfe*: *An die Leser der Nation*.
52 *Patria. Jahrbuch der «Hilfe»*, hrsg. von Friedrich Naumann, Pfarrer a.D., Herausgeber der nationalsozialen Wochenschrift *Die Hilfe*, Berlin-Schöneberg, Buchverlag der *Hilfe*, 1901-1913.

sentiment patriotique qui s'adresse à tous ceux qui ont le même sang, la même langue et la même histoire nationale que nous».[53] *Patria* proposait à ses lecteurs des articles très développés sur les matières les plus diverses; le souci des auteurs était souvent d'attirer l'attention sur des questions dans lesquelles était en jeu l'avenir de l'Allemagne.

Quant à *Die Hilfe*, elle se proposait de poursuivre la mission qu'elle s'était assignée. La direction de la maison d'édition écrivait aux lecteurs à ce sujet:

> Elle *[Die Hilfe]* a l'intention d'être une véritable feuille populaire national-sociale, avec un contenu riche, ardente au combat, une publication faisant de la propagande pour nos idées, au nord et au sud. A côté de bons articles de la plume de Naumann et de ses plus proches collaborateurs consacrés à la politique et à l'économie, elle publiera des comptes-rendus sur l'activité de notre mouvement, sur les questions syndicales, sur les coopératives, des méditations et bien d'autres choses.[54]

Le Verlag der *Hilfe* a publié dès la fin des années 1890 des livres d'hommes et de femmes, nés pour la plupart dans les années 1860/1870, et qui évoluaient dans la sphère du Naumann-Kreis.[55] C'était là un moyen d'amplifier la diffusion des idées du groupe. Un certain nombre de ces ouvrages ont été maintes fois réédités, avec des tirages parfois très élevés. De la liste provisoire que nous avons pu reconstituer jusqu'ici se dégagent les thématiques suivantes:

- Idées et histoire du Nationalsozialer Verein[56]
- Histoire du libéralisme
- Publications électorales (tracts, brochures)

---

53 Friedrich NAUMANN: *Patria*! In: *Patria*, 1901, pp. III-VI; ici p. III.
54 Der Verlag der *Hilfe*: *An die Leser!* In: *Die Hilfe*, 1.9.1901, p. 1.
55 En 1904, Franz Schneider – qui avait été cofondateur du Deutsch-Nationaler Handelsgehilfen-Verband – rejoignit Friedrich Naumann à Berlin, où il prit en charge la direction de la maison d'édition Fortschritt: Buchverlag der *Hilfe*. En 1910, il décida d'étendre son activité à la philosophie, la pédagogie, la littérature pour la jeunesse. Theodor Heuss, à l'époque rédacteur en chef de *Die Hilfe*, se plaignait d'avoir à assumer de nombreuses tâches qui, relevant de la maison d'édition, n'étaient pas de son ressort: mais il se félicitait de cette dynamique. *Cf.* An Lulu von Strauß und Torney, 16 et 17.6.1910. In: *Theodor Heuss. Aufbruch im Kaiserreich. Briefe 1892-1917*, herausgegeben und bearbeitet von Frieder GÜNTHER (Theodor Heuss. Stuttgarter Ausgabe. Briefe – Stiftung Bundespräsident Theodor-Heuss-Haus). München 2009, [document] n° 98, p. 296 et note 17.
56 Citons par exemple *Was ist nationalsozial?* d'Adolf DAMASCHKE, qui atteignit les 120 000 exemplaires en 1899, la *Geschichte des Liberalismus* d'Oskar KLEIN-HATTINGEN qui a été maintes fois réimprimée.

- Ouvrages théoriques et programmatiques de Naumann: *Asia, Kaisertum und Demokratie, Neudeutsche Wirtschaft* ainsi que les textes de ses discours et de ses conférences
- Questions économiques et sociales (Lujo Brentano)
- Réaction en Prusse (Lothar Schücking)
- Colonies (Paul Rohrbach)
- Russie (Paul Rohrbach, Michael A. Rejsner)
- Angleterre (Gerhart von Schulze-Gävernitz)
- Théologie (Gottfried Traub)
- Philosophie (Ernst Troeltsch, Max Apel)
- Questions scolaires et éducation (J. Chr. Pfäffle, Johannes Tews, Rudolf Pannwitz)
- Questions de littérature (Ferdinand Tönnies)

Présentation du recueil

Le corpus d'articles que constituent les cinquante années de parution de la revue *Die Hilfe* interdit à un seul colloque de revendiquer une quelconque exhaustivité. L'étude de quelques questions permet toutefois de tirer un certain nombre de conclusions sur la manière dont l'exposé et l'échange des idées ont fonctionné dans un périodique de cette nature.

Notre attention s'est portée sur l'émergence, l'utilisation et la vie de certains concepts, sur la nature du discours: ouvert, polémique, magistral, selon la nature des textes publiés: articles, conférences, discours, comptes-rendus, programmes, etc. La diversité formelle de ces textes révèle les liens existant entre la revue et le réseau dans lequel elle fonctionnait. Le centre de ce réseau était constitué par le Naumann-Kreis; celui-ci s'élargit peu à peu, il intégrait une partie des collaborateurs de *Die Hilfe*, du mouvement ou du parti auquel elle était liée. L'analyse de certaines questions sur l'ensemble de la période 1894-1944 permet de suivre l'évolution ou au contraire la permanence de certaines grandes idées comme celle de socialisme national. Deux facteurs principaux ont déterminé le travail de ce laboratoire d'idées: la complexité du libéralisme, en tant que forme de pensée et d'organisation, et la succession de contextes dont chacun remettait en cause les acquis d'une réflexion qui s'était fondée sur les données de la période antérieure.

Le libéralisme en France et en Allemagne

Trois exposés sur le libéralisme montrent à quel point cette notion est difficile à définir, d'autant plus quand on fait des comparaisons entre pays. En France, comme le souligne Etienne Criqui, il a été incarné, durant la Troisième République, par des hommes et des courants, mais jamais par de véritables partis politiques. Les républicains de centre gauche arrivés au pouvoir en 1879 s'appuyèrent sur des majorités d'obédience laïque et libérale pour mettre en œuvre la réforme scolaire et la réforme de la constitution dans un sens libéral. Ces républicains du centre gauche qui ont été au pouvoir en France jusqu'à la Première Guerre mondiale n'étaient pas des libéraux au sens propre du terme. Ainsi le Parti radical rejetait-il le libéralisme économique; la politique économique devait rester subordonnée au pouvoir politique. L'Etat intervenait de manière directive dans le domaine de la politique sociale.

Pour l'Allemagne, Karl Heinrich Pohl décrit une situation différente. Si le libéralisme allemand n'a quasiment pas été en mesure d'avoir une influence directe au niveau national et encore moins au niveau des composantes de l'Empire et de la République, il n'en a pas moins eu, dans le domaine de l'économie, des initiatives décisives pour l'avenir. Au niveau communal, qui a été *le* domaine d'action politique du libéralisme allemand, il a influencé non seulement la politique, mais dans une large mesure aussi la culture politique de l'ensemble du pays. Sous la République de Weimar, le libéralisme allemand a montré à la fois sa force et sa faiblesse. Mais l'ambivalence de son attitude vis-à-vis du nouveau régime – avec lequel il avait toutefois, dans son ensemble, une affinité – lui a valu de perdre sa force d'attraction, et au début des années 1930, il n'avait quasiment plus rien à faire valoir face aux mouvements antidémocratiques et antirépublicains tels que le NSDAP.

Quand la révolution éclata en 1918, le libéralisme allemand restait divisé entre les libéraux de la gauche (DDP) et ceux de la droite (DVP). Reiner Marcowitz rappelle que le DDP eut le mérite de coopérer à l'élaboration de la nouvelle constitution ainsi qu'au gouvernement de la «coalition de Weimar», mais jamais il ne fut en mesure de se définir un profil convaincant et de se doter d'une organisation efficace, ce qui lui fit perdre des adhérents et des électeurs. Le DVP, qui profita de cette situation, n'avait accepté la révolution de 1918 et ses conséquences qu'à contrecœur; il participa toutefois aux divers gouvernements de la République. A la fin des années 20, les deux partis libéraux allemands eurent à subir les conséquences de la crise économique et politique. Ils opérèrent un glissement sensible vers la droite; mais, loin d'affaiblir les nationaux-socialistes, cette stratégie ne fit que contribuer à hâter la fin de la République.

Questions économiques et coloniales

Les questions économiques ont occupé dans *Die Hilfe* une place importante. Le débat sur ces questions y a été nourri, en 1906, par le livre *Neudeutsche Wirtschaftspolitik*, avec lequel Friedrich Naumann s'engagea dans une discussion sur le capitalisme, qui faisait alors l'objet d'une critique généralisée. Il formula aussi les principes d'une politique économique et sociale qui, selon lui, serait salutaire pour l'Allemagne. Patricia Commun montre que le libéralisme économique était, chez lui, étroitement lié au nationalisme. Il s'agissait de favoriser l'exportation de produits allemands et les échanges avec des pays qui deviendraient des clients de l'Allemagne. Mais ce capitalisme mondialisé devait être organisé et avoir pour corollaire une politique sociale libérale, supposant l'intervention de l'Etat, une attitude plus humaine du patronat et des formes d'organisation des salariés, telles que les coopératives. Cette réconciliation entre socialisme et capitalisme annonçait, à certains égards, l'économie sociale de marché telle que Ludwig Erhard devait la formuler après 1945; mais ce que Naumann voulait, en 1906, c'était que son pays s'assure une domination économique sur le monde.

Cette volonté de voir l'Allemagne s'imposer comme puissance économique s'exprime aussi à travers la manière dont les questions coloniales ont été abordées dans *Die Hilfe*. La revue prônait une politique coloniale résolument moderne, qui achoppa toutefois sur la question raciale. Comme le rappelle Christina Stange-Fayos, le «programme colonial» que la revue proposa en 1902 anticipait les décisions gouvernementales de 1907. Malgré son grand intérêt pour le sujet et sa volonté de soutenir le «nouveau cours» du secrétaire d'Etat Dernburg auprès du public, *Die Hilfe* plaidait en faveur d'une politique coloniale qui conduisait à une impasse du fait de l'aporie inhérente à l'impérialisme éthique défendu par les collaborateurs de Friedrich Naumann, par Paul Rohrbach notamment.

La Russie – La question d'Orient

Le souci de voir assuré l'avenir de la patrie par ces formes de domination économique et impérialiste se conjuguait, chez de nombreux Allemands, à des inquiétudes inspirées par la politique d'autres grandes puissances. Sur la Russie, par exemple, se sont souvent cristallisées en Allemagne toutes sortes de peurs et d'appréhensions. Philipp Menger analyse les articles très développés que *Die Hilfe* a régulièrement consacrés aux événements qui semblaient annoncer des bouleversements dans ce grand empire. Les informations que l'on voulait obtenir ne faisaient finalement qu'accroître les craintes des Allemands. Certes, la Russie était considérée comme structurellement faible, sa relative puissance ne reposait que sur l'agriculture, mais l'accroissement rapide de sa population suggérait l'image d'une masse menaçante et impossible à contrôler. Elle avait, pensait-on, un besoin d'expansion qui la faisait apparaître comme un danger permanent pour l'Europe, voire pour le monde. Une politique de vigilance s'imposait.

L'Empire ottoman était un élément de la stratégie impérialiste que Naumann souhaitait voir adoptée par l'Allemagne. Il fallait exercer un contrôle politique et économique sur cet empire, – c'est ce qu'il préconisait en 1898, – pour en faire un allié contre l'Angleterre ou une sorte de colonie. Les vues de Naumann, Eberhard Demm le souligne, n'étaient pas partagées par tous les membres du Nationalsozialer Verein; le soutien qu'il apporta à certains discours de Guillaume II sur la *Weltpolitik* allemande suscita de vives réactions, auxquelles *Die Hilfe* a ouvert ses colonnes. Puis, dans les années qui suivirent, il se montra plus réticent sur la question orientale, et en 1915 il n'intégrait pas la Turquie de son projet de *Mitteleuropa*, qui proposait une coopération politique et économique entre les peuples d'Europe centrale et orientale, sans exclure toutefois l'idée de relations commerciales avec le Proche Orient.

De même, Naumann abandonna les positions qui avaient été les siennes sur les Arméniens de l'Empire ottoman dans les années 1898/99, et accepta dans *Die Hilfe* des reportages positifs sur les Arméniens ainsi que des témoignages bouleversants sur les pogromes de 1909 et de 1913. En septembre 1915, *Die Hilfe* fut même la seule revue allemande à publier, en dépit de la censure, des accusations très sévères contre l'indifférence de l'opinion publique allemande envers les nouveaux massacres arméniens.

L'idée européenne

Ces questions illustrent d'une part la grande diversité d'opinions qui caractérise *Die Hilfe* et d'autre part le fait que Naumann acceptait la contradiction, ce qui faisait de la revue un lieu de débat. Ce constat s'impose aussi à propos de la question de l'organisation de l'Europe, d'autant que, dans ce cas, l'analyse porte sur l'ensemble de la période. De la diversité des vues exprimées sur l'Europe Philippe Alexandre dégage toutefois un certain nombre de constantes. Le discours européen des libéraux de gauche a été marqué, à l'époque de Guillaume II, par le souci de voir l'Allemagne prospérer dans une Europe en paix, but qui pouvait être difficilement atteint du fait de tensions résultant de la concurrence entre les puissances et du fait d'un système d'alliances qui pouvait soit maintenir un équilibre fragile, soit faire basculer le continent dans un affrontement généralisé. Le projet de *Mitteleuropa* proposé par Naumann en 1915, dans le cadre de la discussion sur les buts de guerre, était censé permettre une organisation de l'Europe du centre et de l'est sous l'égide de l'Allemagne. Refusant l'idée paneuropéenne de Coudenhove-Kalergi puis les propositions d'Aristide Briand allant dans le sens d'«une sorte de lien fédéral entre pays d'Europe», *Die Hilfe* réactiva, au début des années 1930, l'idée de *Mitteleuropa*, comme point de départ d'une organisation évolutive de l'Europe et comme alternative aux atermoiements de la SDN. La tendance qui prévalait parmi les libéraux de gauche à la fin des années 1920 était celle du «nationalisme démocratique» défendu par les disciples de Naumann.[57] Cette option créait une certaine convergence avec la politique de Hitler, mais était totalement étrangère aux fondements idéologiques de cette dernière. Quelques articles remarquables des années 1943 et 1944 esquissaient déjà la problématique de l'après-guerre: dans un monde bipolaire, l'Europe qui avait perdu sa position dominante, devrait s'organiser sur des bases nouvelles pour résister face aux puissances nouvelles.

A travers la personnalité du démocrate social Wilhelm Heile, Karl Holl analyse la pensée d'un libéral qui comptait parmi les plus engagés en faveur d'une Europe réunie après 1918, mais il souligne aussi la diversité des points de vue qui se sont exprimés sur cette question à l'époque de Weimar dans le milieu libéral et les raisons de l'échec des projets d'organisation européenne dans les années 20. Heile était de ceux qui espéraient une révision paisible du traité de Versailles et l'annulation de l'interdiction du rattachement de l'Autriche au Reich. Il apporta son soutien à Coudenhove-Kalergi et son projet de Paneurope, mais souhaitait, pour sa part, que la Grande-Bretagne et l'Union Soviétique fassent partie d'une Europe unie. La disparition de Gustav Stresemann et l'arrivée de Julius Curtius au ministère des Affaires étrangères en 1929, les conséquences de la crise économique et financière en Allemagne ainsi que la baisse de l'intérêt pour les questions européennes à cette époque mirent fin à cet engagement proeuropéen de Wilhelm Heile.

---

57 *Cf.* Jürgen C. Heß: *«Das ganze Deutschland soll es sein». Demokratischer Nationalismus in der Weimarer Republik am Beispiel der Deutschen Demokratischen Partei.* Stuttgart 1978.

La Première Guerre mondiale – une période de rupture

En étudiant quelques aspects de la politique intérieure allemande durant la Première Guerre mondiale, Michel Durand ouvre une autre perspective dans l'analyse de *Die Hilfe*: celle du débat sur l'instauration d'un nouvel ordre social plus juste et l'avènement d'un *Volksstaat* fonctionnant avec une représentation populaire dotée d'un pouvoir accru. Les libéraux de gauche envisageaient la possibilité d'une coalition de toutes les forces libérales avec un SPD restant sur une ligne modérée et le Zentrum, pour imposer une parlementarisation du régime.

Après le «message de Pâques» adressé par l'empereur aux Allemands en avril 1917, les libéraux de gauche s'engagèrent, mais en vain, en faveur d'une *Volkspolitik*, terme par lequel ils désignaient cette «nouvelle orientation de la politique intérieure» dont Bethmann Hollweg avait si souvent parlé. Les adversaires de la proposition de paix faite par le Reichstag étaient ceux qui, pour des raisons de politique intérieure, entendaient poursuivre la guerre. La loi sur la parlementarisation fut certes adoptée le 28 octobre 1918, mais la révolution et la lutte contre le bolchevisme risquaient d'entraîner le libéralisme dans une alliance contre nature. C'était là la grande crainte de Naumann.

Dans leurs chroniques de guerre, Friedrich Naumann, Gertrud Bäumer et Wilhelm Heile avaient entretenu jusqu'au bout l'espoir de la victoire. L'année 1918/1919 marquait une rupture qui n'avait pas été envisagée. Julia Schroda l'analyse à travers la revue *Die Hilfe*. Les Allemands devaient surmonter le choc de la défaite, du traité de Versailles et s'adapter au nouvel ordre politique; les libéraux se posaient la question de leur identité face à cette situation nouvelle. C'est à 1848 que *Die Hilfe* renvoyait pour définir sa vision de l'avenir de la nation: il s'agissait d'instaurer un Etat allemand unifié et démocratique, uni, si possible, avec l'Autriche germanophone. Mais déjà s'annonçait la lutte contre les conservateurs, dont l'attitude avait provoqué la révolution. En outre s'imposait un travail d'éducation morale et politique des masses perturbées par quatre années de guerre. Une intégration de l'Allemagne à la SDN aurait pu faciliter cette tâche, mais le traité de Versailles compromit les chances de succès. Hostile à la ratification de ce traité, le DDP nouvellement créé quitta le gouvernement, tout en affirmant son soutien au gouvernement Bauer et au président Ebert. En outre, la disparition de Naumann en août 1919 priva le libéralisme allemand d'un de ses leaders.

Weimar et la démocratie – Troisième Reich et Seconde Guerre mondiale

La situation politique et économique du pays provoqua, au début des années Trente, un débat sur l'orientation du libéralisme. Gertrud Bäumer et d'autres, diagnostiquant une crise des concepts politiques classiques, cherchèrent de nouvelles constellations politico-idéologiques à droite du centre. D'autres voix, mettant en garde contre une évolution qui menait à un régime présidentiel autoritaire, entendaient se faire les gardiens des principes libéraux. Comme le montre Thomas Hertfelder, *Die Hilfe* permit aux points de vue les plus divers de s'exprimer, et resta, jusqu'au bout, un organe qui défendait l'Etat de droit démocratique.

L'analyse de Jürgen Frölich fait apparaître de sensibles divergences de vue entre les collaborateurs de *Die Hilfe* dans les années 1930-1932. Devenue éditrice de la revue, Gertrud Bäumer exerçait en tant que telle une influence importante sur la ligne générale de la revue qui s'éloignait de la Constitution de Weimar et du libéralisme de gauche. Elle croyait voir une certaine convergence entre les idées national-sociales de Friedrich Naumann et l'idéologie national-socialiste, ce qui n'induisait pas une adhésion aux objectifs de la politique de Hitler. *Die Hilfe* ne défendait toutefois plus de manière offensive les valeurs de la liberté individuelle, de la démocratie et de l'Etat de droit. Certains collaborateurs, comme Anton Erkelenz, Wilhelm Külz ou Werner Stephan, adoptèrent en revanche une attitude résolument critique vis-à-vis du national-socialisme. Pour perspicaces qu'elles fussent, leurs analyses ne correspondaient plus à la ligne peu claire de la revue, qui semblait désormais se laisser porter par les événements intérieurs. La «prise du pouvoir» par Hitler le 30 janvier 1933 créa une situation nouvelle. Theodor Heuss étant devenu l'éditeur principal de *Die Hilfe*, celle-ci retrouva, mais dans des conditions très difficiles, son profil libéral.

La Seconde Guerre mondiale devait créer une situation plus compliquée encore. Wolfram Pyta constate l'extrême hétérogénéité des collaborateurs qui ont publié régulièrement des articles dans *Die Hilfe* durant cette période. Certains auteurs se situaient dans la tradition libérale, comme Theodor Heuss, Wilhelm Külz ou Axel Schmidt; ceux-ci cherchèrent d'abord à interpréter la guerre comme un affrontement résultant de la rivalité entre les puissances. Mais lorsqu'il s'avéra que Hitler avait déclenché une guerre de destruction dont les buts étaient dictés par une idéologie raciste, ils choisirent le silence, afin d'éviter toute compromission idéologique. D'autres auteurs, appartenant à la jeune génération, et qui ne se sentaient pas liés à la pensée libérale classique, exprimaient leur adhésion aux conceptions du national-socialisme. Ils présentaient la guerre comme un affrontement, à l'échelle mondiale, avec le modèle «ploutocratique» capitaliste incarné par les USA.

Wolfram Pyta souligne que cette tendance fortement antioccidentale et anticapitaliste, s'est en général exprimée, dans les articles de *Die Hilfe*, toutefois sans sorties antisémites brutales.

Bibliographie

ALEXANDRE, Philippe: *Une Allemagne forte et prospère dans une Europe en paix. Le point de vue européen de la revue national-sociale* Die Hilfe, *publiée par Friedrich Naumann (1894-1914)*. In: Michel GRUNEWALD (dir.), en collaboration avec Helga ABRET et Hans-Manfred BOCK: *Le discours européen dans les revues allemandes / Der Europadiskurs in den deutschen Zeitschriften (1871-1914)* («Convergences»; vol. 3). Berne 1996, pp. 257-291.
–, *La crise de la République de Weimar. L'analyse de la revue libérale* Die Hilfe *(1918-1933)*. In: Jean-Marie PAUL (dir.): *Crise et conscience du temps des Lumières à Auschwitz* («Collection Germanique»). Nancy 1998, pp. 229-268.
–, *Une conquête morale. La question de l'Alsace-Lorraine dans la revue libérale* Die Hilfe *(1895-1914)*. In: Michel GRUNEWALD (dir.): *Le problème de l'Alsace-Lorraine vu par les périodiques (1871-1914) / Die Elsass-lothringische Frage im Spiegel der Zeitschriften (1871-1914)* («Convergences»; vol. 7). Berne 1998, pp. 149-173.
–, *L'idée d'Europe dans la revue* Die Hilfe *(1933-1944)*. In: Michel GRUNEWALD (dir.), en collaboration avec Hans Manfred BOCK: *Le discours européen dans les revues allemandes (1933-1939) / Der Europa-Diskurs in den deutschen Zeitschriften (1933-1939)* («Convergences»; vol. 11). Berne 1999, pp. 393-432.
–, *Friedrich Naumann et l'éducation du citoyen. Des libéraux allemands face au problème de l'éducation du citoyen de Guillaume II à Hitler*. In: Monique SAMUEL-SCHEYDER, Philippe ALEXANDRE (dir.): *Pensée pédagogique. Enjeux, continuités, ruptures*. Berne 1999, pp. 309-328.
–, *«Unser Wunsch ist ein befreundetes Frankreich.» Friedrich Naumann und die deutsch-französischen Beziehungen (1899-1919)*. In: Rüdiger VOM BRUCH (Hrsg.): *Friedrich Naumann in seiner Zeit*. Berlin; New York 2000, pp. 211-244.
–, *Friedrich Naumann und Frankreich, 1899-1919. Der Gegensatz von nationalem Ethos und untersuchender Vernunft bei einem Intellektuellen und Politiker der wilhelminischen Zeit* («Deutsch-französische Wechselwirkungen. Vorträge französischer Gastprofessoren in Stuttgart»; hrsg. von der DVA-Stiftung). Stuttgart 2003.
–, *Friedrich Naumann, la revue libérale* Die Hilfe *et la question coloniale de 1894 à 1914: aspects de l'impérialisme libéral allemand à l'époque de Guillaume II, 1894-1914*. In: *Revue d'Allemagne et des Pays de langue allemande*, t. 38, 4-2006, pp. 525-539.
BRUCH, Rüdiger vom (Hrsg.): *Friedrich Naumann in seiner Zeit*. Berlin; New York 2000.
FRÖLICH, Jürgen: *«Die Umformung des deutschen Seins erlaubt keine passive Resignation.» Die Zeitschrift* Die Hilfe *im Nationalsozialismus*. In: Christoph Studt (Hrsg.): *«Diener des Staates» oder «Widerstand zwischen den Zeilen»? Die Rolle der Presse im «Dritten Reich»* (XVIII. Königswinterer Tagung – Februar 2005). Berlin 2007, pp. 115-129.

–, *Von Heilbronn in den Reichstag. Theodor Heuss, Friedrich Naumann und die «Hottentotten-Wahlen» in Heilbronn 1907*. In: *Zeitschrift für Württembergische Landesgeschichte* 67 (2008), pp. 353-366.

GRUNEWALD, Michel: *«Praktisches Christentum» – «Praktische Politik». Christentum und Politik in Friedrich Naumanns Zeitschrift* Die Hilfe *(1895-1903)*. In: Michel GRUNEWALD, Uwe PUSCHNER (dir.), in Zusammenarbeit mit Hans Manfred BOCK: *Das evangelische Intellektuellenmilieu in Deutschland, seine Presse und seine Netzwerke (1871-1963) / Le milieu intellectuel protestant en Allemagne, sa presse et ses réseaux (1871-1963)* («Convergences»; vol. 47). Berne 2008, pp. 135-162.

HEILE, Wilhelm: *Fünfundzwanzig Jahre*. In: *Die Hilfe*, n° 1, 1er janvier 1920, pp. 3-5.

HEß, Jürgen C.: *«Die deutsche Lage ist ungeheuer ernst geworden.» Theodor Heuss vor den Herausforderungen des Jahres 1933*. In: *Jahrbuch zur Liberalismus-Forschung* 6 (1994), pp. 65-136.

HEUSS, Theodor: *Friedrich Naumann. Der Mann, das Werk und die Zeit* (2. Auflage). Stuttgart/Tübingen 1949.

–, *Theodor Heuss. Aufbruch im Kaiserreich. Briefe 1892-1917*, herausgegeben und bearbeitet von Frieder GÜNTHER (Theodor Heuss. Stuttgarter Ausgabe. Briefe), Stiftung Bundespräsident Theodor-Heuss-Haus. München 2009.

–, *Theodor Heuss. Bürger der Weimarer Republik. Briefe 1918-1933*, herausgegeben und bearbeitet von Michael DORRMANN (Theodor Heuss. Stuttgarter Ausgabe. Briefe), Stiftung Bundespräsident-Theodor-Heuss-Haus. München 2008.

–, *Theodor Heuss. In der Defensive. Briefe 1933-1945*, herausgegeben von Elke SEEFRIED (Theodor Heuss. Stuttgarter Ausgabe. Briefe), Stiftung Bundespräsident-Theodor-Heuss-Haus. München 2009.

PIKART, Eberhard (Hrsg.): *Theodor Heuss. Der Mann, das Werk, die Zeit. Eine Ausstellung*. Stuttgart 1967.

SCHNEIDER, Carl: *Die Publizistik der national-sozialen Bewegung 1895-1903* (Dissertation – Friedrich-Wilhelms-Universität zu Berlin). Wengen im Allgäu 1934.

STEPHAN, Werner: *Aufstieg und Verfall des Linksliberalismus 1918-1933. Geschichte der Deutschen Demokratischen Partei*. Göttingen 1973 (en particulier le dernier chapitre intitulé: «Kurzer Weg zum Abgrund»).

TAUBERT, Rolf: *Die Hilfe (1894-1943)*. In: Heinz-Dietrich FISCHER (Hrsg.): *Deutsche Zeitschriften des 17. bis 20. Jahrhunderts* (Publizistik-historische Beiträge; Band 3). München 1973, pp. 255-264.

Le libéralisme en France
et en Allemagne
Der Liberalismus in Frankreich
und in Deutschland

Le libéralisme en France sous la Troisième République

Etienne CRIQUI

Pour commencer citons cette déclaration faite en 1821 dans un Congrès de la Sainte Alliance par le Duc de Modène, François IV d'Autriche-Este. Elle exprime mieux que toute autre, par antiphrase, ce que peut représenter le libéralisme aux yeux des tenants de l'ordre ancien et de la tradition:

> L'égalité de tous au regard des lois, un excessif partage des richesses, la liberté de la presse, l'accès des carrières ouvert à quiconque, une excessive considération accordée aux savants et aux hommes de lettres, la diffusion des écoles, la libre possibilité accordée à tous d'apprendre à lire et à écrire: tels sont les mauvais germes dont naissent les Révolutions.

Plus long régime politique qu'ait connu la France, à ce jour, la Troisième République, dont l'axe politique a presque toujours été le centre gauche, va mettre en œuvre, après le Second Empire, les principes du libéralisme politique.

Sans vouloir analyser le bilan d'un régime qui a duré près de 70 ans, il est néanmoins permis de tracer quelques lignes de force. Le triomphe du libéralisme est plus politique qu'économique. Par ailleurs il s'incarne dans des hommes, voire dans des courants, jamais dans un véritable parti politique.

Le triomphe du libéralisme politique

La plupart des grands principes libéraux se concrétisent sous la Troisième République, mais ce libéralisme, plus politique qu'économique d'ailleurs, est contrebalancé par l'influence de l'Etat et du pouvoir politique.

L'œuvre politique de la Troisième République

Après la chute du Second Empire et la parenthèse du Maréchal Mac Mahon, les républicains prennent véritablement le contrôle du pouvoir en 1879 (ce que les historiens appellent «La République aux républicains»). Les majorités qui vont se succéder, au-delà des rivalités d'hommes et de sensibilités, sont de centre gauche laïc et libéral.

Les conservateurs catholiques et monarchistes sont renvoyés pour longtemps dans l'opposition. Quant aux socialistes, nous y reviendrons, ils n'ont pas voix au chapitre, du moins au Parlement. Les gouvernements républicains vont réaliser l'essentiel du «Programme de Belleville» (1869) qui était leur credo depuis la fin du Second Empire.

Pour résumer, car cela est bien connu, l'œuvre des républicains porte principalement sur les libertés publiques, la réforme scolaire et la laïcité.

- les libertés publiques: liberté de réunion, liberté de la presse (loi de 1881), liberté du commerce, liberté syndicale (la grande loi Waldeck Rousseau de 1884), liberté d'association (autre grande loi de 1901)...
- la réforme scolaire: l'œuvre de Jules Ferry est immense: l'enseignement primaire gratuit et obligatoire. La création du Certificat d'études primaires, la création des lycées de jeunes filles...
- la laïcité: ce sont d'abord les décrets de 1880 sur la dissolution des Congrégations, puis la loi Ferry du 28 mars 1882 sur la laïcité de l'enseignement («l'école sans Dieu» pour la droite catholique et conservatrice); enfin la loi de 1905 sur la séparation des Eglises et de l'Etat.

Sur le plan institutionnel, la révision de la constitution, qui était plutôt d'essence monarchique, menée par Ferry en 1884, s'accomplit dans un sens libéral. Les dispositions les plus conservatrices des lois de 1875 sont abrogées (suppression des prières publiques, inéligibilité des princes à la présidence de la République, impossibilité de modifier la forme républicaine, suppression des sénateurs inamovibles...). Mais Ferry et sa majorité, dans la grande tradition libérale, refusent la suppression du Sénat et celle du droit de dissolution qui aurait pu conduire à la dictature de la Chambre des députés.

Comme le déclare Raymond Poincaré dans un discours à Nancy, le 12 mai 1901: «Nous sommes simplement des républicains et comme tels des libéraux et des démocrates [...], des libéraux, c'est-à-dire que les droits de l'individu dans la nation ne sont pas moins sacrés que la nation elle-même.»[1]

Naturellement, ces républicains sont très éloignés du collectivisme comme le proclame, en 1900, Waldeck-Rousseau: «La transformation par l'intervention de l'Etat de la propriété individuelle en propriété collective ne

---

1 Cité par François ROTH: *Raymond Poincaré, un républicain modéré?* In: François ROTH (dir.): *Les modérés dans la vie politique française*. Nancy 2000, p. 290.

fait pas partie de notre programme.»[2] Cela dit ce libéralisme est contrebalancé par l'influence de l'Etat et du pouvoir politique.

Un libéralisme contrebalancé par l'influence de l'Etat et du pouvoir politique

Sur le plan économique, les républicains de centre gauche qui gouvernent la France, au moins jusqu'au premier conflit mondial, ne sont pas à proprement parler des libéraux.

Par exemple le parti radical, constitué officiellement en 1901 se déclare, dans son programme, hostile au libéralisme économique «qui favorise la dictature des puissances d'argent», même s'il récuse tout autant le «dogmatisme collectiviste» qui détruit les initiatives privées.

Ainsi, jusqu'en 1914, la législation française est fortement protectionniste; en tout cas depuis la chute du Second Empire et le retour de Thiers qui s'effectue dans un contexte nationaliste. Elle sera aggravée par Jules Méline, qui institue le double tarif douanier. Pour des raisons fiscales certes, mais aussi et surtout stratégiques: l'Etat protectionniste est censé protéger l'ouvrier, comme le patron et plus encore l'agriculteur. Cela fera dire à Léon Say, l'un des rares défenseurs du libéralisme économique dans la classe politique française de l'époque, en février 1894: «Je ne vois, quant à moi, aucune différence entre le protectionnisme et le socialisme, ou du moins, s'il y en a une, elle réside en ceci: c'est que les protectionnistes sont des socialistes qui ont 50 000 livres de rentes et que les autres sont des socialistes qui n'ont pas le sou.»

Ce à quoi Jules Ferry, alors Président de la Commission des douanes du Sénat, répondra: «Le mouvement protectionniste actuel a ses racines dans la démocratie qui cultive la vigne, le blé. C'est pour cela qu'il a réussi.»[3]

Par ailleurs, l'économie politique est tenue en suspicion, même par les républicains libéraux. Ferry et Waldeck-Rousseau, par exemple, s'opposent en permanence aux tenants (peu nombreux) du libéralisme économique, comme Léon Say ou Paul Leroy-Beaulieu. Ceux-ci estiment que c'est l'économie qui, seule, doit commander et guider l'action de l'Etat, alors que ceux-là ne la tiennent que comme une science auxiliaire. Comme l'écrivait déjà Guizot dans les années 1840:

---

2   Cité par Jean-Jacques CHEVALIER: *Histoire des institutions et des régimes politiques de la France*. Paris 1972, p. 421.

3   Cité par Jean-Marie MAYEUR: *Les Débuts de la IIIe République (1871-1998)* (coll. «Points Histoire»; n° 110). Paris 1993, p. 205.

> Les gouvernements ne sont pas des écoles philosophiques [...], ils ont tous les intérêts, tous les droits, tous les faits entre leurs mains; ils sont obligés de les consulter tous, de tenir compte de tous, de les ménager tous. C'est leur condition très difficile. Celle de la science est infiniment plus commode.[4]

Mais au-delà d'une certaine méfiance vis-à-vis de l'économie politique et du libéralisme économique, la Troisième République s'inscrit dans une tradition française de ce que Pierre Rosanvallon a appelé «l'Etat utopiste» ou encore «l'Etat instituteur du social»:

> En inscrivant son action dans un projet de gestion des conduites, l'Etat manifeste sa dimension utopique. L'Etat instituteur du social est par essence utopiste: sa raison d'être ne peut être formulée en dehors d'une référence à un projet sur la société. Il ne peut pas seulement envisager de gérer des procédures et des règles ou d'avoir une action correctrice et compensatrice comme un simple Etat de droit. Il se conçoit fondamentalement comme un acteur du social et non pas comme un juge ou un arbitre. L'idée qu'il puisse y avoir une société civile autonome et autosuffisante lui est étrangère.[5]

En témoigne l'absence de réelle décentralisation sous la Troisième République, malgré la loi municipale de 1884.

En témoigne aussi l'abondante législation sociale au tournant du XXe siècle (loi de 1892 sur le règlement des conflits, loi de 1898 sur les accidents du travail, loi du 30 mars 1900 sur la réduction progressive de la durée du travail et sur la création d'une direction du travail et d'une direction de l'assurance et de la prévoyance sociales, loi de 1906 sur le repos hebdomadaire, loi de 1910 sur les retraites ouvrières...). L'interventionnisme de l'Etat sur le plan social se poursuit au lendemain de la Première Guerre mondiale, avec la loi de 1919 sur les conventions collectives et celle sur la journée de 8 heures. Puis, quelques années plus tard, avec la loi de 1928 sur les assurances sociales. Qui plus est, certains de ces textes ont un caractère impératif, obligatoire (la convention collective, par exemple, est supérieure au contrat individuel). Ce que les opposants conservateurs dénonceront, à propos de la loi de 1928 sur les assurances sociales, comme un système allemand!

Libéralisme politique plus qu'économique, mais qui ne s'incarne dans aucun véritable parti politique.

---

4   François GUIZOT: *Histoire parlementaire de France*, 1863, t. 5, p. 132; cité in: Pierre ROSANVALLON: *L'Etat en France de 1789 à nos jours*. Paris 1990, p. 218.
5   *Ibid.*, p. 125.

Sans véritable parti politique

Jusqu'à la Première Guerre mondiale aucun parti politique ne développe un véritable programme libéral.

Il faut tout d'abord prendre conscience que jusqu'au début du XXe siècle il n'y a pas, en France, de partis politiques à proprement parler. En dehors du courant socialiste, qui ne s'institutionnalise véritablement qu'en 1905 avec la création de la SFIO, le premier parti constitué est le Parti radical et radical socialiste en 1901. Dans toute la première moitié de la Troisième République, la vie politique est dominée par des personnalités, non pas inclassables (car leurs opinions sont connues) mais indépendantes, sans parti véritable. Un Raymond Poincaré en est l'exemple type, mais pas unique. Homme du centre gauche, aux confins du centre droit dans les années 20, républicain avant tout mais refusant de s'inscrire dans une majorité, encore moins dans un parti structuré.[6]

A la Chambre et au Sénat on trouve bien des groupes politiques qui ne seront officiellement reconnus qu'en 1910, mais ils sont très instables et sans aucune discipline. De ce point de vue, la vie politique et parlementaire française est alors très éloignée de celle de l'Angleterre, voire de l'Allemagne.

Sur le plan politique la Troisième République s'est construite dans l'opposition à la Monarchie. Ce sont donc les républicains qui incarnent l'idéal libéral après la chute du Second Empire. Et c'est la République qui devient le régime de défense des libertés individuelles et de la propriété. Ces républicains, très vite divisés naturellement, se retrouvent régulièrement pour affronter leurs adversaires monarchistes et conservateurs, comme en 1877, après la crise du 16 mai. Ensuite, les républicains s'opposeront aux boulangistes en 1889, puis les dreyfusards aux anti-dreyfusards. En 1902 encore, le bloc des gauches s'oppose aux conservateurs et monarchistes. Le mode de scrutin majoritaire ne favorise évidemment pas l'expression de sensibilités originales.

Enfin, les partis libéraux se sont souvent constitués par opposition, d'une part d'abord aux partis conservateurs ou catholiques (cf. en Angleterre, en Belgique, en Allemagne...), d'autre part et ensuite, aux partis socialistes. En France, en tout cas jusqu'au début du XXe siècle, on ne trouve ni l'un, ni l'autre. Les catholiques sont cantonnés dans l'opposition, mais l'opposition au régime (plus que l'opposition politique). Ils sont hors du système politique puisqu'ils rejettent la République. Quant au socialisme parlementaire, il s'implante plutôt tardivement en France. Le souvenir de la «Commune», la spécificité du mouvement ouvrier, les divisions en de multiples chapelles

---

6 *Cf.* François ROTH: *Raymond Poincaré. Un Homme d'Etat Républicain.* Paris 2001.

privent les socialistes d'un véritable poids jusqu'à la Première Guerre mondiale.[7]

Le libéralisme, politique surtout nous l'avons dit, est essentiellement porté par des hommes. Ferry, Waldeck-Rousseau, Poincaré mettent en œuvre une politique républicaine, donc libérale.

Dans la seconde partie de la Troisième République, ce sont les radicaux qui semblent les plus proches de l'idéal libéral, même s'ils s'affirment, en 1901, hostiles au libéralisme économique. Mais ils ne sont pas disciplinés, se divisent fréquemment et ne sont pas seuls au centre à défendre un credo libéral.

La Troisième République, par ses gouvernements de coalition et ses personnalités les plus notables, a mis en œuvre la plupart des grands principes du libéralisme politique. Elle l'a fait sans un véritable parti libéral, et sans pour autant réduire le poids de l'Etat et de la loi.

Résumé

Dans la France de la Troisième République, c'est le libéralisme politique, plus que le libéralisme économique, qui a triomphé; il a été incarné essentiellement par des personnalités et des courants, mais jamais par de véritables partis politiques.

Les républicains arrivés au pouvoir en 1879 s'appuyèrent sur des majorités d'obédience laïque et libérale pour mettre en œuvre le «Programme de Belleville» (1869); les libertés civiques, les réformes scolaires et la laïcité, la réforme de la constitution dans un sens libéral : tels étaient les principaux points de ce programme.

L'influence de l'Etat et du pouvoir politique ont constitué un contrepoids à ce libéralisme pour lequel les droits de l'individu au sein de la nation n'étaient pas moins sacrés que la nation elle-même.

Les républicains de centre gauche qui ont été au pouvoir en France jusqu'à la Première Guerre mondiale n'étaient pas des libéraux au sens propre du terme. Le Parti radical rejetait le libéralisme économique; la politique économique française est restée marquée par le protectionnisme. Selon un principe conducteur prévalant en France, la politique économique devait rester

---

7   On dénombre à peine 50 socialistes, très divisés entre eux d'ailleurs, dans la Chambre de 1893 et pas plus en 1902 (ce qui représente moins de 10% des effectifs). Jean Jaurès, élu en 1893, est battu en 1898. La SFIO est constituée en 1905, mais, si l'on excepte la période de la guerre, elle ne participera au gouvernement qu'en 1936.

subordonnée au pouvoir politique; l'Etat, qui ne favorisait pas la décentralisation, intervenait de manière directive dans le domaine de la politique sociale.

Zusammenfassung

In der Zeit der Dritten Republik triumphierte in Frankreich eher der politische, als der wirtschaftliche Liberalismus; vertreten wurde er durch Persönlichkeiten und Strömungen, aber nie durch wirkliche politische Parteien.

Die Republikaner, die 1879 an die Macht kamen und sich auf Mehrheiten der laizistisch und liberal orientierten linken Mitte stützten, setzten das «Programm von Belleville» (1869) um: dessen Hauptpunkte waren bürgerliche Freiheiten, Schulreform und Laizität sowie eine Verfassungsreform im liberalen Sinne.

Der Einfluss des Staates und der politischen Macht bildete ein Gegengewicht zu diesem Liberalismus, nach dessen Konzeption die Rechte des Einzelnen in der Nation nicht weniger heilig waren als die Nation selber.

Die Republikaner der linken Mitte, die Frankreich bis zum Ersten Weltkrieg regierten, waren keine Liberalen im eigentlichen Sinn des Wortes. Die radikale Partei lehnte den Wirtschaftsliberalismus ab; die französische Wirtschaftspolitik blieb protektionistisch geprägt. Nach dem in Frankreich geltenden Leitprinzip sollte sie der politischen Macht untergeordnet sein; der Staat, der nicht die Dezentralisation begünstigte, griff auf dem Gebiet der Sozialpolitik maßgeblich ein.

Der Liberalismus in Deutschland, 1890 bis 1933

Karl Heinrich POHL

Die Liberalismusforschung hat in den 1990er Jahren einen erheblichen Aufschwung genommen und zugleich einen deutlichen Wandel durchgemacht:[1] Die Bewertung liberaler Politik ist offener, ja positiver geworden.[2] Es wird gegenwärtig keineswegs mehr nur von einem Niedergang des (politischen) Liberalismus im Verlauf des 19. und 20. Jahrhunderts gesprochen – vom 21. Jahrhundert, mit seinen offensichtlich glänzenden Aussichten für einen keineswegs modernen Liberalismus ganz zu schweigen –, sondern es wird mehr und mehr auch auf bis heute bleibende vorwärtsweisende Elemente (sozial)liberaler Politik hingewiesen.[3]

Der Aufschwung der Forschung und diese Akzentverschiebung im Urteil hängen sicherlich mit der Intensivierung der Bürgertumsforschung zusammen. Hier vollzog sich – u.a. dank der langjährigen Forschungen in Frankfurt und Bielefeld – in den letzten Jahrzehnten eine deutliche Relativierung der These von der generellen Schwäche des Bürgertums in Deutschland.[4] Diese Einsicht hat auch für die Bewertung des politischen Liberalismus – der wohl unumstritten wichtigsten politischen Aggregationsform des Bürgertums auf

---

1   Dieter LANGEWIESCHE: *Liberalismus in Deutschland*. Frankfurt 1988; DERS. (Hrsg.): *Liberalismus im 19. Jahrhundert. Deutschland im europäischen Vergleich*. Göttingen 1988; Lothar GALL/Dieter LANGEWIESCHE (Hrsg.): *Liberalismus und Region*. München 1995 sowie Dieter HEIN: *Bürgertum*. In: *Fischer Lexikon Geschichte*. Frankfurt/Main 2003, S. 162-179 und Andreas SCHULZ: *Lebenswelt und Kultur des Bürgertums im 19. und 20. Jahrhundert*. München 2005.

2   Jürgen KOCKA (Hrsg.): *Bürgertum im 19. Jahrhundert. Deutschland im europäischen Vergleich*, 3 Bde. München 1988, Lutz NIETHAMMER: *Bürgerliche Gesellschaft in Deutschland. Historische Einblicke, Fragen, Perspektiven*. Frankfurt/Main 1990.

3   Vgl. dazu knapp und in die Problematik einführend: Karl Heinrich POHL: *Die Nationalliberalen – eine unbekannte Partei?* In: *Jahrbuch zur Liberalismusforschung*, Nr. 3, 1991, S. 82-112 sowie Lothar GALL (Hrsg.): *Bürgertum und bürgerlich liberale Bewegungen in Mitteleuropa seit dem 18. Jahrhundert*. München 1997. Vgl. dazu auch die letzten Bände des Jahrbuchs für Liberalismus-Forschung, insbesondere Jahrgang 2007 (Themenschwerpunkt: «Eugen Richter und der Liberalismus seiner Zeit»).

4   Peter LUNDGREEN (Hrsg.): *Sozial- und Kulturgeschichte des Bürgertums. Eine Bilanz des Bielefelder SFB (1986-1997)*. Göttingen 2000; Lothar GALL (Hrsg.): *Stadt und Bürgertum im 19. Jahrhundert*. München 1990 sowie Dieter HEIN: *Stadt und Bürgertum im 19. Jahrhundert. Ein Frankfurter Forschungsprojekt*. In: *IfS*, 1991, S. 15-21.

politischer Ebene – einen erheblichen Einfluss gehabt. Gleichfalls nicht zu unterschätzen ist der Einfluss der Nationalismusforschung.[5] Zwar ist seit langer Zeit bekannt, dass nationales und liberales Denken im 19. Jahrhundert eng zusammengehören. Eine eher positive Deutung dieser Tatsache hat jedoch erst mit der politischen Wende seit 1989 an Gewicht gewonnen.

Das Thema «Liberalismus» ist also gegenwärtig – nicht nur politisch – «in». Es wird so umfassend diskutiert und ist so «im Fluss», dass es völlig unmöglich ist, auf nur wenigen Seiten den Versuch wagen zu wollen, eine substantielle Zusammenfassung wichtiger Aspekte zu liefern. Aus diesem Grunde werde ich hier einen anderen Weg einschlagen: Ich werde zwei verschiedene – aber besonders gravierende – Facetten aus der Gesamtthematik «Liberalismus» herausgreifen und versuchen, aus zwei verschiedenen Perspektiven und unter Berücksichtigung von zwei verschiedenen methodischen Ansätzen, einige wesentliche Elemente des deutschen Liberalismus zu verdeutlichen. Mit diesem Verfahren glaube ich, «Einheit» und «Vielfalt», «Macht» und «Ohnmacht», «Kontinuitäten» und «Diskontinuitäten» sowie «Modernität» oder «Zurückgebliebenheit» des politischen Liberalismus wenigstens in Ansätzen fassen zu können und damit auch dem Stand der Forschung in etwa gerecht zu werden. Dabei werde ich versuchen, auch auf die strukturelle Verankerung des Liberalismus im gesellschaftlichen System Deutschlands einzugehen.[6] Eine faktengesättigte politische Kurzdarstellung ist dagegen nicht geplant.

Bei der Untersuchung der strukturellen Verankerung des Liberalismus im späten deutschen Kaiserreich – der einen Perspektive – werde ich mich auf die Ebene der Länder und der Kommunen konzentrieren. Die Ebene der Reichspolitik lasse ich bewusst aus, da der Liberalismus in dieser Zeit dort – anders als in der frühen 70er Jahren des 19. Jahrhunderts – eine eher beschränkte Rolle spielte. Auf der Ebene der Länder hingegen – noch wenig erforscht – soll die «Modernität» und der Einfluss des politischen Liberalismus vor allem am Beispiel Sachsens dargestellt werden.[7] Dabei möchte ich deutlich machen, dass auf den Gebieten der Wirtschafts-, Sozial- und Wahlrechtspolitik – Gebieten also, auf denen die Liberalen häufig als ausgesprochen «unsozial» und antimodern angesehen werden – ein erhebliches Inno-

---

5 Vgl. nur Benedict ANDERSON: *Die Erfindung der Nation*. Frankfurt 1988, Hans-Ulrich WEHLER: *Nationalismus. Geschichte – Formen – Folgen*. München 2001 und DERS. (Hrsg.): *Aspekte des Nationalismus*. Göttingen 2000.
6 Vgl. dazu Karl Heinrich POHL: *Der Liberalismus im Kaiserreich*. In: Rüdiger VOM BRUCH (Hrsg.): *Friedrich Naumann und seine Zeit*. Berlin/New York 2000, S. 65-90 und DERS.: *Liberalismus und Bürgertum 1800-1918*. In: Lothar GALL (Hrsg.): *Bürgertum und bürgerlich liberale Bewegung*, S. 231-291.
7 Simone LÄSSIG/Karl Heinrich POHL (Hrsg.): *Sachsen im Kaiserreich. Politik, Wirtschaft und Gesellschaft im Umbruch*. Weimar/Köln/Wien 1997.

vationspotential bestand, das bislang in der Forschung stark unterschätzt worden ist. Auf der kommunalen Ebene wiederum – *der* politischen Handlungsebene des deutschen Liberalismus schlechthin – soll die Fortschrittlichkeit des liberalen Politikmodells vor dem Ersten Weltkrieg vor allem am Beispiel der bayerischen Landeshauptstadt München untersucht werden.[8]

Darüber hinaus versuche ich – das ist die andere Perspektive – am Beispiel von zwei sehr verschiedenen liberalen Persönlichkeiten (Hellmut von Gerlach auf der einen und Gustav Stresemann auf der anderen Seite) einige vor allem politisch akzentuierte Aspekte des Liberalismus hervorzuheben.[9] Hierbei liegt der zeitliche Schwerpunkt eher in der Weimarer Republik. Die Zeit des Kaiserreiches wird jedoch mit einbezogen. In diesem Teil geht es vor allem um konkrete liberale Politik und um grundsätzliche liberale Politikvorstellungen – und zwar in ihrer ganzen Breite. Ein solcher biographischer Ansatz stützt sich auf die (begründete) Auffassung, dass es im Liberalismus vor allem die einzelne bürgerlich-liberale *Persönlichkeit* ist, die das Bürgertum und den Liberalismus kennzeichnet und konstituiert. Ziel dieses Teiles ist es, anhand der beiden verschiedenen Persönlichkeiten, vor allem den Facettenreichtum der Liberalen hervorzuheben, ein Merkmal, das zugleich die Stärken und die Schwächen des deutschen Liberalismus kennzeichnet.

---

8   Manfred HETTLING: *Politische Bürgerlichkeit. Der Bürger zwischen Individualität und Vergesellschaftung in Deutschland und der Schweiz von 1860 bis 1918*, Habilitationsschrift (Ms.) Bielefeld 1997. Die gedruckte Fassung (Göttingen 1999) wurde um die Münchner Passagen gekürzt. Ferner: Karl Heinrich POHL: *Die Münchener Arbeiterbewegung. Sozialdemokratische Partei, Freie Gewerkschaften, Staat und Gesellschaft in München 1890-1914*. München u.a. 1992; Friedrich PRINZ/Marita KRAUSS (Hrsg.): *München – Musenstadt mit Hinterhöfen. Die Prinzregentenzeit 1886 bis 1912*. München 1988 und Wilfried RUDLOFF: *Die Wohlfahrtsstadt. Kommunale Ernährungs-, Fürsorge- und Wohnungspolitik am Beispiel Münchens 1910-1933*, 2 Bde. Göttingen 1998. Ferner: Karl Heinrich POHL: *Nationalliberalismus und Kommunalpolitik in Dresden und München vor 1914*. In: James RETALLACK (Hrsg.): *Sachsen in Deutschland. Politik, Kultur und Gesellschaft 1830-1918*. Bielefeld 2000, S. 171-188.
9   Vgl. hierzu Christian KOCH (Hrsg.): *Vom Junker zum Bürger. Hellmut von Gerlach – Demokrat und Pazifist in Kaiserreich und Republik*, München 2009 sowie Karl Heinrich POHL: *Gustav Stresemann: A German Bürger?* In: Simone LÄSSIG/Volker BERGHAHN (Hrsg.): *Biography between structure and agency. Central European lives in international historiography*. New York/Oxford 2008, S. 51-71.

Der Liberalismus in den Ländern des Kaiserreiches: Das Beispiel Sachsen

Der Rückzug der Liberalen aus der Reichspolitik hat häufig zu dem Irrtum geführt, ihr Einfluss insgesamt sei zurückgegangen. Das aber stimmt vor allem dann nicht, wenn man sich der Ebene der Länder- und Kommunalpolitik zuwendet.[10] Sachsen, aber auch Bayern, Württemberg und Baden[11] können als Beleg dafür dienen, dass eine Bündelung und politische Aktivierung der liberalen Kräfte auf Landesebene im ausgehenden 19. Jahrhundert keineswegs die Ausnahme darstellte, selbst wenn der Liberalismus dort lange Zeit nur schwach verankert war. In Sachsen etwa spielten die Liberalen bis in die 1890er Jahre hinein nur eine marginale Rolle. Zu Beginn des 20. Jahrhunderts jedoch formierte sich dort ein neuartiges Bündnis von industriellen Eliten und bürgerlichen Liberalen, das innerhalb weniger Jahre zum aktivsten politisch-gesellschaftlichen Faktor im Lande wurde.

Zweifellos ist für diese Entwicklung in Sachsen ein Bündel von speziellen Faktoren maßgebend gewesen. Einige Aspekte lassen sich aber auch verallgemeinern. Zum einen spielte die Verhärtung der Politik der konservativen Partei nach dem Gewinn der Zweidrittelmehrheit im Landtag eine wichtige Rolle.[12] Bedeutend war ferner der rasante Aufstieg der Sozialdemokratie bei den Reichstagswahlen. Er machte es für einen sozial angehauchten sächsischen Jungnationalliberalismus geradezu notwendig, eine veränderte Politik

---

10 Vgl. dazu einleitend: Lothar GALL: *Das liberale Milieu.* Die Bedeutung der Gemeinde für den deutschen Liberalismus. In: Liberalismus und Gemeinde. 3. Rastatter Tag zur Geschichte des Liberalismus am 10./11. November 1990. St. Augustin 1991, S. 17-33 sowie Karl Heinrich POHL: *Einig, kraftvoll, machtbewußt. Überlegungen zu einer Geschichte des deutschen Liberalismus aus regionaler Perspektive.* In: HMRG, Nr. 7, 1994, S. 61-80.

11 Zusammenfassende Studien über den Liberalismus in diesen beiden Ländern stehen nach wie vor noch aus. Die verdienstvollen Beiträge in dem Sammelband von Lothar Gall und Dieter Langewiesche (Liberalismus in der Region), geben dazu keine Auskunft. Zu Bayern immer noch wichtig: Joachim REIMANN: *Ernst Müller-Meiningen senior und der Linksliberalismus in seiner Zeit.* Zur Biographie eines bayerischen und deutschen Politikers (1866-1944). München 1968.

12 James RETALLACK: *Die «liberalen» Konservativen? Konservativismus und Antisemitismus im industrialisierten Sachsen.* In: Simone LÄSSIG/Karl Heinrich POHL (Hrsg.): *Sachsen im Kaiserreich* (wie Anm. 7), S. 133-148 und DERS.: *Notables of the Right:* The Conservative Party and Political Mobilization in Germany, 1876-1918. London/Boston 1988.

einzuschlagen.[13] Nicht zuletzt spielte die Wirtschaftskrise der Jahrhundertwende eine große Rolle. Sie hatte die sächsische Industrie in besonderem Maße getroffen und die sächsischen Industriellen veranlasst, sich endgültig in einem schlagkräftigen Verband zu organisieren.

Die Ehe von reformbereitem Nationalliberalismus und neu entstandenem Verband Sächsischer Industrieller (VSI) stellte mithin das Ergebnis von latenten politischen und wirtschaftlichen Defiziten dar. Zugleich aber signalisierte sie den Beginn einer sich verändernden Politik in Sachsen. Sie verschaffte der Industrie mehr politischen Einfluss und gab dem politischen Liberalismus Gelegenheit, sich von den Konservativen zu lösen und eigene Zielsetzungen anzuvisieren. Man kann geradezu von einem Akt liberaler Selbstbefreiung sprechen – der sich übrigens nicht nur auf Sachsen beschränkte.[14]

Liberale Vertreter der verarbeitenden Industrie gelangten nun sehr schnell ins Zentrum von Politik und Wirtschaft, während sich die stärker auf Kooperation mit den Konservativen fixierte Großindustrie fortab nur noch in einer (starken) Minderheitsposition wiederfand.[15] Eine neue Generation junger, national, zum Teil auch sozial orientierter liberaler Politiker, ideologisch flexibel, in der Regel in der Wirtschaft geschult, betrieb eine pragmatische und funktionale Politik, war ideologisch nicht festgelegt und stellte eine enge Verbindung von Wirtschaftsverbänden und Parteiorganisation her.[16] Auf diese Weise gelang es diesem «neuen» Liberalismus organisatorisch eine enge Verbindung zu den Wirtschaftsverbänden und zugleich auch zu den nationalen Kampfverbänden herzustellen. Dadurch kam es zeitweise zu einer Integration eines weiten kleinbürgerlichen Umfeldes.

Aus einer Honoratiorenpartei, die im Jahre 1888 in ganz Sachsen gerade einmal 838 «eingeschriebene» Mitglieder besaß, wurde binnen kurzem zwar noch keine Massenpartei, wohl aber eine mitgliederstarke Organisation. Von etwa 1.530 Mitgliedern im Jahre 1895 stieg sie auf über 11.850 im Jahre 1907 und schließlich auf beachtliche 19.950 im Jahre 1910, um sich in den nächsten Jahren in dieser Größenordnung einzupendeln. Der gegenwärtige

---

13 Simone LÄSSIG: *Wahlrechtskampf und Wahlreform in Sachsen (1895-1909)*. Köln/Weimar/Wien 1996. Vgl. auch Karsten RUDOLPH: *Die sächsische Sozialdemokratie. Vom Kaiserreich zur Republik 1871-1923*. Weimar/Köln/Wien 1995.
14 BdI und Hansa-Bund können durchaus als partiell vergleichbare Industrieverbände gewertet werden; vgl. Hans-Peter ULLMANN: *Interessenverbände in Deutschland*. Frankfurt/Main 1988.
15 Vgl. zu diesem Komplex Simone LÄSSIG/Karl Heinrich POHL: *Sachsen im Kaiserreich* (wie Anm. 7).
16 Karl Heinrich POHL: *Politischer Liberalismus und Wirtschaftsbürgertum*: Zum Aufschwung der sächsischen Liberalen vor 1914. In: LÄSSIG/POHL: *Sachsen im Kaiserreich* (wie Anm. 7), S. 101-131; danach auch die folgenden Gedanken.

politische Liberalismus in Sachsen – mit seinen gerade einmal 2.600 Mitgliedern[17] – wäre sicherlich froh, jemals eine ähnliche Anzahl von eingeschriebenen Parteimitgliedern verzeichnen zu können. Auch in der sozialen Struktur entwickelte sich die Partei zu einer bürgerlich-kleinbürgerlichen «Mittelpartei» – wie das Beispiel Dresdens belegt. Der (National-)Liberalismus besaß dort seine Sympathisanten in der unteren (knapp 40%), vor allem aber in der oberen Mittelschicht (etwa 30%); Arbeiter gab es kaum (nur etwa 2%). Selbstständige, Gesellen oder Meister und selbstständige Meister stellten weiterhin einen Block von einem Viertel ihrer Klientel dar, etwas kleiner als die der Beamten mit 26%, aber stärker als die der Angestellten mit etwa 18%.[18]

Im Landtag traten diese «neuen» Liberalen für eine moderate Wahlrechtsreform ein und überwanden damit alte Ängste gegen eine allmähliche Demokratisierung des Wahlrechtes. Das neue sächsische Wahlrecht aus dem Jahre 1907 stellte gegenüber dem plutokratischen Klassenwahlrecht des Jahres 1895 eine erhebliche Verbesserung dar – auch wenn das in der Forschung nicht immer entsprechend gewürdigt worden ist.[19] Zwar ist ein blanker Egoismus des Liberalismus bei der Gestaltung des Wahlrechtes auch hier nicht zu verkennen. Hinter der Reformbereitschaft stand aber auch die Erkenntnis, dass die Sozialdemokratie sich im Parlament artikulieren dürfen müsse. Ein Wahlrecht wie das aus dem Jahre 1895, in dem 80% der Wähler – und vor allem die der Sozialdemokratie – nicht vertreten waren, erschien diesen Liberalen nicht nur politisch unklug, sondern auch unzeitgemäß. Immerhin: Auch das neue Wahlrecht war restriktiv. Es verhinderte eine sozialdemokratische «Überflutung» der zweiten Kammer. Es ließ aber doch einen starken Mandatsanteil auch der Sozialdemokratie zu. Im Ergebnis kam es schließlich im sächsischen Landtag zu etwa drei gleichstarken politischen Blöcken: Konservative, Liberale und Sozialdemokraten. Eine Kooperation der Mittelpartei, den Nationalliberalen, mit beiden «Flügelparteien» war fortab nicht mehr völlig auszuschließen.

17 Stand August 2009.
18 Schichtungsmodell nach Reinhard SCHÜREN: *Soziale Mobilität, Muster, Veränderungen. Bedingungen im 19. und 20. Jahrhundert*. St. Katharinen 1989. Daten nach Karl Heinrich POHL: *Power in the City: Liberalism and Local Politics in Dresden and Munich*. In: James RETALLACK (Hrsg.): *Saxony and German History: Culture, Society, and Politics, 1830-1933*. Michigan 2000, S. 289-308.
19 Vgl. dazu nur – den ansonsten in jeder Beziehung wegweisenden – Aufsatz von Gerhard A. RITTER: *Das Wahlrecht und die Wählerschaft im Königreich Sachsen*. In: DERS. (Hrsg.): *Der Aufstieg der deutschen Arbeiterbewegung*. Sozialdemokratie und Freie Gewerkschaften im Parteiensystem und Sozialmilieu des Kaiserreichs. München 1990, S. 49-101.

Im Kern beruhte diese neue Blüte des Liberalismus auf einer nationalen und industriellen Sammlungsbewegung, mit der es gelang, die Stadt gegen das Land zu mobilisieren. Die seit den 1890er Jahren vehement geführte Debatte Industriestaat versus Agrarstaat bildete daher eine Bedingung dieses liberalen Aufschwungs.[20] Gleichzeitig ermöglichte diese Frontstellung aber auch eine – sicherlich vorerst nur in Ansätzen zu realisierende – Annäherung an die Sozialdemokratie. Die sächsische Entwicklung schwächte und relativierte deshalb in erheblichem Ausmaß die Verkrustung und «Versäulung» des politischen Lebens auf der Reichsebene. Sie ermöglichte eine allmähliche Aufweichung und Öffnung der politischen Großblöcke.[21]

Die im VSI zusammengefasste, politisch vom Liberalismus dominierte, kleinbetriebliche und mittelständische Industrie erwies sich zudem auch auf dem Gebiet wirtschafts- und sozialpolitischer Fragen zu einer vorsichtigen Öffnung gegenüber sozialdemokratischen Positionen bereit. In Ansätzen wurde sogar das Modell einer «Sozialpartnerschaft» zwischen Kapital und Arbeit akzeptiert und die sonst verfemten Freien Gewerkschaften als legitime Ansprech- und Verhandlungspartner ernst genommen. Man wird die politische Richtung, die der VSI dem politischen Liberalismus in Sachsen gab – wenn man die sozialpolitischen Vorstellungen des gegenwärtigen politischen Liberalismus sowie der ihm nicht fern stehenden Unternehmerverbände in der Bundesrepublik zum Vergleich heranzieht – geradezu als einen Ausbund an sozialer Verantwortung bezeichnen können. Dem gegenwärtigen kaum gebremsten Wirtschaftsliberalismus der Freien Demokraten stand mit dem sächsischen VSI und seiner nationalliberalen Filiale geradezu ein moderner «Sozialliberalismus» gegenüber. Allerdings blieb der Grundgegensatz zwischen Arbeit und Kapital auch bei ihm Geschäftsgrundlage. Trotz aller Elastizität und Flexibilität sahen VSI und Nationalliberale in Sozialdemokratie und Freien Gewerkschaften immer noch die Todfeinde des politischen und wirtschaftlichen Systems – die deswegen auch keine vollständigen «Bürgerrechte» erhalten durften.

Aus diesen Gründen muss das Urteil über die Modernität liberaler Länderpolitik im späten Kaiserreich ambivalent bleiben: Ansätzen von modernen Konfliktlösungsstrategien standen unverändert scharfe Positionen gegenüber,

---

20 Vgl. dazu Christoph NONN: *Soziale Hintergründe des politischen Wandels im Königreich Sachsen vor 1914*. In: LÄSSIG/POHL (Hrsg.): *Sachsen im Kaiserreich* (wie Anm. 7), S. 371-392.

21 Zur Bedeutung der sozialmoralischen Milieus für die Parteien im Kaiserreich vgl. Karl ROHE: *Wahlen und Wählertraditionen in Deutschland. Kulturelle Grundlagen deutscher Parteien und Parteiensysteme im 19. und 20. Jahrhundert*. Frankfurt/Main 1992; vgl. auch DERS.: *Sozialer Konflikt und politische Reform in Sachsen, Preußen und Deutschland 1914-1918*. In: RETALLACK: *Sachsen in Deutschland* (wie Anm. 8), S. 207-217.

die gegen die sozialistische Arbeiterbewegung gerichtet waren. Es schien in den Jahren vor dem Ersten Weltkrieg aber immerhin möglich, dass diejenigen Elemente, die die Kooperationen förderten, an Stärke gewinnen konnten.

Die Liberalen in der Kommune

Die kommunale Politik stellt eine wichtige Ebene des politischen, wirtschaftlichen und kulturellen Geschehens dar. Für das Deutsche Reich ist zudem kennzeichnend, dass die Kommunen im Unterschied zu vielen anderen europäischen Ländern weitreichende Rechte besaßen. Es verblieben erhebliche Kompetenzen und «Freiheiten» bei den Kommunen, die ihnen einen eigenen Handlungsspielraum ließen. Dies galt auch für die Finanzen. Das Recht auf eigene Einnahmen war geradezu ein konstitutives Merkmal deutscher kommunaler Selbstständigkeit.

Zwar besaß auch im Kaiserreich der Staat die generelle Aufsicht über die Gemeinden, kontrollierte die Polizei und nahm die meisten Rechte in der Steuererhebung wahr. Zudem hatte er Einfluss auf die Besetzung der Oberbürgermeisterposten. Trotzdem blieb aber immer noch ein deutlicher kommunaler Freiraum. Politik in den Gemeinden war daher nicht nur untergeordnete, abhängige Verwaltung, sondern auch eigenverantwortliche, frei gestaltete Politik. In einer Investitionsbilanz der deutschen Volkswirtschaft beispielsweise nahm die kommunale Investitionstätigkeit den wichtigsten Platz ein. Etwa 60% aller öffentlichen Investitionen entfielen in den Jahren 1913/14 auf die Gemeinden. Bezogen auf die Gesamtinvestitionen, die in diesem Zeitraum von der deutschen Volkswirtschaft getätigt wurden, machten sie immerhin noch gut 12% aus – wahrlich keine zu unterschätzende Größenordnung.[22]

In den Städten gelang es den Liberalen nun, entscheidend bei der Gestaltung der alltäglichen Lebenswelt mitzuwirken. Man kann von den Kommunen geradezu als einem Politikfeld sprechen, das sie fast unumschränkt dominierten.[23] Die kommunale Ausprägung des entstehenden Sozialstaats ist eine

---

22   Karl Heinrich KAUFHOLD: *Investitionen der Städte im 19. und 20. Jahrhundert. Einführung*. In: DERS. (Hrsg.): *Investitionen der Städte im 19. und 20. Jahrhundert*. Köln/Weimar/Wien 1997, S. XXIII. Zum Themenkomplex vgl. auch Jürgen REULECKE (Hrsg.): *Die Stadt als Dienstleistungszentrum. Beiträge zur Geschichte der «Sozialstadt» in Deutschland im 19. und frühen 20. Jahrhundert*. St. Katharinen 1995.
23   Mit einer weiterreichenden Perspektive Klaus TENFELDE: *Stadt und Bürgertum im 20. Jahrhundert*. In: DERS.: Hans-Ulrich WEHLER (Hrsg.): *Wege zur Geschichte des Bür-*

der ganz wesentlichen Leistungen des deutschen Kommunalliberalismus: Die moderne städtische Leistungsverwaltung, die Schulpolitik (meist im harten Widerstreit gegen Zentrum und Konservative), die Wirtschafts- und Sozialpolitik, die Installierung von Arbeitsämtern und Gewerbegerichten, die Kooperation mit Gewerkschaftskartellen und Arbeitersekretariaten, die Förderung von Krankenkassen und die Forcierung der Wohnungsbaupolitik, die Errichtung von Kunsthallen und Volkstheatern, der Aufbau von Volkshochschulen und städtischen Bücherhallen, der Bau von Volksbädern und Schlachthöfen, die Einführung von Straßenbahnen, Kanalisation, Elektrifizierung, die Liste dieser Tätigkeitsfelder ließe sich fortsetzen. All dies gehört zum liberalen Erfolgskatalog.[24]

Ins Auge sticht dabei, dass der «Kommunalliberalismus» die Politik eines munizipalen Sozialismus tatkräftig unterstützte. Die Tradition der Gemeinde als eines Raumes, der die Entfaltung des Einzelnen zum Wohle der Allgemeinheit auch begrenzen konnte, war offensichtlich auch im 20. Jahrhundert noch – zumindest ansatzweise – handlungsbestimmend. Nicht zuletzt deswegen gab es auf diesem Gebiet im späten Kaiserreich erhebliche Annäherungen zum Reformflügel der Sozialdemokratie. Diese Feststellung ist insofern verwunderlich, als die politischen Ausgangsvoraussetzungen für eine solche «moderne» Politik der Integration für fast alle Kommunen außergewöhnlich schlecht zu sein schienen. Sie alle zeichneten sich nämlich durch ein besonders restriktives Wahlrecht aus, das – im Gegensatz zu dem der meisten Länder – im Laufe der Zeit kaum demokratisiert wurde. Im Gegenteil: Das an und für sich schon undemokratische Wahlrecht wurde häufig sogar noch «verschlechtert», und die Liberalen waren meist der Verursacher dieser Politik.[25] Kommunale Wahlrechtspolitik lässt sich geradezu als eine

---

gertums. Göttingen 1994, S. 317-353. Hier seien nur einige wegweisende kommunale Studien erwähnt, die das Dargestellte bestätigen: Hans-Walther SCHMUHL: *Die Herren der Stadt. Bürgerliche Eliten* und städtische Selbstverwaltung in Nürnberg und Braunschweig vom 18. Jahrhundert bis 1918, Gießen 1998, Gisela METTELE: *Bürgertum in Köln 1775. Gemeinsinn und freie Association*. München 1998 und Andreas SCHULZ: *Vormundschaft und Protektion*. Eliten und Bürger in Bremen 1750-1880. München 2001.

24 So der Trend aller Studien, die aus der Schule Lothar Galls stammen. Paradigmatisch dafür Ralf ROTH: *Stadt und Bürgertum in Frankfurt am Main*. Ein besonderer Weg von der ständischen zur modernen Bürgergesellschaft 1760-1914. München 1996.

25 Merith NIEHUSS: *Strategien zur Machterhaltung bürgerlichen Eliten am Beispiel kommunaler Wahlrechtsänderungen im ausgehenden Kaiserreich*. In: Heinrich BEST (Hrsg.): *Politik und Milieu*. Wahl- und Elitenforschung im historischen und interkulturellen Vergleich. St. Katharinen 1989, S. 60-91; Karl Heinrich POHL: *Kommunen, kommunale Wahlen* und kommunale Wahlrechtspolitik: Zur Bedeutung der Wahlrechtsfrage für die Kommunen und den deutschen Liberalismus. In:

durch und durch undemokratische Strategie zur Machterhaltung der kommunalen (liberalen) Eliten bezeichnen. Insofern kann man die liberale Politik in den Kommunen nicht als modern oder demokratisch bezeichnen.

Es fällt allerdings auf, dass diese restriktive und «undemokratische» Haltung zugleich mit einem ausgeprägten Verständnis von «kommunalem Parlamentarismus» gepaart war. Das restriktive Wahlrecht scheint geradezu eine Vorbedingung für eine solche Entwicklung gewesen zu sein. Denn es gab in vielen Städten des Reiches Ansätze, die Gleichberechtigung aller Vertreter ohne große Vorbehalte anzuerkennen. Sehr oft wurden alle – also auch die wenigen Sozialdemokraten – in die kommunale Arbeit eingebunden. Es wurde daher nicht nur in Ausnahmefällen über alle ideologischen Gräben hinweg kooperiert und eine in der Sache oftmals auch von der Sozialdemokratie mitgetragene Kommunalpolitik betrieben.[26]

Tatsächlich kann man in verschiedenen Kommunen kurz vor dem Ersten Weltkrieg so etwas wie einen «funktionierenden Parlamentarismus» erkennen, mit Fraktionsbildungen, die alle «Parteien» einschlossen – auch die Sozialdemokratie. Wenn man das eine moderne, fortgeschrittene «parlamentarische Kultur» nennen will, war das politische Klima in einigen Kommunen durchaus fortgeschritten, fortgeschrittener jedenfalls als im Reichstag und den meisten Länderparlamenten. Selbst die Sozialdemokratie – sonst jeder staatlichen Wohltat abhold – feierte die liberale deutsche Kommunalpolitik als eine außerordentliche Errungenschaft, an der zwar noch vieles zu verbessern sei, die aber zeige, dass im bestehenden Staat wichtige sozialdemokratische Forderungen zu verwirklichen seien – unter Mitarbeit der Sozialdemokratie.

Als Bilanz liberaler Kommunalpolitik ist daher festzuhalten, dass die ausgeprägte Honoratiorenstruktur – die egalitären Bemühungen hartnäckig widerstand – das vorherrschende Ideal blieb. Diese Form war jedoch gewollt und beruhte auf dem Selbstverständnis der Liberalen als politisch tätige Bürger. Ein solches Verhalten kann man jedoch auch als Vorbedingung für die große Flexibilität und Innovationsfähigkeit des kommunalen Liberalismus interpretieren. Er war in der Lage, gleichzeitig eine kommunale Fachverwaltung aufzubauen und die städtische Lebenswelt grundlegend zu modernisieren, ja, schließlich sogar die Grundlagen für den modernen Sozialstaat zu legen. Trotz der immanenten Grenzen sollte man daher die kommunale Poli-

---

Simone LÄSSIG/Karl Heinrich POHL/James RETALLACK (Hrsg.): *Modernisierung und Region im wilhelminischen Deutschland*. Wahlen, Wahlrecht und Politische Kultur, 2. Aufl. Bielefeld 1998, S. 89-126.

26 Karl Heinrich POHL: *Kommunen, Liberalismus und Wahlrechtsfragen*: Zur Bedeutung des Wahlrechts für die «moderne» Kommunalpolitik in Deutschland am Ende des 19. Jahrhunderts. In: *Jahrbuch zur Liberalismus-Forschung*, Nr. 13, 2001, S. 113-130, danach auch die folgenden Gedanken.

tik positiver bewerten als dies oft geschieht. Sie nur als traditional und rückständig zu klassifizieren, greift entschieden zu kurz. Es bleibt allerdings auch festzuhalten, dass vor 1914 nur wenige Ansätze zu entdecken sind, die «Honoratiorengesellschaft» hin auf eine demokratische «Staatsbürgergesellschaft» weiter zu entwickeln.

Kommunalpolitik in Bayern: Das Beispiel München

Am Fallbeispiel München soll im Folgenden konkretisiert werden, wie weit eine solche liberale kommunale Politik bereits im Kaiserreich führen konnte und inwieweit nationalsoziales Gedankengut direkt in die Kommunalpolitik einfloss. Zugleich wird an diesem Beispiel aber auch sichtbar, wo die Grenzen einer solchen Politik lagen.

München war – trotz der mehrheitlich katholischen Bevölkerung und des konservativen katholischen Umfeldes – seit «jeher» nicht nur bürgerlich geprägt, sondern auch politisch liberal.[27] Daran konnten auch die Bemühungen der Bayerischen Staatsregierung nichts ändern, die zeitweise massiv in die Schulpolitik einzugreifen versuchte, die Polizeigewalt an sich zog oder als Stadtoberhaupt nur einen Zentrumsangehörigen akzeptierte. In München entwickelte sich ein breit gefächertes liberales Spektrum, das sich vom dominierenden rechten Nationalliberalismus bis zu den wenigen Linksliberalen um Ludwig Quidde erstreckte – und bis zum Ende des 19. Jahrhunderts die kommunale Politik beherrschte. Als gemeinsamer «Feind» galt das «klerikale» Zentrum, weniger die reformorientierte Sozialdemokratie. Das Zentrum wirkte geradezu als Katalysator, um die divergierenden Elemente innerhalb des Liberalismus zusammenzubinden.

Die größte Gruppe im organisierten Münchner Liberalismus war im Wirtschaftsbürgertum verankert. Eine fast genau so wichtige Rolle spielte allerdings auch der alte Mittelstand, der vor allem die Handwerksmeister umfasste. Er bildete um die Jahrhundertwende immer noch etwa ein Viertel der liberalen Sympathisanten. Um diese Klientel musste der Liberalismus jedoch stark mit dem Zentrum ringen – und geriet dabei mehr und mehr ins Hintertreffen. Das immer einflussreichere Bildungsbürgertum stellte etwa ein Fünftel des liberalen Potentials. Alle Sparten des Beamtentums waren

---

27 Folgendes nach Karl Heinrich POHL: *Die Münchener Arbeiterbewegung* (wie Anm. 8).

dort vertreten; es gab sogar einige Offiziere – was in Preußen sicherlich undenkbar gewesen wäre.[28]

Der Liberalismus sah sich seit Mitte der 1890er Jahren allerdings einer wachsenden sozialdemokratischen und katholischen Konkurrenz ausgesetzt. Das liberale Stadtregiment arrangierte sich daraufhin sehr bald mit den Sozialdemokraten.[29] Es entwickelte sich dabei so etwas wie ein «sozial-liberales» kommunales Politikmodell, das vor allem im Bereich der Sozial- und Schulpolitik (hier vor allem gegen das Zentrum), aber auch bei dem Versuch, die Gegensätze zwischen Kapital und Arbeit zu entschärfen, als wegweisend bezeichnet werden kann. Diese Entwicklung wurde auch nicht mit der Landtagswahlrechtsreform von 1906 abgebrochen, mit deren Hilfe das Bayern mehr und mehr «beherrschende» Zentrum versuchte, jegliche politische Modernisierung zu unterdrücken.

Allerdings gab es auch in München – wie überall im Deutschen Reich – einen verbissenen Kampf der kommunalen liberalen Oligarchie gegen eine Demokratisierung des Wahlrechtes. In der bayerischen Landeshauptstadt blieb dieser jedoch langfristig ohne Erfolg.[30] Mit der kommunalen Wahlrechtsreform von 1908, die gemeinsam von der Bayerischen Regierung, dem Zentrum und der Sozialdemokratie vorangetrieben wurde, begann sich die Zusammensetzung des Gemeindebevollmächtigtenkollegiums mehr und mehr zugunsten der Sozialdemokratie (und des Zentrums) zu verändern. Nach den Wahlen von 1911 setzte sich das 60-köpfige Kollegium der Gemeindebevollmächtigten aus 24 Liberalen, 14 Zentrumsmitgliedern, zwei Hausagrariern, einem Antisemiten und bereits 19 Sozialdemokraten zusammen. Ein weiterer Zuwachs der Sozialdemokraten schien zudem vorprogrammiert.[31]

«Sozialliberale Politik» war unter diesen Umständen das Gebot der Zeit. Das Ausmaß der Zusammenarbeit fällt besonders auf dem Gebiet der Schulpolitik auf und auch dadurch, dass das Zentrum hier heftig opponierte.[32] Über-

---

28 Manfred HETTLING: *Politische Bürgerlichkeit* (wie Anm. 8), S. 117 ff. Dieser gehaltvollen Studie verdanke ich entscheidende Anregungen; danach auch die folgenden Gedanken.
29 Vgl. hierzu Karl Heinrich POHL: *Kommunen* (wie Anm. 25), S. 89-126.
30 Annelise KREITMEYER: *Zur Entwicklung der Kommunalpolitik der bayerischen Sozialdemokratie im Kaiserreich und in der Weimarer Republik unter besonderer Berücksichtigung Münchens*. In: *AfS* 25, 1985, S. 103-135.
31 Bei den letzten Wahlen, bei denen ein Drittel des Gremiums gewählt wurde, errangen die Liberalen fünf Sitze, das Zentrum sechs, die Sozialdemokratie aber acht Mandate. Siehe dazu POHL: *Arbeiterbewegung* (wie Anm. 8), S. 426 ff.; danach auch die folgenden Gedanken.
32 Karl Heinrich POHL: *Sozialdemokratie und Bildungswesen*: Das «Münchner Modell» einer sozialdemokratisch-bürgerlichen Schulpolitik und die Entwicklung der Volks-

raschend ist die enge Kooperation auf dem Gebiet der Wirtschafts- und Sozialpolitik. Die «Rationalisierung des Arbeitskampfes», also das allmähliche Überwiegen von vertraglichen Regelungen (Tarifverträgen) gegenüber durch Streiks und Aussperrungen erzwungenen kurzfristigen Lösungen, wurde in München im gemeinsamen Einverständnis schon seit Beginn des 20. Jahrhunderts favorisiert. Eine solche Strategie gilt in der deutschen Historiographie zu Recht als «modern».[33]

Ohne Übertreibung wird man daher von einem sozialpolitisch «milden» und parlamentarisch «fortgeschrittenen» Klima sprechen können. Es kam vor allem dadurch zustande, dass Kommune, Unternehmer und Gewerkschaften, Liberale und Sozialdemokraten (und auch das Zentrum) gleichberechtigt nebeneinander und miteinander agierten – und auf diese Weise in vielen Fällen Konflikte bereits im Entstehen beseitigten oder aber doch ihre Folgen gering hielten. Freie Gewerkschaften und Sozialdemokratie waren dabei ein geachteter und anerkannter Partner – auch wenn ihre Gleichberechtigung immer wieder neu und mühsam erkämpft werden musste.

Die Entwicklung in der Kommune München strahlte jedoch nur bedingt auf das Land aus. Im Gegenteil, nach den Landtagswahlen von 1912 setzte ein massiver Rechtsruck in der bayerischen Landespolitik ein. Zugleich ist aber zu betonen, dass es der bayerische Liberalismus war, der im gleichen Jahr ein weitgehendes Wahlkampfabkommen mit der Sozialdemokratie auch auf Landesebene einging, mit dem Ziel, eine gemeinsame «Koalitionsregierung» zu bilden. Auf diese Weise sollte das Zentrum mit seiner reaktionären Politik eliminiert werden. Der Liberalismus löste sich also auch in Bayern aus dem Getto der Kommunen, wenngleich der Erfolg bis zum Kriegsausbruch noch ausblieb. Das aber war exemplarisch für die Politik des Liberalismus insgesamt.

---

      und Fortbildungsschulen im Bayern der Jahrhundertwende. In: *ZBLG* Nr. 53, 1990, S. 79-101.

33   Vgl. hierzu nur Klaus SCHÖNHOVEN: *Arbeitskonflikte in Konjunktur und Rezession. Gewerkschaftliche Streikpolitik und Streikverhalten der Arbeiterschaft vor 1914.* In: Klaus TENFELDE/Heinrich VOLKMANN (Hrsg.): Streik. Zur Geschichte des Arbeitskampfes in Deutschland während der Industrialisierung. München 1981, S. 177-193. Ferner: Elisabeth JÜNGLING: *Streiks in Bayern 1889-1914.* Arbeitskämpfe in der Prinzregentenzeit. München 1986.

Die beiden liberalen Protagonisten:
Hellmut von Gerlach und Gustav Stresemann

Der Vergleich der beiden liberalen Antipoden Stresemann und von Gerlach führt auf ganz andere Politikfelder. Er unterscheidet sich zudem deutlich von dem strukturellen Zugriff und kann hier selbstverständlich nur sehr punktuell erfolgen. Beide Protagonisten stehen jeweils für eine bestimmte Facette des Liberalismus. Auf diese Weise kann seine Spannbreite in Kaiserreich und Weimarer Republik besonders gut verdeutlicht werden.[34]

Sozialisation im Kaiserreich

Nichts scheint bei den beiden Protagonisten verschiedenartiger gewesen zu sein als ihre Herkunft, ihre Sozialisation und ihr früher politischer Werdegang. *Gerlach*[35] hat seine Entwicklung unter dem plakativen Buchtitel «Von Rechts nach Links» selbst vorgegeben und eindringlich geschildert.[36] Allerdings bleibt zu vermuten, dass eine solch stringente Entwicklung – wie in dem Buch suggeriert – wohl keineswegs alle Lebensbereiche betraf. Habitus, kulturelle Einstellungen, Menschenbilder, bestimmte «adlige Eigenschaften» u. ä. veränderten sich sicherlich nicht in gleichem Maße wie die politische Haltung. Insofern kann man bei Gerlach eine starke Gleichzeitigkeit des Ungleichzeitigen feststellen, ein deutliches Nebeneinander von neuen (politischen) und alten (kulturellen) Elementen.[37]

Während viel dafür spricht, dass Gerlach politisch tatsächlich einen Weg von «rechts» nach «links» gegangen ist, liegen die Dinge bei *Stresemann* deutlich komplizierter.[38] Bei ihm zeichnet sich eher eine Entwicklung ab,

---

34 Vgl. dazu Karl Heinrich POHL: *Politischer Liberalismus und Wirtschaftsbürgertum*: Zum Aufstieg der Nationalliberalen vor 1914. In: LÄSSIG/POHL (Hrsg.): *Sachsen im Kaiserreich* (wie Anm. 7), S. 101-132.
35 Zu Gerlach vgl. neben seinen eigenen biografischen Schriften vor allem Ursula Susanna GILBERT: *Hellmut von Gerlach (1866-1935)*. Stationen eines deutschen Liberalen vom Kaiserreich zum «Dritten Reich». Frankfurt u.a. 1984.
36 Hellmut VON GERLACH: *Von Rechts nach Links. Der Lebensgang eines Junkers, mit einem Vor- und Nachwort von Emil Ludwig*. Zürich 1937 (=Frankfurt 1987).
37 Ebd., S. 230 ff.
38 Vgl. aus der nahezu uferlosen Stresemannliteratur nur Jonathan WRIGHT: *Gustav Stresemann. 1878-1929. Weimars größter Staatsmann*. München 2006; John P. BIRKELUND: *Gustav Stresemann. Patriot und Staatsmann. Eine Biografie*. Hamburg/Wien 2003 und Eberhard KOLB: *Gustav Stresemann*. München 2003.

die von einem linken Liberalen, der Stresemann in seiner «sächsischen Phase» gewesen ist, zu einem konservativen Liberalen in der Weimarer Republik führte.[39] Allerdings sind auf diesem Wege vielerlei Umwege zu beobachten. Vor allem die Richtung scheint nicht so eindeutig wie bei Gerlach gewesen zu sein. Allerdings sind auch bei Stresemann alte wie neue Elemente deutlich zu erkennen.

Die Unterschiede zwischen den beiden Protagonisten sind gewaltig. Trotz der Akkumulierung von Bildungskapital blieb Stresemann etwa neben dem sprachkundigen Gerlach immer ein gesellschaftlicher Stümper. Die dem anderen gewissermaßen angeborene soziale und kulturelle Sicherheit fehlte ihm Zeit seines Lebens.[40] Selbst als Außenminister war er ein gehemmter und unsicherer Gesellschafter, während Gerlach die notwendigen Umgangsformen schon in die Wiege gelegt worden waren. Er musste nichts tun, um die Fähigkeiten zu erwerben, die Stresemann immer nur unvollkommen beherrschte. Stresemann musste schwer kämpfen, um als liberaler Bürger anerkannt zu werden. Aber er war durch und durch ein «Wunschliberaler», ein «Wunschbürger», und vor allem, ein «Willensliberaler». Er wollte nach oben, unbändig, unbeirrt, mit aller Kraft und mit allen Mitteln. Aber: Als kulturell akzeptierter Bürger fühlte er sich immer ausgegrenzt.

Allerdings blieb auch Gerlach mehr oder weniger ein Außenseiter. Er war zwar bereits im Kaiserreich «oben», wurde in das «Oben» hineingeboren. Er kannte die Rechte der Herrschenden, profitierte vom System, ging die ersten Schritte im System – und wurde dann zum entschiedenen Gegner dieses Systems. Dazu brauchte es allerdings einen längeren Weg, auch Umwege. Das Ergebnis war dann aber eine komplette politische Abwendung von seiner Klasse und eine Hinwendung zum linksliberalen Bürgertum. Viele seiner Adelsgenossen hassten ihn deswegen, wollten nichts mehr mit dem Abweichler zu tun haben. Gerlach gelang es aber offenbar ohne Schwierigkeiten, sich im neuen linksliberal-bürgerlichen Milieu zu integrieren. Geholfen hat ihm dabei, dass er die dortigen gesellschaftlichen Codes kannte. In dieser Hinsicht unterscheiden sich beide Protagonisten massiv.

Bemerkenswert an beiden Lebensläufen ist zweierlei. Zum einen, auf welch unterschiedlichen Wegen man Bürger und Liberaler werden konnte. Man konnte – wie Stresemann – offenbar aus dem Kleinbürgertum ohne große Schwierigkeiten «aufsteigen» oder aber – wie Gerlach – aus dem Adel gewissermaßen «absteigen». Zum anderen wird deutlich, welche Chancen das Kaiserreich bot, um sich dort zu etablieren und das angeborene Milieu

---

39 Vgl. dazu Karl Heinrich POHL: *Gustav Stresemann – Überlegungen zu einer neuen Biographie*. In: DERS. (Hrsg.): *Politiker und Bürger. Gustav Stresemann und seine Zeit*. Göttingen 2002, S. 13-40.

40 Kurt KOSZYK: *Gustav Stresemann. Der kaisertreue Demokrat*. Köln 1989.

zu wechseln. Das Kaiserreich scheint jedenfalls eine weit größere soziale Durchlässigkeit besessen zu haben, als man gemeinhin annimmt. Das betrifft allerdings nur Bürgerliche und Liberale, kaum Sozialdemokraten.

Wegen dieser Durchlässigkeit und wegen der Chancen, die das System bot, konnte man daher als Liberaler das Kaiserreich und sein System auch aus ganz verschiedener Perspektive sehen. Das Urteil hing nicht zuletzt von der gesellschaftlichen Herkunft, der politischen Einstellung und den gesellschaftlichen Zukunftsvisionen sowie von den kulturellen Vorstellungen ab. Auf der einen Seite existierte die unbedingte, die linke Form des Liberalismus. Sie lehnte das kaiserliche System grundsätzlich ab. Sie sah in erster Linie die Klassengesellschaft, die Ungerechtigkeit des politischen Systems (trotz eines fortschrittlichen Wahlrechtes), die massive Ausgrenzung der Arbeiterklasse und ihrer politischen und wirtschaftlichen Organisationen, die durch nichts begründete Dominanz des Adels in Politik, Militär und Gesellschaft. Sie verabscheute den preußischen Militarismus, die außenpolitische Großmannssucht und die illusionäre Scheinwelt, in der sich die Eliten bewegten. Diese Liberalen wünschten sich ein anderes, ein saubereres und ein stärker demokratisches System. Angesichts der tiefen Defizite glaubten sie nicht, dieses Ziel durch Reformen erreichen zu können. Zu diesen Vertretern kann man – nach seiner liberalen Läuterung – zweifellos Gerlach zählen.[41]

Demgegenüber gab es auch eine andere, die Stresemannsche Form des Liberalismus. Diese lässt sich allerdings nicht nur im Nationalliberalismus verorten. Sie reichte vielmehr bis weit in die liberale Linke hinein. Diese «realistischen Liberalen» erkannten zwar auch die Schwächen des bestehenden Systems und wollten es ebenfalls verändern, setzten aber vor allem auf Reformen. Sie erkannten in erster Linie die ungeheuren Chancen, die dieses System dem Liberalismus insgesamt, aber eben auch einer aufstrebenden jungen liberalen Elite bot. Ein solcher Aufstieg, wie er Gustav Stresemann und einer ähnlichen Alterskohorte von liberalen Parteigängern in der Spätphase des deutschen Kaiserreiches gelang, kann man gemeinhin wohl nur in Übersee oder in revolutionären Zeiten feststellen. Stresemann verdankte diesem kaiserlich-autoritären System daher fast alles: wirtschaftlichen Erfolg, gesellschaftliche Achtung, berufliche Karriere, politisches Wirken. Und ihm gelang sogar – trotz aller Hindernisse – eine bescheidene Umformung des sächsischen politischen Systems im liberalen Sinne. Um seine Zuneigung

---

[41] So dezidiert von Gerlach in seinen beiden autobiografischen Studien: *Die große Zeit der Lüge. Der Erste Weltkrieg und die deutsche Mentalität (1871-1921)*. Charlottenburg 1926 (Nachdruck in: DERS.: *Die große Zeit der Lüge. Der Erste Weltkrieg und die deutsche Mentalität (1871-1921)*, Hrsg. von Helmut DONAT/Adolf WILD, Bremen 1994 und VON GERLACH: Von Rechts nach Links (wie Anm. 36).

zum Kaiserreich zu verstehen, muss man diese Aspekte in jedem Fall berücksichtigen.

Für einen Vergleich ist besonders instruktiv, dass sich die beiden Richtungen des Liberalismus nach der Jahrhundertwende eine Zeit lang sehr nahe waren und sogar zusammen agierten. Gemeint ist die gemeinsame Mitgliedschaft beider Protagonisten im Nationalsozialen Verein.[42] Der Weg Gerlachs zu den Nationalsozialen führte über die Mitarbeit bei den Antisemiten.[43] Dieser Weg stellte eine mehr als grobe Verirrung dar – und sie ist längst noch nicht ausreichend aufgearbeitet. Einer solchen antisemitischen Verirrung erlag der nationalliberale Stresemann nie, auch wenn er eine zeitlang ein Anhänger der Alldeutschen war. Die Dresdner Ortsgruppe aber war nur begrenzt antisemitisch, sie besaß sogar mehrere jüdische Mitglieder. Vor allem aber plädierte Stresemann mit Erfolg für eine «ethnische Offenheit». Nicht zuletzt bewahrte ihn die jüdische Herkunft seiner Frau vor jeglicher Affinität zu den Antisemiten.

Die (Ver-)Bindung zu den Nationalsozialen hielt bei Gerlach lange. Sie war sehr intensiv und führte ihn schließlich sogar zum nationalsozialen Reichstagsmandat in der Zeit zwischen 1903 und 1907. Nach eigenen Angaben war Gerlach von der Persönlichkeit Naumanns und seinem Charisma tief beeindruckt.[44] Die Abwendung von Naumann fiel ihm daher schwer. Sie beruhte auf tiefen Konflikten. Nicht zuletzt, weil die beiden Männer den deutschen Militarismus und die deutsche Eroberungspolitik im Ersten Weltkrieg völlig verschieden beurteilten. Denn: Ein Pazifist war Naumann – im Gegensatz zu Gerlach – nie.

Stresemann hingegen hat Naumann erst später kennen gelernt.[45] Er hat den Nationalsozialen Verein in Dresden, dem er nach der Jahrhundertwende angehörte, auch schnell wieder verlassen. Er gehörte nie zu den treibenden Kräften dieser Gruppierung. Er war kein nationalsozialer Führer. Es war auch nicht in erster Linie ein ideologischer Graben, wie bei Gerlach, der Stresemanns Abwendung von Naumann und den Nationalsozialen verursachte – zumindest gilt das für die Außenpolitik. Im Gegenteil, was Militär und deutsche Kriegsziele anging, waren die Ansichten der beiden Politiker ziemlich ähnlich. Es war schlicht und einfach die absehbare Erfolglosigkeit

---

42 Einführend Dieter DÜDING: *Der Nationalsoziale Verein 1896-1903.* Der gescheiterte Versuch einer parteipolitischen Synthese von Nationalismus, Sozialismus und Liberalismus. Oldenburg 1972.
43 Vgl. dazu VON GERLACH: *Von Rechts nach Links* (wie Anm. 36), S. 94 ff.
44 Vgl. dazu ebd., S. 143.
45 Holger STARKE: *Dresden in der Vorkriegszeit.* Tätigkeitsfelder für den jungen Gustav Stresemann. In: POHL (Hrsg.): *Politiker und Bürger* (wie Anm. 39), S. 86-113, hier: S. 91. Vgl. auch BIRKELUND: *Stresemann* (wie Anm. 38), S. 43 ff.

des Nationalsozialen Vereins, die den Machtmenschen Stresemann nach stärkeren Bataillonen Ausschau halten ließ. Das aber waren in Sachsen die Nationalliberalen. Stresemann glaubte, mit ihrer Hilfe schließlich auch einen großen Teil der Ideen Naumanns praktisch verwirklichen zu können.

Damit verkörperte Naumann die zwei Seiten des deutschen Liberalismus, die bei den beiden Antipoden Stresemann und Gerlach zeitweise in Extrempositionen zu erkennen sind. Einerseits: offener Liberalismus, politischer Idealismus, eine gewisse Distanz zur politischen Basis und eine gewisse Realitätsferne, aber auch ein durch und durch positives Verhältnis zur parlamentarischen Demokratie und zur sozialen Verantwortung. Andererseits: nationale Großmannssucht und übersteigerter Nationalismus, der jegliche christliche Nähe vermissen ließ, verbunden mit großer Tatkraft und einem starken Maß an Realitätsbewusstsein. Insofern konnten sich sowohl Gerlach als auch Stresemann mit Naumann identifizieren.

Die Haltung zu Deutschlands Kriegszielen im Ersten Weltkrieg entfremdete die beiden Protagonisten dann jedoch völlig. Ein schärferer Gegensatz, wie in dieser Frage, ist kaum vorstellbar. Die pazifistischen Positionen Gerlachs haben sein Handeln im und nach dem Ersten Weltkrieg maßgeblich geleitet.[46] Stresemann hingegen gehörte bis in den Oktober 1918 hinein zu den Vertretern eines deutschen Siegfriedens, bar jeder politischen Einsicht in die Realitäten des Kriegsverlaufes. Hier taten sich Welten zwischen beiden Politikern auf. Diese Kluft hat auch nach dem Ende des Krieges die Politik der beiden Politiker – aber auch der Liberalen insgesamt – maßgeblich beeinflusst. Dementsprechend reagierten beide auch völlig verschieden auf das Ende des Kaiserreiches. Gerlach bejahte die politische Umwälzung von ganzem Herzen. Die Entmachtung der Junker war sein innerstes Ziel. Die endgültige Absage an Preußentum und Militarismus ebenfalls. Jetzt wollte er auch praktisch tätig werden, in Regierung und Parteipolitik. Beide Tätigkeiten dauerten jedoch nicht lange. Er war offenbar – im Gegensatz zu Stresemann – kein Mann der praktischen Politik, mit ihrer Notwendigkeit zu Kompromissen, zum Verhandeln, zum Austarieren und zum Taktieren sowie dem langen Atem, den man als Politiker in einer parlamentarischen Demokratie benötigt. Er blieb vielmehr Zeit seines Lebens eher ein politischer Idealist. Soll man sogar sagen, er war unfähig zur praktischen Tagespolitik?

Sein «polnisches Abenteuer»[47] – als Unterstaatssekretär im Ministerium des Innern unter dem Exdemokraten, späteren Sozialisten und Freund Rudolf Breitscheid – unterstrich in hohem Maße, wie sehr er eine Einigung mit Polen

---

46 Die Diskussion hierüber souverän zusammenfassend: KOLB: *Stresemann* (wie Anm. 38), S. 41-56.
47 Vgl. dazu VON GERLACH: *Der Zusammenbruch der deutschen Polenpolitik.* Berlin 1919 und DERS.: *Von Rechts nach Links* (wie Anm. 36), S. 230 ff.

wünschte. Gerlach erstrebte einen wirklichen Frieden im Rahmen einer von beiden Seiten anerkannten Gleichberechtigung. Er dachte nie an eine Revanche, wie sie die Mehrheit der deutschen Bevölkerung von Anfang an wollte. Das macht klar, wie einsam er bereits in dieser historischen Phase mit seiner Auffassung war. Als die USPD ihre Regierungsbeteiligung aufgab, war Gerlach sehr bald isoliert. Ein kleiner Anlass genügte, um ihn aus dem Amt zu bringen. Für Radikaldemokraten wie ihn schien schon 1919 kein Platz mehr in Regierungspositionen zu sein.

Gerlach hat seinen eingenommenen Platz – und das ist ganz auffällig – aber auch nicht mit Klauen und Zähnen verteidigt. Er blieb nach eigenen Angaben als Gentleman seinen Auffassungen, aber auch seinem politischen Stil verpflichtet. Bei einer genaueren Analyse kann man in seinem Verhalten sogar alte adlige Ideale von Ehrenhaftigkeit und eine deutliche Abneigung gegen würdeloses Verhalten von Emporkömmlingen, ja, eine gewisse Fassungslosigkeit gegenüber den neuen Formen der Politik erkennen. Hier kann man sogar die nach wie vor feste Eingebundenheit in das adlige, ehrenhafte und demokratische Umgangsformen ignorierende Milieu feststellen. Ein solches Verhalten war jedoch in der gegebenen politischen Situation realitätsfern. Auf diese Weise war praktische Politik nicht zu gestalten, zumal in revolutionären Zeiten und in parlamentarischen Demokratien. Die Chancen, die die heutige Geschichtswissenschaft dieser Übergangsphase zuspricht, waren jedenfalls schnell dahin.[48] Der Boden war für eine wirklich durchgreifende Revolution bald nicht mehr bereit. Politiker wie Gerlach waren offensichtlich nicht geübt genug, um sich bei der praktischen Durchsetzung ihrer Ideen aller legalen Mittel einer modernen Massendemokratie zu bedienen.

Ähnlich wie in der Außenpolitik erging es Gerlach auch in der Parteipolitik: Der linke Flügel des Sozialismus – eine mögliche politische Heimat für ihn – war ihm offensichtlich zu sozialistisch, damit partiell illiberal und insofern nicht akzeptabel. Daher erneuerte er seine bis dahin u. a. wegen der Kriegszielfrage unterbrochenen Beziehungen zur Demokratischen Vereinigung. Er wurde Mitbegründer der Deutschen Demokratischen Partei (DDP). In ihr glaubte er, seine weitgehenden Forderungen verwirklichen zu können. Aber auch mit diesen Wünschen scheiterte er in der Weimarer Republik der ersten Jahre. Schon 1922 verließ er die Partei, um – wie Karl Holl zutreffend schrieb – zukünftig «ein Radikaldemokrat ohne Partei» zu werden.[49] Damit entsprach er zwar dem Idealbild eines wahren Liberalen, der sich am stärksten

---

48 Den Stand der Forschung zusammenfassend Eberhard KOLB: *Die Weimarer Republik*, 4. Aufl. München 1998, S. 163 f.
49 *Ein Demokrat kommentiert Weimar. Die Berichte Hellmut von Gerlachs an die Carnegie-Friedensstiftung in New York 1922-1930*. Hrsg. von Karl HOLL/Adolf WILD. Bremen 1973, S. 11-49, hier: S. 26.

als Einzelperson fühlt, gab aber zugleich auch eine wichtige Machtposition auf.

Gustav Stresemann hingegen erlebte den großen Umbruch als eine schwere politische und persönliche Krise.[50] Zeit seines Lebens von Krankheiten gezeichnet, brach er in dieser Phase zusammen, blieb ein halbes Jahr schwer krank, psychisch am Boden, behandlungsbedürftig, politikunfähig. Die neue Republik erlebte er insofern keineswegs als eine große Chance, sondern als eine Zerstörung des alten, geliebten Kaiserreiches.[51] Zudem wollten die Liberalen ihn, den wilden Kriegstreiber, nicht mehr in ihren Reihen haben, zumindest nicht als eine führende Persönlichkeit. Das war ein schwerer Schlag für den Führer der Nationalliberalen in der Kriegszeit. Gerade Gerlach und seine Freunde waren es, die ihm die Aufnahme in die neu gegründete DDP unmöglich machten.[52]

Während Gerlach allerdings vom Rechtsruck der beginnenden 1920er-Jahre aus der Politik gedrängt wurde (oder sich drängen ließ), gewann Stresemann aus dieser Veränderung neue Kraft. Er war schon bald wieder im politischen Geschäft und unumstrittener Chef der neu gegründeten liberalen Konkurrenzpartei, der Deutschen Volkspartei (DVP).[53] 1923 wurde er Kanzler und Außenminister. Hier tut sich ein verblüffender Widerspruch auf: Gerlach, der Pazifist, Demokrat und soziale Revolutionär, der Befürworter eines parlamentarischen Systems, schied aus der aktiven Politik der Weimarer Republik aus, Stresemann hingegen, der Monarchist, Bewunderer des deutschen Militärs und mehr oder weniger rationale Demokrat, sollte ab 1923 die Geschichte der Weimarer Republik maßgeblich mitbestimmen.

Trotzdem gibt es auch hier Gemeinsamkeiten. Dass Gerlach, der Freund Frankreichs und Polens, der Antimilitarist und Verfechter einer friedlichen Politik unter Anerkennung der Bedingungen des Versailler Vertrages in der von der Rechtspresse beherrschten öffentlichen Meinung «persona non grata» war, das versteht sich nahezu von selbst. Nicht nur einmal musste Gerlach daher bei öffentlichen Versammlungen um sein Leben fürchten.[54] Dass ein «Vaterlandsverräter» wie er, der die geheimen Machenschaften der Reichswehr aufdeckte, zum «Staatsfeind» werden konnte, auch das scheint bei unserer Kenntnis der innenpolitischen Zustände der Weimarer Republik nicht eigentlich zu überraschen.

50 Hierzu knapp aber zutreffend: KOLB: *Stresemann* (wie Anm. 38), S. 67 f. Danach auch die folgenden Gedanken.
51 Vgl. dazu meine demnächst erscheinende Biografie über Gustav STRESEMANN.
52 Vgl. dazu Ludwig RICHTER: *Die Deutsche Volkspartei 1918-1933*. Düsseldorf 2002, S. 31 ff.
53 Detailliert ebd., S. 31-123.
54 Vgl. dazu VON GERLACH: *Von Rechts nach Links* (wie Anm. 36), S. 236 ff.

Verblüffend ist dieser Aspekt eher bei Gustav Stresemann. Der war schließlich kein pazifistischer Demokrat. Er *deckte* die geheimen Rüstungen der Reichswehr und deckte sie nicht etwa auf.[55] Zudem finanzierte und förderte er als Kanzler und Außenminister die Bestrebungen der rechten politischen Extremisten. Er unterstützte z. B. bestimmte Aktionen des Hauptmanns Pabst, des Mörders von Rosa Luxemburg und Karl Liebknecht.[56] Auch beim Kapp-Putsch hielt er sich deutlich bedeckt. Während Gerlach als engagierter Gegner dieser Aktion nur mit knapper Not einem Mordanschlag entging, verhandelte Stresemann auf äußerst undurchsichtige Weise mit den Putschisten.[57] Trotzdem aber wurde auch Stresemann öffentlich angefeindet, bei Versammlungen bedroht, mehrfach sogar mit Knüppeln geschlagen und von Attentätern verfolgt. Offen wurde ihm sogar das Schicksal Rathenaus und Erzbergers angedroht. Auch er galt bis zu seinem Tode in den äußersten rechten Kreisen als «Verräter» und «deutsches Unglück».[58]

Versucht man, dieses Phänomen zu erklären, muss man auf die gemeinsamen liberalen Wurzeln der beiden Protagonisten zurückkommen, die beide zu Feinden der politischen Rechten machten. Auch Stresemann erkannte – wie Gerlach – seit Mitte der zwanziger Jahre den Versailler Vertrag an, wenn auch nicht aus Überzeugung, sondern aus politischer Notwendigkeit. Auch Stresemann wollte seit dem Jahre 1923 eine Verständigung oder besser wohl, einen vorläufigen «Waffenstillstand» mit Frankreich erreichen. Diese Verständigung wünschte er – im Gegensatz zu Gerlach – zwar nicht, weil er darin ein grundlegendes politisches Ziel sah, sondern in erster Linie deswegen, weil der Republik dadurch eine politische Verschnaufpause gewährt wurde. Und schließlich befürwortete auch er den Eintritt Deutschlands in den Völkerbund. Auch hier war er in der Sache – zumindest partiell – mit Gerlach einig. Sein Motiv war jedoch ein völlig anderes: Stresemann sah – im Gegensatz zu Gerlach – im Völkerbund vor allem ein probates Mittel, Deutschland wieder zu einer Großmacht aufsteigen zu lassen. Trotzdem: Dies alles genügte bereits, um von der politischen Rechten als «Volksschädling» denunziert und mit dem Tode bedroht zu werden.[59]

---

55 Hierzu schon sehr früh Hans Wilhelm GATZKE: *Stresemann and the Rearmament of Germany*. Baltimore 1954. Zu dieser Seite Stresemanns vor allem auch Annelise THIMME: *Gustav Stresemann*. Frankfurt/Main 1957.
56 Klaus GIETINGER: *Der Konterrevolutionär. Waldemar Pabst – eine deutsche Karriere*. Hamburg 2008; S. 117-176
57 Ebd., S. 209 ff. und RICHTER: *Die Deutsche Volkspartei 1918-1933* (wie Anm. 52), S. 88-106.
58 Zu diesem Komplex vergleiche meine demnächst erscheinende Biografie über Gustav Stresemann.
59 Hierzu vor allem sehr ausführlich Wright und Birkelund. Beide betonen besonders die friedlichen Absichten Stresemanns. Zur Interpretation der Locarnopolitik immer

Am Beispiel der Frankreichpolitik lassen sich die Nähe und zugleich die Distanz der politischen Zielsetzungen der beiden Liberalen vorzüglich verdeutlichen: Wenn man den Darstellungen Gerlachs folgt, ging es ihm um eine Politik der Verständigung auf der Basis der Gleichberechtigung, des gegenseitigen Respekts. Kurzum: Es ging ihm um eine vertrauensvolle Freundschaft und eine Überwindung der langen Feindschaft. Ob dies in dieser frühen Phase nach dem Weltkrieg zwischen diesen beiden so verschiedenen Völkern tatsächlich schon zu realisieren, ob die mentale Basis in beiden Ländern dafür bereits gelegt war, muss allerdings offen bleiben. Unabhängig von den Zeitumständen kann man jedenfalls von einer höchst ehrenwerten Motivation Gerlachs sprechen. Für seine hohen Ziele setzte er sich als Redner und Publizist diesseits und jenseits der Grenze mit aller Kraft ein. Gerlach war in diesem Sinne einer der besten Botschafter Deutschlands. Wenn er Stresemann allerdings Ähnliches unterstellte, dann täuschte er sich erheblich.

Als Beispiel für die unterschiedlichen Vorstellungen kann der von der deutschen Reichsregierung abgeschlossene Vertrag von Locarno im Oktober 1925 stehen. Das Ziel der Stresemannschen Locarnopolitik bestand gegenüber Frankreich vor allem darin, ein neues Jahr 1923 zu verhindern, d. h. die deutsche Westgrenze gegenüber französischen Übergriffen zukünftig zu sichern. Dazu diente die Garantie dieser Grenze durch Großbritannien und das faschistische Italien. Zugleich sollte durch die atmosphärische Verbesserung zwischen beiden Ländern das Besatzungsregime erleichtert, wenn möglich sogar ganz abgeschafft werden.

Wenn der Eintritt in den Völkerbund – als vollwertiges Mitglied im Rat und keineswegs zeitgleich mit Polen – dabei in Kauf genommen werden musste, war Stresemann dazu bereit, obwohl er ihm nicht traute. Immerhin konnte Deutschland aber als ständiges Ratsmitglied seine Position international verbessern. Das war ein erster Schritt zur Anerkennung deutscher Großmachtstellung. Von einer mit dem Eintritt verbundenen europäischen Aussöhnung mit Frankreich konnte jedoch keine Rede sein. Eine europäische Friedenspolitik im Sinne Gerlachs verfolgte Stresemann nicht.[60] Das Ziel der Vertragsabschlüsse von Locarno und dem Eintritt Deutschlands in den

---

noch unverzichtbar Peter KRÜGER: *Die Außenpolitik der Republik von Weimar*, 2. Aufl. Darmstadt 1993 und DERS: *Zur europäischen Dimension der Außenpolitik Gustav Stresemanns*. In: POHL (Hrsg.): *Politiker und Bürger* (wie Anm. 39), S. 194-228 sowie Gottfried NIEDHART: *Die Außenpolitik der Weimarer Republik*. München 1999.

60 Andere Interpretation bei Ralph BLESSING: *Der mögliche Frieden. Die Modernisierung der Außenpolitik und die deutsch-französischen Beziehungen 1923-1929*. München 2008.

Völkerbund war für ihn also rein funktional. Mit ihrer Hilfe sollte der Weg Deutschlands zur unabhängigen Großmacht vorbereitet werden. Dies war umso wichtiger, als Stresemann kurz- und auch mittelfristig keine Chance sah, die von ihm erstrebte Verbesserung der Machtstellung Deutschlands mit militärischen Mitteln zu verändern. Hier mag man also – wenn auch nicht in der Zielsetzung, so doch in der praktischen Politik – eine Überschneidung zwischen den Vorstellungen Gerlachs und Stresemanns sehen.[61]

Für die Beantwortung der Frage, wie Gerlach die Politik Stresemanns beurteilte, steht uns eine einzigartige Quelle zur Verfügung: Seine Berichte an die Carnegie-Friedensstiftung in New York aus den Jahren 1922 bis 1930. Karl Holl und Adolf Wild haben sie schon 1973 herausgegeben und fachkundig kommentiert.[62] Fasst man die Berichterstattung – in der Stresemann eine bedeutende Rolle spielt – unter dem Blickwinkel zusammen, wie Gerlach Stresemann und seine Politik beurteilte, lässt sich folgendes Urteil heraus destillieren: Gerlach schätzte Stresemann als einen Politiker, der etwas von seinem Metier verstand, der in hohem Maße lernfähig war, der geschickt agierte, einen guten Redner abgab und vor allem als einen Mann, der aus der Vergangenheit und seinen Fehlern zu lernen imstande war:[63] «Zu Gustav Stresemann, obwohl Führer einer Partei, die ihm monarchistischer und nationalistischer Neigungen verdächtig sein musste, gewann er im Laufe der Jahre wegen dessen europäischer Friedenspolitik ein Verhältnis entschiedener Hochachtung».[64] Über alle ideologischen Grenzen hinweg, sah Gerlach in Stresemann einen rechten Liberalen, der sich nach vielen Verirrungen vor 1918 in der Weimarer Republik einer Politik zuwandte, die auch er – Gerlach – grundsätzlich vertrat.

Zwei Dinge sind dabei hervorzuheben. Zum einen ist augenfällig, wie positiv Gerlach die Außenpolitik Stresemanns beurteilte, obwohl Stresemann seinerseits den pazifistischen Linkskreisen um Gerlach keineswegs immer wohl gesonnen war. Im Gegenteil, er verurteilte sie als idealistische Utopisten und Pazifisten. Er empfand ihre Aktivitäten als störend für den Gang der Reichspolitik, vor allem auch in hohem Maße undiplomatisch. Wenn es um ihr Engagement bei der Aufdeckung der illegalen Reichswehraktivitäten ging, empfand er ihre Tätigkeit sogar als «landesverräterisch». Trotz dieser grundsätzlichen Kritik versuchte er aber gleichzeitig die juristische Verurteilung

---

61 Um diesen Aspekt dreht sich nach wie vor auch die gegenwärtige Stresemanndebatte. Zusammenfassend zur Diskussion NIEDHART: *Die Außenpolitik der Weimarer Republik* (wie Anm. 59), S. 46 ff.
62 HOLL/WILD (Hrsg.): *Demokrat* (wie Anm. 49).
63 Ebd., S. 90-92.
64 Ebd., S. 26.

dieser Linksliberalen zu verhindern.⁶⁵ Das hing wohl in erster Linie damit zusammen, dass es sich außenpolitisch schlecht gemacht hätte, aufrechte Pazifisten zu verurteilen. Sicherlich schwang dabei aber auch mit, dass er deren moralische Integrität anerkannte. Zum anderen ist die klare Analyse zu betonen, mit der Gerlach die Probleme der deutschen Außenpolitik diagnostizierte. Dabei fällt auf, wie sehr er – fast unkritisch – von dem Wunsch getragen wurde, dass auch die rechten Liberalen um Stresemann die anstehenden außenpolitischen Probleme so lösen wollten, wie er, Gerlach, es sich vorstellte: friedlich und auf der Basis der gegenseitigen Gleichberechtigung, ohne politische, ökonomische oder gar militärische Pressionen.

Gerlach unterlag hierbei jedoch einer Fehleinschätzung. Das zeigt am deutlichsten die Stresemannsche Polenpolitik.⁶⁶ Auch in diesem Fall analysierte Gerlach in seinem Bericht vom Februar 1926 – in dem er den bevorstehenden deutschen Eintritt in den Völkerbund kommentierte – die Problematik der deutsch-polnischen Beziehung in aller Schärfe.⁶⁷ Gerlach erkannte insbesondere die Härte der Grenzziehung im Versailler Vertrag. Überraschend deutlich nahm er dabei auch die Argumente der deutschen Seite auf, dass die Grenze zumindest unglücklich gezogen worden war. Gerlach akzeptierte mithin – und da zeigte er sich als Realist –, dass diese Grenzziehung gewisse negative psychologische Rückwirkungen hatte und ein gutnachbarschaftliches Verhältnis zu Polen erschwerte.

Er erkannte jedoch ebenso klar, dass Polen niemals einer Grenzveränderung zu Gunsten Deutschlands zustimmen konnte, wollte es seine Existenz nicht gefährden. Weil das ein Axiom der polnischen Politik darstellte, sah Gerlach es als die Pflicht einer jeden deutschen Regierung an, unter keinen Umständen daran zu rütteln. Über alle anderen Fragen, so seine Meinung, würde man mit Polen reden können, nur über die Revision der Grenzen nicht. Hierin lag die entscheidende Fehleinschätzung der Ziele der Stresemannschen Ostpolitik.

Die von den Ideen Gerlachs abweichende, geradezu aggressive deutsche Zielsetzung gegenüber Polen lässt sich ebenfalls an Hand der deutschen Locarnopolitik verdeutlichen.⁶⁸ Deren Ziel bestand nämlich (auch) darin, Polen zu isolieren, es zu schwächen und mit allen Mitteln (wenn auch nicht

---

65 Ebd., S. 31.
66 Vgl. dazu Karl Heinrich POHL: *Deutschland und Polen*. Überlegungen zur «Europäischen Verständigungspolitik» Gustav Stresemanns. In: *Studia Historica Slavo-Germanica*, Bd. XXVI, 2006, S. 223-244; danach auch die folgenden Gedanken. Dort auch die wichtigsten Literaturhinweise.
67 HOLL/WILD (Hrsg.) (wie Anm. 49), S. 154-156; danach auch die folgenden Gedanken.
68 Hierzu und zum Folgenden POHL: *Deutschland und Polen* (wie Anm. 66), S. 223-244.

Der Liberalismus in Deutschland, 1890 bis 1933 63

mit militärischen) seine Konsolidierung zu verhindern. Auf diese Weise sollte der ungeliebte Nachbar gezwungen werden, einer Grenzveränderung zuzustimmen. Dazu diente erstens die zukünftige deutsche Völkerbundspolitik, mit deren Hilfe Stresemann z. B. auf diplomatischer Ebene die Verfehlungen Polens in der Minderheitenpolitik anprangern wollte. Dazu diente – zweitens – die Verhinderung eines «Ost-Locarno» bei den Sicherheitspaktverhandlungen. Schließlich setzte Stresemann sich – drittens – mit allen Mitteln dafür ein, die deutsche Wirtschaftskraft gegen Polen als Mittel zu dessen Schwächung zu instrumentalisieren. Das alles steht für eine massive antipolnische Politik, die vom Auswärtigen Amt und dem liberalen Außenminister kontinuierlich und mit allen Mitteln betrieben wurde. Niemals wäre Stresemann – so muss das Fazit lauten – bereit gewesen, seinen Frieden mit Polen zu machen, ohne vorher gravierende Konzessionen, das heißt erhebliche «Grenzberichtigungen», erlangt zu haben. Hier gibt es kaum Gemeinsamkeiten zwischen Gerlach und Stresemann.

Versucht man ein sehr knappes Fazit zu ziehen, so wird die Vielgestaltigkeit des deutschen Liberalismus im beginnenden 20. Jahrhundert deutlich sichtbar. Die verschiedenen Strömungen, das offene Milieu und die Bedeutung der Persönlichkeit kennzeichnen den Liberalismus des späten Kaiserreiches und der Weimarer Republik. Deutlich wird auch, dass es gerade der Liberalismus gewesen ist, der – wenn auch auf durchaus verschiedenen Wegen und mit unterschiedlichem Tempo – die Demokratisierung im 20. Jahrhundert befördert hat – und dies vor allem durch seine Tätigkeit in den Kommunen. Gerade hier darf man von einer erheblichen Wirkmächtigkeit ausgehen – und dies an der politischen Basis, beim politischen Tagesgeschäft.

Überraschenderweise sticht auch die soziale Verantwortung hervor, die «den» deutschen Liberalismus bis zum Ende der Weimarer Republik kennzeichnet, und zwar auf allen drei politischen Ebenen (Kommunen, Länder, Reich). Das wiederum ist eine Eigenart, die dem Liberalismus, der durch die gegenwärtige FDP vertreten wird, ein wenig abhanden gekommen zu sein scheint. «Einheit» und «Vielfalt», «Macht» und «Ohnmacht», «Kontinuitäten» und «Diskontinuitäten» sowie «Modernität» oder «Zurückgebliebenheit» des politischen Liberalismus dürften so in Ansätzen deutlich geworden sein.

Zusammenfassung

Analysiert man, wie «mächtig» oder «ohnmächtig» oder wie «modern» oder «unmodern» sich der Liberalismus in der Zeitspanne zwischen 1890 und

1933 in Deutschland präsentierte, gibt es keine eindeutige Antwort. Richtet man den Blick auf die politische Arena des Kaiserreiches, so ist hervorzuheben, dass er zwar auf der Reichs- und – weniger stark – auch auf der Länderebene – mit einigen Ausnahmen – kaum direkten politischen Einfluss nehmen konnte. Dafür setzte er jedoch im wirtschaftlichen Bereich erhebliche, auch in die Zukunft weisende Akzente. Auf der kommunalen Ebene – *der* politischen Handlungsebene des deutschen Liberalismus – hat er demgegenüber nicht nur die Politik, sondern in hohem Maße auch die politische Kultur des gesamten Reiches mitbestimmt: Das (sozial)liberale kommunale Modell galt lange Zeit weltweit als vorbildlich.

In der Weimarer Republik zeigte sich besonders der Facettenreichtum des deutschen Liberalismus. Er stellte zugleich seine Stärke, aber auch seine (politische) Schwäche dar. Kaum eine Partei verkörperte in diesem Maße die Ambivalenz gegenüber der neuen Staatsform – der er jedoch insgesamt zuneigte – wie die deutschen Liberalen. Dies war mit ein Grund dafür, dass seine Bindekraft von Jahr zu Jahre geringer wurde und er der Dynamik von antidemokratischen und antirepublikanischen Bewegungen wie etwa der NSDAP zu Beginn der 30er Jahre kaum noch etwas entgegenzusetzen hatte. Insgesamt wird man aber feststellen müssen, dass der deutsche Liberalismus in der Zeitspanne zwischen 1890 und 1933 einen wichtigen Faktor in Politik, Kultur, Gesellschaft und Wirtschaft dargestellt und die Entwicklung maßgeblich mitbestimmt hat.

Résumé

Le libéralisme tel qu'il se présente en Allemagne de 1890 à 1933 a-t-il été «puissant» ou «impuissant»? A-t-il été «moderne» ou «pas moderne»? Si l'on essaie de répondre à ces questions, on ne trouve pas de réponse nette. Quand on considère l'arène politique de l'époque impériale, il importe de souligner qu'à quelques exceptions près, il n'a, certes, quasiment pas été en mesure d'avoir une influence directe au niveau de l'Allemagne et moins encore au niveau des composantes de l'Empire et de la République. Il n'en a pas moins eu des initiatives marquantes dans le domaine de l'économie, des initiatives décisives pour l'avenir. Au niveau communal – qui a été *le* domaine d'action politique du libéralisme allemand – il a influencé non seulement la politique, mais dans une large mesure aussi la culture politique de l'ensemble du pays. Le modèle communal (social)libéral a été longtemps considéré, dans le monde entier, comme exemplaire.

C'est à l'époque de la République de Weimar que se sont particulièrement révélées toutes les facettes du libéralisme allemand. Il a montré à la fois sa force et sa faiblesse (politique). Aucun parti quasiment n'a – autant que les libéraux allemands – incarné l'ambivalence de l'attitude adoptée vis-à-vis du nouveau régime avec lequel il avait toutefois, dans son ensemble, une affinité. C'est là une des raisons pour lesquelles la force d'attraction du libéralisme a faibli, d'année en année, pour n'avoir, au début des années 1930, quasiment plus rien à faire valoir face à la dynamique de mouvements antidémocratiques et antirépublicains tels que le NSDAP. Force est cependant de constater que le libéralisme allemand a constitué, durant la période 1890-1933, un facteur important de la vie politique, culturelle, sociale et économique en Allemagne et que lui aussi a exercé sur elle une influence déterminante.

Ein doppeltes Scheitern:
Das Ende des organisierten Liberalismus und das Ende der Weimarer Republik

Reiner MARCOWITZ

Anton Erkelenz, bis 1930 einer der Herausgeber der *Hilfe*, hat 1931 einen kurzen biographischen Artikel über den liberalen Gewerkschaftler Wilhelm Gleichauf mit der resignierenden Feststellung geschlossen: «Aber es hat in Deutschland keine wirklich liberale Zeit gegeben.»[1] Es scheint durchaus sinnvoll, dieser zeitgenössischen Einschätzung eines prominenten «Sozialliberalen» der Zeit, der 1930 von der Deutschen Demokratischen Partei zur Sozialdemokratischen Partei Deutschlands übergetreten war, einmal nachzugehen und zu fragen, inwiefern sich das Schicksal des organisierten Liberalismus und jenes der Weimarer Republik bedingten. Das geschieht im Folgenden in drei Schritten: Zunächst wird gefragt, wie sich der deutsche Liberalismus bis 1929 entwickelt hat und welche Rolle er in der Weimarer Republik bis zu diesem Zeitpunkt gespielt hat (I.), dann wie sich Deutschland in den kritischen Jahren zwischen 1929 und 1933 veränderte (II.) und schließlich, inwiefern sich der Zerfall der ersten deutschen Demokratie auch in der Entwicklung des organisierten deutschen Liberalismus spiegelte (III.).

I.

Als 1918 die Revolution ausbrach, verharrte der Liberalismus in der bekannten Spaltung zwischen Linksliberalen und Nationalliberalen.[2] Erstere sammelten sich im November in der Deutschen Demokratischen Partei.

---

[1] Zit. nach Axel KELLMANN: *Anton Erkelenz. Ein Sozialliberaler im Kaiserreich und in der Weimarer Republik*. Berlin 2007, S. 7.

[2] Ernst Rudolf HUBER: *Deutsche Verfassungsgeschichte seit 1789*, Bd. 5: Weltkrieg, Revolution und Reichserneuerung. Stuttgart usw. 1978, S. 973-988; Lothar ALBERTIN: *Liberalismus und Demokratie am Anfang der Weimarer Republik*. Eine vergleichende Analyse der Deutschen Demokratischen Partei und Deutschen Volkspartei. Düsseldorf 1972; Dieter LANGEWIESCHE: *Liberalismus in Deutschland*. Frankfurt/M. 1988, S. 233-286; Larry Eugene JONES: *German Liberalism and the Dissolution of the Weimar Party System 1918-1933*. Chapel Hill 1988; S. 15-80; Ludwig RICHTER: *Die Deutsche Volkspartei 1918-1933*. Düsseldorf 2002, S. 31-45.

Schnell befand sich die DDP in der Rolle des Juniorpartners des republikanischen Bündnisses. Sie war die älteste deutsche Partei überhaupt mit Wurzeln bis in den Vormärz. Im Kaiserreich war der linke Liberalismus zwar einerseits stigmatisiert – wie auch andere «Reichsfeinde»: Katholiken und Sozialdemokraten – und dementsprechend staatlich isoliert. Andererseits hatte er aber eine starke Basis in der Gemeindeselbstverwaltung, in den Hirsch-Dunkerschen Gewerkvereinen und im Hansa-Bund, dem Zusammenschluss exportwirtschaftlicher, handwerklicher und Banken-Interessen. Diese ambivalente Stellung machte die DDP 1918 zum berufenen Partner für die beiden anderen politischen Außenseiter des politischen Systems im Kaiserreich: die SPD und das Zentrum.

Das große Verdienst der DDP in der Gründerzeit der Weimarer Republik ist deren staatstheoretische und staatsrechtliche Fundierung. Mit ihrem hohen Anteil an professoralem Sachverstand hat sie wesentlich an der Ausarbeitung der Weimarer Verfassung mitgewirkt. Damit einher ging auch die Bereitschaft, sich an der so genannten Weimarer Koalition zu beteiligen, also dem Zusammenschluss der republikfreundlichen Parteien *sans phrase*: SPD, DDP und Zentrum. Allerdings verlor dieses Regierungsbündnis bekanntlich bereits 1920 die Mehrheit und sollte sie nie mehr erringen.[3] Die DDP büßte dabei am meisten Stimmen ein: War sie 1918 in den Wahlen zur Verfassungsgebenden Nationalversammlung mit über 18% noch drittstärkste Kraft hinter SPD und Zentrum, fiel sie bereits 1920 auf 8, 1924 auf rund 6, 1928 auf 5 und 1930 schließlich auf nur noch knapp 4%.[4] Parallel hierzu reduzierte sich ihre Mitgliederzahl von etwa 900 000 Mitgliedern im Jahr 1919 auf 113 000 zehn Jahre später.[5] Sicher lassen sich für diesen Absturz mehrere Gründe anführen: das ja durchaus typische Fehlen einer schlagkräftigen Organisation – die DDP blieb in der Tradition der Honoratiorenpartei; dann das Unvermögen, programmatisch für breitere Wählerschichten attraktiv zu werden – für die einen war die DDP eine kapitalistische Interessenvertretung, für die anderen lediglich ein Anhängsel der SPD, Vorurteile, die durchaus auch innerparteilichen Bruchlinien entsprachen; schließlich die zunehmende Konkurrenz im eigenen Lager: Die Deutsche Volkspartei wilderte in den 1920er Jahren immer stärker in der Wählerklientel der DDP.

Der Swing der Wähler von der DDP zur DVP in den 1920er-Jahren war keineswegs von Beginn an sicher gewesen: Zunächst präsentierte sich die DVP nämlich ähnlich widersprüchlich und deshalb genauso wenig überzeu-

---

3 HUBER: *Verfassungsgeschichte seit 1789* (wie Anm. 2), Bd. 7: Ausbau, Schutz und Untergang der Weimarer Republik. Stuttgart usw. 1984, S. 142 f.
4 Zahlen nach LANGEWIESCHE: *Liberalismus* (wie Anm. 2), S. 334.
5 Zahlen nach Robert HOFFMANN: *Geschichte der deutschen Parteien*. Von der Kaiserzeit zur Gegenwart. München 1993, S. 123.

gend wie ihre Vorgängerin, die Nationalliberalen, die sich einerseits zu Bismarcks Reichseinigung bekannt und sich in der Folge national, ja in der wilhelminischen Epoche sogar nationalistisch gegeben hatten, andererseits aber immer auch für einen parlamentarischen Verfassungsstaat eingetreten waren. Der deutsche Zusammenbruch 1918 bedeutete für sie daher eine Katastrophe. Der Versuch der im Dezember 1918 gegründeten Deutschen Volkspartei, sich mit den Linksliberalen zu einer bürgerlichen Sammelpartei zusammenzuschließen, scheiterte am vorangegangenen Dissens; die DVP musste sich mit der Rolle der rechtsliberalen Oppositionspartei begnügen. Einer Opposition, die zunächst durchaus weniger System-, sondern vielmehr eher Fundamentalopposition schien: Die DVP bekannte sich nämlich zum untergegangenen Kaiserreich, zur Wiederbelebung eines «Volkskaisertums», war also gegen die Republik. Immerhin erklärte sie sich in ihrem Programm zur Wahl der Verfassungsgebenden Nationalversammlung Anfang 1919 zur «Anerkennung der Tatsache der Revolution»[6] bereit. Damit drückten sich einerseits andauernde Vorbehalte gegenüber der Legitimität der neuen politischen und sozialen Ordnung aus, andererseits signalisierte die neue Partei grundsätzlich ihre Kooperationsbereitschaft. Diese Haltung schuf die Basis für eine Phase, in der die DVP und ihr Vorsitzender Gustav Stresemann die Entwicklung der Weimarer Republik ab Mitte der 1920er-Jahre doch noch nachhaltig und durchaus positiv prägten.

II.

Für die Zeitspanne von 1924 bis 1929 spricht man bekanntlich von der «Ära Stresemann». Diese Jahre waren zwar längst nicht so golden, wie das landläufige Bild sie uns zeigt, doch sie bescherten der Republik nach den Wirren der ersten Nachkriegsjahre eine zumindest relative Stabilität und eine bemerkenswerte internationale Anerkennung.[7] Sicher wäre es vermessen, von

---

6   Zit. nach HUBER: *Verfassungsgeschichte seit 1789* (wie Anm. 2), Bd. 5: Weltkrieg, Revolution und Reichserneuerung, S. 984.
7   Hagen SCHULZE: *Weimar. Deutschland 1917-1933*. Berlin 1982, S. 271-303; Detlef J.K. PEUKERT: *Die Weimarer Republik. Krisenjahre der Klassischen Moderne*. Frankfurt 1987, S. 191-242; Alfred WAHL: *L'Allemagne de 1918 à 1945*. 2. Aufl. Paris 2004; S. 39-67; Heinrich August WINKLER: *Weimar 1918-1933. Die Geschichte der ersten deutschen Demokratie*. 4. Aufl. München 2005, S. 244-333; Ulrich KLUGE: *Die Weimarer Republik*. Paderborn 2006, S. 93-288; Eberhard KOLB: *Die Weimarer Republik*. 7. Aufl. München 2009, S. 57-111; Andreas WIRSCHING: *Die Weimarer Republik. Politik und Gesellschaft*. 2. Aufl. München 2008; Ursula BÜTTNER: *Weimar. Die überforderte Republik 1918-1933. Leistung und Versagen in Staat, Gesellschaft, Wirtschaft und Kultur*. Stuttgart 2008, S. 335-382.

einer liberalen Phase in der Geschichte der Weimarer Republik zu sprechen, doch immerhin: Die fünf Jahre von 1924 bis 1929 zeigen zum ersten Mal, dass der Gründungskompromiss der Weimarer Republik gelingen konnte: republikanische Staatsform mit starker Staatsspitze und marktwirtschaftliche Ordnung mit starken sozialen Elementen. In beidem findet sich traditionelles liberales Gedankengut. Zudem war der DVP-Politiker Stresemann die innen- und außenpolitische Kristallisationsfigur dieser Jahre.[8] Kein anderer Politiker vor oder nach ihm hat die Weimarer Republik zumindest vorübergehend derart geprägt wie er. Indes zeigen sich in seiner Person auch Chancen, Grenzen und Risiken des Liberalismus in der Weimarer Republik.

Die Chancen lagen darin, die Republik zu stabilisieren und sich derart Verdienste um ihr Gedeihen zu erwerben. Die Grenzen wiederum zog die Einstellung der DVP zu dieser Republik, wie sie Stresemann in einer Stellungnahme vom Februar 1919 pointiert hatte: «Sie [die DVP, R.M.] [betrachtet] die monarchische Staatsform theoretisch als die beste Staatsform, [...] [stellt] sich aber praktisch auf den Boden der gegebenen Tatsachen.»[9] Die Republik als politische Ordnung *faute de mieux* – angesichts des auch für die meisten Nationalliberalen offensichtlichen Versagens des letzten Kaisers sowie aufgrund der Unpopularität einer monarchischen Restauration. Diese ambivalente Haltung hat erstmals ein Zeitgenosse, Friedrich Meinecke, anerkannter Historiker und Mitbegründer der DDP, «Vernunftrepublikanismus» genannt.[10] Weiter gefasst, im Sinne eines Ideals vernunftbegabten Handelns in der Demokratie, fand sich diese Haltung auch lange Zeit in den Artikeln der *Hilfe*.[11]

War es ihr «Jein» zur Weimarer Republik oder war es das strukturelle Problem aller Regierungsparteien, dass der DVP in den Jahren 1924 bis 1929 schließlich auch rasch ihre Risiken aufgezeigt wurden:[12] 1919 war sie mit 19 Abgeordneten in die Nationalversammlung eingezogen, nach den

---

8 Christian BAECHLER: *Gustave Stresemann (1878-1929). De l'impérialisme à la sécurité collective*. Strasbourg 1996; Karl Heinz POHL (Hrsg.): *Politiker und Bürger. Gustav Stresemann und seine Zeit*. Göttingen 2002; Eberhard KOLB: *Gustav Stresemann*. München 2003; Jonathan WRIGHT: *Gustav Stresemann 1878-1929. Weimars größter Staatsmann*. München 2006.
9 Zit. nach SCHULZE: *Weimar* (wie Anm. 7), S. 79. Vgl. KOLB: *Stresemann* (wie Anm. 8), S. 57-75 und WRIGHT: *Stresemann 1878-1929* (wie Anm. 8), S. 119-144.
10 Andreas WIRSCHING/Jürgen EDER (Hrsg.): *Vernunftrepublikanismus in der Weimarer Republik. Politik, Literatur, Wissenschaft*. Wiesbaden 2008.
11 Thomas HERTFELDER: *Meteor aus einer anderen Welt*. Die Weimarer Republik in der Diskussion des Hilfe-Kreises. In: Ebd., S. 29-55.
12 HUBER: *Verfassungsgeschichte seit 1789* (wie Anm. 2), Bd. 6: Die Weimarer Reichsverfassung. Stuttgart usw. 1981, S. 177-186; RICHTER: *Deutsche Volkspartei* (wie Anm. 2).

Reichstagswahlen vom 6. Juni 1920 erhielt sie sogar 65 Mandate, schnellte also von 4 auf 14% der Wählerstimmen. Doch dann rutschten die Ergebnisse wieder ab: 1924 gewann die DVP nur noch rund 10%, 1928 dann knapp 9, 1930 schließlich nur noch rund 5%. Dementsprechend halbierte sich die Mitgliederzahl von etwa 500 000 im Oktober 1919 auf rund 250 000 im Jahre 1930. Wie die SPD und das Zentrum – und natürlich auch die DDP – straften die Wähler die DVP dafür ab, dass sie Regierungsverantwortung übernahm. Daran konnte selbst die charismatische Persönlichkeit Stresemanns nichts ändern, zumal seine Außenpolitik durchaus polarisierte.[13] Insofern ist sein Wirken doppelt lehrreich: Es zeigt das positive Potential auf, das der organisierte Liberalismus in der Weimarer Republik besaß, und er verkörpert seinen Ansehensverlust, der einherging mit einer wachsenden Krise der Weimarer Republik.

III.

Die Wahlergebnisse der DDP blieben zwischen 1930 und 1933 unter einem Prozent, jene der DVP fielen kaum besser aus.[14] Parallel hierzu sank die Auflage der *Hilfe* zwischen 1929 und 1933 von 8 000 auf 1 000 Exemplare. Diese Jahre waren gleichzeitig die Krisenzeit der Republik schlechthin, zumal sie in deren Ende mündete.[15] Auslöser war die Weltwirtschaftskrise von 1929, beginnend mit dem New Yorker Börsenkrach vom 24. Oktober, der sich am folgenden Tag, dem «Schwarzen Freitag», noch fortsetzte, und schließlich auch die europäischen Staaten, insbesondere jene in Westeuropa, erfasste.[16] Auf die hinreichend bekannten Details muss hier nicht eingegangen werden, ebenso nicht auf die verheerenden sozialen, auch psychosozialen Folgen für

---

13　Peter KRÜGER: *Die Außenpolitik der Republik von Weimar*. Darmstadt 1985; DERS.: *Versailles*. Deutsche Außenpolitik zwischen Revisionismus und Friedenssicherung. München 1986; Franz KNIPPING: *Deutschland, Frankreich und das Ende der Locarno-Ära 1928-31*. München 1987.

14　HUBER: *Verfassungsgeschichte seit 1789* (wie Anm. 2), Bd. 6: Die Weimarer Reichsverfassung, S. 209-227.

15　Heinrich August WINKLER: *Der Weg in die Katastrophe*. Arbeiter und Arbeiterbewegung in der Weimarer Republik 1930 bis 1933. Berlin-Bonn 1987; Gerhard SCHULZ: *Zwischen Demokratie und Diktatur*. Verfassungspolitik und Reichsreform in der Weimarer Republik. Bd. 3: Der Wandel des politischen Systems in Deutschland 1930-1933. Berlin-New York 1992; Heinrich August WINKLER (Hrsg.): *Die deutsche Staatskrise 1930-1933*. Handlungsspielräume und Alternativen. München 1992; Reiner MARCOWITZ: *Weimarer Republik 1929-1933*. 3. Aufl. Darmstadt 2009.

16　Fritz BLAICH: *Der Schwarze Freitag*. Inflation und Weltwirtschaftskrise. 3. Aufl. München 1994; MARCOWITZ: *Weimarer Republik* (wie Anm. 15), S. 5-39.

jene, die von der einsetzenden Massenarbeitslosigkeit betroffen waren. Persönliche Desorientierung, gesellschaftliche Fragmentierung und politische Radikalisierung waren die Folgen. Alle drei gaben den radikalen Republikgegnern von links und rechts Auftrieb, insbesondere den nationalsozialistischen Rattenfängern.

Als verhängnisvoll erwies sich jedoch auch, dass selbst republikfreundliche Kreise sich nun für republikfeindliches Gedankengut öffneten. Dies belegt die Verfassungsreformdiskussion dieser Jahre sehr gut:[17] Die Gefahr, vom Geist, wenn nicht sogar vom Wortlaut der Reichsverfassung abzuweichen, verstärkte sich angesichts der Ende der zwanziger Jahre einsetzenden ökonomischen und politischen Krise auf dramatische Weise. Bis dahin hatte es in der Verfassungsreformdiskussion zwei Tendenzen gegeben: Zum einen jene Vorschläge aus dem demokratischen Lager unterschiedlicher parteipolitischer Couleur, die die Vollendung der – so die enttäuschten Kritiker – unvollendeten Reichsverfassung zum Ziel hatten. Vorgeschlagen wurden Dezentralisierungsbestrebungen, eine Neugliederung des Reichsgebiets, die Aufhebung des Dualismus von Reich und Preußen, eine Wahlrechtsreform, die auf die Einführung von Elementen des Mehrheitswahlrechts abzielte, sowie eine Neuordnung des Notverordnungsrechts der Exekutive. Zum anderen die Vorstöße der radikalen Linken und der Rechten, die auf eine Fundamentalkritik an der Weimarer Reichsverfassung hinausliefen und «Verfassungsreform als Verfassungsüberwindung»[18] betrieben.

Mit der doppelten Wirtschafts- und Staatskrise erfuhr der bisherige Verfassungsdiskurs eine qualitative Änderung: Selbst entschiedene Anhänger des demokratisch-parlamentarischen Verfassungsstaats erörterten nun offen Erscheinungsformen und Gründe der eingetretenen Systemkrise sowie die Möglichkeiten einer tief greifenden politischen Reform, die vor allem die Exekutive auf Kosten der Legislative stärken sollte. Auch im liberalen Lager wurde nun die vermeintliche Dominanz des Reichstags beklagt und eine Stärkung der Regierung verlangt. Ein beredtes Beispiel dafür lieferte der liberaldemokratische Nationalökonom und Kultursoziologe Alfred Weber in einem Vortrag aus dem Jahr 1931 mit dem Titel «Das Ende der Demokratie».[19] Darin beklagte er zwar einerseits die mittlerweile im Zuge der Präsidialregime eingetretene Ausschaltung des Parlaments, die lediglich ein «Zwischenzustand» sein dürfe. Andererseits kritisierte er aber auch den seiner Meinung nach schon vorher zu beobachtenden «Parlamentsabsolutis-

17 Ebd., S. 28-34.
18 Christoph GUSY: *Selbstmord oder Tod? Die Verfassungsreformdiskussion der Jahre 1930-1932.* In: Zeitschrift für Politik 40 (1993), S. 393-417, (S. 417).
19 HUBER: *Verfassungsgeschichte seit 1789* (wie Anm. 2), Bd. 7: Ausbau, Schutz und Untergang der Weimarer Republik, S. 741 f. Dort auch die folgenden Zitate.

mus», der der eigentliche Auslöser der aktuellen Krise sei: Die verschiedenen Volksvertretungen auf Reichs-, Landes- und kommunaler Ebene hätten sich ihnen nicht zustehende exekutive Befugnisse angemaßt und damit «die Regierung usurpiert». Da das Parlament jedoch ein «notwendig regierungsunfähiges Kollektiv» sei, habe es «überall versagt» – von der Reichs- bis hinunter auf die lokale Ebene. Folglich müssten sich die Volksvertretungen zukünftig «auf Kontrolle, Auslese, Anregung, Mitberatung» beschränken und sich gegenüber der Exekutive zur «Erteilung von Regierungsvollmachten ziemlich weitgehender Art» bereit erklären. Weber bezeichnete das ihm vorschwebende System selber als eine «autoritäre Demokratie».

Natürlich beabsichtigten Linksliberale wie er nicht eine Unterminierung der Weimarer Demokratie, sondern gerade deren Stärkung, um dadurch die bei den rechten Parteien verbreiteten Ressentiments gegen die Republik effektiver bekämpfen zu können. Staatliche «Autorität» meinte folglich nicht einen «autoritären Staat» und die Ausschaltung demokratischer (Kontroll-)Institutionen, wie auch die deutliche Ablehnung von Papens «Neuem Staat» durch die Linksliberalen belegte.[20] Diese plädierten in der zweiten Hälfte der zwanziger Jahre von ihrer Warte aus nur für notwendige Reformen des bestehenden politischen und sozialen Systems. Ihr Ziel war, «von der unvollkommenen zur vollkommenen Republik» zu gelangen, wie es in einem DDP-Flugblatt zu den Reichstagswahlen von 1928 hieß.[21] Konkret ging es dabei sowohl um eine Reichsreform, als auch eine Wahlrechts- und eine Finanzreform. In der Parteiausschusssitzung vom 30. Juli 1930 in Berlin forderte der Partei- und Fraktionsvorsitzende Erich Koch-Weser sogar ein noch umfangreicheres Paket, das eine Reichs-, eine Wahl- und eine Bildungsreform sowie eine Reform des Gemeinde- und des Wirtschafts- und Finanzwesens umfassen sollte.

Ungeachtet seiner guten Absichten musste ein solcher Aktionismus die Anfang der dreißiger Jahre ohnehin eingetretene Krise des Vertrauens in die bestehenden Institutionen zumindest ungewollt noch fördern und damit die politische Stabilität der Weimarer Republik weiter gefährden. Zudem konnte er, wenn auch wider Willen, Wasser auf die Mühlen der politischen Rechten leiten, wenn nun auch im linksliberalen Verfassungsdiskurs die Forderung nach dem «starken Staat» in den Vordergrund rückte und nicht mehr – wie bisher – die Erweiterung demokratischer Mitbestimmungsmöglichkeiten, sondern deren Einengung gefordert wurde, um die staatliche Effizienz zu erhöhen und die Einheit der nun auch von Linksliberalen propagierten Geschlossenheit der «Volksgemeinschaft» zu stärken – eine Vision, die

---

20   Zum Konzept des «Neuen Staat» vgl. Ebd., S. 1005-1009 und MARCOWITZ: *Weimarer Republik* (wie Anm. 15), S. 116-119.
21   Zit. nach LANGEWIESCHE: *Liberalismus* (wie Anm. 2), S. 270.

mittlerweile zunehmend Eingang in den gesellschaftlichen Diskurs gefunden und den Überdruss an der fragmentarisierten modernen Gesellschaft ebenso wie dem pluralistischen politischen System reflektierte.

Für manche hatte das parlamentarische System der Weimarer Republik Ende der zwanziger/Anfang der dreißiger Jahre sogar dermaßen abgewirtschaftet, dass sie den Wunsch nach einem starken Mann äußerten. Symptomatisch hierfür war die Bewunderung, die dem italienischen Diktator Benito Mussolini damals bis weit in das demokratische Milieu hinein entgegengebracht wurde.[22] In keinem anderen europäischen Land wurde bis 1933 so viel über den italienischen Faschismus geschrieben und gesprochen wie in Deutschland. Und eben längst nicht nur Nationalsozialisten zeigten sich beeindruckt vom faschistischen System, das nicht nur eine effektivere Alternative zum parlamentarischen Parteienstaat zu bieten schien, sondern dessen korporatistisches Wirtschaftssystem auch den Klassenkampf und damit den Marxismus, ja soziale Konflikte überhaupt überwunden zu haben schien. Hiervon konnten sich sogar zwei so prominente liberal-demokratische Publizisten wie Emil Ludwig und Theodor Wolff nicht frei machen: Sie kehrten nach Gesprächen mit Mussolini ebenfalls begeistert aus Rom zurück und feierten den «Duce» sowie dessen autoritäres System, das ihnen auch ein Ausweg aus der aktuellen deutschen Krise zu sein schien. Die Tragweite dieser Äußerungen wurde nicht dadurch gemindert, dass beide hiermit keinerlei Sympathie für den Nationalsozialismus verbanden, ja diesen im Gegenteil gerade schwächen wollten.

Ein weiteres Symptom dieser Krise, in die der deutsche Parlamentarismus damals geriet, war der Rechtsruck, der in allen Parteien der bürgerlichen Mitte zu verzeichnen war: Bei der DVP vollzog sich der Wechsel schon 1929:[23] Dem verstorbenen Stresemann folgte mit Ernst Scholz ein Mann, der sich deutlich von den bisherigen Grundlagen volksliberaler Politik entfernte, nämlich Kompromissbereitschaft mit der SPD im Innern, Verständigungspolitik gegenüber den Siegermächten nach außen. Doch diesen verbreiteten Trend zur Abkehr vom hergebrachten politischen System der Weimarer Republik und die Hinwendung zur neuen Zeit, die vermeintlich eine andere politische Ordnung forderte, spiegelte selbst die Entwicklung der linksliberalen DDP: Angesichts der zunehmenden Verluste von Mitgliedern und Wählern und mit Blick auf die anstehenden Reichstagswahlen schloss sie

---

22 Wolfgang SCHIEDER: *Das italienische Experiment*. Der Faschismus in der Krise der Weimarer Republik. In: Historische Zeitschrift 262 (1996), S. 73-125.
23 HUBER: *Verfassungsgeschichte seit 1789* (wie Anm. 2), Bd. 6: Die Weimarer Reichsverfassung, S. 183-186; RICHTER: *Volkspartei* (wie Anm. 2), S. 585-594.

Ein doppeltes Scheitern 75

sich im Juli 1930 mit der aus dem Jungdeutschen Orden hervorgegangenen Volksnationalen Reichsvereinigung zur Deutschen Staatspartei zusammen.[24]

Die Deutsche Staatspartei bekannte sich einerseits weiterhin zur Weimarer Reichsverfassung, betonte indes andererseits allein schon durch ihre Namensgebung jene verbreitete Wendung von individueller Freiheit hin zur Stärkung des Staates. Dazu passte auch ihre Kritik an der bisherigen Parteipolitik, der sie vorwarf, nicht die zur Überwindung der Krise notwendige «volksnationale Geschlossenheit» geschaffen zu haben.[25] Die Staatspartei löste sich zwar bereits bald wieder auf, weil die ihr innewohnenden Tendenzen auf Dauer nicht harmonierten. Dennoch kam der Konversion der DDP paradigmatische Bedeutung zu für jene damals verbreitete Neigung zur Abkehr vom bisherigen politischen System und der Suche nach einer anderen politischen Ordnung, die Deutschland scheinbar besser anstünde als der westliche Parlamentarismus. Solche Überzeugungen fanden sich eben beileibe nicht nur bei den alten Gegnern der Republik oder den enttäuschten Verlierern der Wirtschaftskrise, sondern weit darüber hinaus auch in einem Kreis von Intellektuellen, Politikern und Wissenschaftlern – einschließlich liberaler –, die sich entweder von Beginn an oder zumindest in den letzten Jahren zur Weimarer Republik bekannt hatten.

Obwohl man sich vor jedem historischen Determinismus hüten und die Offenheit der historischen Entwicklung in der Endphase der Weimarer Republik betonen sollte, bleibt festzuhalten, dass die erste deutsche Demokratie seit dem Ausbruch der Weltwirtschaftskrise auf die abschüssige Bahn geriet und ihr Bestand extrem gefährdet war. Das lag nicht nur an den objektiven – vor allem ökonomischen – Schwierigkeiten, mit denen sie nun zu kämpfen hatte, sondern auch an den verbreiteten antidemokratischen, antiparlamentarischen und antirepublikanischen Ressentiments in weiten Teilen der deutschen Gesellschaft, die letztlich bereits in den Jahren vorher zumindest latent vorhanden gewesen waren, dann angesichts der Wirtschafts- und Staatskrise vollends manifest und schließlich von den Weimarer Systemfeinden skrupellos ausgenutzt wurden. Tragischerweise fiel der Liberalismus ihm nicht nur zum Opfer, sondern wurde am Ende auch noch selbst mit ihrem Denken infiziert. Insofern rührt Erkelenz' pessimistisches Diktum aus dem Jahr 1931 sicher und verständlicherweise gerade aus der Erfahrung jener frühen 1930er-Jahre, als sich das Schicksal des organisierten Liberalismus und jenes der Weimarer Republik bis hin zu ihrem doppelten Scheitern miteinander verquickten.

24 HUBER: *Verfassungsgeschichte seit 1789* (wie Anm. 2), Bd. 6: Die Weimarer Reichsverfassung, S. 219-227.
25 Gründungsaufruf vom 28. Juli 1930, zit. nach Ebd., S. 223. Vgl. MARCOWITZ: *Weimarer Republik* (wie Anm. 15), S. 35 f.

Zusammenfassung

1931 hat Anton Erkelenz, einer der Herausgeber der *Hilfe* und ein prominenter «Sozialliberaler» der Zeit, der 1930 von der DDP zur SPD übergetreten war, resignierend festgestellt: «Aber es hat in Deutschland keine wirklich liberale Zeit gegeben». Der Aufsatz untersucht die Prämisse dieses Zitats und fragt, inwiefern das Schicksal des organisierten Liberalismus zwischen 1918 und 1933 jenes der Weimarer Republik bedingte.

Als 1918 die Revolution ausbrach, verharrte der deutsche Liberalismus in der bekannten Spaltung zwischen Links- (DDP) und Nationalliberalen (DVP). Das Verdienst der Deutschen Demokratischen Partei lag vor allem in der Gründerzeit der Weimarer Republik, als sie an der Ausarbeitung der Verfassung ebenso mitwirkte wie an der Regierung der «Weimarer Koalition». Indes konnte die Partei dauerhaft weder ein überzeugendes Profil noch eine schlagkräftige Organisation vorweisen. Dementsprechend verlor sie in den 1920er-Jahren sukzessive Mitglieder und Wähler. Hiervon profitierte die Deutsche Volkspartei, die die Revolution und deren Folgen nur widerwillig anerkannte, aber vor allem in der «Ära Stresemann» zwischen 1924 und 1929 konstruktiv in der Regierung mitarbeitete und damit beispielhaft für den zeitgenössischen Begriff des «Vernunftrepublikanismus» stand.

Indes gerieten DDP und DVP seit Ende der zwanziger Jahre gleich der gesamten Weimarer Republik in den Strudel der Wirtschafts- und Staatskrise, die schließlich auch beider Untergang besiegelte. Dies erklärt sich nicht nur mit den objektiven politischen und sozialen Belastungen während dieser Krise, sondern auch durch die Tatsache, dass selbst Liberale nun mit den verbreiteten antirepublikanischen Ressentiments infiziert wurden: In der Verfassungsreformdiskussion plädierten sie nun ebenfalls für einen «starken Staat»; sie teilten gleichfalls die Faszination für den italienischen Diktator Mussolini und schließlich signalisierten auch organisatorische wie personelle Revirements in beiden Parteien einen deutlichen Rechtsruck. Letztlich glaubten sie, hierdurch den Nationalsozialismus schwächen zu können. Tatsächlich trugen sie aber, wenn auch wider Willen, zur Diskreditierung der Weimarer Republik und damit deren Untergang bei.

Résumé

En 1931, Anton Erkelenz, l'un des éditeurs de la revue *Die Hilfe* et à l'époque un homme politique «social-libéral» très connu, qui avait quitté, en 1930, son parti, le DDP, pour devenir membre du SPD, s'est résigné en constatant: «L'Allemagne n'a jamais connu une époque vraiment libérale.» L'article analyse la prémisse de cette citation en posant la question: Dans quelle mesure le libéralisme organisé a-t-il déterminé le développement de la République de Weimar?

Quand la révolution éclata en 1918, le libéralisme allemand restait divisé entre les libéraux de la gauche (DDP) et ceux de la droite (DVP). Dans la phase de la formation de la République de Weimar, le DDP a eu le mérite d'avoir coopéré à l'élaboration de la nouvelle constitution ainsi qu'au gouvernement de la «coalition de Weimar». Mais le parti ne réussissait pas à créer ni un profil convaincant ni une organisation efficace. C'est pourquoi, elle perdit dans les années 20 de plus en plus des membres et des électeurs. Le DVP en profita. Il n'avait accepté la révolution de 1918 et ses conséquences qu'à contrecœur. Mais notamment à «l'époque Stresemann» il a coopéré d'une façon constructive aux divers gouvernements. Ainsi il représentait bien ce que certains contemporains appelaient déjà un «républicanisme de raison».

Mais à la fin des années 20, le DDP et le DVP ainsi que la République tout entière furent pris dans le tourbillon de la crise économique et politique, qui mena à leur effondrement. Ce développement s'explique non seulement par les réelles contraintes politiques et sociales pendant la crise mais aussi par le fait, que même les Libéraux ont été contaminés par les ressentiments anti-républicains populaires: dans la discussion sur une réforme de la constitution ils plaidaient maintenant aussi pour un «état fort»; de plus, ils s'étaient aussi fascinés par le dictateur italien Mussolini; enfin, des revirements organisationnels et programmatiques signalaient un net glissement vers la droite en espérant affaiblir les nationaux-socialistes. Mais bien au contraire, ils ont aidé involontairement à discréditer la République de Weimar une fois de plus et à la détruire.

QUESTIONS ÉCONOMIQUES ET COLONIALES
WIRTSCHAFTS- UND KOLONIALFRAGEN

Friedrich Naumann
Neudeutsche Wirtschaftspolitik, 1906[1]

De la défense du capitalisme en crise

Patricia COMMUN

C'est dans une atmosphère générale de défiance face à l'industrialisation et à la mondialisation générée par les crises économiques de la fin du XIXe siècle que s'inscrivent deux débats particulièrement animés au sein de la société savante réunissant les économistes allemands au tournant du XXe siècle, le Verein für Socialpolitik : l'un autour de la nature et des origines du capitalisme, l'autre autour de la naissance d'une science économique autonome.

Le débat autour du capitalisme s'amplifie à la suite de la parution en 1902 de la première édition de l'ouvrage de Werner Sombart, *Der moderne Kapitalismus*.[2] La lecture de Sombart convainc Naumann que le capitalisme

---

[1] *Neudeutsche Wirtschaftspolitik*, paru dans la première édition à Berlin-Schöneberg en 1906, est la reprise d'une série de conférences faites par Naumann à l'automne 1901. L'édition utilisée ici est celle que l'on trouve dans Friedrich NAUMANN: *Werke. Dritter Band: Politische Schriften. Schriften zur Wirtschafts- und Gesellschaftspolitk*, bearbeitet von Wolfgang MOMMSEN, hrsg. von Theodor SCHIEDER. Köln/Opladen 1964, pp. 71-534.

[2] Si Karl Marx avait montré dans le *Capital* (Livre I, chap. XIV) que la manufacture constituait la première forme spécifiquement capitaliste d'organisation du travail, Werner Sombart, lui, interroge les conditions économiques, sociales et politiques générales de cette nouvelle forme de travail liée à la naissance de l'industrialisation. Distinguant entre une forme de protocapitalisme *(Frühkapitalismus)* et de capitalisme avancé *(Hochkapitalismus)*, Werner Sombart montre que le développement de l'industrie manufacturière repose sur une demande massive, régulière et renouvelée de produits marchands standardisés. Cette demande émane des classes concentrant la richesse, c'est-à-dire de la noblesse et de la bourgeoisie marchande. Le premier marché capitaliste serait donc un marché de produits de luxe. Par ailleurs, si cette richesse a pu être progressivement transférée de la noblesse régnante vers les mains d'une classe bourgeoise, c'est non seulement grâce au commerce, mais aussi et surtout à l'accumulation d'un capital financier entre les mains des banquiers créditeurs des Etats. Ceux-ci s'étaient en effet fortement endettés à la suite des guerres menées au XVIIIe siècle pour contrôler les territoires coloniaux outre-mer pourvoyeurs de matières premières ainsi que les circuits commerciaux internationaux. Toute une industrie a pu se développer à la faveur de la conduite des guerres coloniales :

n'est pas confronté à une crise létale, comme les marxistes voulaient le faire croire. Pour lui, bien au contraire, il se trouve être le moteur de l'avènement d'une société industrielle mondialisée.³

Le débat autour d'une science économique autonome est issu de la querelle des méthodes qui a opposé l'autrichien Carl Menger au tenant de l'Ecole historique Gustav Schmoller.⁴

Dans la *Neudeutsche Wirtschaftspolitik*, Friedrich Naumann se situe à la croisée de ces deux débats. Son objectif est de redéfinir les bases d'une réflexion économique globale débouchant sur une politique économique. Il se distancie à la fois de l'historicisme auquel il reproche son manque d'approche méthodologique rigoureuse et des débuts d'une économie mathématisée qui a trouvé ses lettres de noblesse en France avec Léon Walras.

Sur le plan méthodologique, Friedrich Naumann se situe dans la lignée de Friedrich List dont il reprend les principes d'économie politique. Pour lui comme pour List,⁵ l'économie politique est liée à des sphères juridiques, politiques et morales qu'il faut examiner comme autant de composantes

---

    industrie de l'armement, chantiers navals avec, en amont, les industries fournissant les moyens de production: exploitation forestière, charbonnière, mines, sidérurgie, métallurgie, industrie textile. Fr. Naumann consacre alors à Sombart toute une série d'articles parus dans *Die Zeit* en 1902 et 1903.

3 «Der Kapitalismus hebt eben erst an, die Herrschaft der Weltkugel an sich zu reißen [...]». Friedrich NAUMANN: *Die Zukunft des Kapitalismus*. In: *Die Zeit*, 7. Jg., n° 9, S. 230.

4 Tandis que les économistes de l'Ecole historique allemande soutenaient qu'il n'existe pas de lois générales universelles des phénomènes économiques et que la discipline économique se résume à l'histoire des faits économiques et à leur analyse, les économistes de l'école autrichienne considéraient que les motivations humaines et leur interaction sociale forment un ensemble trop complexe pour se prêter à l'analyse statistique. Il fallait donc partir de la connaissance élémentaire de l'individu et de ses comportements pour développer, par l'application de la logique philosophique, les lois de l'économie. Cette méthode *a priori* est celle des mathématiques et de la logique et s'oppose donc à la méthode expérimentale ou hypothético-déductive des sciences physiques.

    Menger publia en 1883, *Recherches sur les méthodes des sciences sociales*, en particulier de l'économie politique dont Schmoller fit une critique acerbe, à laquelle Menger répondit en 1884 par un pamphlet intitulé *Les erreurs de l'historicisme sur l'économie allemande*.

5 «L'économie politique, en matière de commerce international, doit puiser ses leçons dans l'expérience, approprier les mesures qu'elle conseille aux besoins du présent, à la situation particulière de chaque peuple, sans néanmoins méconnaître les exigences de l'avenir et celles du genre humain tout entier. Elle s'appuie par conséquent sur la philosophie, sur la politique et sur l'histoire [...]». Friedrich LIST: *Système national d'économie politique*, (trad. Française), Gallimard, 1998.

organicistes d'un tout en constante évolution. Cependant, il ne reprend nullement à son compte la vision «listienne» d'un organisme économique idéal.[6]

Son objectif reste l'analyse de la forme présente d'un capitalisme qu'il voit en profonde transformation, ainsi que la formulation d'une politique économique et sociale résultant de son analyse de l'ensemble des forces de la société.

Le débat sur le capitalisme fait alors rage, en particulier au sein du Verein für Socialpolitik entre ceux qui voient dans les crises violentes de la fin du XIXe les signes annonciateurs de son évolution vers le socialisme et ceux qui voient dans sa moralisation une possibilité d'amendement du système. Friedrich Naumann, lui, refuse la voie révolutionnaire proposée par le socialisme comme étant anachronique car, à ses yeux, seulement adaptée au passage d'une économie agraire à une économie proto-industrielle. Sous l'influence de Max Weber, il récuse également l'idée d'un amendement éthique du capitalisme dénoncée comme illusoire.[7] Au lieu de proposer des remèdes à la crise que l'on pensait engendrée par le capitalisme lui-même, il propose plutôt une analyse des blocages du capitalisme.

Neudeutsche Wirtschaftspolitik est à voir comme une réponse à la critique généralisée du capitalisme. Se situant à la fois au-delà des *a-priori* idéologiques et du réformisme social ambiant, caractéristique du Verein für Socialpolitik, il tente d'identifier les multiples causes des crises économiques issues de la première vague de mondialisation à la fin du XIXe et du début du XXe siècle.

Le livre de Friedrich Nauman transmet une vision du capitalisme non pas comme idéologie d'une classe dominante, mais comme un phénomène d'ordre sociologique, lié à l'industrialisation, à la diffusion du progrès technologique et à l'expansion démographique mondiale. Ces crises résulteraient de l'inadaptation d'une idéologie libérale surannée à ce système. Friedrich Naumann entreprend alors une réactualisation et une adaptation de la pensée libérale qui aurait permis la remise en marche du système capitaliste. Cet article propose une relecture de cet ouvrage à l'actualité étonnante.

---

6   Selon Friedrich List, l'organisme économique est composé de trois secteurs ou forces productives: l'agriculture, l'industrie et le commerce. En accord avec la conception organiciste, l'économie est d'autant plus productive que les trois secteurs sont équilibrés. L'équilibre ne se réalise que si le commerce fait concorder les intérêts de l'agriculture et de l'industrie.

7   Max WEBER: *Rezension des Aufsatzes «Was heißt christlich-sozial»*. In: *Die Christliche Welt*, 8. Jg., 1894, n° 20.

Pour une réactualisation du libéralisme économique

En héritier de l'Ecole historique allemande, Friedrich Naumann rejette l'idée d'un modèle économique universel propagé par Adam Smith, chantre d'un libéralisme universel et prônant sur la base d'un libéralisme individualiste les bienfaits de la liberté de commerce. Car, contrairement à ce qu'affirme le libéralisme écossais du début du XIXe siècle, aucun dogme économique n'est éternel. Il faut replacer les situations dans leur contexte. Par exemple, l'idéal de la liberté de commerce s'inscrit dans le contexte d'une réaction contre les excès des taxes douanières et des Etats policiers au XIXe siècle.[8]

Le combat pour la liberté de commerce et contre les contraintes établies par les collectivités publiques repose sur l'idée d'une suprématie du droit de l'individu sur celui de la communauté.

C'est sur la base de cette foi en la suprématie du droit individuel sur celui de la communauté et de l'autorité ancrée dans la tradition que s'est engagé le combat pour la liberté de circulation des biens et des personnes, l'idée de concurrence individuelle et de compétition.[9] Le travail est alors considéré comme l'œuvre d'un seul et l'expression de sa réalisation personnelle. En découle également l'idée de rémunérer le travail en fonction d'une demande et donc d'un marché de «consommateurs». L'idée de l'offre et de la demande, toujours selon Friedrich Naumann, était le produit de cet idéalisme individualiste des Lumières et de la tradition de la pensée économique écossaise. La rémunération fixée en fonction d'un marché du travail permettait effectivement la libération du sujet hors du champ de l'autorité d'un employeur. Cette idéologie correspondait à la réalité économique des très petits propriétaires, des paysans et des artisans. Elle était l'héritage d'une vision protestante luthérienne de la notion de *Beruf* qui incarnait le travail à l'ère de l'artisanat.

A l'heure du capitalisme industriel, au contraire, le travail, réalisé par des milliers d'ouvriers dans de vastes usines, était plutôt à voir, dans une sorte

---

[8] «Es gibt keine ewigen Wahrheiten in der Wirtschaftspolitik, kein System, das für alle Völker, keine Gesetzgebung, die für alle Perioden passend wäre, denn das, was der Wirtschaftspolitik zugrunde liegt, das Wirtschaftsleben selber, ist wechselnd [...]». *Neudeutsche Wirtschaftspolitik*. In: *Werke*, 3. Bd., p. 312.

[9] «Der ältere wirtschaftliche Liberalismus ist, wie schon sein Name sagt, ein Teil der großen allgemeinen Kulturbewegung, die im Laufe der letzten Jahrhunderte Europa geistig und materiell verändert hat. In der Mitte dieser Bewegung steht der Glaube an das Recht des einzelnen gegenüber der Gemeinschaft und an das Recht der Menschheit gegenüber den geschichtlichen Trennungen. Aus dem Glauben an dieses doppelte Recht heraus war der Liberalismus freihändlerisch in der äußeren und freigewerblich in der inneren Wirtschaftspolitik [...]». *Ibid.*, p. 314.

de retour à une situation ancienne, comme la participation à un acte collectif. Le travail était moins la réalisation d'un projet personnel qu'un effort permettant à un individu ou à un groupe de se mettre à l'abri des dangers vitaux comme la solitude, la maladie ou la mort. Pour Friedrich Naumann, ce sont ces angoisses vitales plutôt que l'héroïsme individuel qui poussent l'homme à réaliser des tâches ingrates et harassantes, comme construire des routes ou cultiver les champs sans relâche...[10] Il y avait là quasiment retour à une conception médiévale du travail.

Cette conception plus «existentielle» d'un travail visant à assurer la survie du groupe permettait de comprendre alors pourquoi la perte d'un travail pouvait provoquer de grands mouvements de grève. Les individus considéraient alors la perte d'un travail comme une possible retombée dans la misère et le dénuement. Pas étonnant, alors, qu'ils soient prêts à se battre collectivement, par exemple dans le cadre de grèves générales, pour sauvegarder leur moyen de subsistance. Le travail est à voir moins comme l'expression idéaliste d'une réalisation personnelle que comme un effort tendant à la survie de la famille, du groupe, d'un environnement ou même de tout un peuple. Cette vision du travail concerne une vaste majorité qui ne peut espérer vraiment gagner en liberté, mais seulement s'intégrer dans une masse ou une couche sociale.

Par ailleurs, aux yeux de Friedrich Naumann, même les métiers traditionnellement considérés comme incarnant la liberté d'entreprise n'étaient plus vraiment garants d'une liberté individuelle.

Les agriculteurs par exemple étaient plutôt devenus des entrepreneurs insérés dans des réseaux de coopératives d'achats ou de banques mutualistes. Les artisans étaient à la fois ouvriers et petits entrepreneurs, travaillant eux aussi dans le cadre d'associations et s'engageant dans la conclusion d'accords tarifaires de branches.

L'Etat peut-il continuer à être le moteur du capitalisme?

Pour Friedrich Naumann comme pour l'Ecole historique, le capitalisme s'est développé antérieurement à l'industrialisation. Dans les périodes de l'absolutisme éclairé déjà, les monarchies n'étaient finalement que de vastes entités servant à collecter l'impôt et poursuivant une politique économique se

---

10 «Wer würde je den Acker bearbeitet haben, wenn keine Angst vor dem Hunger dagewesen wäre, wer würde Straßen gebaut haben, ohne die Vereinsamung wirtschaftlich oder militärisch als Not zu empfinden?». *Ibid.*, p. 302.

résumant à une politique fiscale. Le prince apparaît comme un grand capitaliste auquel tout appartient: champs, bétail, fils et filles... Ce n'est pas un hasard si la réflexion sur l'économie nationale *(Volkswirtschaft)* commence à l'époque de l'absolutisme éclairé. Le mercantilisme met l'accent sur l'importance des investissements productifs.

Cependant, toujours selon Friedrich Naumann, les choses avaient considérablement évolué depuis le XVIIIe siècle. A partir du début du XXe siècle, l'Etat n'était plus la seule grande entreprise mais seulement une parmi d'autres et peut-être même plus la plus grande.[11] La question se posait donc de savoir s'il pouvait prétendre à dominer et à diriger l'économie alors qu'il n'en était devenu qu'un facteur parmi d'autres. La raison pour laquelle il restait un facteur dominant était la dimension militaire indissolublement liée à l'économie.

L'influence de Werner Sombart qui, le premier, a vu dans l'action militaire des Etats une dimension importante du capitalisme est ici patente.

Friedrich Naumann est favorable à la construction d'un Etat militaire et donc à l'augmentation du budget militaire de l'Empire allemand, mais il pose la question des ressources de l'Etat. L'Etat allemand devait alors augmenter ses ressources par le biais des exportations de produits de haute qualité. L'augmentation des ressources du pays passait justement par le commerce international et la supériorité technique de l'Allemagne par rapport au reste du monde.[12]

Après avoir récusé l'idéalisme plutôt individualiste qui fonde le libéralisme d'un Adam Smith, Naumann se fait, lui aussi, le chantre du libre-échange, mais par le biais de la thématique de la supériorité nationale. Il lie, par là même, le libéralisme au nationalisme allemand.

Un pays comme l'Allemagne, possédant peu de ressources naturelles, se devait de se spécialiser dans l'industrie de transformation de haut niveau. Il ne fallait pas craindre les dépendances internationales car, de toute façon, toutes les économies étaient interdépendantes. Il fallait que l'Allemagne contribue au développement des peuples afin que ceux-ci soient en mesure d'acheter «nos machines, nos denrées de luxe, nos appareils domestiques, nos meilleures étoffes ou notre viande».[13]

---

11   «Der Staat ist heute nicht mehr das einzige Großgeschäft, sondern nur eines unter andern, und es fragt sich, ob er für alle Zeiten das Größte sein wird [...]». *Ibid.*, p. 464.
12   «Unsere Produktion muß unsere Einkommen verdoppeln, das heißt, sie muß die technisch und künstlerisch vollendeste Produktion der Welt sein [...]». *Ibid.*, p. 468.
13   «Es handelt sich auch hier im wesentlichen um den Übergang zu höheren Qualitäten. Dieser ist möglich, wenn wir unsererseits mithelfen, daß auch viel mehr Völker in Herstellung billigen Massenbedarfs eintreten und damit zu Käufern unserer Ma-

L'auteur dessine ici, avec cinquante ans d'avance, les contours du futur miracle économique allemand qui aurait peut-être pu avoir lieu dès le début du XXe siècle, si le monde ne s'était pas brutalement refermé sur le protectionnisme et la guerre.

Il apparaît finalement comme un ardent défenseur du principe de libre-échange et de l'idée d'une division internationale du travail. Mais alors que les chantres libéraux du libre-échange (Adam Smith et ou J. P. Smith en Allemagne) apparaissaient en lutte contre un Etat allemand intéressé à maintenir ses revenus issus de sa seule politique douanière et fiscale, Naumann montre que l'Etat allemand aurait plus à gagner d'une politique de libre-échange que d'une politique douanière protectionniste. L'enrichissement de l'Etat devait passer par l'augmentation des exportations assurant une balance commerciale positive dans le cadre du libre-échange. Il était donc possible de réconcilier en quelque sorte mercantilisme et libéralisme.

Mais, pour cela, l'Etat devait identifier et éliminer les blocages qui freinaient le capitalisme et se trouvaient être les responsables de ses crises violentes.

Les blocages du capitalisme: l'Etat, les Junker et les cartels

Le capitalisme était un mouvement de masse, quasiment inéluctable car lié au développement démographique. Le progrès technique était certes moteur, mais était sans doute moins déterminant que l'augmentation inéluctable de la population mondiale.

C'est ce développement démographique qui était le moteur de l'industrialisation, de la standardisation et de la massification.

Cependant, cette industrialisation rapide et brutale de l'Allemagne, autrefois «pays de villages et de petites villes» se heurtait à nombre de résistances.

Ces résistances se traduisaient par une survivance des mentalités et des types d'organisation hérités du monde agraire au sein même des organisations qui prétendaient être les moteurs du développement capitaliste.

C'était le cas de l'Etat, monarchie autoritaire qui faisait la part belle aux forces conservatrices issues du monde agraire et qui s'alliait à la grande industrie. L'Etat social bismarckien, le *Wohlfahrtsstaat*, n'avait consenti des réformes sociales qu'afin d'étouffer dans l'œuf le mouvement libéral et libérateur issu du socialisme.

---

schinen, unserer Luxuswaren, unserer Hausgeräte, unserer besseren Gewebe und schließlich auch unseres Fleisches werden [...]». *Ibid.*, p. 285.

Les grandes entreprises elles-mêmes reproduisaient l'organisation monarchique de l'Etat en nommant à leur tête des grands patrons qui instauraient un mode patriarcal de gestion de leur entreprise.

C'était la collusion entre les puissances dirigeantes et les forces conservatrices agrariennes qui risquait de bloquer l'évolution du processus capitaliste, vecteur de progrès économique et social. C'était la collusion de l'Etat avec les forces conservatrices de toutes origines et en particulier avec les monopoles, qui risquait de transformer le capitalisme d'Etat en socialisme d'Etat.

Les cartels bloquent le fonctionnement du marché en imposant leurs propres prix, échappant ainsi à la concurrence mondiale. Les prix qu'ils pratiquent empêchent les produits de s'ouvrir à la concurrence mondiale. La conséquence en est l'appel au protectionnisme et la baisse inéluctable de la qualité des produits.[14] Afin de se protéger de la concurrence étrangère, ils fixent eux-mêmes des tarifs douaniers, par exemple sur les céréales, l'acier ou le sucre. Ce sont donc les cartels qui sont à l'origine des politiques douanières.

Naît alors toute une classe dirigeante qui administre et dirige le processus de production des entreprises, à la direction des banques et des cartels.

Le seul moyen d'échapper au poids des cartels et de sauver l'économie de marché est de développer l'industrie légère qui, par essence, ne s'intègre pas dans le type d'organisation des cartels si caractéristique de l'industrie lourde.

L'industrie légère, elle, n'est pas du tout cartellisée. Cependant, le problème est qu'elle souffre d'une pression des prix imposée par les cartels, pression qu'elle retransmet ensuite aux consommateurs. Les cartels aboutissent donc à des pressions inflationnistes sur l'ensemble de l'économie.[15]

Enfin les cartels s'unissent à l'Etat. C'est ce que Karl Marx appelait un capitalisme monopolistique d'Etat. Cette collusion entre l'Etat et les monopoles va de pair avec le maintien d'un suffrage censitaire qui a pour conséquence une surreprésentation de la noblesse agraire soutenant un conservatisme agraire s'opposant à toute idée de libre-échange. Le contrôle de l'Etat sur un certain nombre de grandes entreprises comme la poste ou les chemins de fer s'avère inefficace. De plus, l'Etat a forcément tendance à mettre les entreprises qu'il contrôle au service non pas de leur propre développement, mais ... de ses propres finances et, éventuellement, de ses objectifs militaires. L'Etat

---

14 «Das Kohlenkartell wirkt auf seine Weise nicht anders wie ein Zolltarif und trägt mit dazu bei, dass die Herstellung deutscher Waren auf dem Weltmarkt mit zu teuren Selbstkosten verknüpft ist [...]». *Ibid.*, p. 397.
15 «Die Fertigfabrikation ist in vielen ihrer Teile fast gar nicht kartelliert. Sie leidet unter dem Druck der Preise, die von den Kartellen gemacht werden und sucht diesen Druck an die Käufer weiterzugeben». *Ibid.*, p. 403.

est, de toute façon, beaucoup moins compétent que les entreprises privées dans la gestion des entreprises d'Etat qui doivent affronter un marché mondial...[16]

Cette vaste situation monopolistique avait donc des conséquences clairement identifiables sur la vie politique dont elle empêchait la démocratisation et la libéralisation.

Il fallait donc supprimer les cartels et rétablir à tout prix la liberté des échanges commerciaux.

Quelle politique économique?

Friedrich Naumann fait un vibrant plaidoyer en faveur de la liberté des échanges commerciaux qui devaient être portés par le capitalisme financier. La liberté des échanges n'apparaît plus comme la conséquence d'une philosophie individualiste héritée de l'époque des Lumières, mais comme le moyen de lutte contre les blocages du capitalisme engendrés par les cartels et les monopoles par nature protectionnistes.

Il fallait absolument dépasser le stade de la production agricole autarcique et viser l'exportation des produits agricoles. Seule cette exportation permettrait le développement économique de régions entières.[17]

De nouvelles techniques de fabrication de bateaux en mesure de transporter des matières lourdes tout autour de la terre avaient changé la donne. Le développement des infrastructures de routes et de voies ferrées avait permis et permettait l'accroissement des échanges. Friedrich Naumann s'enthousiasme pour la construction des grandes voies ferrées en Afrique du Sud et en Argentine, dépassant en ampleur même les constructions européennes, qu'elles soient allemandes, italiennes ou grecques. Mais ce qui avait accompagné cet incroyable développement d'infrastructures devait être accompagné d'un développement indispensable et sans précédent du capitalisme

---

16   «Die Leistungen des Staates, den wir vor uns haben, sind militärisch und juristisch sehr große und absolut unentbehrliche, aber die Fähigkeit, Wirtschaftsprozesse großen Stils zu leiten, hat der juristisch-militärische Staat nur in geringem Grade. Alle unsere Staatsbetriebe sind geschäftlich weniger elastisch, als es für eine um ihren Platz auf dem Weltmarkt ringende Industrie notwendig ist [...]». *Ibid.*, p. 487.

17   «Erst von da an, wo Wolle, Felle und vor allem Getreide transportiert werden, beginnt der Austausch das Hinterland wirklich zu erfassen. Erst von da an verlohnt es sich, mehr aus dem Acker herauszuarbeiten, als den unmittelbaren Nahrungs- und Kleidungsbedarf seiner Bewohner. Um es scharf und übertrieben auszudrücken: das Getreideschiff ist das erste Instrument der neuen Wirtschaftsweise!». *Ibid.*, p. 267.

financier. De grandes compagnies maritimes, par exemple anglaises, avaient ainsi développé une flotte commerciale impressionnante. Là résidait le secret de sa réussite économique.[18] Au bout du compte, c'est une immense volonté d'échanges mondialisés qui était devenue le moteur du développement industriel. L'innovation technologique résultait finalement de la volonté et du rêve. C'était bien la volonté de vendre des produits de plus en plus volumineux et lourds qui avait fait avancer le développement des transports et des moyens de transport. Le développement du capitalisme financier avait financé toutes ces immenses opérations.

Au bout du compte, ces exportations permettaient à des pays entiers de sortir d'un état de soumission car ces exportations de produits agricoles ou industriels se substituaient à l'exportation de capital humain (sous forme de vente d'esclaves ou de vagues migratoires massives) ou à la destruction de ce capital humain. Des pays qui auparavant avaient laissé mourir leurs enfants ou avaient procédé au commerce d'esclaves pouvaient maintenant s'enrichir en vendant des minerais puis des produits manufacturés.

Pour l'Allemagne, la multiplication des échanges avec nombre de pays extra-européens avait présidé au développement des ports allemands et des grandes compagnies maritimes également.[19] Pour se développer, ces échanges avaient besoin d'être financés, bien sûr, et le capitalisme financier ainsi que l'exploitation des mines d'or avaient un rôle essentiel à jouer. Friedrich Naumann rend par exemple un hommage vibrant à Napoléon dans la mesure où on lui devait le début de la construction des routes en Europe et le financement de ces travaux vecteurs du capitalisme par les emprunts d'Etat. Le développement de la fortune des Rothschild, par exemple, s'intégrait dans ce vaste mouvement capitaliste porteur d'une économie mondialisée.[20]

On avait donc le choix entre le libre échange comme immense pourvoyeur de richesse collective et le repli conservateur frileux sur des modes d'organisation agraire et une pensée médiévale condamnant l'esprit de profit et donc les emprunts et le principe des taux d'intérêt. Cette mentalité ne faisait qu'aboutir à aggraver le problème de la rareté. A terme, le protectionnisme pouvait générer la destruction du capital humain... C'est ce qu'annonce Friedrich Naumann, quelque 13 ans avant le déclenchement de la Première Guerre mondiale.

Pour toutes ces raisons, il se faisait le vibrant avocat de la liberté de commerce qui signifiait le passage à l'économie d'échange, la transition d'une économie fermée à une économie ouverte, d'un système de fixation locale des prix à un prix de marché général, d'une économie réglée par les

18 *Ibid.*, p. 271.
19 *Ibid.*
20 *Ibid.*, p. 269.

Etats à une économie indépendante des Etats. Il demandait non seulement la liberté de circulation de toutes les ressources naturelles et de tous les produits mais également la libre circulation des personnes et la liberté d'installation et de choix des métiers. Les trois types de liberté étaient intimement liés.

Naumann réfutait l'argument d'un risque de dépendance accrue par la liberté de commerce. L'illusion était au contraire de se croire indépendant. Chacun était dépendant de l'accès à des matières premières, des prix fixés par d'autres, de taxes douanières... Si nous étions dépendants de l'étranger, l'étranger était aussi dépendant de nous. Producteurs et marchés étaient interdépendants sans que l'on puisse dire si l'un dominait l'autre.

Le seul moyen de réduire la dépendance était de monter en gamme sur la qualité des produits fabriqués. Il fallait contribuer à développer le niveau de vie des pays étrangers afin qu'ils soient en mesure de se porter acheteurs des machines, objets de luxe, appareils ménagers, etc.

Pour un pays à faibles ressources naturelles comme l'Allemagne, le seul moyen de dominer le monde était la domination technique et commerciale... «Il fallait travailler pour le monde entier afin que le monde entier travaille pour nous [...]»[21]

Pour ce faire, il fallait au préalable vaincre les régionalismes et soutenir la politique du Reich favorable au libre-échange. Cependant, le gouvernement était tétanisé par la social-démocratie sans l'appui de laquelle tout combat pour le libre-échange était voué à l'échec. Le Reich ne progressait toutefois pas dans sa politique de libre-échange car il était sous l'influence de différents lobbys et donc d'influences contradictoires: celles de la grande industrie, des syndicats, des lobbys agraires, etc. Ce sont des raisons non pas idéologiques mais politiques qui expliquaient l'incapacité du gouvernement à faire des choix clairs en matière de libéralisation des échanges.[22] Le gouvernement ne poursuivait une politique douanière dommageable que pour soutenir la grande industrie. Ce soutien se faisait au détriment de l'industrie légère.[23]

---

21 «Ein wachsendes Volk auf begrenztem Boden mit relativ geringen Naturgütern darf nicht anders denken als: wir wollen für alle Welt arbeiten, damit alle Welt für uns arbeiten muß. Das ist unser Weg, ein Herrenvolk zu werden, das ist unsere Nationalbestimmung, das ist Methode, unsere sozialen Schwierigkeiten zu erleichtern [...]». *Ibid.*, p. 278.
22 *Ibid.*, p. 474.
23 *Ibid.*, p. 475. Cette même argumentation sera reprise, trente à quarante ans plus tard, par Ludwig Erhard.

Pour un capitalisme organisé et une politique sociale libérale

Pour Friedrich Naumann, l'époque à laquelle le petit «moi» avait encore une signification dans le monde économique, est révolue et la regretter ne faisait que témoigner d'un romantisme dépassé.[24]

Le sujet économique est emporté par le grand mouvement du capitalisme: contrairement à l'artisan, le travailleur est dépossédé de sa force de travail et des moyens de production, la propriété est découplée de l'actionnariat dans les sociétés par actions, les bourses font perdre tout sens à l'idée de droit de propriété. Le capitalisme apparaît au bout du compte comme un mouvement dans lequel des économies individuelles s'unissent et débouchent sur de grandes unités dirigées de manière centralisée. De cette manière, pour Naumann, le capitalisme se rapproche du socialisme.

Au vu de l'évolution de ces nouveaux modes de production, l'individu, le travailleur, doivent s'adapter et s'organiser. Le capitalisme conduit non pas à renforcer l'individualisme, mais à adopter des formes de vie organisée.

Le gouvernement du Reich s'était alors engagé dans une politique sociale tous azimuts: limitation du temps de travail pour les enfants, les femmes et les hommes, instauration d'un jour de repos hebdomadaire, mesures de protection d'hygiène, réglementation de la durée des contrats de travail, de l'assurance accident du travail, etc. Toutes ces réglementations ont pu être ressenties par le parti des employeurs comme par celui des travailleurs comme autant de contraintes administratives insupportables et restrictives de leur liberté.

Cependant, cette législation était nécessaire pour protéger les droits de ceux qui s'engageaient par nécessité, et non par choix, dans des contrats de travail. Friedrich Naumann dresse expressément une liste d'interdictions qui sont autant de protections pour les plus faibles, octroyées par l'Etat: interdiction du travail pour les enfants de moins de 12 ans, limitation du travail pour les moins de 16 ans et pour les femmes à 10 heures par jour; interdiction du travail de nuit pour les femmes; congé de maternité s'étendant au moins à 4 semaines après l'accouchement; repos dominical obligatoire pour tous; réglementation écrite pour les entreprises occupant plus de 20 personnes; le délai de préavis, dans le cas d'une démission comme dans celui d'un licenciement, devait être de 14 jours.

Naumann déplore qu'il ait fallu maints efforts conjugués d'un August Bebel et de maintes commissions ministérielles pour obtenir ce qui peut être raisonnablement et humainement considéré comme des minima sociaux indispensables. Si le patronat avait été humain et raisonnable, il aurait lui-

---

24 *Ibid.*, p. 350.

même établi ce genre de règlements. Il fallait d'ailleurs maintenant aller plus loin et viser la journée de huit heures, afin que le peuple trouve le temps, en dehors du travail, de cultiver sa santé morale.[25] L'Etat avait pour devoir de protéger les plus faibles, ceux qui ne tiraient pas profit de la richesse matérielle produite par le capitalisme.

Cependant, toujours selon Friedrich Naumann, ce que l'Etat avait atteint par une législation et une bureaucratie de plus en plus envahissantes, les syndicats auraient pu le gagner eux-mêmes, ce qui aurait été préférable.

Malgré une législation de 1869 autorisant la vie syndicale, celle-ci ne s'était pas vraiment développée. Le patron continuait d'être roi et l'entreprise s'était insuffisamment démocratisée.

L'Etat avait pour rôle de protéger la vie syndicale en lui assurant un cadre législatif et juridique clair. Mais la politique sociale ne devait pas être de son fait comme cela avait été le cas avec la mise en place des mesures sociales par Bismarck. La politique sociale devait être une conquête syndicale car les syndicats devaient constituer un contre-pouvoir par rapport à l'Etat. L'Etat ne devait intervenir qu'en dernier ressort, selon les principes d'une politique de subsidiarité.[26]

Par ailleurs, enfin, s'il y avait un domaine où tous les travailleurs pouvaient retrouver une situation de liberté en tant que sujets économiques, c'était en tant que consommateurs. Ils devaient, pour ce faire, s'organiser dans des «corporations d'acheteurs» qui géreraient la fabrication des produits domestiques et l'achat de toutes les marchandises étrangères. De cette manière, le consommateur, inversant en quelque sorte les rôles, devenait entrepreneur, mettant à son service tous les entrepreneurs.[27] Chez Friedrich Naumann, le rêve d'une société de consommateurs organisés transcendait les querelles doctrinaires entre capitalisme et socialisme.

Les querelles doctrinaires entre capitalistes et socialistes avaient méconnu les points de convergence entre capitalisme et socialisme. On ne pouvait

25 «Mag das Wort ‹Achtstundentag› eine zu schematische Formel sein, aber unsere Volksgesundheit und moralische Kultur fordert die Sicherung eines viel größeren Quantums von Menschentum außerhalb des gewerblichen Dienstes, als es heute der Mehrzahl der abhängigen Arbeitenden zu Gebote steht. Die unterste Schicht der Lohnarbeiter wird voraussichtlich immer durch gesetzlichen Minimalschutz vor dem Versinken in Barbarei bewahrt werden müssen [...]». *Ibid.*, p. 500.

26 «Unter liberaler Sozialpolitik verstehen wir die Anwendung der zuletzt dargelegten Grundsätze auf das ganze Gebiet der Staatseinwirkung auf das Wirtschaftsleben, insbesondere den Gedankengang, daß die gesetzliche Regelung eines Wirtschaftsverhältnisses immer nur dann und nur soweit eintritt, als eine Regelung durch freie Organisation und Selbstverwaltung ausgeschlossen ist. Die freie Organisation hat im Zweifelsfalle stets den Vortritt vor dem Beamtenapparat!». *Ibid.*, p. 502.

27 *Ibid.*, p. 432.

plus parler d'un système individualiste opposé à un système collectiviste, dans la mesure où l'individualisme était structurellement en perte de vitesse.[28] Il ne pouvait plus être l'idéologie des capitalistes lorsque l'on avait compris la dimension collective du capitalisme industriel à l'œuvre dans la deuxième moitié du XIXe siècle.

Conclusion

Lorsque Friedrich Naumann évoque une réconciliation entre capitalisme et socialisme, ce n'est pas pour réaliser une synthèse entre deux systèmes largement antagonistes. C'est son analyse de l'évolution du capitalisme industriel qui l'amène à en voir la dimension intrinsèquement collective. L'organisation collective était devenue une nécessité: que ce soit du côté des employeurs, contraints par exemple de s'organiser en fédérations et en coopératives ou du côté des employés qui aspiraient à l'organisation d'une vie syndicale. L'individu ne retrouvait une liberté, c'est-à-dire une libération des contraintes existentielles, que grâce à l'action collective au sein d'organisations représentant ses intérêts. Le capitalisme ne ramenait pas à l'individualisme mais l'en éloignait.

Friedrich Naumann appelle de ses vœux une société de consommation qui, seule, pourrait transcender l'antagonisme «de classe» entre patronat et travailleurs. Tous avaient un point commun: ils étaient des consommateurs. Les organisations de consommateurs devraient pouvoir permettre d'inverser les rapports de force et de mettre les employeurs au service de l'ensemble de la société. La condition de l'avènement de la société de consommation était une économie de marché dans laquelle l'industrie légère, proche du consommateur, jouait un rôle clef. Cette économie de marché devait être prioritairement exportatrice afin d'assurer la richesse et la domination non pas militaire mais économique de l'Allemagne sur le monde.

---

28 «Der Übergang vom Kapitalisten zum Kapitalismus hat den Kapitalisten und Sozialisten einander theoretisch nähergebracht. Sie stehen sich nicht mehr als Vertreter zweier völlig unterschiedlicher Arbeitssysteme entgegen, des individualistischen und des kollektivistischen, denn das individualistische Arbeitssystem ist im offenbaren Rückzuge begriffen, und der große Kapitalist ist es vor allem, der es zurückdrängt. Heute ist die individualistische Wirtschaftslehre zur kleinbürgerlichen Schwäche geworden, und Großbürger und Proletarier reichen sich darüber die Hand, daß sie beide für den isolierten Einzelbetrieb keinen Sinn mehr haben [...]». *Ibid.*, p. 439.

C'est ce programme que réalisera Ludwig Erhard, cinquante ans plus tard, avec la mise en place d'une économie sociale de marché dont on voit ici toutes les prémisses dessinées. Tant le partenariat social, que la domination souhaitée de l'industrie légère, la lutte contre les monopoles et les cartels et l'intégration dans une économie mondialisée sont abondamment décrites dans *Neudeutsche Wirtschaftspolitik*.

Si le programme de politique économique proposé par Friedrich Naumann avait pu être réalisé dès 1906, peut-être aurait-on pu éviter les dérives vers le protectionnisme et le militarisme nationaliste qui ont amené une guerre mondiale comme solution aux problèmes économiques de la fin du XIXe siècle.

Résumé

Avec son livre *Neudeutsche Wirtschaftspolitk*, publié en 1906, Friedrich Naumann s'engage dans une discussion intense sur le capitalisme, qui a été entre autres stimulée par Werner Sombart *(Der moderne Kapitalismus)*. Affirmant qu'il n'existe pas de lois générales universelles des phénomènes économiques, c'est à partir d'une analyse de l'ensemble des forces de la société, telles qu'il les observe à son époque, que Naumann formule une politique économique et sociale selon lui salutaire pour l'Allemagne. Le résultat de ses réflexions est une réponse à la critique généralisée du capitalisme.

Après avoir identifié les multiples causes des crises économiques résultant de la première vague de mondialisation, il propose une option se situant entre ceux qui préconisent de s'engager sur la voie du socialisme et ceux qui préconisent une moralisation du capitalisme. Favorable à l'Etat militaire fort, le libéralisme économique apparaît, chez Naumann, comme lié au nationalisme allemand. Il s'agit, selon lui, de favoriser le libre-échange, l'exportation de produits allemands de qualité dont l'Etat tirera des ressources; les différents blocages, tels que les cartels, les monopoles et le conservatisme agraire, qui demandent davantage de protectionnisme, doivent être levés. Le développement du capitalisme financier doit contribuer à développer les échanges mondialisés qui permettront à de nouvelles régions de se développer et de devenir des clients de l'Allemagne, de dynamiser la circulation des ressources naturelles, des produits, des personnes. Mais Naumann explique aussi que ce capitalisme doit être organisé et s'accompagner d'une politique sociale libérale. L'interventionnisme croissant de l'Etat et la naissance de syndicats de travailleurs ont résulté du fait que le patronat ne s'est pas montré suffisamment humain. L'Etat ne devrait intervenir qu'en dernier ressort selon le principe de subsidiarité. Les nouvelles formes d'organisation ne se limitent pas à la défense d'intérêts, elles permettent aussi de faire naître, avec les coopératives d'achats, une société de consommateurs organisés.

Naumann s'efforce de montrer, dans *Neudeutsche Wirtschaftspolitik*, qu'une réconciliation entre socialisme et capitalisme est possible. Il formule des principes que l'on retrouvera après 1945 dans l'économie sociale de marché; mais en 1906, il s'agit pour Naumann d'assurer la domination économique de l'Allemagne sur le monde.

Zusammenfassung

Mit seinem 1906 veröffentlichten Buch *Neudeutsche Wirtschaftspolitik* beteiligt sich Friedrich Naumann an einer Diskussion, die u.a. von Werner Sombart *(Der moderne Kapitalismus)* angestoßen worden ist. Er bestätigt, dass es in der Wirtschaft keine universellen Grundregeln gibt, und entwickelt eine seiner Meinung nach heilsame Sozial- und Wirtschaftspolitik. Das Ergebnis seiner Überlegungen ist eine Antwort auf eine zu allgemeine Kapitalismuskritik.

Nachdem er die verschiedenen Ursachen der Wirtschaftskrise, die aus der ersten Globalisierungswelle herrührten, erwähnt hat, schlägt er eine Option vor, die sich zwischen denen ansiedelt, die den Weg des Sozialismus befürworten und denen, die eine Moralisierung des Kapitalismus empfehlen. Da er einen starken Militärstaat befürwortet, ist der Wirtschaftsliberalismus bei Naumann mit dem deutschen Nationalismus verbunden. Für ihn geht es darum, den Freihandel und den Export der deutschen Qualitätsprodukte, aus denen der deutsche Staat seine Einnahmen bezieht, zu befördern; die verschiedenen Hindernisse, seien es jene der Kartelle, der Monopole oder des Agrarkonservativismus, die alle mehr Protektionismus fordern, sollen beseitigt werden. Die Entwicklung des Finanzkapitalismus soll dazu beitragen, einen weltweiten Austausch zu begründen, der wiederum neuen Regionen erlauben soll, sich zu entwickeln und Kunden Deutschlands zu werden sowie den Fluss der natürlichen Ressourcen, der Produkte und der Personen zu beschleunigen. Aber Naumann erklärt auch, dass dieser Kapitalismus organisiert werden und mit einer liberalen Sozialpolitik einhergehen muss. Der zunehmende Eingriff des Staates und die Schaffung von Arbeitergewerkschaften resultierten für ihn aus dem Umstand, dass die Arbeitgeber sich nicht als hinreichend human erwiesen hatten. Der Staat sollte gemäß dem Subsidiaritätsprinzip nur in letzter Instanz eingreifen. Die neuen Organisationsformen sollen sich nicht auf die Interessenvertretung beschränken, sondern, zusammen mit den Konsumgenossenschaften, auch erlauben, eine Gesellschaft organisierter Verbraucher entstehen zu lassen.

Naumann bemüht sich in seinem Buch *Neudeutsche Wirtschaftspolitik* zu zeigen, dass eine Aussöhnung zwischen Sozialismus und Kapitalismus möglich sei. 1906 geht es ihm darum, die wirtschaftliche Vorherrschaft Deutschlands sicherzustellen. Er formuliert aber dann Prinzipien, die nach 1945 in der sozialen Marktwirtschaft wiederzufinden sind.

Kolonialfragen in der *Hilfe*

Christina STANGE-FAYOS

Heutzutage neigt man dazu, zu vergessen, dass Deutschland einst Kolonien besaß. Dabei gilt gerade die Periode zwischen 1882 und 1919 als Höhepunkt der europäischen und somit auch der deutschen Kolonialherrschaft.[1] Zwischen 1884 und 1899 erwarb das Deutsche Reich Togo, Kamerun, Südwest-, Ostafrika, Neuguinea, Samoa und Kiautschou. Das Jahr 1884 markiert also den Beginn der eigentlichen deutschen Kolonialpolitik, doch Bismarck wandte sich rasch wieder vom Kolonialgedanken ab, um seine politischen Prioritäten bei der Beziehungspflege mit den Großmächten (insbesondere England und Frankreich) fortzusetzen. Seine Politik des Status quo – beruhend auf einem komplexen defensiven, der wirtschaftlichen Entwicklung wenig angepasstem diplomatischen System – wird ab 1890 sowohl von der öffentlichen Meinung als auch von dem jungen Kaiser in Frage gestellt:

> In den frühen 1890er Jahren begann sich in Deutschland das Interesse an überseeischen Fragen wieder zu regen. Dabei ging es nicht primär um neuen Kolonialerwerb, sondern um «Weltpolitik» im Allgemeinen. Die Argumente, die das imperiale Engagement begründen sollten, knüpften an die Kolonialagitation der frühen 1880er Jahre an, doch verschoben sich die Gewichte. Immer bedeutsamer wurden das Prestige der Nation und die Selbstbehauptung in der Konkurrenz der europäischen Mächte. Angesichts der zunehmenden globalen Verflechtung der europäischen Volkswirtschaften schien die aus der Rückschau defensiv anmutende Außenpolitik Bismarcks nicht mehr ausreichend. Der Topos vom Nachzügler, der bislang zu kurz gekommen sei und jetzt den ihm zustehenden Anteil verlange, durchzog die Debatte. Nicht nur radikale Alldeutsche, sondern auch nationalliberale Politiker forderten ein engagiertes Auftreten des Reichs, und nicht nur Bildungsbürger wie Max Weber in seiner Freiburger Antrittsvorlesung von 1895, sondern auch Bankiers und Schwerindustrielle warben jetzt für eine imperialistische Politik.[2]

Einer mit sozialdarwinistischen Akzenten versehenen Rede Webers lässt Friedrich Naumann in der Tat 1895 eine ausführliche Besprechung in seiner kurz zuvor gegründeten Zeitschrift *Die Hilfe* folgen,[3] in der er bemerkt:

> Hat er nicht Recht? Was nützt uns die beste Sozialpolitik, wenn die Kosaken kommen? Wer innere Politik betreiben will, der muss erst Volk, Vaterland und Grenzen sichern,

---

1 Winfried SPEITKAMP: *Deutsche Kolonialgeschichte*. Stuttgart 2005, S. 35 ff.
2 Ebd., S. 35.
3 Peter THEINER: *Sozialer Liberalismus und deutsche Weltpolitik*. Baden-Baden 1983, S. 48.

er muss für nationale Macht sorgen. Hier ist der schwächste Punkt der Sozialdemokratie. Wir brauchen einen Sozialismus, der regierungsfähig ist. Regierungsfähig heißt: bessere Gesamtpolitik treiben als bisher. Ein solcher regierungsfähiger Sozialismus ist bis jetzt nicht vorhanden. Ein solcher Sozialismus muss deutsch-national sein.[4]

Indem er wie Max Weber die imperiale Lösung des sozialen Problems in einem «national-sozialen» Staat propagierte, war sein Ziel auch, die Arbeiterschaft für den nationalen Machtstaat zu gewinnen.[5] Nichts Überraschendes also in der Tatsache, dass *Die Hilfe*, zwischen 1895 und 1919 von Friedrich Naumann veröffentlicht,[6] sowohl für Flottenrüstung als auch für koloniale Expansion und deutsche Weltgeltung eintrat. Dieses Plädoyer war um die Jahrhundertwende «untrennbar mit seinen innenpolitischen Reformvorstellungen verklammert».[7]

1902, anlässlich des ersten deutschen Kolonialkongresses in Berlin, steuert die Naumannsche Zeitschrift anhand des programmatisch betitelten Aufsatzes «Unsere Forderungen zur Kolonialpolitik» ihren Beitrag zur Debatte bei.[8] Programmcharakter erhält der Artikel ferner dadurch, dass er in mehrere Punkte aufgeteilt ist:

– Wir fordern für das deutsche Reich überseeische Kolonien / a) als Stützpunkte überseeischer Macht / b) als Feld zur Betätigung für deutsche Unternehmungslust und zur Ermöglichung von deutschen Kapitalanlagen / c) zur Erleichterung der Deckung des Bedarfs an tropischen Produkten und des Absatzes heimischer Fabrikate im Auslande.

– Das Ziel der Kolonialpolitik darf nicht die Ausbeutung des Koloniallandes im einseitigen Interesse einzelner Kapitalistengruppen, sondern soll die Hebung und Erziehung der Kolonialbevölkerung und die mögliche Entwickelung der Hilfsquellen des Koloniallandes sein, im Interesse der Gesamtheit der Nation.

– Von der Kolonialverwaltung fordern wir daher: / a) eine Behandlung des Grund und Bodens, die seine Auslieferung an kapitalistische Sonderinteressen verhindert / b) Entwickelung der Selbstverwaltung und finanziellen

---

4 *Die Hilfe*, Nr. 28, 1895, S. 2.
5 Karl Dietrich BRACHER: *Die deutsche Diktatur*. Köln 1993 (1969), S. 33-34.
6 Die Zeitschrift erschien jedoch bis 1944; Auflagenrekord erreichte sie 1910 mit 1500 Exemplaren; Rolf TAUBERT: *Die Hilfe (1894-1843)*. In: Heinz-Dietrich FISCHER (Hrsg): *Deutsche Zeitschriften des 17. bis 20. Jahrhunderts*. Pullach 1973, S. 262.
7 THEINER: *Liberalismus* (wie Anm. 3), S. 217.
8 *Die Hilfe*, Nr. 42, 1902, S. 4.

Selbstständigkeit der Kolonien / c) Förderung der Bildung und Kultur in der Kolonialbevölkerung / d) fachmännische Behördenorganisation [...].[9]

Während besagten Kongresses war über die Finalität der Kolonien selber debattiert worden: Um 1900 zeichnete sich nämlich ein allgemeiner Paradigmenwechsel in der Kolonialpolitik ab. Eine «Inwertsetzung» schien nunmehr die einzige Lösung zu sein, um zu verhindern, dass die Kolonien nachhaltig zum Verlustgeschäft wurden. Ihre Zukunft schien eher in der Dichte und Kaufkraft der eingeborenen Bevölkerung als in Pflanzungsanlagen zu liegen, wie es 1902 bei den Verhandlungen des deutschen Kolonialkongresses zu Berlin bemerkt wird.[10] Auch *Die Hilfe* teilt diesen Standpunkt.

Dies erscheint noch einmal deutlich, als Friedrich Naumann fünf Jahre später, d.h. 1907, einen Artikel über «Die Beweggründe der Kolonialpolitik» verfasst,[11] in dem er die Kolonisationsmotive diachronisch zusammenfasst, d.h. religiöse, wirtschaftliche und politische Gründe anführt.[12] Käme der Kolonialismus auf wirtschaftlicher Ebene früher nur den «herrschenden Schichten» zugute, so sähe die Sache doch heute «ganz anders aus»:[13]

> Denn heute spielen die Gewürze und Diamanten und Perlen nur eine verschwindende Rolle in der Kolonialpolitik, und vieles, was einstmals Luxus war, wie Reis und Zucker, ist Massenartikel geworden. Heute entscheiden die Quantitäten von Baumwolle, Tabak, Getreide, Vieh, Palmprodukten, Gummi usw. Der Übergang von der Luxusbeschaffung zum Massenprodukt ist gleichzeitig der Übergang vom Raubsystem zur geordneten Staatsverwaltung in den kolonisierten Gebieten.[14]

Man findet hier also im Wesentlichen den Geist des 1902 verfassten Programms der Zeitschrift wieder, wo sich Fortschrittsoptimismus, Nationalismus und protestantisch gefärbter Kulturchauvinismus zu einem «ethischen Imperialismus» als Maxime deutscher Außenpolitik verbinden.

Die meisten Aufsätze der zwischen 1895 und 1916 geführten Rubrik *Kolonien und Militär* stammen jedoch von einem anderen Mitarbeiter, dem

---

9 Ebd.
10 Christina STANGE-FAYOS: *Vulgarisation de la recherche et discours colonialiste dans la presse périodique de l'ère wilhelminienne. A l'exemple des revues «Die Umschau», «Die Gartenlaube» et «Die Hilfe»*. In: Helga JEANBLANC: *Sciences du vivant et représentation du monde en Europe de la seconde moitié du 18e siècle à l'émergence des fascismes*. Montpellier, im Druck.
11 *Die Hilfe*, Nr. 43, 1907, S. 681-682. Es handelt sich eigentlich um eine Rezension des 1906 erschienenen Buchs von A. SUPAN: *Die territoriale Entwicklung der europäischen Kolonien*, Gotha 1906, dessen «vollendete Kürze» Naumann in höchsten Tönen lobt.
12 *Die Hilfe*, Nr. 43, 1907, S. 681.
13 Ebd., S. 682.
14 Ebd.

evangelischen Theologen Paul Rohrbach, welcher zum engen Freundeskreis Naumanns gehörte.[15] 1901 war er als hauptberuflicher Mitarbeiter in die Redaktion der *Hilfe* eingetreten. Wie Naumann war Rohrbach (1869-1956) davon überzeugt, dass das – vom Übergang zur Massengesellschaft – bedingte soziale Problem nicht auf Deutschland beschränkt sei, sondern international und im steigenden Maße von der Außenpolitik des eigenen Landes sowie von den fremden Staaten bestimmt. «Bereits jetzt hänge die Verbesserung der sozialen Zustände im Innern Deutschlands weitgehend von der Öffnung überseeischer Märkte für die Erzeugnisse der wachsenden Großindustrie ab.»[16] Der Publizist Paul Rohrbach wurde dank seines 1903 erschienenen Buches *Deutschland unter den Weltvölkern* bekannt, welches als grundlegendes Werk des liberalen Imperialismus gilt. Laut Rohrbach sollte sich die neue deutsche Weltmachtpolitik durch eine theologische Rechtfertigung und eine soziale Mission auszeichnen. Er trat für einen «ethischen Imperialismus» ein (siehe oben), und forderte wirtschaftliche Einflussgebiete für Deutschland. Er war selbst auch Kolonialbeamter (zwischen 1903 und 1906 fungierte er als «kaiserlicher Kommissar für das Ansiedlungswesen in Deutsch-Südwestafrika»[17]), weshalb ihm in der *Hilfe* eine Art Monopolstellung in der Behandlung kolonialpolitischer und kolonialwirtschaftlicher Fragen zukommt (1910 z.B. verfasst Rohrbach 21 der 27 Aufsätze der Rubrik *Kolonien und Militär*). «Die fast zwanzigjährige Zusammenarbeit mit Naumann hatte ihn in den Augen seiner Zeitgenossen zu einem typisch liberalen Publizisten abgestempelt. Innerhalb des Naumann-Kreises galt er als der maßgebliche Experte für außenpolitische Fragen.»[18] Seine Meinung scheint maßgebend zu sein: 1907 z.B. wirbt *Die Hilfe* für das jüngste Werk Rohrbachs «Deutsch-Südwestafrika – ein Ansiedlungsgebiet?» unter dem Aufruf «Wichtig für die Reichstagswahl!» (außer dem Ausrufezeichen typographisch dadurch hervorgehoben, dass er unterstrichen wird). Die Redaktion empfiehlt den Lesern «die interessante Schrift in mehreren Exemplaren zu beziehen und ans Gesinnungsgenossen weiterzugeben». Sie wurde übrigens im Buchverlag der *Hilfe*, Berlin-Schöneberg, verlegt.[19] In der Tat erzielten die Kritiker der Kolonialpolitik einen Erfolg, als der Reichstag die Gelder zur Nieder-

---

15 Ursula KREY: *Der Naumann-Kreis: Charisma und politische Emanzipation*. In: Rüdiger vom BRUCH: *Friedrich Naumann in seiner Zeit*. Berlin 2000, S. 121.
16 Walter MOGK: *Paul Rohrbach und das «Größere Deutschland»*. München 1972, S. 75.
17 Zum Stand der Rohrbach-Forschung siehe Rüdiger vom BRUCH: *Weltpolitik als Kulturmission: auswärtige Kulturpolitik und Bildungsbürgertum in Deutschland am Vorabend des 1. Weltkriegs*. Paderborn/München 1982, S. 29.
18 MOGK: *Paul Rohrbach* (wie Anm. 16), S. 165.
19 *Die Hilfe*, Nr. 1, 1907, keine Seitenzahl.

schlagung des Aufstands in Südwestafrika bewilligen sollte. Am 13. September 1906 wurde der Nachtragshaushalt für Südwestafrika mit knapper Mehrheit abgelehnt. Reichskanzler von Bülow löste daraufhin den Reichstag auf. Die Neuwahlen 1907 gingen nach dem Wort Bebels «Hottentottenwahlen» in die Geschichte ein. Im Ergebnis führten sie zu einer neuen parlamentarischen Konstellation, dem vom Reichskanzler erwünschten «Bülow-Block», der neben Konservativen und Nationalliberalen auch die Linksliberalen einschloss, die Kolonialkritiker aus Zentrum und SPD jedoch ausschloss.[20]

Die überseeische Kolonisierung musste dem sozialistischen Prinzip dennoch nicht unbedingt widersprechen. Im Rahmen der «Weltpolitik» der Jahrhundertwende ging es der SPD und ihrem Kolonialpolitischen Sprecher Gustav Noske nicht mehr um die Frage, ob Deutschland sich überhaupt in Übersee engagieren sollte, sondern vor allem um die Vorgehensweise.[21] Unter Rohrbachs Feder wurden die Sozialdemokraten allerdings als Utopisten und Schönredner dargestellt: 1907 erscheint ein Beitrag über «Sozialdemokratische Kolonialpolitik», in dem er das Desideratum der «humanen Kolonisierung» anprangert.[22] In einer Reichstagsrede vom 3. Dezember 1906 habe Bebel den Standpunkt vertreten, Kolonialpolitik könne unter Umständen eine «Kulturtat» sein, wenn sie nämlich zu den fremden Völkern als «Befreier», als «Freund und Bildner», als «Helfer in der Not» komme, um ihnen die «Errungenschaften der Kultur und Zivilisation zu überbringen», sie zu «Kulturmenschen zu erziehen» usw.[23] Den angeführten Zitaten Bebels lässt Rohrbach eine lange Beschreibung der Zustände in den Wäldern Südkameruns folgen, wo man nach Kautschuk suche. Detailfreudig erwähnt er die Problematik des Kautschukhandels. Die Einheimischen, als herkömmliche Kannibalen beschrieben, rebellierten gegen die Händler, die sie nötigten, gegen billige Ware Gummi abzuliefern. Der Aufstand dauere immerhin seit zwei Jahren, und die Regierung wolle nun schließlich den Missständen in den Kautschukbezirken ein Ende setzen, indem sie eine Kompanie aussende, um eine gewisse Anzahl von Stationen zu gründen.[24] Dieser von der Regierung vorgeschlagenen Lösung stellt Rohrbach strategisch eine Reihe polemisch anmutender Fragen voraus:

> Was soll nun nach der Meinung der Sozialdemokratie hier der humane Kolonisator, der Befreier, Freund und Bildner tun? Soll er den Kautschuk ruhig im Walde und die Neger sich weiter gegenseitig schlachten und fressen lassen? Will er ein Schild vor

---

20 SPEITKAMP: *Kolonialgeschichte* (wie Anm. 1), S. 140.
21 «Auch das Zentrum zweifelte nicht an der Legitimation von Kolonialpolitik an sich, zumal in Blick auf die Ausbreitung des christlichen Glaubens». Ebd., S. 139.
22 *Die Hilfe*, Nr. 19, 1907, S. 293-296.
23 Ebd., S. 293.
24 Ebd., S. 294.

den großen Wald hinstellen mit der Aufschrift «Zutritt für Händler verboten»? Will er selbst mit hundert Genossen in den Wald gehen, um den Menschenfressern die Zivilisation zu überbringen und sie als Freund und Lehrer als Kulturmenschen zu erziehen?[25]

Nachdem er die militärische Strategie der Regierung erläutert hat (Anzahl der 10. Kompanie, Verteilung der Kräfte, zugewiesene Distrikte usw.), setzt Rohrbach diese Fragestellung fort, um seine Beweisführung zu vervollständigen:

> Ist *das* nun besser oder schlechter, als das bloße Menschenfressen, das ohne und vor dem Kautschukhandel war? Ist es besser oder schlechter als der Kautschukhandel mit dem unbeaufsichtigten und unwillkürlichen Schalten und Walten der Händler mit ihrer reinen Ausbeutung der Eingeborenen? Soll man also der Regierung vom Standpunkte [...] der nicht prinzipiell kolonialfeindlichen Sozialdemokratie aus die 10. Kompanie bewilligen oder nicht? Und was würde wohl mehr kosten – die 10. Kompanie für sich allein, oder die Erziehung der Wilden zu Kulturmenschen im Sinne der Bebelschen Rede [...]?[26]

Man bemerkt hier eine Steigerung vom moralischen (was ist besser?) zum finanziellen (was würde mehr kosten?) Standpunkt. Die Frage der Kosten gehörte – mit der der Eingeborenenbehandlung – zu den wichtigsten der Kolonialpolitik der Epoche. Denn de facto wollte man trotz der imperialistischen Stimmung (und im Kontext des Hereroaufstandes) immer noch hauptsächlich wissen, ob sich die Kolonien rentierten.[27] Insbesondere im Reichstag: Im März 1908 forderte Staatssekretär Dernburg Mittel für sein Eisenbahnprogramm; es ging um rund 1450 Km Eisenbahnen in den Schutzgebieten für die er 150 Millionen brauchte. Der Experte Rohrbach rechnete jedoch der Leserschaft der *Hilfe* vor, dass 80 bis 90 Millionen reichen würden.[28] Sparsamkeit musste nämlich, laut Rohrbach, die deutsche Kolonialpolitik auszeichnen (Rohrbach sprach sich z.B. gegen eine «Ansiedlungsbeihilfe großen Stils» aus[29]), was jedoch durchaus eine Bewilligung gerechtfertigter Mittel

---

25 Ebd.
26 Ebd. (eigene Hervorhebung).
27 Außerdem hatte der Hereroaufstand die Problematik der Kolonialpolitik publik gemacht und im Falle Südwestafrikas angesichts der hohen Ausgaben für die Kriegsführung und der ansehnlichen Entschädigungssummen Skepsis gegenüber dem Wert des Landes geweckt; vgl. MOGK: *Paul Rohrbach* (wie Anm. 16), S. 129.
28 «Für Südwestafrika und Togo Annahme des beantragten, für Ostafrika Zurückstellung des ganzen über Kilossa hinausreichenden Stücks der Zentralbahn und dafür Einsetzung der Strecke Mambo-Kilimanscharo (sic.); für Kamerun Ersetzung des vollspurigen von Duala ausgehenden Südbahnprojekts durch ein schmalspuriges mit Ausgangspunkt Longji. Die Gesamtkosten würden alsdann statt 150 Millionen zwischen 80 und 90 betragen.» *Die Hilfe*, Nr. 12, 1908, S. 183-184.
29 *Die Hilfe*, Nr. 2, 1908, S. 17-18. Vielmehr wirbt er in seinen «Wirtschaftsbriefen eines Farmers aus Südwestafrika (SWA)» für Ansiedlung aus eigenem Antrieb, in

nicht ausschließen sollte. Dies erklärt er auch den Sozialdemokraten in dem oben erwähnten Beitrag über «Sozialdemokratische Kolonialpolitik» von 1907:

> Die Sozialdemokratie muss sich entschließen, die Dinge draußen in unseren Kolonien zu sehen, wie sie sind, nicht wie sie sie sich in aller Unberührtheit von praktischer Anschauung zurechtgemacht hat. [...] Sie muss sie studieren und dann sagen, was jetzt falsch gemacht wird und wie es ihrer Meinung nach recht gemacht werden soll. Und dann muss sie bereit sein, hierfür auch Mittel zu bewilligen.[30]

Rohrbach fügte hinzu, dass Worte wie «Befreier, Freund, Bildner» auf Papier zu schreiben und in eine Versammlung Biertrinkender und zigarrenrauchender Leute hineinzusprechen, eine «allzu billige Ware» sei.[31] Ferner forderte er die Sozialdemokraten auf, sich mehr Fachwissen zu verschaffen, selber Abgeordnete oder Parteileute vor Ort zu schicken, um sich die Verhältnisse vor Augen zu führen, «dem kolonialen Einzelproblem selbst zu Leibe zu gehen».[32]

Selbst Kritiker mussten zugeben, dass Rohrbach nach dreijährigem Aufenthalt in Südwest und zahlreichen Reisen unter anderem durch Kamerun und Togo oder Britisch-Südafrika «einer der wenigen Sachkenner deutscher Kolonialprobleme war».[33] Immer wieder bestimmte sein Urteil das kolonialpolitische Programm des Naumann-Kreises.[34] Doch wenn *Die Hilfe* generell die «Ära Dernburg» begrüßte (1907 war das Reichskolonialamt geschaffen und Bernhard Dernburg zum Staatssekretär ernannt worden) – Dernburg hatte laut eines nicht unterschriebenen Aufsatzes die große Leistung vollbracht, mit seiner Eisenbahnvorlage Konsens im Reichstag zu stiften[35] – so hegte Rohrbach persönlich doch einige Vorbehalte. Ihm zufolge ging der Staatssekretär nicht genug in Richtung der Selbstverwaltung der «Schutzgebiete», wie die Kolonien damals offiziell bezeichnet wurden.[36] Rückblickend bemerkt man, dass er vor allem die Diamantenpolitik Dernburgs in Südwestafrika missbilligte.[37] Ein Punkt, in dem der Herausgeber der Zeitschrift übrigens nicht mit Rohrbach übereinstimmte: Die Verabschiedung des Staatssekretärs 1910 veranlasste Naumann in der Tat zu einer heftigen Kritik an der Regierung; Er sprach von einem «gewaltigen Verlust», den der

dem er zeigt, «was einem Ansiedler in SWA bei Tüchtigkeit und Glück immer noch gelingen kann». *Die Hilfe*, Nr. 24, 1909, S. 372-374.
30 *Die Hilfe*, Nr. 19, 1907, S. 295.
31 Ebd.
32 Ebd., S. 296.
33 MOGK: *Paul Rohrbach* (wie Anm. 16), S. 97.
34 Ebd., S. 129.
35 *Die Hilfe*, Nr. 14, 1908, S. 218.
36 *Die Hilfe*, Nr. 5, 1909, S. 61 (Rubrik: «Politische Notizen»).
37 *Die Hilfe*, Nr. 52, 1910, S. 832.

Kolonialgedanke dadurch erleide und stellte Dernburg als «ganzen Kerl» dem «parteilosen Kanzler» Bethmann Hollweg gegenüber.[38] Im Kern muss Rohrbach – insbesondere nach seiner Entlassung aus dem Kolonialdienst – eine gewisse Enttäuschung verspürt haben, weil er sich mehr Einfluss auf die Kolonialabteilung erhofft hatte. So verfasste er z.B. 1909 einen Aufsatz über «Dernburg, Ostafrika und die Kolonialdebatte»,[39] indem er Dernburg zunächst lobte, weil dank ihm «die Popularität unserer Kolonien in den letzten zwei Jahren mehr zugenommen hat, als in den 23 Jahren vorher».[40] Warum, fragt er sich jedoch sofort danach, beginnt sich eine Opposition gegen Dernburg zu regen? Diese Frage erweist sich als rhetorisch, insofern sie ihm dazu dient, persönliche Kritik an dem Staatssekretär einzuleiten, welcher laut ihm besser daran täte, weniger instinktiv zu handeln und sich die Meinung von Experten zuzuholen: Er erwähnt ausdrücklich eine «entgegenkommende Fühlungnahme» gegen «Kräfte die über eine selbstständig erworbene persönliche Kenntnis der kolonialen Dinge verfügen».[41] Wurde sein Rang in der Kolonialpublizistik also insgesamt sehr hoch eingeschätzt (außer der warmen Anerkennung Naumanns in der *Hilfe* beurteilten ihn andere Zeitschriften wie die «Alldeutschen Blätter», «Die deutschen Kolonien», und selbst der «Vorwärts» als Fachmann[42]), so behandelte ihn die Regierung – seiner Meinung nach – nicht immer gebührend. Betonte Rohrbach nämlich publizistische Erziehung und Aufklärung, war er jedoch der festen Überzeugung: «Es ist immer wichtiger an die ‹Führer› heranzukommen, um sie zu überzeugen, als an die Geführten, um sie zu überreden: das letztere ist bequem, das andere aber entscheidend.»[43]

Meinte er mit dem Substantiv «die Geführten» auch den Leserkreis der *Hilfe*, so mag seine Aussage diesbezüglich in Frage gestellt werden. In der Tat kam es mehrfach vor, dass seine Artikel, die die Eingeborenenpolitik anschneiden, Entrüstung hervorriefen. Erklärte Rohrbach nämlich 1902 anlässlich des schon erwähnten ersten deutschen Kolonialkongresses in Berlin:

> Auf dem Gebiete der Eingeborenenfrage standen sich zwei Strömungen gegenüber: die human-erzieherische und die zur zwangsweisen Heranziehung der Schwarzen für koloniale Arbeitsleistung geneigte. Bei verschiedenen Gelegenheiten platzten die Geister aufeinander. Missionsdirektor Merenth vertrat in ausgezeichneter Weise den besonnenen christlichen, in erster Linie das Wohl der Eingeborenen wahrenden

---

38 *Die Hilfe*, Nr. 24, 1910, S. 377.
39 *Die Hilfe*, Nr. 10, 1909, S. 14-15.
40 Ebd., S. 14.
41 Ebd., S. 15.
42 MOGK: *Paul Rohrbach* (wie Anm. 16), S. 139-140.
43 VOM BRUCH: *Weltpolitik* (wie Anm. 17), S. 29.

Standpunkt; indessen die Gegenseite, die vor allen Dingen auf Produktivität und billige Arbeitskräfte hinausdrängte, behielt die Oberhand [...].[44]

so vertrat er dennoch die Meinung, dass die «Erziehung» zur Arbeit der «Fundamentalsatz der deutschen Kolonialideologie und Kolonialpädagogik schlechthin» war.[45] 1909 erschien in der *Hilfe* eine Rezension seines jüngsten Buchs «Kulturpolitische Grundsätze für die Rassen- und Missionsfragen», welches eigentlich eine Einführung (es beträgt ungefähr hundert Seiten) zu seinem Werk über «Deutsche Kolonialwirtschaft» ist, dessen Erscheinen er 1907 eigens angekündigt hatte.[46] Die Rezension dieses ebenfalls im Verlag der *Hilfe* erschienenen Bands[47] stammt von Hjalmar Schacht, dem zukünftigen Reichsbankpräsidenten und Wirtschaftsminister des Dritten Reichs. Er unterstreicht zunächst die sowohl theoretischen als praktischen Kompetenzen Rohrbachs auf dem Gebiet, Kompetenzen «wie sie in dieser Vielseitigkeit wenige unserer Kolonialpolitiker besitzen».[48] Rohrbach wünsche keine wirtschaftliche Ausbeutung der Schutzgebiete, sondern eine «Geltendmachung und Ausbreitung heimischer Kultur in überseeischen Gebieten minderer Kulturstufe».[49] Was die «kolonialpolitischen Missionsfragen» (Titel des 3. Kapitels) betrifft, so müsse die Mission

[...] um nützlich zu wirken, Völkerpsychologie treiben und in Afrika die Unterwertigkeit der schwarzen Rasse als schwerwiegende Tatsache erkennen. Die Idee, dass der Neger im Ernst fähig wäre, die sittlichen Wahrheiten des Christentums in sich aufzunehmen, ist fallen zu lassen. Vielleicht wird eine erzieherische Arbeit [...] in Jahrhunderten die Negerrasse auf diejenige moralische Stufe bringen, wo sie der christlichen Lehre wirklich zugänglich wird. Bis dahin wird die Mission sich mit der Aufgabe begnügen müssen, den Neger zu einem der Autorität des Christen folgenden Schutzverwandten des Christentums zu machen. Dies kann nur geschehen durch allmähliche Gewöhnung an Arbeit und Ordnung unter Anleitung des Weißen.[50]

---

44 *Die Hilfe*, Nr. 42, 1902, S. 3.
45 Horst GRÜNDER: *[...] da und dort ein junges Deutschland gründen*. Rassismus, Kolonien und kolonialer Gedanke vom 16. bis zum 20. Jahrhundert. München 1999, S. 227.
46 *Die Hilfe*, Nr. 48, 1907, S. 763-764.
47 «Von 1894 bis etwa 1898 erschien die ‹Hilfe› in einem Frankfurter Verlag. Acht Jahre danach gründete Naumann einen eigenen ‹Hilfe›-Verlag, nämlich den Verlag Fortschritt GmbH.» Rolf TAUBERT: *Die Hilfe (1894-1843)*. In: Heinz-Dietrich FISCHER: *Deutsche Zeitschriften* (wie Anm. 6), S. 261.
48 *Die Hilfe*, Nr. 50, 1909, S. 797.
49 Ebd.
50 Ebd., S. 798.

All dies entspricht völlig dem pseudo-wissenschaftlichen Diskurs einer Epoche, in der man nachhaltig von den Ideen Gobineaus (*Essai sur l'inégalité des races humaines*, 1853 – 1855) beeinflusst war.[51]

Das Werk Rohrbachs *Kulturpolitische Grundsätze für die Rassen- und Missionsfragen*, wenn auch von Schacht sehr gelobt, wurde heftig kritisiert, insbesondere in Missionarskreisen. Um sich zu verteidigen, verfasste Rohrbach im Jahr darauf zwei Aufsätze, «Wirtschaft, Politik und Moral in Afrika»,[52] die von den Schwierigkeiten der weißen Aussiedler handeln, notwendige Arbeitskräfte für ihre Plantagen zu finden. Laut Rohrbach wären die Eingeborenen der Arbeit wenig zugeneigt, weil sie sich mit Bananen und Milch begnügten.[53] Es ginge also darum, die Frage zu klären, ob

> [...] diese Eingeborenen vor Gott und den Menschen ein Recht darauf haben, bis an das Ende der Tage ihre primitiven, unwirtschaftlichen, für das Ende der Menschheit ertraglosen und nutzlosen Kulturformen beizubehalten, oder hat der vorgeschrittene Teil der Menschheit das Recht, hier mit fester Hand einzugreifen und das stillstehende Rad der Entwicklung kräftig vorwärts zu drehen?[54]

Auch hier schwingen sozialdarwinistische Akzente mit, und die Frage erweist sich wiederum als rhetorisch, zumal er sie in der Folge selbst beantwortet: Wären die Weißen nicht bis nach Südafrika vorgedrungen, herrschte dort heute noch die «nackte Barbarei».[55] Die Deutschen müssten in Afrika eingreifen, dazu seien sie moralisch verpflichtet, und zwar als «Nation und Rasse».[56] Es sei nämlich illusorisch zu glauben, die Neger seien «Menschen wie wir».[57] Um sie besser zu veranschaulichen, fasste er seine Position noch einmal deutlich zusammen:

> Es ist eine schon von alters her viel erörterte Streitfrage, ob die Neger als Rasse einen an sich inferioren Typus innerhalb der Menschheit darstellen, oder ob sie nur eine weiter zurückgebliebene oder zurückliegende Stufe der Entwicklung repräsentieren. Ich habe in dem bereits mehrfach erwähnten Einleitungsbande in meiner *Deutschen Kolonialwirtschaft* [d.h. *Kulturpolitische Grundsätze für die Rassen- und Missions-*

---

51 «Klischeevorstellungen und Stereotype hinsichtlich der kolonisierten Völker blieben [...] keineswegs auf alldeutsche Publizisten und die koloniale Trivialliteratur beschränkt. Vielmehr lieferten große Teile der Wissenschaften – wie die Völkerkunde, Kulturanthropologie, Geographie und Medizin – die scheinbar wissenschaftlichen Grundlagen für die rassistische Ideologie der biologischen, geistigen und kulturellen Überlegenheit der weißen Rasse.» GRÜNDER: *Deutschland* (wie Anm. 45), S. 225.
52 *Die Hilfe*, Nr. 18, 1910, S. 762-764, *Wirtschaft, Politik und Moral in Afrika I*, Nr. 49, S. 782-784 *Wirtschaft, Politik und Moral in Afrika II*.
53 *Die Hilfe*, Nr. 18, 1910, S. 763.
54 Ebd., S. 764.
55 Ebd.
56 *Die Hilfe*, Nr. 49, 1910, S. 785.
57 Ebd.

fragen] den ersteren Standpunkt vertreten und bin darüber an den verschiedensten Stellen mit Heftigkeit, öfters sogar mit Entrüstung angegriffen worden, ja man hat mir vorgeworfen, ein Mensch, der solche Ideen öffentlich ausspreche, kompromittiere damit das Prinzip der Humanität [...].[58]

Die humanitär-paternalistische Einstellung war in der Tat diejenige der meisten Missionare, die trotz grundsätzlicher Bejahung des Kolonialismus auch immer wieder die Rolle der «Anwälte der Eingeborenen» wahrgenommen haben.[59]

Die rigide «Prügelkultur» (Bebel), die das gesamte Steuer-, Erziehungs- und Zwangssystem auf dem schwarzen Kontinent begleitete, verneinte Rohrbach: «Im großen und ganzen ist das Gerede von der angeblichen Neigung zu Übergriffen und Gewaltsamkeiten unter den deutschen Farmern und Pflanzern sehr übertrieben.»[60] Als sich der Reichstag 1912 entschloss, die Ehe zwischen Weißen und Farbigen freizugeben, empörte sich Rohrbach in der *Hilfe* dagegen: «Ehen zwischen Schwarz und Weiß sind ein Unglück für die Gegenwart und ein Frevel für die Zukunft.»[61] Mischehen seien also ein Verstoß gegen das göttliche Gesetz; eine Aussage, die den Historiker Horst Gründer zu folgender Aussage verleitet: «Paul Rohrbach (1869-1958), immerhin von zu Hause aus Theologe und bis 1911 Mitglied der Fortschrittlichen Partei, vertrat einen Rassismus, der geradezu präfaschistisch zu nennen ist.»[62]

Zusammenfassend erscheint der kolonialpolitische Diskurs in der *Hilfe* stark nationalistisch geprägt, ja manchmal sogar völkisch gefärbt. Um diese Neigung der Zeitschrift zu erklären, könnte man auf den Redaktionskreis um Friedrich Naumann verweisen und Thomas Nipperdey anführen, der über die Protestanten sagte: «Sie waren die Unruhigen und die Reflektierer, sie waren anfällig für Modernität, für den Zeitgeist und seine Trends, [...] waren mit der lutherischen Bindung des Gewissens ans Wissen zuerst für die szientistische Religionskritik und dann die Nietzsches und seiner halbwissenschaftlichen Adepten so empfänglich und sogleich hungrig nach säkularen Überzeugungen.»[63]

Obwohl *Die Hilfe* den Reformkurs des ihr nahe stehenden Linksliberalen Staatssekretärs Dernburg zuerst vorwegnahm, wie es ihr 1902 aufgestelltes

---

58 Ebd., S. 782.
59 Vergleiche mit GRÜNDER (wie Anm. 45), S. 226.
60 *Die Hilfe*, Nr. 18, 1910, S. 763.
61 «Koloniale Rassen- und Ehefragen», *Die Hilfe*, Nr. 19, S. 291-293.
62 GRÜNDER: *Deutschland* (wie Anm. 45), S. 232.
63 Thomas NIPPERDEY: *Religion im Umbruch. Deutschland 1870-1918*. München 1988, S. 152 f.

kolonialpolitisches Programm zeigt,[64] und dann publizistisch unterstützte (langfristige auf Verwaltung eingestellte Kolonialwirtschaft anstelle kurzfristiger wirtschaftlicher Ausbeutung, daher auch Eingeborenenschutzpolitik), argumentierte sie schließlich unter der Feder Rohrbachs vorwiegend in Rassenkategorien – und stieß so an ihre eigenen Grenzen. Dies entspricht vollends dem Geist der Epoche, des imperialen Zeitalters: Die jüngere Forschung hat in der Tat bewiesen, dass das gesamte Europa der damaligen Zeit «razialistisch» («racialiste», Pierre André Taguieff[65]) war, was übrigens den Fortschrittsgedanken (s. oben) keineswegs ausschließt.

Zusammenfassung

Dieser Beitrag über Kolonialismus in der Wochenschrift *Die Hilfe* beruht auf der ausführlichen Lektüre ihrer zwischen 1895 und 1916 (insgesamt also 21 Jahre lang) geführten Rubrik *Kolonien und Militär*. Anhand einer Auswahl an repräsentativen und in den Kontext eingebetteten Aufsätzen möchte die Autorin aufzeigen, dass der Wille der Zeitschrift, eine resolut moderne Kolonialpolitik zu verteidigen, schließlich an den Rassenkategorien scheitert. *Die Hilfe* erweist sich sehr wohl als Ideenlabor, wie es die Analyse ihres 1902 verfassten kolonialpolitischen Programms beweist, welches die Regierungsentscheidungen von 1907 bezeichnenderweise vorwegnimmt. Doch trotz ihres großen Interesses für dieses Thema und dem Willen, den «neuen Kurs» von Staatssekretär Dernburg in der Öffentlichkeit zu unterstützen, stößt das Periodikum schließlich aufgrund des von Naumanns Mitarbeitern – insbesondere von Paul Rohrbach – verteidigten «ethischen Imperialismus» (der sich als Aporie erweist) an seine eigenen Grenzen. 1916 setzten die Kriegsereignisse der Debatte über Kolonialfragen ein Ende und man bemerkt auch, dass die Zeitschrift dem kolonialen Mythos während der Weimarer Republik anscheinend nicht weiter huldigt.

---

64 Vgl. Anm. 8.
65 Pierre André TAGUIEFF: *La force du préjugé*. Paris 1990.

Résumé

Cette contribution sur le colonialisme dans l'hebdomadaire *Die Hilfe* est basée sur la lecture exhaustive de la rubrique *Colonies et forces militaires (Kolonien und Militär)*, publiée vingt et un ans durant, entre 1895 et 1916. Au fil d'une sélection d'articles représentatifs remis en contexte, elle se propose de démontrer que la volonté de prôner une politique coloniale résolument moderne achoppera finalement sur la question raciale. *Die Hilfe* s'avère bel et bien être un laboratoire d'idées, comme le prouve par exemple l'analyse de son «programme colonial» de 1902 qui anticipe les décisions gouvernementales de 1907. Mais malgré son grand intérêt pour le sujet et sa volonté de soutenir le «nouveau cours» du secrétaire d'Etat Dernburg auprès du public, la revue se retrouvera dans une impasse à cause de l'aporie inhérente à l'impérialisme éthique défendu par les collaborateurs de Friedrich Naumann, en l'occurrence Paul Rohrbach notamment. En 1916, les événements historiques mettent fin au débat sur le colonialisme dans *Die Hilfe* et on peut par ailleurs noter que la revue ne tente visiblement pas d'entretenir le mythe colonial après la fin de la Première Guerre mondiale.

La Russie – La question d'Orient
Russland – Die orientalische Frage

Naumanns Angst.
Das Russlandbild der *Hilfe* (1895-1919) zwischen Furcht und Faszination

Philipp MENGER

«Die Russen haben in aller Roheit ihres Wesens einen nicht wegzuleugnenden Zauber»,[1] so subsumierte Friedrich Naumann in seinem Buch *Mitteleuropa* seine Eindrücke und Gedanken zu Russland. Russland faszinierte Naumann und Russland machte ihm Angst. Die Geschichte der Angst vor Russland ist lang. Doch hat sich die Zuschreibung der russischen Attribute, vor denen es sich zu fürchten galt, im Laufe der Jahrhunderte geändert. Während vom 16. bis zum 18. Jahrhundert Russland vorwiegend mit Attributen des *Nordens* ausgestattet wurde, mit Wildheit, Barbarentum, Kälte und Nähe zur Hölle, wandelte sich die Zuschreibung in der mentalen Topographie der Deutschen ab dem 19. Jahrhundert und Russland wurde in den «Osten» verlegt und bekam damit *orientalische* Züge zugeschrieben.[2] Diese Verschiebung führte allerdings nicht dazu, dass die alten Attribute verschwanden, vielmehr wurden die *nordischen* Zuschreibungen in der Folge überlagert von den *orientalischen* und so findet sich eine Ambivalenz von Zuschreibungen, wie vermeintliche gedankliche Tiefe bei gleichzeitiger Roheit. Das Reich des Bären (eine eindeutig *nordische* Zuschreibung) wurde im Verlauf des 19. Jahrhunderts durch weitere imaginierte Ostverlagerungen zu einem *asiatischen* Reich:[3]

1 Friedrich NAUMANN: *Mitteleuropa*. Berlin 1915, S. 168.
2 Dazu: Hans LEMBERG: *Der Russe ist genügsam*. Zur deutschen Wahrnehmung Russlands vom Ersten zum Zweiten Weltkrieg. In: Birgit ASCHMANN/Michael SALEWSKI (Hrsg.): *Das Bild «des Anderen»*. Politische Wahrnehmung im 19. und 20. Jahrhundert. Stuttgart 2000, S. 121-131, hier S. 122. Einführend in die Xenologie: Alois WIERLACHER: *Ausgangslage, Leitbegriffe und Problemfelder*. In: DERS. (Hrsg.): *Kulturthema Fremdheit*. Leitbegriffe und Problemfelder kulturwissenschaftlicher Fremdheitsforschung. München 1993, S. 19-112.
3 Zu diesem Komplex vgl. Ekkehard KLUG: *Das «Asiatische Russland»*. Über die Entstehung eines europäischen Vorurteils. In: *Historische Zeitschrift*, Nr. 245, 1987, S. 265-289. Einen Überblick über die verschiedenen Russlandbilder bei Oxana SWIRGUN: *Das fremde Russland. Russlandbilder in der deutschen Literatur 1900-1945*. Frankfurt u. a. 2006, S. 27-54 und Bernd BONWETSCH: *Deutsche Russlandbilder im Wandel der Zeiten vom 16. zum 20. Jahrhundert*. In: Johannes Volker WAGNER/Bernd BONWETSCH/Wolfram EGGELIN: *Ein Deutscher am Zarenhof*. Heinrich Graf Ostermann und seine Zeit 1687-1747. Essen 2001, S. 269-275; Alexei

«Hier befindet man sich gleichsam im Lande des Ostens», so schrieb der berühmte Volkswirtschaftler und Schüler Lujo Brentanos, Gerhard von Schulze-Gaevernitz 1892 in einem Brief aus Moskau.[4] Damit ist der Rahmen des folgenden Beitrags vorgegeben, in dem das Russland-Bild in der *Hilfe* zu Lebzeiten Friedrich Naumanns im Mittelpunkt steht. So können die verstreuten und uneinheitlichen Beiträge, die sich mit Russland beschäftigen, kontrastierend mit Naumanns Konzept von Mitteleuropa ergänzt werden. Dabei besetzte Naumann keine Ausnahmeposition. In Deutschland war eine diffuse Furcht vor Russland durchaus weit verbreitet.[5] Die historische Stereotypenforschung hat sich umfassend mit dem Bild Russlands auseinandergesetzt.[6] Vor allem publizistische Arbeiten standen hierbei im Fokus der Analysen – so untersuchte Hans Hecker das Osteuropa-Bild der Zeitschrift *Die Tat* und Rainer Fuhrmann die *Deutsche Rundschau* – um nur zwei Beispiele bedeutenderer Organe zu nennen.[7] Eine Analyse des Russland-Bildes in der *Hilfe* steht bislang noch aus.

Kein anderer geographischer Raum hat die Deutschen so stark beschäftigt, wie der *Osten*.[8] Gerd Koenen zählt in einer umfassenden Bibliographie mehr als 1200 Titel allein zwischen 1917 und 1924, die sich mit Russland be-

---

RYBAKOV: *Deutsche Russophilie zu Beginn des 20. Jahrhunderts*. Russland in den Werken von Rainer Maria Rilke und Thomas Mann. In: *Forum für osteuropäische Ideen und Zeitgeschichte*, Nr. 12, 2008, S. 13-27; Troy PADDOCK: *Creating an Oriental Feindbild*. In: *Central European History*, Nr. 39, 2006, S. 214-243; Grundlegend: Larry WOLFF: *Inventing Eastern Europe*. The Map of Civilization on the Mind of the Enlightenment. Stanford 1994.

4   Gerhard VON SCHULZE-GAEVERNITZ: *Russische Reisebriefe*. In: *Die Hilfe*, Nr. 39, 24.9.1914, S. 637 f., hier S. 638.
5   Maria LAMMICH: *Das deutsche Osteuropabild in der Zeit der Reichsgründung*. Boppard 1978, S. 16; Leonid LUKS: *Dekadenzängste und Russlandfurcht – zwischen Wiener Kongreß und Krimkrieg*. In: *Tel Aviver Jahrbuch für deutsche Geschichte*, Nr. 24, 1995, S. 15-39.
6   Vgl. Hans Henning HAHN (Hrsg.): *Historische Stereotypenforschung*. Methodische Überlegungen und empirische Befunde. Oldenburg 1995; sowie Rudolf JAWORSKI: *Osteuropa als Gegenstand historischer Stereotypenforschung*. In: *Geschichte und Gesellschaft*, Nr. 13, 1987, S. 63-76; Viktoria HERTLING: *Quer durch: Von Dwinger bis Kisch*. Berichte und Reportagen über die Sowjetunion aus der Epoche der Weimarer Republik. Königstein/Ts. 1982.
7   Hans HECKER: *Die Tat und ihr Osteuropa-Bild 1919-1939*. Köln 1974; Rainer FUHRMANN: *Die orientalische Frage, das «panslawistisch-chauvinistische Lager» und das Zuwarten auf Krieg und Revolution*. Die Osteuropa-Berichterstattung und – Vorstellung der «Deutschen Rundschau» 1874-1918. Bern 1975.
8   Gregor THUM: *Ex oriente lux – ex oriente furor*. In: DERS. (Hrsg.): *Traumland Osten*. Deutsche Bilder vom östlichen Europa im 20. Jahrhundert. Göttingen 2006, S. 7-15, hier S. 7.

schäftigen.[9] Das Bild Russlands im gebildeteren Bevölkerungsteil des Deutschen Reiches war nicht frei von Ambivalenzen und bildete so in gewisser Weise die Verschiebung des Landes auf der *mental map* ab.[10] Auf der einen Seite stand das Empfinden von Respekt vor den russischen Kulturleistungen, allen voran denen der Literatur und Musik,[11] dem gegenüber fand sich auf der anderen Seite ein zivilisatorisches Überlegenheitsgefühl, das sich auch darin äußerte, daß sich die Stereotypen auf den im Singular bezeichneten «Russen» richteten.

> Man weiß, wie *der* [...] Russe ist: er hat spezifische, klar umreißbare Eigenschaften, die allerdings – das ist eines der Grundstereotype – widersprüchlich sind: er ist brutal, aber kinderlieb, er kann gut und erfindungsreich improvisieren, ist aber stumpf und faul, er ist fanatisch politisiert oder tief religiös, aber dann wieder apathisch, er neigt zur Völlerei und ist andererseits ‹genügsam›.[12]

Auch bei Naumann ist diese vermeintliche kulturelle Überlegenheit ebenso eine Konstante seines Russland-Bildes, wie das diffuse Angst-Gefühl, das er

---

9 Gerd KOENEN: *Blick nach Osten. Versuch einer Gesamt-Bibliographie der deutschsprachigen Literatur über Russland und den Bolschewismus 1917-1924*. In: DERS./ Lew KOPELEW (Hrsg.): *Deutschland und die Russische Revolution 1917-1924* (=West-östliche Spiegelungen, Reihe A; Bd. 5). München 1998, S. 827-934. Auf die besondere Bedeutung der Romane von E. E. Dwinger weist hin: Karl SCHLÖGEL: *Die russische Obsession*. Edwin Erich DWINGER. In: THUM: *Traumland Osten* (wie Anm. 8), S. 66-87.

10 Wolfram WETTE: *Russlandbilder der Deutschen im 20. Jahrhundert*. In: *1999. Zeitschrift für Sozialgeschichte des 20. und 21. Jahrhunderts* 10, 1995, S. 38-64, hier S. 47.

11 Hier wäre beispielsweise an die Dostojevskij-Rezeption zu denken, vgl. Gerd KOENEN: *Der deutsche Russland-Komplex. Zur Ambivalenz deutscher Orientierungen in der Weltkriegsphase*. In: THUM (Hrsg.): *Traumland Osten* (wie Anm. 8), S. 16-42, hier S. 20-33.

12 LEMBERG: *Russe* (wie Anm. 2), S. 131. Ein Überblick über die historische Stereotypenforschung bei Hans Henning HAHN: *Stereotypen in der Geschichte und Geschichte in Stereotypen*. In: DERS. (Hrsg.): *Historische Stereotypenforschung. Methodische Überlegungen und empirische Befunde*. Oldenburg 1995, S. 190-204, sowie DERS./Eva HAHN: *Nationale Stereotypen. Plädoyer für eine historische Stereotypenforschung*. In: Hans Henning HAHN (Hrsg.): *Stereotyp, Identität und Geschichte. Die Funktion von Stereotypen in gesellschaftlichen Diskursen*. Frankfurt am Main 2002, S. 17-56. In: Bezug auf Russland ist vor allem Lew Koppelews «Wuppertaler Projekt zur Erforschung der Geschichte deutsch-russischer Feindbilder» zu nennen, das sich in der Reihe «West-östliche Spiegelungen» niedergeschlagen hat. Zuletzt Dagmar HERRMANN (Hrsg.): *Deutsche und Deutschland aus russischer Sicht. 19./20. Jahrhundert. Von den Reformen Alexanders II. bis zum Ersten Weltkrieg*. München 2006.

mit Russland verbindet. Somit fügt er sich ein in eine längere Tradition der nationalliberalen Russophobie.¹³

Dieses Bild bestand im Wesentlichen aus zwei Elementen: dem Bild des «tönernen Kolosses», einem riesigen Reich, das strukturell schwach sei, und der Idee eines unausweichlichen Existenzkampfes zwischen Ost und West.¹⁴ Beide Seiten des Bildes finden sich auch bei Friedrich Naumann, der damit keine Ausnahme bildete: Wie sehr es im deutschen Bildungsbürgertum verankert sein konnte, illustriert der Aufruf «An die Kulturwelt» von 56 deutschen Professoren vom 4. Oktober 1914. Hier hieß es:

> Im Osten aber tränkt das Blut der von russischen Horden hingeschlachteten Frauen und Kinder die Erde und im Westen zerreißen Dum-Dum-Geschosse unseren Kriegern die Brust. Sich als Verteidiger europäischer Zivilisation zu gebärden, haben die am wenigsten das Recht, die sich mit Russen und Serben verbündeten und der Welt das schmachvolle Schauspiel bieten, Mongolen und Neger auf die weiße Rasse zu hetzen.¹⁵

Russland und *Mitteleuropa*

Friedrich Naumann hatte in der *Hilfe* bereits Aspekte seiner Mitteleuropa-Konzeption veröffentlicht, ehe er sich zwischen Mai und August 1915 nach Potsdam zurückzog. Unter dem Eindruck des «Schicksals der Kolonien» und den Erfolgen an der Ostfront schrieb er in der brandenburgischen Abgeschiedenheit seinen großen publizistischen Erfolg, den er im letzten Satz des Buches selbst als «Kriegsfrucht» kennzeichnete.¹⁶ Im Oktober 1915 erschien das Buch, das nach den Worten Theodor Heuss' in seiner Rede anläßlich der

---

13 LEMBERG: *Russe* (wie Anm. 2), S. 124. Diese Art ist nicht auf die liberalen Kreise beschränkt gewesen. Vgl. auch John HAAR: *Johannes Haller and the «Russian Menace»*. Baltic German Russophobia during World War I. In: *East European Quaterly*, Nr. 14, 1980, S. 75-90.

14 Dazu WETTE: *Russlandbilder* (wie Anm. 10), S. 173; siehe auch Fritz FISCHER: *Deutschland – Russland – Polen. Vom Wiener Kongreß bis zur Gegenwart*. In: DERS.: *Hitler war kein Betriebsunfall*. 2 Aufl. München 1992, S. 215-256.

15 Aufruf an die Kulturwelt (4.10.1914). In: Klaus BÖHME (Hrsg.): *Aufrufe und Reden deutscher Professoren im Ersten Weltkrieg*. Stuttgart 1975, S. 47-49, hier S. 48. Zur Russland-Angst: Fritz T. EPSTEIN: *Der Komplex «die russische Gefahr!» und sein Einfluß auf die deutsch-russischen Beziehungen im 19. Jahrhundert*. In: Immanuel GEISS/Bernd Jürgen WENDT (Hrsg.): *Deutschland in der Weltpolitik des 19. und 20. Jahrhunderts*. Düsseldorf 1973, S. 143-160 sowie Walter PLATZHOFF: *Das erste Auftauchen Russlands und der russischen Gefahr in der europäischen Politik*. In: *Historische Zeitschrift*, Nr. 115, 1916, S. 77-93.

16 Theodor HEUSS: *Friedrich Naumann. Der Mann, das Werk, die Zeit*. Stuttgart 1937, S. 441 f. «Kriegsfrucht» bei NAUMANN: *Mitteleuropa* (wie Anm. 1), S. 263.

Eröffnung der Friedrich-Naumann-Stiftung im November 1958 in «herrlichem Deutsch» geschrieben war,[17] in einer Auflage von 5000, 1916 erschien die zweite Auflage (86-100.000) und im Juli erschien die «Volksausgabe».[18]
Das Buch bietet eine wohlüberlegte und geschlossene Konzeption des geographischen Raumes von «Mitteleuropa», einem Gebiet, das sich in der Zange zwischen dem «englisch-französischen Weltbunde» und dem russischen Reich befinde.[19] Der sich am Horizont abzeichnende Krieg gegen Russland war für Naumann nichts weniger als die «Geschichtsprobe Mitteleuropas» – ein Gedanken, den zu verbreiten eines der Hauptanliegen des Buches war.[20] Dieses Mitteleuropa konnte nur in Abgrenzung vom anderen Europa, dem westlichen und dem östlichen entstehen. Mit den Einigungskriegen und der Reichsgründung 1870/71 sei die Abgrenzung nach Westen hin erfolgt, «die Abgrenzung nach der russischen Seite zu mußte kommen».[21] Naumann sah bereits 1899 die Gefahr einer «slawischen Überflutung»,[22] wird diese Einstellung gegenüber den slawischen Staaten aber noch ändern. Für seine Mitteleuropa-Konzeption, die das Deutsche Reich und Österreich-Ungarn in den Mittelpunkt einer nach Osten erweiterten Machtbasis stellt, differenzierte er später zwischen West- und Südslawen sowie den Russen. Ungarn, Polen und Tschechen werden später mit in den Kreis «Mitteleuropas» geholt und sollen sich am Kampf gegen Russland beteiligen. Mehr noch: Es sei die geschichtliche Aufgabe Mitteleuropas, als «Befreiungsmacht der westslawischen Nationen» aufzutreten:[23] «Was nicht russisch sein kann oder will, muß mitteleuropäisch werden».[24] Somit wurde Polen kurzerhand in die westliche Hemisphäre definiert.

17 Theodor HEUSS: *Friedrich Naumanns Erbe*. Tübingen 1959, S. 40.
18 Peter THEINER: *Sozialer Liberalismus und deutsche Weltpolitik*. Friedrich Naumann im wilhelminischen Deutschland (1860-1919). Baden Baden 1983, S. 240; Jürgen FRÖLICH: *Friedrich Naumanns «Mitteleuropa». Ein Buch, seine Umstände und seine Folgen*. In: Rüdiger VOM BRUCH (Hrsg.): *Friedrich Naumann und seine Zeit*. Berlin/New York 2000, S. 245-268, bes. bis S. 251.
19 NAUMANN: *Mitteleuropa* (wie Anm. 1), S. 9.
20 Ebd., S. 9 f.
21 Ebd., S. 53.
22 Zitiert nach Werner CONZE: *Friedrich Naumann. Grundlagen und Ansatz seiner Politik in der national-sozialen Zeit (1895-1903)*. In: Walther HUBATSCH (Hrsg.): *Schicksalswege deutscher Vergangenheit. Beiträge zur geschichtlichen Deutung der letzten einhundertfünfzig Jahre*. Düsseldorf 1950, S. 355-386, hier S. 369.
23 Zitiert nach Uwe JAWORSKI: *Friedrich Naumann und die Tschechen*. In: Hans MOMMSEN/Dušan KOVÁČ/Jiří MALÍR (Hrsg.): *Der Erste Weltkrieg und die Beziehungen zwischen Tschechen, Slowaken und Deutschen*. Essen 2001, S. 241-254, hier S. 244.
24 Friedrich NAUMANN: *Österreich-Ungarn, der Waffengefährte Deutschlands*. Berlin 1917, S. 4 f.

Und über das alles, über deutsche, französische, dänische, polnische Reichsdeutsche, über magyarische, deutsche, rumänische, slowakische, kroatische, serbische Ungarn, über deutsche, tschechische, slowakische, polnische, südslawische Österreicher denken wir uns [...] den Oberbegriff Mitteleuropa.[25]

Naumanns Angst wandert somit gewissermaßen weiter nach Osten. Nun warnte er vor der «beste[n] Bevölkerungsvermehrung der Welt»[26] – Russland wurde zum Hauptgegner Mitteleuropas, weil es danach trachte, benachbarte Völker mit Zwang zu unterwerfen.[27] Dabei schwankt das Naumannsche Bild zwischen «Furcht und Verachtung»[28] oder, in den Worten Georg von Rauchs, zwischen «Gefahr» und «Faszination».[29]

Naumann konstruiert eine rückwärts hergeleitete mitteleuropäische Kulturgemeinschaft, aus der die Russen ausgeschlossen wurden. Ein Argument hierfür war der katholische Glaube. Dem Heiligen Römischen Reich stellte Naumann Byzanz gegenüber und verwies damit auf einen grundlegenden Unterschied.[30] Die Kulturgemeinschaft habe mit Napoleon seinen Anfang genommen.[31] Dabei hatte Russland – wie auch Frankreich – in Naumanns Sicht einen entscheidenden Startvorteil im Rennen um die Vorherrschaft in Europa: Russland wurde zu einem «einheitlichen Staatskörper [...]»,[32] während das Gebiet Mitteleuropas lange locker verbunden war. Daraus konstruierte Naumann eine Bedrohungs- und Untergangsgeschichte Mitteleuropas, die das Gebiet zum Spielball der großen Mächte machte. Vor allem im 19. Jahrhundert habe Deutschland seine gestaltende Rolle verloren und sei zum Objekt von zwei bedrohlichen Nachbarn geworden. Aus dem Westen drohte Napoleon, weitaus schlimmer aus dem Osten: Alexander I. Beide hätten, so Naumann, Mitteleuropa als bloße Verfügungsmasse benutzt: «Es gibt in den Napoleonskriegen zwei Züge: einen Zug von Paris nach Moskau und einen Zug von Moskau nach Paris. In beiden Fällen wurde Mitteleuropa geschoben, erst von Napoleon ostwärts, dann vom Zaren Alexander westwärts.»[33] Diese Verkürzung der historischen Ereignisse dient bei Naumann

---

25 NAUMANN: *Mitteleuropa* (wie Anm. 1), S. 100.
26 Ebd., S. 193.
27 Ebd., S. 165 f.
28 Jens BREDER: *Die Rolle Russlands in den Europa-Konzeptionen von Friedrich Naumann und Tomáš Garrigue Masaryk*. In: Bohemia, Nr. 41, 2000, S. 343-63, hier S. 348.
29 Georg von RAUCH: *Wandlungen des deutschen Russlandbildes*. In: DERS.: *Zarenreich und Sowjetstaat im Spiegel der Geschichte*. Aufsätze und Vorträge, hrsg. Von Michael GARLEFF und Uwe LISZKOWSKI. Göttingen 1980, S. 322-335.
30 NAUMANN: *Mitteleuropa* (wie Anm. 1), S. 63.
31 Ebd., S. 44.
32 Ebd., S. 42.
33 Ebd., S. 44 f.

dem Zweck, eine «russische Gefahr» zu konstruieren.³⁴ Alexander wird hier lediglich als Vorgänger von Nikolaus gesehen, der die Gunst der Stunde genutzt und sich von Mitteleuropa habe bitten lassen, nur um dann besonders deutlich seine Position zu nutzen:

> Der Wiener Kongreß war die Wiederaufrichtung Mitteleuropas unter russischem Schutz. [...] Der indirekte Regent Mitteleuropas war erst Alexander I. und dann Nikolaus I. Die deutschen Gebiete lagen zu seinen Füßen wie bessere Balkanstaaten, die von Rußland ihre Freiheit erhielten. Zwischen West und Ost hatte der Osten gesiegt und nutzte seinen Sieg.³⁵

Mit diesem Vergleich zwischen Deutschland und den Balkan-Staaten wird etwas angedeutet, das Naumanns Weltbild bestimmte. Naumanns Denken von Staaten geschah in zyklischen Kategorien: Staaten stiegen auf, konnten aber ebenso wieder verfallen. Die Bezeichnung «bessere Balkanstaaten» bedeutete somit, daß sich die deutschen Länder im Abstieg befunden haben.³⁶ Vom russischen Zarenreich ging also die Gefahr aus, es könne das Deutsche Reich degradieren, das somit in den Status eines bloßen Satellitenstaates fallen würde. Aus dieser vermeintlichen historischen Lehre folgerte Naumann, daß Mitteleuropa «voraussichtlich auf ewig dazu verurteilt [werde], Trabantenvolk zu werden», wenn es den aktuellen Krieg verliere.³⁷ Der Sieg, den es zu erringen galt, mußte folglich «total» sein, denn sonst drohe die Gefahr weiterer Kriege: «siegen wir halb, so müssen wir später noch einmal fechten.»³⁸ Rußland wird somit ein grundsätzlicher Kriegswillen unterstellt. Auch die Metapher des «Trabantenvolkes», die bei Naumann häufig anzutreffen war,³⁹ illustriert die unterschwellige Furcht vor der bedrohlichen Masse Rußlands und der Sogwirkung, die diese entfalten könne. Als «Planetenstaaten» würden die kleinen und nicht lebensfähigen Staaten in ein Abhängigkeitsverhältnis geraten. Die Gefahr sei für Mitteleuropa besonders groß, denn der russische Staat sei im Vergleich zu den anderen Weltstaaten «am meisten auf Zwang [...] gegründet».⁴⁰ Hinzu kam Naumanns Angst vor der vermeintlichen unendlichen Masse an Bewohnern in dem riesigen Land: «Mag es [Rußland, PhM] verschwenderisch mit den Menschen umgehen, so wachsen sie wieder.»⁴¹ Man kann hier ein Spezifikum von Naumanns

---

34 BREDER: *Rolle* (wie Anm. 28), S. 352, siehe auch NAUMANN: *Mitteleuropa* (wie Anm. 1), S. 9.
35 Ebd., S. 47.
36 CONZE: *Friedrich Naumann* (wie Anm. 22), S. 360.
37 NAUMANN: *Mitteleuropa* (wie Anm. 1), S. 165.
38 Ebd.
39 BREDER: *Rolle* (wie Anm. 28), S. 353.
40 NAUMANN: *Mitteleuropa* (wie Anm. 1), S. 167.
41 Ebd., S. 193.

Russland-Bild ablesen. Er trennte den Staat Russland von seinen Bewohnern. Diese Trennung findet sich in den Beschreibungen anderer Länder nicht in dieser Form. Russland hatte, so ließe sich aus dieser Beobachtung schlussfolgern, im Gegensatz zu den mitteleuropäischen Staaten noch kein eigenes Staatsvolk hervorgebracht. Menschen waren in Naumanns Deutung nur ein nachwachsender Rohstoff für Russland. Das Land sei ein «großer Elephant», der viele Insekten vertrage.[42]

Auch hier zeigt sich die Angst vor dem abgrundtief bösen Riesen, der nicht zu bändigen ist. Der einzige Weg heraus aus der permanenten Bedrohung war folglich, an dem Punkt anzusetzen, von dem aus die latente Gefahr erwuchs: jenem der Landmasse. Vor allem im Westen müsse Russland verkleinert werden, um Mitteleuropas Sicherheit nicht weiter zu gefährden.

Mitteleuropa ist voll von russlandfeindlichen Stereotypen. Es ist die Rede von «dem Russen», der von einer Naturkraft, somit einer Urgewalt angetrieben wird. Beinahe jedes zeitgenössische und gängige Klischee findet sich in dem Buch: Rohheit, mystischer Zauber, Willkür, Despotismus, Bestechlichkeit. Die Vorurteile beschränken sich bei Naumann eindeutig nicht auf den politischen Bereich. Es sind Vorurteile gegenüber dem russischen Volk.[43] Entsprechend mußte er natürlich warnen vor einem möglichen wirtschaftlichen Bündnis mit Russland, das zwar kurzfristig Rohstoffe verspreche, womit Deutschland aber langfristig seine politische Unabhängigkeit und somit seine Existenz verspiele, es werde so zu einem bloßen westlichen Anhängsel. Zwar könne «der Russe» in hohem Maße diplomatisch sein (eine *westliche* Kunst), doch wende er dabei Mittel an, «die sehr robuste Gewissen voraussetzen». Der westlichen «Elastizität» im Denken wird die russische «Willkür, ein Beamtendespotismus gemildert durch Bestechlichkeit und Launen» gegenübergestellt. Schon ein verschwindend geringer Bruchteil des Maßes an Korruption, das Naumann in Russland wirken sah, sei ausreichend, den deutschen Staat zu ruinieren.[44]

«Russland» ist in Naumanns Schrift nicht nur ein Gegenentwurf zum «Westen», sondern auch zur «Mitte» Europas. Naumanns *Mitteleuropa* bietet eine ausgearbeitete Konzeption dieses geographischen und kulturellen Raums in Europa, aber in ihm findet sich keine zusammenhängende und reflektierte Passage zu Russland, das ihn weitaus weniger beschäftigt, als der andere weltpolitische Konkurrent Großbritannien.

---

42   Ebd.
43   Siehe v. a. ebd., S. 168 f.
44   Diese Deutungen alle ebd., S. 168.

Das Rußlandbild in der *Hilfe*

Ein einheitliches Bild Russlands in der *Hilfe* läßt sich nicht leicht zeichnen, so wie es nur schwer möglich scheint, eine einheitliche Linie in der außenpolitischen Berichterstattung zu finden. Für die Zeit vor dem Ersten Weltkrieg waren Frankreich und Russland *die* bestimmenden Faktoren in den außenpolitischen Gedankenspielen der Zeitschrift. Dabei war die Haltung zu Russland ambivalent. Zunächst einmal wurde in der Zeitschrift ein Bündnis mit Frankreich und Russland gegen einen vermeintlichen angelsächsischen Imperialismus favorisiert. Doch als absehbar wurde, daß sich diese Option nicht sinnvoll würde verwirklichen lassen, plädierten die Autoren um Naumann für eine stärkere Annäherung an Frankreich bei gleichzeitiger starker Politik gegen Russland.[45] Über kein anderes Land wurde so viel und so ausführlich in der *Hilfe* berichtet, wie über Russland. Es waren vor allem die Schriftsteller Paul Rohrbach und Axel Schmidt, die in oft langen und detaillierten Artikeln über die inneren Entwicklungen des Landes berichteten.[46] Rohrbach studierte unter dem Einfluß Naumanns evangelische Theologie und reiste im Auftrag der *Preußischen Jahrbücher* 1896 das erste Mal nach Russland, um dort die Allrussische Ausstellung in Nižnij Novgorod zu besuchen, weitere Reisen sollten folgen und so wurde Rohrbach zu einem der ausgewiesenen Experten in der *Hilfe*, wenn es um Russland ging.[47] Dennoch war er als Deutschbalte tief geprägt von antirussischen Ressentiments, die er schon in Jugendtagen erfahren hatte und die dadurch noch verstärkt wurden, dass er im Zuge der Arbeiten an seiner Dissertation in Konflikt mit den russischen Behörden kam.

> He divided medieval Russian history into a German and a Tartar era and regarded Ivan the Terrible as a symbol of the modern Russian soul – Tartar, barbaric and cruel. Conquest and aggression he advertised as the dominant characteristis of Germany's Eastern Neighbor.[48]

---

45 Das hat Philippe Alexandre nachdrücklich herausgearbeitet: Philippe ALEXANDRE: *Friedrich Naumann, la Revue «Die Hilfe», la Russie et les relations franco-allemandes avant 1914*. In: Ilja MIECK/Pierre GUILLEN (Hrsg.): *Deutschland – Frankreich – Russland. Begegnungen und Konfrontationen/La France et l'Allemagne face à la Russie*. München 2000, S.125-144.

46 Zu Rohrbach s. Josef ANKER: *Paul Rohrbach*. In: *BBKL* VIII, 1994, Sp. 592-608. Rohrbach und Schmidt haben die Aufsatzsammlung *Russland und wir. Gesammelte Aufsätze aus der Wochenschrift für deutsche Welt- und Kolonialpolitik «Das Größere Deutschland»*. Dresden 1916 herausgegeben.

47 Siehe auch Peter BOROWSKI: *Paul Rohrbach und die Ukraine. Ein Beitrag zum Kontinuitätsproblem*. In: GEISS/WENDT (Hrsg.): *Deutschland* (wie Anm. 15) S. 437-462.

48 Henry C. MEYER: *Rohrbach and his Osteuropa*. In: *Russian Review*, Nr. 2, 1942, S. 60-69, hier S. 62.

Ziel aller Äußerungen Rohrbachs zu Russland sollte das Herausdrängen des Landes aus Europa sein, wobei es auf seinen Bestand aus dem 17. Jahrhundert reduziert werden sollte.[49]

Gemäß der Ausrichtung der Zeitschrift fanden sich in den ersten Jahren des Erscheinens kaum Artikel, die sich explizit mit Russland beschäftigen. In der ersten Zeit dominierten politische Betrachtungen, die vor allem den Zarismus als Bedrohung für den Westen Europas identifizierten. Durch das politische System sei der «Koloss» Russland nicht in der Lage, die dringend erforderlichen Reformen durchzuführen und somit sei eine Revolution über kurz oder lang nicht zu verhindern.[50] Dabei war das Bild von der russischen Autokratie reichlich schief: Nikolaus vermochte nicht mehr in dem Maße als Autokrat zu regieren, wie es sein Vorgänger Alexander III. noch einmal praktizierte. Die Persönlichkeit des Zaren sowie die nachhaltigen sozioökonomischen Veränderungen, die mit dem Namen des Finanzministers Witte verbunden sind, verhinderten die Umsetzung des «Prinzip[s] der Autokratie», das bei Amtsantritt verkündet wurde.[51] Unter Witte erlebte das Land einen ungeahnten Aufschwung, der vor allem mit französischem Kapital ermöglicht wurde. Diese Phase des Wohlstands sollte sich als kurzlebig erweisen. Schon um die Jahrhundertwende brach die Konjunktur wieder ein. Diesmal mit gravierenden Folgen: Hatte sich die Situation der Arbeiter durch den Aufschwung deutlich gebessert, so verschlechterte sie sich gravierend in Folge der Rezession und einer verheerenden Missernte 1898/99. Die Nachricht von der sich verschlechternden Lage in den Städten verbreitete sich über Wanderarbeiter auf das Land, Bauernaufstände waren die Folge. Um die befürchtete Revolution doch noch abzuwenden, riet Innenminister Pleve zu einer außenpolitischen Ablenkung: Ein «kleine[r] siegreiche[r] Krieg» gegen das vermeintlich wehrlose Japan sollte das Land einen und beruhigen.[52] In Vorbereitung dieses Krieges initiierte Nikolaus, machiavellistisch, für den Sommer 1899 eine Abrüstungskonferenz in Den Haag. Die Ankündigungen dieser Konferenz wurden von Naumann beinahe euphorisch bejubelt. Nikolaus sei der «Zar des Friedens».[53] Wenn diese Einschätzung auch falsch war, so lag Naumann in einem Punkt richtig: Der russisch-japanische Gegensatz bedeutete für Europa zumindest eine gewisse «Sicherheit», da die russischen

---

49 Dies ist die Grundhaltung in Paul ROHRBACH: *Russland und wir*. Stuttgart 1915.
50 Helmuth von GERLACH: *Wochenschau*. In: *Die Hilfe*, Nr. 46, 15.11.1896, S. 1 f.
51 Zitiert nach Marc FERRO: *Nikolaus II. Der letzte Zar*. München 1991, S. 63.
52 So die Worte von Innenminister Pleve, zitiert nach Horst Günther LINKE: *Geschichte Russlands*. Darmstadt 2006, S. 150.
53 Friedrich NAUMANN: *Deutschland und Frankreich*. In: *Die Hilfe*, Nr. 5, 29.1.1899, S. 2 f, hier S. 2; ebenso: DERS.: *Der Friedenszar*. In: *Die Hilfe*, Nr. 6, 5.2.1899, S. 3-5.

Kräfte im Osten gebunden waren.⁵⁴ Die russische Niederlage hatte fatale Rückwirkungen auf die politische Situation im Lande. Am 9. Januar 1905 machten sich zehntausende Arbeiter auf dem Weg zum Winterpalais, um dort dem Zaren Bittschriften zu übergeben. Hierbei wurden auch politische Forderungen nach einer verfassunggebenden Versammlung erhoben, die nach einem allgemeinen, gleichen und geheimen Wahlrecht gewählt werden sollte. Offiziere am Winterpalais ließen auf die Demonstranten schießen, annähernd 100 Tote machten den 9. Januar zum «Blutsonntag» und damit zum Fanal der Revolution.⁵⁵ In der *Hilfe* war die Rede davon, daß «Menschen weggeschossen wurden, wie Tiere bei der Treibjagd».⁵⁶ Diese Äußerung ist deshalb auch interessant, weil sie exemplarisch zeigt, wie auch in der *Hilfe* das Volk der Russen getrennt wurde von seinem politischen System und den Herrschenden. Als Grundübel – sowohl für Russland, als auch für die russischen Außenbeziehungen – wurde der Zar identifiziert. Dessen Politik sei vertrags- und versprechenbrechend, sowohl nach innen, als auch nach außen, er herrsche durch «Knechtung des Geistes».⁵⁷

Die Revolution 1905 war für Naumann eine der größten Umwälzungen in der Geschichte, von deren Ausgang in nicht unerheblichem Maße auch das Geschick des Deutschen Reiches abhing.⁵⁸ Hierin zeigt sich eine deutliche Übereinstimmung auch mit der Einschätzung Max Webers, der in ihr eine Chance sah, Russlands Regierungssystem zu modernisieren.⁵⁹ Doch gibt es auch einen deutlichen Unterschied in den Russland-Erwartungen der beiden. In Tocquevillescher Tradition gab Russlands Landmasse Weber Anlaß zur Hoffnung, da so alle Ressourcen für eine erfolgreiche Demokratisierung und Modernisierung nach Vorbild der USA vorhanden seien.⁶⁰ Naumann hingegen sah in der Größe des östlichen Landes in erster Linie ein großes Gefahrenpotential.⁶¹

---

54 *Politische Notizen.* In: *Die Hilfe*, Nr. 2, 10.1.1904, S. 1.
55 Vgl. FERRO: *Nikolaus II.* (wie Anm. 51), S. 132-135.
56 *Politische Notizen. Die russische Revolution.* In: *Die Hilfe*, Nr. 4, 29.1.1905, S. 1.
57 Paul RATHAU: *Die Duma – die dumalose Zeit.* In: *Die Hilfe*, Nr. 31, 5.8.1906, S. 2-4, hier S. 3; vgl. auch Axel SCHMIDT: *Russlands Kultur und Volkswirtschaft.* In: *Die Hilfe*, Nr. 23, 5.6.1913, S. 358 f., hier S. 359.
58 Friedrich NAUMANN: *Deutschland und die russische Revolution.* In: *Die Hilfe*, Nr. 45, 12.11.1905, S. 3 f.
59 Weber äußerte sich ausführlich zur Revolution. Max WEBER: *Zur russischen Revolution von 1905. Schriften und Reden 1905-1912*, hrsg. von Wolfgang J. MOMMSEN/ Dittmar DAHLMANN. Tübingen 1996; siehe grundlegend Richard PIPES: *Max Weber and Russia.* In: *World Politics*, Nr. 7, 1954/1955, S. 371-401; Wolfgang J. MOMMSEN: *Max Weber and the Regeneration of Russia.* In: *The Journal of Modern History*, Nr. 69, 1997, S. 1-17.
60 Vgl. ebd., S. 3.
61 Siehe z.B. NAUMANN: *Mitteleuropa* (wie Anm. 1), S. 194.

Naumanns Hoffnungen für Russland waren mit der Einsetzung der *Duma* ganz auf die «fortschrittlichen Kräfte» konzentriert, die einzig in der Lage seien, den sozialen Frieden in Russland wieder herzustellen. Auch hier standen nicht Russland, sondern seine Auswirkungen auf das Deutsche Reich hinter der artikulierten Sorge, denn die deutsche Wirtschaft könne nur von einem sozial friedlichen Russland profitieren.[62] Freilich: Eine militärische Intervention wurde in der *Hilfe* kategorisch ausgeschlossen.[63]

Als 1907 die zweite *Duma* aufgelöst wurde, womit die Revolution an ein Ende gekommen war, blieb harsche Kritik in der «Hilfe» nicht aus. Nikolaus setze die Zukunft Russlands aufs Spiel durch seinen «Staatsstreich».[64] Interessant ist die Berichterstattung um die Agrarreformen. Paul Rohrbach resümierte 1915 die Entwicklung der Agrarreform seit 1905 und kam zu dem Schluß, daß Russlands Macht gänzlich auf seiner Landwirtschaft beruhe und sein Gefährdungspotenzial mit den Reformen wachse:

> Man kann sagen, daß die Grundlagen der nationalen Macht Russlands und damit zugleich die von Russland drohende Gefahr für das übrige Europa durch die Agrarreform in ungeahnter Weise gewachsen sind und noch weiter wachsen werden, wenn nicht die eingeleitete Entwicklung durch den Krieg zum Stillstand gebracht wird.[65]

Dieser Zuwachs an «nationaler Macht» sei auf dem Rücken der Bauern erreicht worden. Folgt man einem Beitrag Karl Streckers, so zeigte sich gerade in der Geistesgröße Tolstojs die Kluft zu den normalen Russen. Während Tolstoj als «der größte epische Dichter unserer Zeit» bezeichnet wird, nutzt Strecker dies, um zu einem Rundumschlag gegen die russische Kultur auszuholen und ihre vermeintliche Inferiorität zu zeigen. Die russische Kultur sei gleich «um mehrere Jahrhunderte» jünger als die Europas, außerdem in keiner Weise gewachsen. Statt dessen habe man einfach die «europäische Bildung und Gesittung als fertiges Produkt» übertragen, wobei «Kirche und Staatswesen [...], wirtschaftliche Organisation, soziale Gliederung, der ganze Geist des russischen Volkes unverändert, barbarisch [...]» geblieben seien.[66] Streckers Überlegungen münden schließlich in der Erkenntnis, daß die europäische Kultur «nur ein Firnis über dem Halbasiatentum»[67] sei. Die kulturelle Distanz und Fremdheit zwischen Europa und Russland offenbart

---

62 *Politische Notizen.* Russland. In: *Die Hilfe*, Nr. 22, 3.6.1906, S. 1.
63 *Politische Notizen.* Die russischen Staatsanleihen. In: *Die Hilfe*, Nr. 27, 8.7.1906, S. 1.
64 *Politische Notizen.* Der Staatsstreich des Zaren. In: *Die Hilfe*, Nr. 25, 23.6.1907.
65 Paul ROHRBACH: *Die russische Politik und die Agrarreform.* In: *Die Hilfe*, Nr. 25, 24.6.1915, S. 397-399, hier S. 397.
66 Karl STRECKER: *Leo Tolstoi.* In: *Die Hilfe*, Nr. 48, 4.12.1910, Beiblatt, S. 771-773, hier 771 f.
67 Ebd., S. 772.

sich bei Strecker in der pejorativen Formulierung des «Halbasiatentums»: die Russen hätten es nicht einmal geschafft, eine eigene Kultur herauszubilden, sondern alles von den Tartaren übernommen. Gleichzeitig schwangen hier Ängste vor den mongolischen Horden mit, die Europa schon einmal überrollt hatten. Strecker ist dabei keine Ausnahme. Auch der intime Kenner des Landes, Orestes Daskaljuk, sprach den Russen einen eigenen Volkscharakter ab. Vielmehr sei er durch Verschmelzung von verschiedenen Volksgruppen (Finnen, Slawen, Tartaren und Mordwiner) entstanden.[68] Ebenso argumentierte Axel Schmidt, daß «Russland nicht, wie Deutschland oder Italien, ein *Nationalstaat* sei, sondern ein solcher der *Nationalitäten*».[69] Jegliche eigenständige Leistung wurde dem Land abgesprochen, das sogar seinen Namen von «einer Schar schwedischer Eindringlinge» habe.[70]

In verschiedenen Berichten wurden die Leser der *Hilfe* mit vermeintlichen Charakteristika der russischen Bevölkerung, vornehmlich der ländlichen (ein weiteres Klischee), vertraut gemacht. In einem «russischen Brief» unterrichtete Wolf Dohrn die Leser über die Eigenschaften der russischen Bauern, obwohl Dorn weder russisch konnte, noch sich vorher eingehend mit dem Land beschäftigt hatte: Das Land sei bestimmt von endlosen Weiten, seine Bewohner gottesfürchtig und zarentreu, dabei stoisch alles Leid ertragend. Die Bauern seien genügsam, nur an Feiertagen heftig betrunken. «Der Russe liebt sein Land mit einer merkwürdig heiligen, schwermütigen Liebe.»[71] Die «russische Volksseele», so konnte man Orestes Daskaljuk folgen, sei primitiv und beherrscht von einer «zum innersten Erlebnis gewordenen Demut gegen Kirche, Zaren und Familie, einer Demut, die aus der Dreiheit der Begriffe ein Dogma geschaffen hat und es zum Mittelpunkt des gesamten Denkens und Fühlens der Masse erhoben hatte».[72]

Es war also kein Zufall, daß 1914 die «Russischen Reisebriefe» von Schulze Gaevernitz abgedruckt wurden.[73] In diesen Briefen entwarf er ein orientalisches Bild von Russland, besonders von seinen Bewohnern. Diese liefen in einer Art «Nationalkostüm» durch Moskau, verbeugten und bekreuzigten sich scheinbar wahllos vor den Heiligenbildern. Alles sei bunt

---

68 Orestes DASKALJUK: *Moskowiter und Kleinrussen*. In: *Die Hilfe*, Nr. 2, 14.1.1915, S. 25 f.
69 SCHMIDT: *Kultur* (wie Anm. 57), S. 358.
70 W. HEICHEN: *Russlands Aufschwung zur Großmacht*. In: *Die Hilfe*, Nr. 31, 5.8.1915, S. 493-495, hier S. 494.
71 Zitate bei Wolf DOHRN: *Russischer Brief*. In: *Die Hilfe*, Nr. 17, 30.4.1905, S. 4 f.
72 Orestes DASKALJUK: *Die Wurzeln des russischen Volkscharakters*. In: *Die Hilfe*, Nr. 43, 25.10.1915, S. 693-696, hier S. 693.
73 Gerhard v. SCHULZE-GAEVERNITZ: *Russische Reisebriefe*. In: *Die Hilfe*, Nr. 39, 24.9.1914, S. 637 f.; Nr. 40, 1.10.1014, S. 656 f.; Nr. 41, 8.10.1914, S. 669-671 und Nr. 42, 15.10.1914, S. 687-689.

und hinter der Basilius-Kathedrale erwartete Schulze-Gaevernitz beinahe Palmen zu sehen. Selbst das eigentlich verbindende Element, die Religion, wirkte weiter entfremdend und trennend. Der orthodoxe Ritus schien unterentwickelt, jede innere Religiosität zu fehlen.[74] Einem «aktive[n], lebensbejahende[n] Gottesprinzip» des Abendlandes wurde ein «passive[s] und lebensfeindliche[s]» des Morgenlandes – damit auch Russlands – gegenübergestellt.[75] Und mehr noch: Im Grunde seien die Russen heidnisch geblieben und hätten lediglich einen Götzen durch den nächsten ersetzt, da sie «eine innere Unfähigkeit» hätten, «den Geist des Christentums tiefer zu erfassen», so daß der «Heiligen- und Bilderdienst zur eigentlichen Religion» geworden sei.[76] Der Eindruck, der den Lesern vermittelt wurde, entsprach dem eines weiter verfremdeten orientalischen Landes. Insofern läßt sich das Russland-Bild in der «Hilfe» auch mit Edward Saids «Orientalismus»-Kategorien einfangen. Nach Said bezeichnet Orientalismus «a style of thought based upon and ontological and epistemological distinction made between ‹the Orient› and (most of the time) ‹the Occident›»,[77] und hatte für das 19. und 20. Jahrhundert eine imperialistische Funktion: Der «aufgeklärte» Westen war geradezu aufgefordert, den «mystischen» und unterentwickelten Orient zu erobern.[78] Zugespitzt bezeichnet Orientalismus eine auf einem vermeintlichen Wissen basierende Charakterisierung des Orients mit einem aggressiven Unterton.

Auch der Topos vom orientalischen Müßiggang taucht als Charaktereigenschaft «des Russen» auf: «Da nun der echte Russe wegen seiner Unbildung, Trägheit und Unzuverlässigkeit im Allgemeinen für die industrielle Tätigkeit wenig geeignet ist, findet ein *regelmäßiger Abfluß von Arbeitern des Westgebietes nach Innen Russland* statt [...].»[79]

Das Bild Russlands setzte sich zusammen aus dem Bild der herrschenden Eliten – seien es nun die Zaren oder die revolutionäre Regierung – und dem Bild der restlichen Bevölkerung. Obwohl beide Bilder streng voneinander

---

74 Gerhard v. SCHULZE-GAEVERNICH: *Russische Reisebriefe*. In: *Die Hilfe*, Nr. 39, S. 24.9.1914, S. 638.
75 DASKALJUK: *Wurzeln* (wie Anm. 72), S. 695.
76 I. SMELIN: *Russische Geschichtsentwicklung*. In: *Die Hilfe*, Nr. 47, 19.11.1919, S. 765-767.
77 Aus der mittlerweile beinahe kaum noch zu übersehenden Literatur siehe Edward W. SAID: *Orientalism. Western Conceptions of the Orient*. London 1991 [1978], S. 3. Zur Kritik und Rechtfertigung vgl. DERS.: *Orientalism reconsidered*. In: *Cultural Critique*, Nr. 1, 1985, S. 89-107 und Gyan PRAKASH: *Orientalism now*. In: *History and Theory*, Nr. 34, 1995, S. 199-212.
78 SAID: *Orientalism* (wie Anm. 77), S. 4
79 Alexander HERMANN: *Russlands ergiebigsten Kraftquellen*. In: *Die Hilfe*, Nr. 7, 15.2.1917, S. 111-113.

getrennt waren, ergaben sie zusammen ein Bild, das Russland als «Reich der Finsternis und Völkerschändung» zeichnete.[80]

Friedrich Naumann wies auch in der *Hilfe* darauf hin, dass von dem stetig wachsenden Russland eine nicht zu beschreibende Gefahr für Mitteleuropa ausgehe:

> Russland wächst, ohne daß man dabei auf eine baldige Verminderung seiner aufquellenden triebhaften Kräfte rechnen kann. Es wächst lawinenhaft. Auch Revolution, Staatsbankrott oder sonst ein politisches Erlebnis werden daran kaum etwas ändern, solange der Hauptkörper beisammen bleibt.[81]

Die Wortwahl der «aufquellenden triebhaften Kräfte» zeigt deutlich, dass Naumanns Russland noch auf einer niedrigeren Entwicklungsstufe stand, als das Deutsche Reich.

Wenn sich erst das scheinbar unaufhaltsame Wachstum der Bevölkerung in Russland mit dem anderer slawischer Völker verbinden würde, vereint durch das ideologische Band des Panslawismus, dann drohe schließlich *finis Germaniae*, denn das letzte Stadium dieser Ideologie sei die Germanophobie.[82] Der Panslawismus als geschichtslose Ideologie kenne keine Autoritäten – wurde somit als gottlos dargestellt – und keine moralischen Schranken. Sein einziges Ziel sei «der Wille zur Weltherrschaft», dessen letztes Hindernis, das «Germanentum», noch zu beseitigen sei.[83]

Gleichwohl ist die Weltsicht der «Hilfe» geprägt von einer darwinistischen Sicht auf die Staatenwelt. Verbunden mit einem konstatierten und für die Zukunft vermuteten industriellen sowie demographischen Wachstum wurde in der Zeitschrift für Russland das Verlangen nach kolonialer Expansion gefolgert.[84] Das ist ein Grundthema in der Berichterstattung über Russland gemäß einem jahrhundertalten Topos in Europa, daß das russische Reich per se nach Expansion strebe.[85] In der *Hilfe* speist sich dieser Expansionismus aus zwei miteinander in Verbindung stehenden Quellen: Zum einen aus dem Anwachsen von Russlands Macht durch die Agrarreform, die weitere Bevölkerungsvermehrung nach sich ziehen wird, für die dann neuer Siedlungsraum

---

80 Orstes DASKALJUK: *Moskowiter*. In: *Die Hilfe*, Nr. 2, 14.1.1915, S. 26.
81 Friedrich NAUMANN: *Mitteleuropäische Bevölkerungsfragen*. In: *Die Hilfe*, Nr. 10, 11.3.1915, S. 153 f., hier 153.
82 Orstes DASKALJUK: *Die innere Wandlung des Panslawismus*. In: *Die Hilfe*, Nr. 33, 17.8.1916, S. 535 f.
83 ROHRBACH: *Politik* (wie Anm. 65), S. 399.
84 ALEXANDRE: *Friedrich Naumann* (wie Anm. 45), S. 527 f.
85 Axel SCHMIDT: *Russlands Regierung*. In: *Die Hilfe*, Nr. 5, 1.2.1912, S. 71 und HEICHEN: *Aufschwung* (wie Anm. 70), S. 494 f.

erobert werde.[86] Zum anderen, und damit eng verbunden, aus der kulturellen Rückständigkeit:

> Statt einer irgendwie für den inneren Aufbau des Menschheitsgeistes wertvollen nationalen Kulturidee hat die russische Entwicklung nur ein rohes Surrogat in Gestalt eines unersättlichen Machthungers, einer unersättlichen Eroberungsgier, zustande gebracht.[87]

Im Grunde auf schwachen Füßen stehend, seien expansionistische Erfolge in Europa kaum zu erwarten, weshalb der «russische Tatendrang» nur im Osten Aussicht auf Erfolg haben könne.[88]

Russlands Interesse an den Balkanregionen, vor allem an Serbien sei daher auch nur auf geostrategische Überlegungen zurückzuführen, um die eigene militärische Position gegenüber Österreich-Ungarn zu stärken.[89] Letztes Ziel der russischen Außenpolitik sei die Eroberung Konstantinopels, um so die freie Duchfahrt der Meerengen zu sichern.[90]

Mit Ende des Ersten Weltkrieges setzte in der «Hilfe», und bei Friedrich Naumann, ein gewisser Umdenkprozeß ein. Die Februar- und Oktoberrevolution 1917 brachten auch das bis dahin vorherrschende Russland-Bild ins Wanken. Naumann erkannte in der Revolution «das merkwürdigste innerpolitische Erlebnis der Weltgeschichte».[91] Zwar sei die französische Revolution, mir der die russische nun verglichen wurde, geistig viel bedeutender, aber ihr habe die «breite Unermeßlichkeit» Russlands gefehlt, durch die nun «mit der Gleichheit ein [...] bittere[r] Ernst gemacht» werde. Marxistische Schulungen seien dafür verantwortlich, daß die gesamte Revolution perfekt organisiert war.[92] Nun gelte es, Mitteleuropa vor einem Übergreifen der russischen Revolution zu schützen – und der beste Schutz hierfür sei ein starker deutscher Staat. Möglichen Gedankenspielen in Deutschland, dass sich die Sozialdemokratie allzu sehr an Lev Trockij orientieren könne, sollten durch den Hinweis entkräftet werden, dass jener sein kommunistisches Programm

---

86 Axel SCHMIDT: *Künftige Lieferungen an Russland.* In: *Die Hilfe*, Nr. 36, 9.9.1915, S. 582 f.
87 Paul ROHRACH: *Die Lage in Russland.* In: *Die Hilfe*, Nr. 40, 7.10.1915, S. 641 f.
88 ***: *Deutschland und Russland (Erfahrungen eines Deutschen, der mehr als drei Jahrzehnte in Russland gelebt hat).* In: *Die Hilfe*, Nr. 31, 3.8.1916, S. 503-505.
89 Paul ROHRBACH: *Russlands Spiel.* In: *Die Hilfe*, Nr. 3, 28.3.1909, S. 3; vgl. auch *Die russische Note an die Balkanstaaten.* In: *Die Hilfe*, Nr. 25, 19.6.1913.
90 Axel SCHMIDT: *Russland nach den Balkankriegen.* In: *Die Hilfe*, Nr. 41, 9.10.1913, S. 642 f., hier S. 643.
91 Friedrich NAUMANN: *Die Revolutionsregierung.* In: *Die Hilfe*, Nr. 3, 17.1.1918, S. 20 f.
92 Ebd., S. 20.

dem Militär als der tragenden Schicht der Revolution angepasst, «mundgerecht» gemacht habe.[93]

In dieser Hinsicht spiegelt sich das Programm der *Hilfe* in dem Naumanns.[94] So ist es nicht verwunderlich, daß Russland als Land keinen außerordentlichen Stellenwert zugesprochen bekam, denn es gelte zunächst, sich auf dem Weltmarkt gegen den Hauptgegner England zu positionieren.[95] Russland trat als Bedrohung erst im Umfeld des Krieges in das Blickfeld Naumanns und der *Hilfe*. Nur wenige Artikel spiegeln die Ereignisse des Jahres 1905 wider und erst zehn Jahre später warnen die Autoren in der Zeitschrift eindringlich vor der «östlichen Gefahr».[96] 1915 markiert also einen Einschnitt in der Häufigkeit und Tendenz der Berichterstattung über Russland, was kein Zufall ist. Denn im selben Jahr propagierte Friedrich Naumann, dass Mitteleuropa als «Lebensgemeinschaft» um den Kern Österreich-Ungarns und des Deutschen Reiches aus der Bundesgenossenschaft der beiden Staaten nur durch den Krieg entstehen könne. Und dieser Krieg sei der Krieg gegen Russland: «Jetzt oder nie wird die dauernde Einheit zwischen Ost und West, wird Mitteleuropa zwischen Russland und den westlichen Mächten.»[97]

Dementsprechend wurde der Frieden von Brest-Litowsk vom 3. März 1918 beinahe euphorisch begrüßt. Schon am Tag vorher jubelte Naumann (der Artikel erschien eine Woche später): «*Russland rückt ostwärts*, es gibt Randvölker auf. [...] Die Westgrenze wird ungefähr im Umfange hergestellt, den Peter der Große 1689 vorfand! Mehr als zwei Jahrhunderte westlicher Ausdehnung werden abgetrennt!»[98] Eine neue «Geschichtslinie» werde somit errichtet, die die russische von der mitteleuropäischen Welt trennen werde. Einig war man sich in der *Hilfe*, dass das, was vom riesigen Reich übrig bleibe, deutlich geschwächt sein werde.[99] Doch schwingt hier erstmals die Möglichkeit einer friedlichen Koexistenz mit: «Ob das ein ewiger Schützengraben

---

93 Friedrich NAUMANN: *Europäische Revolution?* In: *Die Hilfe*, Nr. 6/7, 14.12.1918, S. 66 f., hier S. 66.
94 Siehe NAUMANN: *Mitteleuropa* (wie Anm. 1), S. 104 und 165. Vgl auch Andreas PESCHEL: *Friedrich Naumanns und Max Webers «Mitteleuropa». Eine Betrachtung ihrer Konzeptionen im Kontext mit den «Ideen von 1914» und dem Alldeutschen Verband.* Dresden 2005, S. 98.
95 NAUMANN: *Mitteleuropa* (wie Anm. 1), S. 104.
96 So der Titel des Beitrags von Axel SCHMIDT. In: *Die Hilfe*, Nr. 1, 7.1.1915, S. 8 f., in dem er Russland als eigentlich kriegstreibende Macht identifizierte.
97 NAUMANN: *Mitteleuropa* (wie Anm. 1), S. 29-32, Zitat S. 32.
98 Friedrich NAUMANN: *Die neue Ostgrenze* (2.3.1918). In: *Die Hilfe*, Nr. 10, 7.3.1918, S. 99 f.
99 Paul ROHRBACH: *Die Zukunft des nichtrussischen Osteuropa.* In: *Die Hilfe*, Nr. 14, 4.4.1918, S. 153 f.

sein wird oder eine Verwaltungsgrenze innerhalb befreundeter Völker, hängt von vielen Dingen ab, über die heute jedes Wort vergeblich ist.»[100] Ob es nun eine friedliche oder eine spannungsvolle Grenzlinie sein werde – eines war für Naumann sicher: Es würde dauerhaft eine Kulturscheide sein, auf deren östlicher Seite «bis auf weiteres *die Revolution*» herrsche.[101]

Zusammenfassung

Russland bekommt häufig die Funktion einer Projektionsfläche, auf die alle möglichen Ängste und Befürchtungen projiziert werden. Das kann auch an der *Hilfe* abgelesen werden, etwa wenn Vergleiche zwischen Russland und den Staaten *Mitteleuropa* – also Deutschland und Österreich-Ungarn – gezogen werden. In der *Hilfe* finden sich nicht selten sehr ausführliche und gut informierte Berichte über die inneren Vorgänge in Russland, deren Informationsgehalt den anderer Länderberichte häufig übersteigt. Allein dieses Faktum deutet auf die tief sitzende Angst, das Unbehagen beim Gedanken an das große Reich im Osten hin, denn dem Angstzustand korrespondiert das Verlangen, mehr über das Objekt der Befürchtungen zu wissen. Gleichzeitig schüren diese Artikel ihrerseits das Unwohlsein. Zwar wird Russland als ein strukturell schwaches Land dargestellt, das einzig auf Grundlage seiner landwirtschaftlichen Erzeugnisse eine gewisse Potenz habe entwickeln können, aber es wird auch gebetsmühlenartig in der *Hilfe* auf die rasante Bevölkerungsentwicklung des Reiches hingewiesen. Somit wurden in der Vorstellungswelt des Lesers Ängste vor einer drohenden dunklen Masse geweckt, denen man schon rein zahlenmäßig nicht mehr Herr werden konnte. Dazu kam die vermeintliche Erkenntnis vom Expansionsdrang, wodurch Russland eine dauernde Gefahr für Europa, ja für die Welt sei, aus der eine welthistorische Mission für die Deutschen abgeleitet wurde: den russischen Drang zur Weltherrschaft gelte es zu beenden.

100 Ebd.
101 Ebd., S. 100.

Résumé

La Russie a souvent joué en Allemagne le rôle de plan de projection sur lequel étaient projetées toutes sortes de peurs et d'appréhensions. C'est ce que l'on constate également dans la revue *Die Hilfe*, par exemple quand la Russie est comparée avec les Etats d'Europe Centrale, c'est-à-dire avec l'Allemagne et l'Autriche-Hongrie. *Die Hilfe* a publié, assez fréquemment, des articles très détaillés consacrés aux processus internes qui se développaient en Russie. Leur contenu informatif dépasse souvent celui des articles traitant d'autres pays. Ce fait traduit, à lui seul, l'inquiétude profonde qui se manifestait quand on pensait au grand empire à l'est de l'Europe: on souhaitait en savoir plus sur l'objet de ses craintes. En même temps, ces articles ne faisaient qu'exacerber le malaise. Certes, ils présentaient la Russie comme un pays structurellement faible, qui ne fondait sa relative puissance que sur la production de denrées agricoles; mais ils attiraient régulièrement l'attention sur l'accroissement rapide de sa population. Ainsi éveillaient-ils, dans l'esprit du lecteur, la peur d'une masse sombre et menaçante qu'il était impossible de contrôler. On pensait, en outre, que la Russie avait un besoin d'expansion qui ferait d'elle un danger permanent pour l'Europe, voire pour le monde. Cette pression ressentie à l'idée que la Russie pourrait un jour dominer le monde amenait à penser qu'il fallait agir en conséquence.

Friedrich Naumann, *Die Hilfe* und die orientalische Frage

Eberhard DEMM

Die orientalische Frage und das Deutsche Reich

Bei der orientalischen Frage ging es um das Problem, was aus der Türkei eigentlich werden sollte. Das Osmanische Reich, das auf dem Höhepunkt seiner Macht Europa bis nach Ungarn und in die Ukraine beherrscht und die christlichen Völker in Furcht und Schrecken versetzt hatte, war im 19. Jahrhundert nur noch ein Schatten seiner selbst. Als «Kranker Mann am Bosporus» verspottet, war es politisch, wirtschaftlich und militärisch stark heruntergekommen, hatte an England und Frankreich wertvolle Provinzen abgeben müssen und wurde zudem wie andere Vielvölkerstaaten von Nationalitätenproblemen geplagt: die Balkanvölker, soweit noch unter seiner Herrschaft, aber auch viele Armenier in Ostanatolien, wollten die türkische Herrschaft abschütteln und unabhängig werden, was zu ständigen Unruhen und Konflikten führte.[1] Der völlige Zerfall des Reiches und seine Aufteilung wurden eigentlich nur durch unüberbrückbare Interessengegensätze zwischen den imperialistischen Großmächten verhindert.

Das Deutsche Reich hatte sich in dieser Frage zunächst zurückgehalten. Bekannt ist Bismarcks Ausspruch in seiner Rede vom 5.12.1876, dass er kein Interesse Deutschlands im Orient sähe, «welches auch nur [...] die gesunden Knochen eines einzigen pommerschen Musketiers wert wäre».[2] Entsprechend lehnte er 1881-83 Allianzangebote des osmanischen Sultans Abd ül-Hamid II. ab,[3] engagierte sich aber doch begrenzt ab 1882 durch die Entsendung

---

1 Vgl. Klaus Detlev GROTHUSEN: *Die Orientalische Frage als Problem der europäischen Geschichte.* In: DERS. (Hrsg.): *Die Türkei in Europa.* Beiträge zum internationalen Südosteuropa-Kongress. Göttingen 1979, S. 79-96.
2 Auf der Reichstagssitzung vom 5.12.1876, Otto von BISMARCK: *Die gesammelten Werke.* Hrsg. von Wilhelm SCHÜBLER. Bd. 11 Reden. Berlin 1929, S. 476; weitere einschlägige Äußerungen Bismarcks zitiert bei Necmettin ALKAN: *Die deutsche Weltpolitik und die Konkurrenz der Mächte um das osmanische Erbe.* Die deutsch-osmanischen Beziehungen in der deutschen Presse 1880-1909. Münster 2003, S. 25 ff. vgl. allgemein Friedrich SCHERER: *Adler und Halbmond.* Bismarck und der Orient 1878 bis 1890. Paderborn u.a. 2001.
3 Ebd., S. 532.

deutscher Militärberater und ab 1885 durch die Ausbildung türkischer Offiziere in Deutschland[4] und bemühte sich, durch die Mittelmeerentente und die Orientente, den Status quo im Orient zu erhalten. Auch wurde bereits unter Bismarck Deutschland durch umfangreiche Waffenexporte und die Anfänge des Eisenbahnbaus allmählich in die orientalischen Wirren verstrickt.[5] Unter Wilhelm II. beschleunigte sich diese Entwicklung spätestens seit 1897, da eine breite Strömung in der deutschen Öffentlichkeit unter Führung des Alldeutschen Verbandes, der Deutschen Kolonialgesellschaft und des Flottenvereins eine deutsche Weltpolitik propagierte, und der Kaiser unter der Devise, Deutschland brauche auch einen «Platz an der Sonne», als die «Speerspitze des neudeutschen Imperialismus» agierte.[6] Das Hauptobjekt der deutschen Politik war dabei die Türkei.[7]

Wilhelm II. schwärmte wie viele Deutsche für den Orient, verband dies aber mit ganz realpolitischen Zielen: Er wollte dort Deutschlands Einfluss verstärken, wobei je nach der augenblicklichen Situation unterschiedliche Aspekte im Vordergrund standen – eine Allianz mit dem Sultan und anderen islamischen Fürsten gegen die Engländer, territoriale Gewinne bei einer eventuellen Aufteilung des Landes unter die Großmächte, oder einstweilen eine «pénétration économique», in der die Türkei als eine Art Halbkolonie Deutschland billig Rohstoffe liefern und dafür Waffen und andere Industriewaren zu überhöhten Preisen abnehmen sollte.[8] Bereits bei seinem ersten

---

4 Jehuda L. WALLACH: *Anatomie einer Militärhilfe*: Die preußisch-deutschen Militärmissionen in der Türkei 1835-1919. Düsseldorf 1976, S. 35 ff.; Eberhard DEMM: *Zwischen Kulturkonflikt und Akkulturation*: Deutsche Offiziere im Osmanischen Reich. In: *Zeitschrift für Geschichtswissenschaft* 53, 2005, S. 691-715, hier S. 692 f.; vgl. auch Handan Nezir AKMEŞE: *The Birth of Modern Turkey*. The Ottoman Military and the March to World War I. London u. New York 2005, S. 9 ff.

5 Armin KÖSSLER: *Aktionsfeld osmanisches Reich*. Die Wirtschaftsinteressen des deutschen Kaiserreichs in der Türkei 1871-1908. New York 1981, S. 91 ff.

6 Wolfgang J. MOMMSEN: *Bürgerstolz und Weltmachtstreben*. Deutschland unter Wilhelm II. (1890 bis 1918). Berlin 1995, S. 301 ff., Zitat S. 304.

7 Gregor SCHÖLLGEN: *Imperialismus und Gleichgewicht*. Deutschland, Großbritannien und die orientalische Frage 1871-1914. 3. Aufl. München 2000, S. 418; vgl. auch den guten Überblick bei DEMS.: *Dann müssen wir uns aber Mesopotamien sichern!* Motive deutscher Türkenpolitik zur Zeit Wilhelms II. in zeitgenössischen Darstellungen. In: *Saeculum* 32, 1981, S. 130-145.

8 Wilhelm van KAMPEN: *Studien zur deutschen Türkeipolitik in der Zeit Wilhelms II.* Kiel 1968, mit einschlägigen Zitaten des Kaisers, S. 47, S. 66; Peter HOPKIRK: *Östlich von Konstantinopel*. Kaiser Wilhelms Heiliger Krieg um die Macht im Orient. Wien u. München 1996, S. 36; zur Türkeischwärmerei des Kaisers vgl. Johann Heinrich Graf von BERNSTORFF: *Erinnerungen und Briefe*. Zürich 1936, S. 131; Friedrich DAHLHAUS: *Möglichkeiten und Grenzen auswärtiger Kultur- und Pressepolitik, dargestellt am Beispiel der deutsch-türkischen Beziehungen 1914-1928*. Frankfurt a.M. 1990, S. 75.

Istanbulbesuch im Jahre 1889 brachte der Kaiser dem Sultan als Geschenk ein Mausergewehr mit und verschaffte der deutschen Industrie Lieferungen von Rüstungsgütern im Wert von 15 Mio. Mark, und die französische Zeitung *Le Figaro* bezeichnete ihn als den eifrigsten und geschicktesten Handelsvertreter Deutschlands.[9] Im Herbst 1898 ließ er sich von der britischen Firma Thomas Cook eine weitere Orientreise organisieren, die als eine «weltpolitische Demonstration» gedacht war, mit der der Kaiser Deutschlands Ansprüche im Nahen Osten untermauern wollte.[10]

Der Türkeibesuch Wilhelms II. (1898) und die Armenierfrage

Allerdings war diese Reise in der deutschen öffentlichen Meinung stark umstritten. Nur wenige Jahre zuvor, 1894 bis 1896, war es in Istanbul und den ostanatolischen Provinzen zu blutigen Massakern an den Armeniern gekommen, denen nach Schätzungen 80 000 bis 100 000 Menschen zum Opfer fielen, Massaker, die Sultan Abd ül-Hamid II. zur Last gelegt wurden.[11] Seitdem galt er in der öffentlichen Meinung Westeuropas als der «Blutsultan», als «eine bösartige Spinne im Mittelpunkt eines Netzes von Henkern und Spionen»,[12] und ein Besuch des Kaisers bei diesem diskreditierten Herrscher wurde auch in Deutschland stark kritisiert. Insbesondere

---

9   KÖSSLER: *Aktionsfeld* (wie Anm. 5), S. 248.
10 Johannes PAULMANN: *Pomp und Politik*. Monarchenbegegnungen in Europa zwischen Ancien Régime und erstem Weltkrieg. Paderborn u.a. 2000, Zitat S. 177; so sah man es auch in der französischen Presse, vgl. ALKAN: *Weltpolitik* (wie Anm. 2), S. 201. Zur Reise und ihren politischen Intentionen allgemein Jan Stefan RICHTER: *Die Orientreise Kaiser Wilhelms II. 1898. Eine Studie zur deutschen Außenpolitik an der Wende zum 20. Jahrhundert*. Hamburg 1997; Klaus JASCHINSKI: *Des Kaisers Reise in den Vorderen Orient 1898, ihr historischer Platz und ihre Dimensionen*. In: DERS. und Julius WALDSCHMIDT (Hrsg.): *Des Kaisers Reise in den Orient*. Berlin 2002, S. 17-36; HOPKIRK: *Konstantinopel* (wie Anm. 8), S. 40 ff.; KAMPEN: *Studien* (wie Anm. 8), S. 134 ff.; John C.G. RÖHL: *Wilhelm II. Der Aufbau der Persönlichen Monarchie 1888-1900*. München 2001, S. 1050 ff., beschränkt sich, mit Ausnahme des Projekts eines Judenstaats in Palästina, auf anekdotische Einzelheiten.
11 Rolf HOSFELD: *Operation Nemesis. Die Türkei, Deutschland und der Völkermord an den Armeniern*. Köln 2005, S. 32 ff.; François GEORGEON: *Abdülhamid II. Le sultan calife (1876-1909)*. Paris 2003, S. 285 ff. differenziert zwischen der Niederschlagung der armenischen Aufstände im Bergland von Sasun und in Zeytun durch osmanische Truppen, und den übrigen Massakern, die lokal organisiert und vom Sultan höchstens zugelassen oder ermutigt wurden, dokumentarische Nachweise gibt es nicht.
12 Ebd., S. 307 f.; KAMPEN: *Studien* (wie Anm. 8), Zitat S. 216.

Pfarrer Johannes Lepsius von der deutschen Orientmission, der sich bereits 1896 vor Ort über die Gräuel informiert und die deutsche Öffentlichkeit durch Vorträge, Zeitungsartikel und sein Buch *Armenien und Europa* aufgerüttelt hatte,[13] aber auch andere Publizisten aus der kulturprotestantischen Bewegung, wie die Pastoren Martin Rade mit seiner Zeitschrift *Christliche Welt* und Ernst Lohmann vom «Deutschen Hilfsbund für christliches Liebeswerk im Orient», verurteilten den Besuch des Kaisers nachdrücklich.[14]

Auch in Naumanns Nationalsozialem Verein wie in dem offiziellen Vereinsorgan, der Zeitschrift *Die Hilfe*, die sich bisher kaum um die orientalische Frage gekümmert hatte, kam es zu heftigen Diskussionen. Zunächst einmal ging es um die Reise selbst. Naumann hatte in der *Hilfe* seine Leser zur Teilnahme an der Kaiserfahrt aufgerufen und fuhr selbst in den Orient, um aus erster Hand über die Situation zu berichten.[15] Auf der Delegiertenversammlung des Nationalsozialen Vereins im September 1898 in Darmstadt kam es deshalb im Anschluss an Naumanns *Politischen Jahresbericht* zu heftigen Protesten.[16] Einige Mitglieder bezeichneten Sultan Abd ül-Hamid als «gekrönten Massenmörder» und kritisierten scharf, dass Naumann zu einem Besuch aufgerufen hatte.[17] Insbesondere Pfarrer Lehmann aus Hornberg behauptete, dass der Mord an den Armeniern organisiert war und dass «an der Spitze des Mordes der Sultan stand». Angesichts der «brutalen Niedermetzelung eines christlichen Volkes» hätte Naumann nicht für die Teilnahme an der Kaiserfahrt werben dürfen.[18] Mit den gleichen Argumenten verurteilte der Pfarrer später die Kaiserfahrt in der *Hilfe* als die «Ehrung des größten Christenmörders aller Zeiten».[19] In der Tat solidarisierte sich Wilhelm II. durch diese Reise unverkennbar mit dem Sultan, wertete sein Regime auf und schien damit auch die Armenierverfolgungen zu verharmlosen, die er

---

13 Ebd., S. 110 ff.; HOSFELD: *Operation* (wie Anm. 11), S. 33 f.
14 Vgl. Uwe FEIGEL: *Das evangelische Deutschland und Armenien. Die Armenierhilfe deutscher evangelischer Christen seit dem Ende des 19. Jahrhunderts im Kontext der deutsch-türkischen Beziehungen.* Göttingen 1989; Hans Walter SCHMUHL: *Friedrich Naumann und die Armenische Frage. Die deutsche Öffentlichkeit und die Verfolgung der Armenier vor 1915.* In: http://www.hist.net/kieser/aghet/Essays/EssaySchmuhl.html.
15 Allerdings begleitete er keineswegs offiziell den Kaiser, wie SCHMUHL: *Naumann* (wie Anm. 14) schreibt, vgl. RICHTER: *Orientreise* (wie Anm. 10), S. 21.
16 Friedrich NAUMANN: *Politischer Jahresbericht*. In: *Protokoll über die Verhandlungen des national-sozialen Vereins zu Darmstadt vom 25.-28. September 1898 (Vertretertag).* Berlin o.D. [1898], S. 40-47; Diskussion ebd., S. 48 ff.
17 Ebd., S. 50 u. S. 53 f.
18 Ebd., S. 50.
19 *Der Kaiser beim Sultan.* 18.9.1898. Leserbrief. In: *Die Hilfe*, Nr. 4, 1898, Heft 38, S. 3.

zwei Jahre zuvor noch scharf kritisiert hatte.[20] An der gleichen Stelle wurde ein Artikel Rades aus der *Christlichen Welt* nachgedruckt, in dem er die europäischen Regierungen beschuldigte, ihre Augen absichtlich vor den Gräueln in der Türkei zu verschließen: «Politisch gesehen war die Ausrottung der Armenier auch in den Augen der europäischen Politik kein so übler Gedanke, ein christliches Volk in Kleinasien weniger – eine Verlegenheit weniger.»[21]

Naumann, sekundiert von dem Redakteur Hellmut von Gerlach und von Pfarrer Gottfried Traub, suchte die Wogen zu glätten. Während Gerlach Lehmann in Darmstadt eine «sentimentale Politik» vorwarf,[22] verwies Naumann auf die politischen und wirtschaftlichen Interessen Deutschlands, für die gute Beziehungen zur Türkei wichtig seien, denn sonst «opfert es das Wohl seiner eigenen Kinder».[23] In der Tat war der Kaiser auch jetzt wieder «als höchster Lobbyist des deutschen Kapitals unterwegs» und erhielt vom Sultan nicht nur die Konzession zum Bau des Hafens von Haidar Pascha, sondern konnte auch die Weichen für den Bau der Bagdadbahn durch deutsche Unternehmen stellen.[24]

Noch kritischer wurde eine Äußerung über die Armenier in Naumanns Reisebericht *Hinter Konstantinopel* aufgenommen, der wie die anderen Berichte etwas später in seinem Buch *Asia* nachgedruckt wurde. Darin zitierte er folgenden Ausspruch eines deutschen Töpfermeisters in Istanbul: «Der Armenier ist der schlechteste Kerl von der Welt [...] die Türken haben recht getan, als sie die Armenier totschlugen. Anders kann sich der Türke vor den Armeniern nicht schützen.»[25]

In Leserbriefen an *Die Hilfe* wurde Naumann der Unkenntnis beschuldigt und diese Äußerung mit «rohem Antisemitismus» verglichen,[26] und es kam in Deutschland wie im Ausland zu einem solchen Sturm der Entrüstung, dass sich Naumann zu einer Erklärung in der *Christlichen Welt* veranlasst

---

20 GEORGEON: *Abdülhamid II* (wie Anm. 11), S. 343; MOMMSEN: *Bürgerstolz* (wie Anm. 6), S. 355.
21 *Der Kaiser beim Sultan* (wie Anm. 19), S. 4.
22 *Protokoll* (wie Anm. 16), S. 51.
23 Ebd., S. 54.
24 KÖSSLER: *Aktionsfeld* (wie Anm. 5), S. 301 ff.; RICHTER: *Orientreise* (wie Anm. 10), S. 119 ff.; Klaus POLKEHN: *Wilhelm II. in Konstantinopel. Der politische Startschuß zum Bau der Bagdadbahn*. In: JASCHINSKI u. WALDSCHMIDT: *Reise* (wie Anm. 10), S. 61- 73.
25 Friedrich NAUMANN: *Hinter Konstantinopel*. In: *Die Hilfe*, Nr. 4, 1898, Heft 45, 6.11.1898, S. 7, Nachdruck in: DERS.: *Asia*. Berlin 1913, 7. Aufl. (zuerst 1899), S. 31, im folgenden wird jeweils nach *Asia* zitiert.
26 *Zur armenischen Frage*. I: Zuschrift von R. in: *Die Hilfe*, Nr. 4, 1898, Heft 52, S. 9; II. *Vernunftpolitik oder Gefühlspolitik*, von Albert ESENWEIN, ebd., S. 10.

sah, die in der *Hilfe* sowie in *Asia* nachgedruckt wurde.[27] Er betonte zunächst, dass er diese Meinung über die Armenier keineswegs teile, und erklärte, dass die Massaker seine «volle, zornige, heftige Verurteilung der Mörder und ihrer Anstifter» verdienten, fügte aber hinzu: «[...] wir glauben, bei allem Groll über die blutige, muhammedanische Barbarei, an die Notwehr des Türken. Denn wir sehen die armenische Frage und den Armeniermord in erster Linie als eine innertürkische politische Angelegenheit an.»[28]

Die Armenier seien von Russen und Engländern aufgehetzt, die auch andere Separatistenbewegungen unterstützten, aber wenn die Armenier unabhängig würden, wäre das der Ende des türkischen Reiches. Deutschland dürfe seine Zukunft nicht den Engländern opfern und habe ein Interesse daran, bei einer späteren Aufteilung der Türkei berücksichtigt zu werden, doch jetzt müsste es sich noch für die «Staatserhaltung des osmanischen Reiches» engagieren, weil es noch nicht stark genug sei, es zu beerben.[29] «Die Armenische Frage war also bei Friedrich Naumann», schreibt Hans Walter Schmuhl zu Recht, «eingebunden in ein krudes Machtkalkül».[30]

Auch auf dem nächsten Delegiertentag der Nationalsozialen ging Naumann nochmals auf seinen Reisebericht ein und stellte die prinzipielle Frage, «ob wir aus ethischen und christlichen Gründen für die Armenier oder aus nationalen Machtgründen für die Türken sein müssen». Er warnte, dass man mit einer proarmenischen Haltung nur die englische Politik unterstütze und erklärte, «daß der ungeschwächte Bestand des Deutschtums in der Welt ungleich wichtiger ist, als die gesamte armenische Frage».[31] Zum Schluss betonte er, dass er die Politik der deutschen Regierung voll unterstütze.

In der Tat lag Naumann politisch genau auf der Linie des Auswärtigen Amtes[32] und unterstützte auch gegen Kritik aus den eigenen Reihen die berüchtigte Kaiserrede in Damaskus, wo Wilhelm II. die weltpolitischen Ansprüche Deutschlands auf eine griffige Formel brachte: «Möge Se. Majestät der Sultan und mögen die 300 Millionen Mohammedaner, die auf der

---

27 Vgl. zum folgenden ausführlich SCHMUHL: *Naumann* (wie Anm. 14).
28 NAUMANN: *Asia* (wie Anm. 25), S. 137.
29 Ebd., S. 138 ff., S. 159 ff.
30 SCHMUHL: *Naumann* (wie Anm. 14), rassistische Untertöne kann ich bei Naumann allerdings nicht erkennen; vgl. zu Naumanns Orientkonzeption auch kurz Fikret ADANIR: *Wandlungen des deutschen Türkeibildes in der ersten Hälfte des 20. Jahrhunderts.* In: *Zeitschrift für Türkeistudien* 4, 1991, S. 195-211, sowie SCHÖLLGEN: *Mesopotamien* (wie Anm. 7), S. 135.
31 Friedrich NAUMANN: *Politischer Jahresbericht.* In: *Protokoll über die Verhandlungen des Nationalsozialen Vereins (vierter Vertretertag) zu Göttingen vom 1.-4. Oktober 1899.* Berlin o. J. [1899], S. 2-40, hier S. 33 f.
32 Vgl. SCHMUHL: *Naumann* (wie Anm. 14).

Erde zerstreut lebend, in ihm ihren Kalifen verehren, dessen versichert sein, daß zu allen Zeiten der deutsche Kaiser ihr Freund sein wird.»[33]

Natürlich irritierte er damit Russland und die Westmächte mit ihren muslimischen Untertanen und Kolonialgebieten. Ein französischer Korrespondent bezeichnete die Äußerung als «une pure, gratuite et dangereuse bravade», und der Naumannkritiker Pfarrer Albert Esenwein schrieb in einem Leserbrief an die *Hilfe*: «Das geht m.E. weit über den Rahmen hinaus, was durch eine notwendige Vernunftpolitik geboten ist.»[34]

Es fragt sich natürlich, was Wilhelm II. genau unter der von ihm proklamierten Freundschaft verstand. In Istanbul hatte er in einem persönlichen Gespräch Abd ül-Hamid vergeblich gefragt, ob ihn die Türkei im Falle eines Krieges unterstützen würde, und irgendwie scheinen Journalisten von dieser Diskussion Wind bekommen zu haben, denn mehrere deutsche Zeitungen brachten am 5.11. einen später dementierten Bericht über eine «Abmachung [die] auf eine bewaffnete Alliance zwischen dem Sultan und dem Kaiser hinaus läuft».[35] Es ist möglich, dass der Kaiser, der ja gern in militärischen Kategorien dachte, mit seiner Rede nicht nur allgemein weltpolitische Ambitionen demonstrieren wollte, sondern damit die konkrete Hoffnung auf ein deutsch-islamisches Kriegsbündnis verband, wie er es 1905 Reichskanzler Bernhard von Bülow vorschlagen sollte.[36]

Naumann ließ sich durch die Kritik seiner Parteifreunde nicht beirren und rechtfertigte zwei Jahre später selbst die berüchtigte Hunnenrede Wilhelms II. Der Kaiser hatte den Soldaten, die zur Bekämpfung des Boxeraufstandes nach China ausrückten, zugerufen:

> Kommt Ihr vor den Feind, so wird er geschlagen, Pardon wird nicht gegeben; Gefangene nicht gemacht! Wer Euch in die Hände fällt, sei in Eurer Hand. Wie vor tausend Jahren die Hunnen unter ihrem König Etzel sich einen Namen gemacht, der sie noch jetzt in der Überlieferung gewaltig erscheinen läßt, so möge der Name Deutschland

---

33 Zit. nach KAMPEN: *Studien* (wie Anm. 8), S. 408, Anm. 244.
34 Georges GAULIS: *Guillaume II en terre sainte.* In: DERS.: *La ruine d'un Empire. Abd-ul-Hamid, ses amis et ses peuples.* Paris 1913, S. 156-243 (zuerst 1898), hier S. 187; ESENWEIN (wie Anm. 26), S. 10.
35 Aiché OSMANOGLU: *Avec mon père le Sultan Abuldhamid de son Palais à sa prison.* Paris 1991, S. 80; *Ein deutsch-türkischer Vertrag.* In: *Staatsbürgerzeitung*, 5.11.1898, vgl. *Berliner Neueste Nachrichten* vom 5.11.1898 und *Reichsbote* vom 8.11.1898, nach Pressearchiv des Reichslandbundes, Bundesarchiv Berlin (künftig BArch), Bd. 6029, Bl. 21v ff. In den deutschen diplomatischen Akten sind die Unterredungen zwischen Wilhelm II. und dem Sultan nicht überliefert, vgl. *Die Große Politik der Europäischen Kabinette 1871-1914.* Sammlung der diplomatischen Akten des Auswärtigen Amtes. Hrsg. von Johannes LEPSIUS et al. Berlin 1922 bis 1927, Bd. 12, 2, S. 575, Anm. *
36 KAMPEN: *Studien* (wie Anm. 8), S. 66.

in China in einer solchen Weise bekannt werden, daß es niemals wieder ein Chinese wagt, einen Deutschen auch nur scheel anzusehen.[37]

Naumann schrieb dazu am 5. August 1900 in der *Hilfe*: «Was sollen wir machen, wenn es 50 000 Chinesen einfällt, sich uns zu ergeben? Dann bewachen und ernähren wir diese gelben Brüder und sind dadurch kampfunfähig.»[38]

Daraufhin wurde er «Hunnenpastor» genannt, und zahlreiche Mitglieder verließen den Nationalsozialen Verein. Allerdings fand auf dem 5. Delegiertentag ein Antrag des einflussreichen Mitbegründers des Vereins, Adolf Damaschke, Naumanns Artikel als reine Privatmeinung zu bezeichnen, zu wenig Unterstützung und musste zurückgezogen werden.[39] Diese Vorgänge zeigen, dass es Naumann gelungen war, im Verein eine breite Mehrheit für seine imperialistische Machtpolitik zu mobilisieren.

Die orientalische Frage von 1900 bis 1913

In der Folgezeit hielt sich Naumann in der orientalischen Frage zurück und überließ einschlägige Artikel in der *Hilfe* vor allem dem Publizisten Paul Rohrbach. Dieser war der Propagandist des «Größeren Deutschland», das durch «aktive Teilnahme am Erneuerungsprozeß der alten Kulturnationen errichtet» und im Vorderen Orient durch eine «Interessengemeinschaft» mit der Türkei realisiert werden sollte.[40] Ihm ging es dabei um indirekte Beherrschung und wirtschaftliche Durchdringung, die durch die «Verbreitung des deutschen Gedankens», also insbesondere durch deutsche Kulturarbeit, vorbereitet werden sollte[41] – eine Auffassung, die schließlich zur Gründung von zahlreichen Auslandsvereinen führte.[42] Im Herbst 1900 machte er eine Reise durch den Orient und schrieb für die *Hilfe* spannende Berichte. Er beschrieb die Wüstengebiete und die verelendeten und ausgeplünderten Dörfer in Me-

---

37 Zitiert nach der unrevidierten Originalfassung in: *Weser-Zeitung* vom 28. Juli 1900, 2. Monatsblatt.
38 *Die Hilfe*, Nr. 6, 1900, Heft 31, S. 2.
39 *Protokoll über die Verhandlungen des Nationalsozialen Vereins (5. Vertretertag) zu Leipzig vom 30. September bis 3. Oktober 1900*. Berlin 1900, S. 37 ff.
40 Walter MOGK: *Paul Rohrbach und das «Größere Deutschland». Ethischer Imperialismus im Wilhelminischen Zeitalter*. München 1972, S. 180.
41 SCHÖLLGEN: *Imperialismus* (wie Anm. 7), S. 142 f.
42 Jürgen KLOSTERHUIS: *Deutsche auswärtige Kulturpolitik und ihre Trägergruppen vor dem Ersten Weltkrieg*. In: Kurt DÜWELL u. Werner LINK (Hrsg.): *Deutsche Auswärtige Kulturpolitik seit 1871. Geschichte und Struktur*. Köln u. Wien 1981, S. 7-34, hier S. 16.

sopotamien und betonte, dass Deutsche kommen und eine Bahn bauen müssten, um es wieder zu einem blühenden Kulturland zu machen.[43] Dann werde diese Provinz wieder ein prächtiger Edelstein wie im Altertum sein: «Und niemand anderes soll ihn besitzen, als wir!» In einem späteren Bericht rief er aus: «Auch hier [in Syrien, Mesopotamien] liegt ein Stück künftiger Weltmacht – und kein kleines.»[44]

In den nächsten Jahren wurde die Türkei kaum noch erwähnt, abgesehen von zwei knappen Berichten 1903 über Unruhen in Mazedonien und Bulgarien und 1905 über das armenische Attentat auf den Sultan. Dabei wurde eine Analyse der Probleme nicht einmal ansatzweise versucht.[45] Bemerkenswert war die Zurückhaltung in der armenischen Frage: der Verfasser bezweifelte sogar, dass der Attentäter ein Armenier war.[46]

Erst ab 1908 nahm das Interesse wieder zu, wobei merkwürdig ist, dass über die Jungtürkische Revolution in diesem Jahr überhaupt nicht berichtet wurde. Dafür gab die formelle Annexion Bosniens und Herzegowinas, die bereits seit dem Berliner Kongress 1878 von Österreich verwaltet wurden, aber formell immer noch der Hohen Pforte unterstanden, Anlass zu mehreren Artikeln. Zunächst argumentierte ein anonymer Verfasser, dass Deutschland gemeinsam mit den Westmächten die Türkei gegen das Vorgehen Bulgariens und Österreichs diplomatisch unterstützen solle, um die Konsolidierung des Landes nicht zu behindern und seine staatliche Macht nicht zu schwächen.[47] Diese Auffassung wies Naumann im folgenden Heft kategorisch zurück. Er erklärte, Deutschland müsse nun wählen zwischen dem türkischen Freund und dem österreichischen Verbündeten, und seine Entscheidung war ganz eindeutig: Deutschland solle Österreich unterstützen und aufhören, als Schutzmacht des «Mohammedanismus» aufzutreten. Die Türken sollten sich lieber nach Kleinasien hin orientieren. Ganz ähnlich argumentierte Rohrbach.[48] Hier zeigt sich erneut, dass Naumann keine speziellen Sympathien für die Türken hatte und seine Prioritäten nur nach machtpolitischen Gesichtspunkten setzte, aber immerhin auch einen ganz kontroversen Artikel in seiner Zeitschrift zuließ.

---

43   Paul ROHRBACH: *In Mesopotamien*. Reisebrief vom 16.11.1900. In: *Die Hilfe*, Nr. 7, 1901, Heft 2, S.10.
44   Ebd., Heft 9, S. 13.
45   *Politische Notizen*. Orientpolitik. In: *Die Hilfe*, Nr. 9, 1903, Heft 37, S. 2; *Politische Notizen*, ebd., 11, 1905, Heft 30, S. 1.
46   Ebd., S. 1.
47   *Politische Notizen*. «Wenn hinten weit in der Türkei [...]». In: *Die Hilfe*, Nr. 14, 1908, Heft 41 vom 11.10.1908, S. 653.
48   Friedrich NAUMANN: *Die orientalische Frage als deutsche Frage* (Teil II), ebd., Heft 42 vom 18.10.1908, S. 671-673; Paul ROHRBACH: *Deutschland unter den Weltvölkern*, ebd., S. 673.

Die Berichterstattung im Jahre 1909 war wieder ganz Rohrbach anvertraut. In zwei Artikeln rief er dazu auf, die Türkei gegen englische Aufteilungspläne zu schützen und sogar, wenn nötig, für den Bestand des Landes Krieg zu führen, weil sonst Russen und Engländer so stark würden, dass sie Deutschland vernichten könnten.[49] In einer langen Serie von Reiseberichten setzte sich Rohrbach insbesondere mit der armenischen Frage auseinander. Es war in Adana in Zusammenhang mit einer Konterrevolution gegen die Jungtürken im Mai 1909 erneut zu Massakern gekommen, denen ungefähr 20 000 Armenier zum Opfer fielen. Rohrbach hatte zunächst die Zahl der Toten bezweifelt,[50] konnte aber auf seiner Reise mit Augenzeugen sprechen und war von dem Ausmaß der Morde und Zerstörungen erschüttert, schrieb aber die Schuld an den Vorgängen Abd ül-Hamid zu.[51] Er äußerte sich sehr positiv über die Armenier und schrieb: «[...] es ist das politisch begabteste, arbeitsamste und energischste unter den christlichen Völkern im Orient; die Armenier sind gewohnt, zu denken und zu handeln, statt zu deklamieren und im Café oder auf der Strasse zu politisieren wie die Griechen.»[52]

Rohrbach betonte auch, dass die Jungtürken sich um ein besseres Verhältnis zu den Armeniern bemühten und versuchten, das Volk durch Rundschreiben und Toleranzedikte des Sheikh-ül-Islam von weiteren Gewalttaten abzuhalten.[53] Ähnlich argumentierte Ernst Jäckh.[54] In der Tat hatten jungtürkische und armenische Politiker zunächst gegen den Sultan zusammengearbeitet, allerdings zerfiel dieses Bündnis bald, da die Jungtürken einen nationalen Einheitsstaat anstrebten und dadurch natürlich in Konflikt mit den Armeniern gerieten, was Rohrbach zu diesem Zeitpunkt allerdings noch nicht voraussehen konnte.[55] Daher sollte es bald wieder zu Verfolgungen kommen. In einem Artikel des Pfarrers und Publizisten Ewald Stier, eines engen Mitarbeiters Rades, über die armenische Frage im Jahre 1913 heißt es: «Auch jetzt gibt es in Armenien noch keine Sicherheit für Leben und Eigentum, im Lande herrscht der Schrecken.»[56]

---

49 Paul ROHRBACH: *England und Konstantinopelfrage.* In: *Die Hilfe,* Nr. 15, 1909, S. 258-259; DERS.: *Deutschland, die türkische Kraft und die Wirren im Orient,* ebd., S. 468-469.
50 DERS.: *Die Vorgänge in der Türkei und in Persien,* ebd., 02.05.1909, S. 278.
51 DERS.: *Briefe aus dem Orient,* ebd., X, S. 726 f.
52 Ebd., I, S. 566.
53 Ebd., III, S. 597 f.; IV, S. 615 f.; X, S. 726 f.
54 Ernst JÄCKH: *Aus der Türkischen Revolution,* II. In: *Die Hilfe,* Nr. 14, 1908, S. 577.
55 HOSFELD: *Operation* (wie Anm. 11), S. 62 ff.
56 Ewald STIER: *Die armenische Frage.* In: *Die Hilfe,* Nr. 19, 1913, S. 355.

Stier, der sich für die Unterstützung der verfolgten Armenier einsetzte und 1914 die Deutsch-Armenische Gesellschaft mitbegründen sollte,[57] wies insbesondere auf die Verfolgungen durch die Kurden hin und schlug die folgende Lösung vor: eine Entsendung europäischer Beamter und die «teilweise Autonomie für die 6 armenischen Provinzen unter Kontrolle der Großmächte».[58] Jedenfalls zeigen die Artikel Rohrbachs und Stiers, dass die *Hilfe* Naumanns antiarmenischen Kurs aufgegeben hatte und ihre Spalten proarmenischen Publizisten öffnete.

1910 erschien nur ein Artikel Naumanns, in dem er Pläne für ein deutsch-britisches Bündnis und eine gemeinsame Abrüstung zurückwies und erklärte, dass dies auf Kosten der Türkei gehen würde. Damit setzte er seine antibritische Polemik aus den Neunziger Jahren fort.[59]

1911 plädierte Bernhard Kahn, Generalsekretär des Hilfsvereins der deutschen Juden, für die Einwanderung der durch Pogrome verfolgten osteuropäischen Juden in die Türkei, ohne damit allerdings an die zionistischen Projekte eines jüdischen Staates in Palästina anzuknüpfen.[60]

Ab 1912 schaltete sich Ernst Jäckh, der erst einmal 1908 mit einem Artikel hervorgetreten war, mehr und mehr in die orientalische Diskussion in der *Hilfe* ein. Jäckh, auch «Türken-Jäckh» genannt, war württembergischer Journalist, zeitweilig Chefredakteur der *Heilbronner Neckarzeitung* und seit 1909 zusammen mit Rohrbach Herausgeber der *Deutsch-asiatischen Korrespondenz*, die für eine deutsch-österreichisch-türkische Interessengemeinschaft und eine wirtschaftliche Zusammenarbeit nach kolonialem Muster eintrat. Er war ein aufrichtiger Freund der Türkei, hatte 1909 auf türkischer Seite im Albanienkrieg mitgekämpft und sollte 1914 die Deutsch-Türkische Vereinigung gründen.[61] In seinen Artikeln für die *Hilfe* ging es um den ersten Balkankrieg 1912, in dem die von deutschen Offizieren ausgebildete osmanische Armee verheerende Niederlagen gegen die Verbündeten des Balkanblocks erlitt. Jäckh wies daraufhin, dass die militärischen Reformen noch nicht abgeschlossen waren und sollte ein Jahr später in einer Broschüre

---

57 Christian WEISE u. Matthias WOLFES: *Ewald Stier.* In: *Biographisch-Bibliographisches Kirchenlexikon* Bd. 17, Sp. 1330-1338; FEIGEL: *Deutschland* (wie Anm. 14), S. 153.
58 STIER: *Frage* (wie Anm. 56), S. 356.
59 Friedrich NAUMANN: *Abrüstung.* In: *Die Hilfe*, Nr. 16, 1910, S. 2-3.
60 Bernhard KAHN: *Die Juden in der Türkei*, ebd., 17, 1911, S. 375 f.
61 KAMPEN: *Studien* (wie Anm. 8), S. 287; Ernst JÄCKH: *Im türkischen Kriegslager durch Albanien.* Heilbronn 1911; vgl. auch seine Memoiren: DERS.: *Der goldene Pflug. Lebensernte eines Weltbürgers.* Stuttgart 1954; eine Biographie Jäckhs, dessen Nachlass in den Archiven der Universitäten Columbia und Yale liegt, ist überfällig.

dieses Problem ausführlicher analysieren.⁶² Nach den osmanischen Gebietsabtretungen im Londoner Friedensvertrag hob er die positiven Aspekte hervor: Damit sei die Türkei feindselige und unruhige Christen los, die mit Bandenkrieg und Terrorakten das Land nur geschädigt hätten.⁶³ Auch Naumann bekümmerte die türkische Niederlage, er hatte aber keine besonderen Erklärungen oder Rezepte anzubieten.⁶⁴ Immerhin gelang es der Türkei, im zweiten Balkankrieg 1913 wenigstens Edirne zurückzuerobern, und Jäckh prophezeite nun eine neue politische Konstellation, die sich im Weltkrieg in der Tat mit einer kleinen Abweichung realisieren sollte: zwischen Deutschland, Österreich, Bulgarien, der Türkei sowie Rumänien, das zu der Zeit noch unter König Carol I. aus dem Haus Hohenzollern-Sigmaringen mit Österreich-Ungarn und Deutschland formell verbündet war.⁶⁵

Die Türkei im Ersten Weltkrieg – Jihad und «Deutsches Indien»

Als der Weltkrieg ausbrach, hoffte Jäckh in einem vom 20. August datierten Artikel, dass die Türkei sich Deutschlands anschließen würde, war aber offensichtlich noch nicht über das am 2. August abgeschlossene geheime deutsch-türkische Bündnis orientiert.⁶⁶

---

62 Ernst JÄCKH: *Deutsche in der türkischen Armee*. In: *Die Hilfe*, Nr. 18, 1912, S. 711-713. Eines der Hauptprobleme war, dass die Offiziere unter Abd ül-Hamid, also bis 1908, nur theoretisch ausgebildet wurden und weder Schießübungen noch Manöver abhalten durften, Ernst JÄCKH: *Deutschland im Orient nach dem Balkankrieg*. München 1913, S. 65 ff.; genauso argumentierte der langjährige deutsche Militärinstruktor in der Türkei, Colmar von der GOLTZ: *Der jungen Türkei Niederlage und die Möglichkeiten ihrer Wiedererhebung*. Berlin 1913, S 8 ff.; vgl. DEMM: *Kulturkonflikt* (wie Anm. 4), S. 707; für weitere Gründe der Niederlage vgl. Matthias RÖMER: *Die deutsche und englische Militärhilfe für das Osmanische Reich 1908-1914*. Mainz u. Frankfurt a.M. 2007, S. 353 ff.; auf die in der Presse verbreiteten Vorwürfe gegen die deutschen Offiziere geht die jüngste einschlägige Untersuchung leider nicht ein, Florian KEISINGER: *Unzivilisierte Kriege im zivilisierten Europa? Die Balkankriege und die öffentliche Meinung in Deutschland, England und Irland, 1876-1913*. Paderborn u.a. 2008.
63 Ernst JÄCKH: *Die kleinere und größere Türkei*. In: *Die Hilfe*, Nr. 18, 1912, S. 728 f.
64 Friedrich NAUMANN: *Der Balkanbund*, ebd., S. 710 f.; DERS.: *Die Sterbenden von Adrianopel*, ebd., 19 (1913), S. 98 f.
65 Ernst JÄCKH: *Enthüllungen*, ebd., 19 (1913), S. 818 f.
66 DERS.: *Die Türkei und Deutschlands Krieg*, vom 20.08.1914, ebd., 20, 1914, S. 544 f.

Anfang September war die Türkei noch immer offiziell neutral, aber Jäckh erschien offenbar ihr Kriegseintritt sicher, denn in einem vom 10. September datierten Artikel erwartete er die Erklärung des Jihad, der die englische Weltherrschaft beseitigen würde.[67] Als die Türkei Ende Oktober mit der Beschießung russischer Küstenstädte in der Tat in den Krieg eintrat und der Sheikh-ül-Islam auf deutsches Drängen hin am 14. November den Jihad gegen die Alliierten erklärte,[68] triumphierte Jäckh und schrieb: «Der Islam von 200 Millionen Menschen horcht auf und steht auf gegen Russland, gegen England und gegen Frankreich.»[69]

Damit schienen sich Hoffnungen zu erfüllen, die Naumann bereits 1899 in seinem Buch *Asia* ausgesprochen hatte. Dort erwartete er bei einem künftigen Weltkrieg gegen Großbritannien, dass der Sultan-Kalif sich Deutschland anschließen und zum Jihad aufrufen würde, und schrieb pathetisch: «[...] der kranke Mann erhebt sich noch einmal von seinem Lager und ruft nach Ägypten, in den Sudan, nach Ostafrika, nach Persien, Afghanistan und Indien: Kampf gegen Großbritannien!»[70]

In seinem letzten Artikel für die *Hilfe* begrüßte Jäckh die Abschaffung der Kapitulationen durch die türkische Regierung und schrieb zu Recht, dass durch die längst überfällige Besteuerung der Ausländer und die Beseitigung des ausländischen Postrechts das türkische Budgetdefizit gedeckt würde.[71] Naumann äußerte sich im Weltkrieg kaum zur orientalischen Frage und begrüßte nur die allerdings bald gescheiterte Offensive gegen den Suezkanal.[72]

Leider stellte sich heraus, dass der Jihad die in ihn gesetzten Erwartungen kaum erfüllte. Abgesehen von einigen lokalen Initiativen – Aufstand der Senussi gegen die Italiener in Libyen, Krieg des Sultans von Darfur gegen die Engländer, antifranzösische Unruhen in Algerien und Marokko – blieb

---

67 DERS.: *Dschihad*, ebd., 10.09.1914, S. 598-599.
68 Abgedruckt in: *Die Welt des Islam* 3, 1915, Heft 1, S. 2-3; vgl. zu den deutschen Initiativen in dieser Frage Martin KRÖGER: *Revolution als Programm. Ziele und deutscher Orientpolitik im Ersten Weltkrieg*. In: Wolfgang MICHALKA (Hrsg.): *Der Erste Weltkrieg. Realität, Wahrnehmung, Analyse*. München 1994, S. 366-391; Wolfgang G. SCHWANITZ: *Djihad made in Germany: Der Streit um den Heiligen Krieg 1914-1915*. In: *Sozial. Geschichte* 18 (2003), Heft 2, S. 7-34; Tilman LÜDKE: *Jihad made in Germany: Ottoman and German Propaganda and Intelligence Operations in the First World War*. Münster 2005, S. 48 ff.
69 Ernst JÄCKH: *Die deutsch-türkische Bündnisgenossenschaft*. In: *Die Hilfe*, Nr. 20, 1914, S. 732.
70 NAUMANN: *Asia* (wie Anm. 25), S. 153.
71 Ernst JÄCKH: *Die Kapitulationen*. In: *Die Hilfe*, Nr. 21, 1915, S. 741.
72 Friedrich NAUMANN: *Der Kampf um Suez*. In: *Die Hilfe*, Nr. 20, 1914, S. 745-747.

es an der islamischen Front ruhig.[73] Das musste auch die *Hilfe* bereits im Frühjahr 1915 erkennen. Mehrere Verfasser erklärten, dass weder in Indien noch in Ägypten ein Aufstand zu erwarten sei. Der einzige Erfolg des Jihad bestehe darin, dass Engländer und Franzosen größere Truppen in ihren islamischen Kolonien stationieren müssten.[74]

Dafür beschäftigte sich die *Hilfe* mit den wirtschaftlichen Möglichkeiten Deutschlands bei der Erschließung der Türkei. Dabei lassen sich zwei unterschiedliche Zielrichtungen erkennen. Die eine, vertreten durch den evangelischen Theologen und Professor für Kunstgeschichte an der Berliner Technischen Hochschule, Paul Schubring, trat ohne Umschweife für die Kolonisierung Kleinasiens und Mesopotamiens durch deutsche Ingenieure, Kaufleute und Lehrer ein und berief sich auf Hans Delbrücks Einschätzung der Türkei als das «deutsche Indien»[75] – ein Projekt, das in etwas abgewandelter Form auch von deutschen Diplomaten vertreten wurde.[76] Auch hier sind die Kontinuitäten mit früheren Konzepten unübersehbar. Bereits in *Asia* hielt Naumann die Türkei für ansiedlungsfähig und hoffte, dass Deutschland zu einem späteren Zeitpunkt dort Territorien gewinnen und kolonisieren könne.[77] Und in der Welt am Montag hieß es anlässlich des Kaiserbesuchs in Istanbul am 21.11.1898: «[...] die Türkei kann das Indien Deutschlands werden, [...] die Sultane sollen genau so regieren, wie der Bey von Tunis unter französischem oder der Khedive von Ägypten unter englischem Schutz regiert.»[78]

Allerdings machte sich auch eine subtilere Orientierung bemerkbar, die ausgerechnet von einem alldeutschen Mitarbeiter, dem Diplomaten und Publizisten Freiherr L. von Mackay, sowie von Erich Schairer, ehemaligem Privatsekretär Naumanns und bis 1917 Geschäftsführer von Jäckhs Deutschtürkischer Vereinigung, vertreten wurde. Von Mackay forderte, dass Deutschland den Balkan und andere Territorien nicht wie beim «Länderver-

---

73 Hew STRACHAN: *The First World War*. Bd. 1: To Arms. Oxford 2001, S. 702 ff.; DERS.: *The First World War in Africa,* Oxford 2004; LÜDKE: *Jihad made in Germany* (wie Anm. 68), S. 83 ff.

74 Max ROHLOFF (sic!): *Der heilige Krieg des Islams*. In: *Die Hilfe*, Nr. 21, 1915, 8. April, S. 219-221; zur falschen Schreibweise Roloffs s. unten S. 152; Hermann von STADEN: *Wird Indien aufstehen?*, ebd., S. 304 f.; Erich MEIER: *Die ägyptische Frage*, ebd., S. 727 f.

75 Paul SCHUBRING: *Die Geschenke des Islams an das Abendland*, ebd., 21, 1915, S. 483-485.

76 BERNSTORFF: *Erinnerungen* (wie Anm. 8), S. 135 sah nicht Indien, sondern Ägypten als Vorbild.

77 NAUMANN: *Asia* (wie Anm. 25), S. 159, S. 163.

78 HELLO (Pseudonym?): *Die Bilanz der Kaiserreise*. In: *Die Welt am Montag* vom 21.11.98, zitiert nach Pressearchiv (wie Anm. 35), BArch, Bd. 6029, Bl. 26r; ähnliche deutsche Presseäußerungen aus den neunziger Jahren bei ALKAN: *Weltpolitik* (wie Anm. 2), S. 80 ff. und KAMPEN: *Studien* (wie Anm. 8), S. 148.

schacherungssyndikat der Entente» wirtschaftlich ausbeuten, sondern stattdessen dort kulturpolitisch deutsche Tugenden einpflanzen solle, wie «streng militärische Zucht [...] das drakonische Pflichtbewusstsein, [...] die Genügsamkeit [...] und die straffe Unterordnung des Einzelnen unter das Staatsgesetz».[79] Ganz ähnlich sah Schairer den Hauptgrund für die Rückständigkeit des Orients in einer unangepassten Wirtschaftsgesinnung und plädierte unter der Parole «Zeit ist Geld» für die Stimulierung von Erwerbs- und Arbeitstrieb.[80]

Die Armeniermassaker

Ab April 1915 kam es in der Türkei zu weiteren Armeniermassakern, die alle früheren Vorgänge bei weitem in den Schatten stellten. Die Armenier wurden auf Befehl der von der jungtürkischen Partei «Einheit und Fortschritt» beherrschten Zentralregierung vor allem aus der Osttürkei, aber auch aus anderen Landesteilen nach dem Süden deportiert und unterwegs dem Hungertod preisgegeben oder von kurdischen Banden und den aus entlassenen Häftlingen bestehenden Todesschwadronen der Teşkilat ı Mahsusa, des von Kriegsminister Enver Paşa organisierten Geheimdienstes, bestialisch ermordet. Nach heutigen Schätzungen kamen dabei zwischen 1 und 1,4 Millionen Menschen ums Leben.[81] Johannes Lepsius fuhr im Sommer in die Türkei und informierte sich persönlich über die Vorgänge. Am 5. Oktober berichtete er auf einer Pressekonferenz in Berlin darüber, doch die Journalisten wagten es nicht, seine Informationen zu verbreiten, und beschränkten sich auf die Wiedergabe von Dementis der osmanischen Nachrichtenagentur.[82] Das Thema unterlag der Pressezensur, und Verstöße gegen ihre Auflagen, die in der Armenierfrage mehrfach Schweigen oder zumindest größte Zurückhaltung geboten, wurden im allgemeinen streng geahndet, etwa durch Beschlagnahme der Zeitschrift oder ein zeitlich begrenztes Erscheinungsverbot.[83]

79 Freiherr L. VON MACKAY: *Von Ostende bis Bagdad*. In: *Die Hilfe*, Nr. 22, 1916, S. 703-706; DERS.: *Die Wiedergeburt der Türkei als land- und volkswirtschaftliches Problem*, ebd., S. 288-290.
80 Erich SCHAIRER: *Die Europäisierung orientalischer Wirtschaft*, ebd. S. 394-395.
81 Die Literatur dazu ist inzwischen unübersehbar. Wir folgen HOSFELD: *Operation* (wie Anm. 11), S. 174 ff.
82 Ebd., S. 249 ff.
83 Wilhelm DEIST: *Censorship and Propaganda in Germany during the First World War*. In: Jean-Jacques BECKER u. Stéphane AUDOIN-ROUZEAU (Hrsg.): *Les sociétés européennes et la guerre de 1914-1918*. Nanterre 1990, S. 199-210; Eberhard DEMM: *World War I, Germany and France*. In: Derek JONES (Hrsg.): *Censorship. A World*

Selbst Lepsius konnte keinen einschlägigen Artikel platzieren und war gezwungen, seinen 1916 heimlich gedruckten Bericht *Die Lage des armenischen Volkes in der Türkei* mit der Post oder durch Boten an wichtige Entscheidungsträger, kirchliche Stellen und Zeitungsredaktionen zu senden.[84] Kurz darauf wurde diese Broschüre von der Zensur verboten, alle erreichbaren Exemplare beschlagnahmt, und Lepsius musste nach Holland emigrieren.

Die einzige Zeitschrift in Deutschland, die es wagte, die Gleichgültigkeit der deutschen Öffentlichkeit in dieser Frage nachdrücklich zu kritisieren, war die *Hilfe*. Am 9. September 1915 veröffentlichte zunächst von Mackay einen Artikel, in dem er in Anlehnung an die offizielle Version der osmanischen Regierung erklärte, es habe sich nur um Maßnahmen gegen umstürzlerische Umtriebe gehandelt.[85] Im gleichen Heft und zum gleichen Datum, also schon vor der Pressekonferenz von Lepsius, erschien aber ein aufsehenerregender Gegenartikel von Max Roloff, der sich auf Informationen Schweizer Mittelsmänner stützte.[86] Roloff, der bereits in der *Hilfe* einen kritischen Artikel über den Jihad veröffentlicht hatte,[87] war eine recht schillernde Persönlichkeit. Er war promovierter Journalist, hatte zeitweilig für den niederländischen Orientalisten Snouck Hurgronje sowie 1909 für die Orientmission von Lepsius in Plovdiv, Bulgarien, gearbeitet und dort erhebliche Gelder veruntreut. 1914 sollte er im Auftrag der «Nachrichtenstelle für den Orient» des Auswärtigen Amtes gegen Honorar nach Mekka reisen, um unter den muslimischen Pilgern Kämpfer für den Jihad anzuwerben. Stattdessen fuhr er nur kurz nach Holland, blieb ansonsten seelenruhig in Breslau und schickte Anfang Dezember 1914 einen getürkten Mekkabericht an das Auswärtige Amt. Im Februar 1915 wurde er wegen Betrugs zeitweilig verhaftet, aber die Anklage ausgesetzt, da das brisante Thema – die Deutschen wollten einen «Giaur» nach Mekka schicken – das Verhältnis zur islamischen Welt schwer belastet hätte.[88] Roloff veröffentlichte weiter ungerührt

---

Encyclopedia. Chicago u. London 2001, Bd. 4, S. 2644-2647, hier S. 2645; KRÖGER: *Revolution* (wie Anm. 68) zitiert zwei einschlägige Zensurvorschriften vom 7.10. und 23.12.1915.

84 HOSFELD: *Operation* (wie Anm. 11), S. 257; s. auch unten Anm. 90.
85 L. Freiherr VON MACKAY: *Der Weltkrieg und das armenische Problem*. In: *Die Hilfe*, Nr. 21, 1915, vom 9 Sept. 1915, S. 579-581.
86 Max ROHLOFF (sic!): *Türken und Armenier*. In: *Die Hilfe*, Nr. 21, 1915, S. 585 f.
87 S. oben S. 148 mit Anm. 74.
88 KRÖGER: *Revolution* (wie Anm. 68), S. 382, mit ausführlichen Aktenbelegen über Roloffs Betrugsmanöver; vgl. bereits Peter HEINE: *C. Snouck Hurgronje versus C.H. Becker. Ein Beitrag zur Geschichte der angewandten Orientalistik*. In: *Die Welt des Islams* 23/24, 1984, S. 378-387, hier S. 384; zum Plovdiv-Zwischenfall vgl. Atanas DAMIANOV: *Die Arbeit der «deutschen Orient-Mission» unter den türkischen Muslimen in Bulgarien von Anfang des 20. Jahrhunderts bis zum 2. Weltkrieg*. Berlin u.a. 2003, S. 115 f.; LÜDKE: *Jihad* (wie Anm. 68) nahm den getürkten Mekkabe-

zahlreiche Artikel über den Orient für die Tageszeitungen *Der Tag* und *Schwäbischer Merkur*, ohne jedoch die Situation vor Ort zu kennen.[89] Auch über die Armenier konnte er mit keinerlei Einzelheiten aufwarten, warf aber der deutschen Presse vor, über diese Vorgänge nur einseitig zu berichten und sich auf die Wiedergabe türkischer Dementis zu beschränken. Zwar war dieser Vorwurf etwas übertrieben, denn insbesondere Ewald Stier hatte kurz zuvor in der *Christlichen Welt* sowie in der *Preußischen Kirchenzeitung* kritische Artikel veröffentlicht, allerdings mit Rücksicht auf die Zensur recht zurückhaltend argumentiert.[90] Roloff bedauerte, dass die Deutschen keine Sympathien für die Armenier empfunden und schon die früheren Massaker wenig beachtet hätten. Auch jetzt interessiere sich kaum jemand für ihr Schicksal. Er wies die türkische Behauptung zurück, dass die Armenier revolutionär und russenfreundlich seien und erklärte, dass sie sich nur gegen kurdische Angriffe verteidigen mussten. Er verlangte die Entsendung einer Kommission aus amerikanischen und schwedischen Missionaren, die die Vorgänge in den armenischen Provinzen untersuchen sollten. Hellsichtig warnte er davor, dass man im Ausland die Deutschen für die Massaker in der Türkei verantwortlich machen würde und erklärte zum Schluss: «Der deutsch-türkische Freiheitskrieg ist eine *heilige* Sache; in einem Geschichtswerk über diesen Krieg ist kein Platz für *Armenier-Metzeleien*, in einem Masse wie die Geschichte sie bisher nicht gekannt hat.»[91]

---

richt für bare Münze und interpretierte ihn S. 149 f. ausführlich, da ihm die Artikel von Kröger und Heine leider unbekannt waren.

89   *Bibliographie der deutschen Zeitschriften-Literatur mit Einschluß von Sammelwerken*, Bd. XXXVII: Alphabetisches nach Schlagworten geordnetes Verzeichnis von Aufsätzen, die während der Monate Juli bis Dezember 1915 in zumeist wissenschaftlichen Zeitschriften und Sammelwerken deutscher Zunge erschienen sind. Gautsch bei Leipzig 1916, sowie die folgenden Bände bis 1918, Verfasserregister.

90   Ewald STIER: *Die Lage der Armenier in der Türkei*. In: *Preußische Kirchenzeitung* 11, 1915, Nr. 30 vom 1. August 1915, Sp. 253-257; DERS.: *Armenien im Weltkrieg*. In: *Christliche Welt* 29, 1915, Nr. 30 vom 29. Juli 1915, S. 604-607; der letztere Artikel ist etwas schärfer formuliert; sehr zahm auch DEUTSCHER HILFSBUND FÜR CHRISTLICHES LIEBESWERK IM ORIENT (vermutlich Ernst Lohmann): *Die Wahrheit über Armenien*. In: *Die Studierstube* 13, 1915, S. 514-519. Von den übrigen in der Bibliographie, Bd. XXXVII, (wie Anm. 89) angeführten kritischen Artikeln steht Johannes LEPSIUS: *Die Wegführung der Armenier nach Assyrien*. In: *Der christliche Orient* 16, 1915, S. 86-93 zwar noch im Inhaltsverzeichnis der Zeitschrift, S. 86, der Artikel selbst fehlt aber im Bibliotheksexemplar der Berliner Humboldtuniversität und wurde vermutlich von der Zensur beschlagnahmt. Der ebenfalls genannte Artikel von MATTHES: *Die Not der armenischen Kirche*. In: *Evangelische Kirchenzeitung. Organ der Evangelisch-lutherischen innerhalb der preußischen Landeskirche* 7, 1915, lässt sich in diesem Organ nicht finden, wohl aus den gleichen Gründen.

91   ROHLOFF: *Türken* (wie Anm. 86), S. 586.

Es gehörte Mut dazu, im Herbst 1915 einen solchen Artikel zu veröffentlichen, selbst wenn sich Roloff offenbar durch eine leichte Veränderung seines Namens in «Rohloff» zu decken versuchte, und fast noch mehr Mut, ihn als Herausgeber einer Zeitschrift zu akzeptieren. Da von Sanktionen der Zensur gegen die *Hilfe* nichts bekannt ist, lässt sich vermuten, dass Jäckh, der zu der Zeit im Zensurbüro arbeitete, seine Hand über Naumann und seine Zeitschrift gehalten hat. Allerdings revanchierten sich die Zensoren, indem sie vermutlich dafür sorgten, dass in der einschlägigen Bibliographie für Roloffs Artikel kein Fundort genannt wurde.[92] Es blieb auch der einzige Artikel dieser Art in der *Hilfe*, denn die Behörden stellten das brisante Thema schließlich unter Vorzensur und konnten auf diese Weise flächendeckend alle unliebsamen Artikel unterdrücken.[93] Die *Hilfe* ließ daher das Thema ganz fallen, die *Christliche Welt* aber sammelte ab 1916 für die Armenier Geld und schrieb: «Eine Erörterung der armenischen Frage ist jetzt in der Öffentlichkeit nicht möglich.»[94] Jedenfalls zeigt der Beitrag Roloffs, dass Naumann weiter eine proarmenische Haltung verfolgte.[95] Eine Autonomie Armeniens innerhalb der Türkei lehnte er allerdings auch noch im Jahre 1918 ab.[96]

Wenn auch Roloff in seinem Artikel etwas über das Ziel hinausschoss und die proarmenischen Äußerungen aus Kreisen des deutschen Kulturprotestantismus zu den früheren Verfolgungen übersah – so sollte sich jedenfalls seine Warnung, man werde auch Deutschland für die Massaker verantwortlich machen, bestätigen. Während der britische Bryce-Report von 1916 den Deutschen zunächst nur Teilnahmslosigkeit vorwarf, wurden sie bald darauf einer Mitschuld bezichtigt.[97]

---

92   Unter dem für Roloffs Artikel angegebenen Zeitschriftensigel «581» steht: «vacat», während das Sigel «622» für von Mackays Artikel korrekt *Die Hilfe* angibt, vgl. Bibliographie (wie Anm. 89), Bd. XXXVII.
93   Heinz-Dietrich FISCHER: *Oberzensurstelle, Kommunikationsüberwachende Vorschriften des Jahres 1917*. In: DERS. (Hrsg.): *Pressekonzentration und Zensurpraxis im Ersten Weltkrieg. Texte und Quellen*. Berlin 1973, S. 199.
94   *Kleine Mitteilungen*. In: *Christliche Welt* 30, 1916, Nr. 38 vom 21. September 1916, Sp. 738; Aufruf zur Sammlung ebd., Nr. 26 vom 29. Juni 1916, Sp. 514.
95   Anders SCHMUHL: *Naumann* (wie Anm. 14), der ihn nur auf Grund der Publikationen von 1898/99 beurteilt.
96   Friedrich Naumann an Ewald Stier, 4.3.1918, Bundesarchiv (BArch) Berlin, Nachlass Friedrich Naumann, Nr. 45, Bl. 8r-8v.
97   James BRYCE und Arnold TOYNBEE: *The Treatment of the Armenians in the Ottoman Empire 1915-1916. Documents Presented to Viscount Grey of Falloden by Viscount Bryce*. London 1916, S. 6; Resümee des Referats von Joanne LAYCOCK, Manchester: *The Murder of a Nation. British Representations of the Armenian Massacres 1915/1918*, auf dem Dubliner Kolloquium *Uncovering the First World War*,

Als sich 1917 die militärische Lage im Orient weiter verschlechterte und die endgültige Niederlage der türkisch-deutschen Truppen an dieser Front abzusehen war, trat das Thema in der *Hilfe* völlig in den Hintergrund. 1917 erschien nur noch ein einziger Artikel, in dem Naumann die Eroberung Jerusalems durch die Engländer bedauerte und annahm, dass die Stadt in Zukunft von ihnen oder von einer «abendländischen Allerweltsverwaltung» regiert würde.[98] Im Jahre 1918 ließ die *Hilfe* das orientalische Thema völlig fallen.

Die Türkei und Naumanns Mitteleuropabund

Zum Schluss soll noch die Frage gestellt werden, ob der Orient, genauer gesagt, das Osmanische Reich, sich Naumanns geplantem Mitteleuropabund anschließen sollte. Dies würde im Hinblick auf seine Ansichten von 1898 nicht verwundern, zumal solche auf den Orient gerichtete Projekte, auch «Achse Berlin-Bagdad» genannt, vor und im Krieg zahlreiche Anhänger hatten.[99] Gerade Naumanns Mitarbeiter in der *Hilfe*, Rohrbach und Jäckh, hatten sich in dieser Frage besonders profiliert: Rohrbach in seinem 1912 veröffentlichten Buch *Deutschland unter den Weltvölkern*[100] sowie gemeinsam mit Jäckh in ihrer 1913 gegründeten Zeitschrift *Das Größere Deutschland*, später *Deutsche Politik* genannt.[101] Naumann nahm aber während des Krieges eine viel vorsichtigere Haltung in dieser Frage ein. In seinem berühmten Buch *Mitteleuropa* von 1915 plädierte er ausschließlich für eine engere Zusammenarbeit zwischen Deutschland und Österreich-Ungarn und wandte sich zu dieser Zeit auch in seiner Korrespondenz nachdrücklich gegen weitergehende Projekte.[102] Noch im Juni 1915 fürchtete er, «dass eine

---

S. 23-25. September 2005, zitiert nach www.hsozkult.geschichte.hu-berlin.de/tagungsberichte/id=1032.
98   Friedrich NAUMANN: *Jerusalem*. In: *Die Hilfe*, Nr. 23, 1917, S. 732-33.
99   Wolfgang J. MOMMSEN: *Die Mitteleuropaidee und die Mitteleuropaplanungen im Deutschen Reich*. In: DERS.: *Der Erste Weltkrieg*. Anfang vom Ende des bürgerlichen Zeitalters. Frankfurt 2004, S. 94-117 (zuerst 1995), hier S. 103 ff.; vgl. auch die Artikelsammlung verschiedener Autoren in: *Jahrbuch der Geschichte* 15, 1977, u.a. Willibald GUTSCHE: *Zur Mitteleuropakonzeption der deutschen Reichsleitung von der Jahrhundertwende bis zur Mitte des Ersten Weltkriegs*, ebd., S. 85-106.
100 KAMPEN: *Studien* (wie Anm. 8), S. 206 f.
101 Ebd., S. 103 f., S. 109 f.
102 Friedrich NAUMANN: *Mitteleuropa*. In: DERS.: *Werke*. Bd. 4, Schriften zum Parteiwesen und zum Mitteleuropaproblem. Hrsg. v. Theodor SCHIEDER. Köln u. Oplanden 1964, S. 485-767 passim; Friedrich Naumann an Alfred Weber, 21.6.1915. In: *Alfred*

Verständigung aller 4 Staaten nicht erreichbar ist, [...] u.a. da Rußland auch nach dem Friedensschlusse dort keinen Gleichgewichtszustand wünscht».[103]

Allerdings bahnte sich in der zweiten Hälfte des Jahres 1915 in seinen Briefen eine Änderung an, jedenfalls in Hinblick auf den Balkan. Im Herbst schrieb er an den Bankier Max Warburg, dass Deutschland die Balkanländer ökonomisch beherrschen sollte,[104] und im Dezember 1915 erwähnte er zum ersten Mal auch die Türkei: «Wenn Deutschland durch den Hinzutritt von Oesterreich-Ungarn nebst Balkan und Türkei zu einer dauernden Stärke gelangt ist, so wird es in Zukunft sehr viel unwahrscheinlicher sein, dass noch einmal der Vernichtungskrieg gegen uns versucht wird.»[105]

Im Herbst 1916 nannte er die Türkei in Verbindung mit der «mitteleuropäischen Idee» und schrieb: «Soweit ich sehe, kann im gegenwärtigen Zeitpunkt von einem Aufgeben der mitteleuropäischen Idee nicht die Rede sein, da wir eben erst Bulgarien und die Türkei in den schwersten weiteren Krieg hineingehen lassen.»[106]

Genau betrachtet, zeigen die brieflichen Äußerungen allerdings nur, dass Naumann zwar an die künftige Position der Türkei dachte, sich aber auf relativ vage Äußerungen beschränkte und eindeutige Festlegungen sorgsam vermied. In den einschlägigen Artikeln, die er nach seinem Mitteleuropabuch in den Jahren 1915 bis 1918 publizierte, wurde er viel konkreter und behandelte die Erweiterung Mitteleuropas nach Südosten genauer.[107] Im Vordergrund stand weiter die Verbindung Deutschlands mit Österreich-Ungarn, der sich allerdings auch Bulgaren und andere Völker Osteuropas und des Balkans anschließen könnten. Insbesondere befürwortete er in einem ausführlichen Artikel 1916 eine Teilnahme Bulgariens.[108] Im gleichen Artikel sprach er von dem «gemeinsamen, großen Interesse [Deutschlands und Österreich-Ungarns] an der Verkehrs- und Handelslinie über Konstantinopel nach dem Orient» und erklärte, dass «wir uns [...] die Linie Hamburg-Suez von niemandem

---

Weber-Gesamtausgabe. Bd. 10.1: Ausgewählter Briefwechsel. Hrsg. v. Eberhard DEMM u. Hartmut SOELL. Marburg 2003, Brief Nr. 104, S. 196-198, hier S. 197; vgl. zum Kontext Eberhard DEMM: *Ein Liberaler in Kaiserreich und Republik.* Der politische Weg Alfred Webers bis 1920 (=Schriften des Bundesarchivs Bd. 38). Boppard 1990, S. 166 f.

103 Friedrich Naumann an Carl Petersen, 21.6.1915, Staatsarchiv Hamburg, Nachlass Carl Petersen, L 50.
104 Friedrich Naumann an Max Warburg, 9.10.1915, BArch Berlin, Nachlass Friedrich Naumann, Nr. 7, Bl. 100 r-101 r, auszugsweise zitiert in: *Deutschland im Ersten Weltkrieg.* Bd. 2. Hrsg. von Willibald GUTSCHE. Berlin 1970, S. 192.
105 Friedrich Naumann an Albert Schuster, 22.12.1915, BArch Berlin, Nachlass Friedrich Naumann, Nr. 310, Bl. 139 r-139 v.
106 Friedrich Naumann an Carl Petersen, 1.9.1916 (wie Anm. 103).
107 Zusammengestellt in: NAUMANN: *Werke* (wie Anm. 102), S. 374-977.
108 DERS.: *Bulgarien und Mitteleuropa,* ebd., S. 767-836, (zuerst 1916), Zitat S. 829.

dürfen sperren lassen».[109] Jürgen Fröhlich interpretierte diese Äußerung so, dass Naumann auch die Türkei in das künftige mitteleuropäische Großreich aufnehmen wollte.[110] Es ist aber deutlich, dass es Naumann hier nur um freie Handels- und Schiffsverbindungen ging, keineswegs um eine Eingliederung der Türkei oder gar Ägyptens in seinen Mitteleuropabund. Im Gegenteil, in weiteren Artikeln schloss Naumann einen Anschluss der Türkei deutlich aus. So schrieb er 1918 in der Hilfe, dass die Türkei als Balkanmacht «nur noch in geringem Umfang angesehen werden» kann, und Deutschland nur zur Sicherung Konstantinopels und des asiatischen Reiches verpflichtet sei. Von einer engeren politischen und wirtschaftlichen Zusammenarbeit oder gar der Aufnahme in einen mitteleuropäischen Bund ist hier nicht die Rede.[111] In einem anderen Artikel zählte er die verschiedenen Völker auf, die zu Mitteleuropa gehören könnten. Dabei wurden zwar Magyaren, Rumänen, Kroaten, Polen und weitere Slawen genannt, aber weder Türken noch Araber.[112] Als sich ab 1917 die militärische Situation an der Orientfront immer mehr verschlechterte, wurde die Türkei in diesem Zusammenhang weder in einschlägigen Artikeln noch in seinen Briefen mehr erwähnt, und Naumann scheint das Land mehr oder weniger aufgegeben zu haben.

Zusammenfassung

Friedrich Naumann vertrat im Jahre 1898 einen aggressiven Imperialismus, der das Osmanische Reich wirtschaftlich abhängig machen und politisch kontrollieren wollte, um es später als Verbündeten gegen die Engländer verwenden oder direkt als Kolonie ausbeuten zu können. Entsprechend unterstützte er gegen zum Teil heftigen Widerstand seiner Parteifreunde im Nationalsozialen Verein uneingeschränkt die demonstrativen Äußerungen Kaiser Wilhelms II. zur deutschen Weltpolitik, auch in ihrer extremsten Form wie der Damaskus- und der Hunnenrede. Dies zeigen seine Artikel in der von ihm herausgegebenen Zeitschrift *Die Hilfe*, seine Stellungnahmen auf den Parteitagen des von ihm geleiteten Nationalsozialen Vereins sowie sein 1899 veröffentlichtes Buch *Asia*. In späteren Jahren hielt

---

109 Ebd., S. 828 f.
110 Jürgen FRÖHLICH: *Friedrich Naumanns «Mitteleuropa»*. Ein Buch, seine Umstände und seine Folgen. In: Rüdiger VOM BRUCH (Hrsg.): *Friedrich Naumann in seiner Zeit*. Berlin u. New York 2000, S. 245-267, hier S. 263.
111 Friedrich NAUMANN: *Balkanfragen*. In: DERS.: *Werke* (wie Anm. 102), S. 882-888, (zuerst 1918), hier S. 886.
112 DERS.: *Mitteleuropa*, ebd., S. 863-871, (zuerst 1917), hier S. 869.

er sich persönlich in der orientalischen Frage zurück, im Ersten Weltkrieg schloss er die Türkei aus seinem Mitteleuropaprojekt, also seinen Plänen für eine politische und wirtschaftliche Zusammenarbeit des Völker Mittel- und Osteuropas, ausdrücklich aus und verlangte nur sichere Handels- und Verkehrsverbindungen in den Nahen Osten.

Das gleiche gilt für seine Position in der Armenierfrage, wo er sich von seiner realpolitisch-machtorientierten Einstellung der Jahre 1898/99 löste und in die *Hilfe* positive Reportagen über die Armenier sowie erschütternde Berichte über die Armenierpogrome der Jahre 1909 und 1913 aufnahm. Im September 1915 veröffentlichte die *Hilfe* als einzige deutsche Zeitschrift eine aufrüttelnde Anklage gegen die Indifferenz der deutschen Öffentlichkeit gegenüber den türkischen Armeniermassakern, obwohl Naumann schwere Sanktionen der Zensurbehörde erwarten musste.

Im allgemeinen ließ Naumann in der *Hilfe* ein breites Meinungsspektrum zu und akzeptierte auch Artikel, die seiner eigenen Auffassung widersprachen. Seine wichtigsten Mitarbeiter für den Orient waren Paul Rohrbach und Ernst Jäckh («Türkenjäckh»), Vertreter einer speziell auf den Nahen Osten gerichteten deutschen Weltpolitik. Abgesehen von ausführlichen Reiseberichten, die das Interesse seiner Leser für exotische Kulturen ansprachen, spielte die orientalische Frage in der *Hilfe* aber nur eine Nebenrolle. Auch hier scheint sich Naumann von der in Deutschland verbreiteten Orientbegeisterung schließlich distanziert zu haben.

Résumé

En 1898 Naumann est partisan d'un impérialisme agressif qui vise un contrôle politique et économique de l'Empire ottoman. Le but est d'utiliser ce pays plus tard comme allié contre l'Angleterre ou de l'exploiter comme colonie. Ainsi, contre l'opposition partiellement farouche de ses colistiers du Nationalsozialer Verein, il soutient sans ambages les discours provocateurs de l'empereur Guillaume II sur la Weltpolitik allemande, même sous leur forme la plus extrême comme ceux de Damas sur les Musulmans et de Wilhelmshafen sur les Huns. Les articles de Naumann dans le périodique *Die Hilfe* dont il est le directeur, ses discours aux congrès de son parti, ainsi que son livre *Asia* publié en 1899 en témoignent. Dans les années suivantes, il est plus réticent sur la question orientale ; pendant la Première Guerre mondiale il exclut expressément la Turquie de son projet «Mitteleuropa», qui vise une coopération politique et économique des peuples de l'Europe centrale et de l'Est, et insiste seulement sur l'importance de la sécurité des relations commerciales et des liaisons navales et terrestres avec le Proche Orient.

En ce qui concerne sa position sur les Arméniens de l'Empire Ottoman, il abandonne son attitude de Realpolitik des années 1898/99 et accepte dans *Die Hilfe* des reportages positifs sur les Arméniens ainsi que des rapports bouleversants sur les pogromes de 1909 et de 1913. En septembre 1915, *Die Hilfe* est le seul journal allemand à publier des accusations très sévères contre l'indifférence de l'opinion publique allemande envers les nouveaux massacres arméniens, malgré la menace de sanctions par la censure.

En général, *Die Hilfe* se distingue par une grande diversité d'opinions, et Naumann accepte de publier aussi des articles contraires à ses idées. Ses collaborateurs principaux pour l'Orient sont les journalistes Paul Rohrbach et Ernst Jäckh, partisans d'une politique impérialiste allemande vis-à-vis de l'Empire Ottoman. Cependant, hormis des récits de voyages détaillés, la question orientale ne joue dans *Die Hilfe* qu'un rôle secondaire, et il semble que Naumann ait pris ses distances face à l'enthousiasme pour l'Orient répandu dans l'Allemagne de cette époque.

L'idée européenne
Die Europa-Idee

Le discours européen dans la revue *Die Hilfe*, 1894-1944

Essai de synthèse

Philippe ALEXANDRE

L'Europe, et en particulier la question de son identité et de son organisation, ont occupé une place importante dans la pensée de nombreux écrivains et intellectuels allemands depuis le début du XVIIe siècle.[1] Le discours européen dans les revues allemandes de 1871 à 1955 a constitué l'objet d'étude d'un projet quadriennal du Centre d'Etude des Périodiques de langue allemande (CEPLA) puis du Centre d'Etudes Germaniques Interculturelles de Lorraine (CEGIL) de Metz.[2] Les travaux nés de ce projet font apparaître l'Europe à la fois comme un idéal inspiré par une philosophie de l'histoire et comme une leçon tirée de l'histoire. Le discours sur l'Europe a souvent été une méditation sur le passé, sur un héritage culturel commun. Mais, plus concrètement, l'Europe a été aussi envisagée comme une construction supranationale, comme une alternative à des situations dramatiques qui ont résulté des égoïsmes nationaux et du chaos dans lequel ont évolué les relations entre les pays. Cette alternative était censée permettre de surmonter les antagonismes

---

1   Cf. entre autres Paul Michael LÜTZELER: *Die Schriftsteller und Europa*. Von der Romantik bis zur Gegenwart. 2. Auflage. Baden-Baden 1998; Jean NURDIN: *Le rêve européen des penseurs allemands (1700-1950)*. Lille 2003; Elisabeth DU REAU: *L'idée d'Europe au XXe siècle*. Des mythes aux réalités. Bruxelles 2001; Georg CAVLLAR: *Die europäische Union*. Von der Utopie zur Friedens- und Wertegemeinschaft (Austria: Forschung und Wissenschaft). Wien 2006.

2   Cf. *Le discours européen dans les revues allemandes (1871-1914)/Der Europadiskurs in den deutschen Zeitschriften (1871-1914)*. Etudes réunies par Michel GRUNEWALD, en collaboration avec Helga ABRET et Hans Manfred BOCK. Berne 1996; *Le discours européen dans les revues allemandes (1918-1933)/Der Europadiskurs in deutschen Zeitschriften (1918-1933)*. Etudes réunies par Michel GRUNEWALD, en collaboration avec Hans Manfred BOCK. Berne 1997; *Le discours européen dans les revues allemandes (1933-1939)/Der Europadiskurs in den deutschen Zeitschriften (1933-1939)*. Etudes réunies par Michel GRUNEWALD, en collaboration avec Hans Manfred BOCK. Berne 1999; *Le discours européen dans les revues allemandes (1945-1955)/Der Europadiskurs in den deutschen Zeitschriften (1945-1955)*. Etudes réunies par Michel GRUNEWALD, en collaboration avec Hans Manfred BOCK. Berne 2001.

nationaux, des crises momentanées ou récurrentes. Ce discours a souvent évolué entre utopie et pragmatisme.

L'analyse de l'histoire d'une idée telle que l'Europe dans une revue du type de *Die Hilfe* ne va pas de soi. Aussi nous faut-il commencer par quelques remarques liminaires d'ordre méthodologique.

La revue *Die Hilfe* a paru de la fin de l'année 1894 à l'été 1944, pendant quasiment cinquante ans, dans des contextes historiques et politiques que l'on sait très différents. Cette seule réalité induit des changements de problématique liés à la nature de ces contextes successifs.

Dans une revue fonctionnant comme une tribune ouverte, le point de vue de la rédaction (qui s'exprime entre autres dans les rubriques «Wochenschau», «Politische Notizen» ou «Politische Nachrichten») et celui de ses collaborateurs réguliers ou occasionnels ne sont pas toujours identiques. Il peut aussi y avoir des différences dans les conceptions des directeurs de l'hebdomadaire.

Les orientations générales d'une revue peuvent changer. *Die Hilfe* a, par exemple, d'abord donné la priorité aux questions sociales; elle fut, dans ses premières années, un organe chrétien-social. Son fondateur, Friedrich Naumann, se sentant peu sûr dans le domaine de la politique étrangère, a – au départ – laissé la parole à des collaborateurs plus qualifiés que lui en cette matière.[3] Puis, ses conceptions eurent des contours plus nets du fait de son engagement politique, de la nécessité de fixer les lignes du programme de son mouvement en vue d'élections législatives. Les voyages qu'il fit à l'étranger à partir des années 1900 contribuèrent, en outre, à élargir son horizon.

Die Hilfe a été, du point de vue de l'organisation et des idées, plus ou moins liée à différentes formations politiques libérales (1896-1903: Nationalsozialer Verein; 1903-1910: Freisinnige Vereinigung et 1910-1918: Fortschrittliche Volkspartei; 1918-1930: Deutsche Demokratische Partei (DDP); 1930-1933: Deutsche Staatspartei). Ce lien ou cette proximité a nécessairement orienté le discours de sa direction et de ses collaborateurs. L'instauration du régime national-socialiste en 1933 a, on le sait, totalement modifié les conditions du discours public. Dans ce contexte, la revue est restée un lien pour ce qu'il restait alors du réseau des libéraux de gauche allemands. Mais elle a toujours cherché à élever le débat au-dessus du point de vue partisan. Le 12 avril 1933, Theodor Heuss, qui était alors un des trois directeurs de la revue, écrivait aux «amis de ‹*Die Hilfe*›»: «[Elle] a, durant des années, pensé

---

3   Theodor HEUSS: *Friedrich Naumann. Der Mann, das Werk, die Zeit.* Stuttgart/Tübingen 1949, p. 121.

que sa mission était de dépasser les frontières entre les partis et de se mettre au service de toute volonté nouvelle en aidant à éclaircir les choses.»[4]

Enfin, *Die Hilfe* était à la fois un hebdomadaire, devenu bimensuel en 1933, et une revue généraliste. La nature ambivalente de ce type de périodique fait que son discours évolue entre le commentaire de l'actualité *(Tagesgeschehen)* et les synthèses traitant des grandes questions d'époque dans une perspective plus historique *(Zeitgeschehen)*.

Ces données doivent nous inciter à la plus grande prudence. Il nous faudra pourtant dégager des lignes générales de ces cinquante années d'une histoire complexe, qu'il s'agisse de celle de la revue elle-même ou de celle du contexte dans lequel elle a paru. Si nous avons opté ici pour une méthode chronologique, c'est pour tenter de caractériser le mieux possible le discours de *Die Hilfe* sur l'Europe dans chacune des périodes successives qui, de 1894 à 1944, ont été marquées par des guerres, des crises et des changements de régime. Nous distinguerons trois périodes: celle de l'Allemagne wilhelminienne (1894-1918), celle de la République de Weimar (1918-1933) et celle du nazisme (1933-1944). Une question restera posée en filigrane: Peut-on dégager des éléments de continuité dans le discours européen de la revue *Die Hilfe*? Dans l'affirmative, lesquels?

1894-1918: Une Allemagne forte et prospère dans une Europe en paix

Durant les premières années, *Die Hilfe* consacre peu d'articles aux questions internationales. A en croire Theodor Heuss, Naumann lui-même n'ayant pas de conceptions bien arrêtées en cette matière, il laissait la parole à ses collaborateurs. Il ne faut en outre pas chercher de véritable unité dans les options de ces derniers.[5]

Le discours de Naumann et de ses collaborateurs n'en est pas moins marqué par quelques grandes tendances caractéristiques de l'époque wilhelminienne. Le réalisme bismarckien leur sert de référence jusqu'au moment où leur adhésion à la politique impérialiste de l'Empire leur fait dire que le fondateur du nouveau Reich était trop exclusivement européen dans sa politique étrangère. Naumann est influencé par les conceptions de Max Weber,

---

4 Theodor HEUSS: *Rundschreiben an die Freunde der Zeitschrift Die Hilfe*, 12.4.1933. In: Theodor HEUSS. *In der Defensive*. Briefe 1933-1945. Hrsg. und bearbeitet von Elke SEEFRIED. München 2009, pp. 133-135; ici p. 134.
5 HEUSS: *Friedrich Naumann* (*cf.* note 3), p. 121.

que celui-ci a notamment exprimées dans son discours inaugural de Fribourg en 1896.[6] Gagné à l'idée d'Etat national fort, il apporte son soutien à une *Weltpolitik* qui confortera la place que les Allemands ont prise dans le concert des grandes nations. Cette ambition passe par un renforcement de la flotte militaire et de l'armée de l'Empire; mais elle doit aussi être portée par une adhésion des masses. L'unité du pays, favorisée par un socialisme d'Etat et la liberté politique, apparaît comme une des conditions de la puissance à l'extérieur.[7]

Le programme adopté lors de l'assemblée constitutive du *Nationalsozialer Verein* en novembre 1896 peut se résumer dans ce slogan: «Armée et flotte! Droit de vote et liberté d'expression! Organisation professionnelle! Sens de la nation et socialisme!»[8]

Comment concilier le christianisme et l'ambition impérialiste? Sous l'influence de Max Weber, Naumann a, peu à peu, séparé le politique du religieux. Sa vision du monde est assez nettement marquée par le darwinisme social, par l'idée – fort répandue à cette époque – de la lutte pour la vie entre les peuples.

> On nous pose la question de savoir si nous sommes pour la guerre, écrivait-il dès mars 1895. Dieu nous en garde! Nous considérons la guerre comme un malheur, nous frémissons en pensant à la responsabilité de ceux qui ont à donner le signal de la mobilisation. Mais nous connaissons l'histoire, et celle-ci nous apprend qu'avec la meilleure volonté les guerres ne peuvent être empêchées en ce monde. [...] Nous vivons à une époque où les peuples constituent de grands ensembles économiques; c'est la raison pour laquelle nous ne pouvons nous soustraire à l'éventualité de conflits qui ne seront apaisés que par le fer et le sang. Il y a des questions qui doivent être résolues par la force, il nous faut donc de la force.[9]

L'idée d'unifier les pays occidentaux face aux Américains, aux Russes, aux Chinois et aux Indiens, et de faire disparaître les frontières entre la France, l'Allemagne et l'Italie lui paraît prématurée; il s'agit d'abord de régler les problèmes nationaux et d'assurer la paix le plus longtemps possible.[10] Le «socialisme national»[11] que Naumann et ses amis appellent de leurs vœux doit permettre à l'Allemagne d'avoir la force nécessaire pour s'imposer dans le monde face aux autres puissances. La vision du monde qui se dégage de *Die Hilfe* est une vision inquiète, exempte de tout idéalisme et de tout sentimentalisme.

6   HEUSS: *Defensive (cf.* note 4), p. 100 sq.
7   *Was wollen wir?* In: *Die Hilfe*, n° 1, 5.1.1896, p. 1 sq.
8   *Die Hilfe*, n° 35, 30.8.1896, p. 1.
9   *Die Hilfe*, n° 10, 10.3.1895, p. 1.
10 *Allerlei.* In: *Die Hilfe*, n° 50, 13.12.1896; (N.): *Bismarck.* In: *Die Hilfe*, n° 13, 31.3.1895; *Cf.* aussi HEUSS: *Defensive (cf.* note 4), p. 184 sq.
11 *Nationalsozialer Katechismus. Cf.* HEUSS: *Defensive (cf.* note 4), p. 121 sq.

Durant les premières années, *Die Hilfe* reprend dans une large mesure les grandes idées du discours national et impérialiste de cette époque, et notamment celle-ci: l'Allemagne doit se donner les moyens de rattraper le retard qu'elle a pris dans le partage du monde et de résister face à la montée des superpuissances: «Savez-vous ce que les mots ‹Russie›, ‹Angleterre›, ‹Chine› signifient? écrit Naumann. Ils signifient que nous les Allemands, nous devons employer toute notre énergie à ne pas sombrer. Les nations se développent. Voulons-nous, nous aussi, ce développement ou voulons-nous, par esprit d'économie ou par paresse, renoncer à l'avenir de la nation allemande comme puissance mondiale?»[12]

La perspective des élections législatives de 1903 amènera le Nationalsozialer Verein à formuler des principes de politique étrangère un peu plus concrets, que Naumann énonce lors d'une réunion des délégués de l'Association: Toute expansion de l'Angleterre contribue à restreindre notre marge d'action dans le monde. Il est difficile d'avoir confiance dans la France; mais il est dans l'intérêt des deux parties de trouver un *modus vivendi*, de sortir de la situation existante par l'arbitrage et de manière pacifique. Mais pour être en mesure de conclure des traités avec la France et de traiter avec elle en partenaire, sur un pied d'égalité, deux conditions doivent être remplies: avoir quelque chose à lui proposer et être fort. Il faut rester fidèle à la Triple Alliance, tout en étant prudent envers l'Italie tentée par un rapprochement avec la France, et entretenir des relations amicales avec la Turquie. Comme Naumann lui-même le souligne, cette politique se situe dans la tradition de Bismarck. Quant aux délicates questions douanières, il préconise de ne pas investir toutes les forces du mouvement dans ce débat.[13]

Après son échec lors des élections de 1903, le Nationalsozialer Verein se dissout; Naumann se rapproche des libéraux de gauche, tout en se démarquant clairement de l'idéalisme de la génération de 1848.

Dans les années 1900, *Die Hilfe* revient souvent sur la question des alliances. Naumann se montre, pour sa part, favorable à une entente avec la France; cette option, il l'a défendue dans ses «Lettres» sur l'Exposition universelle de Paris en 1900.[14] Le publiciste Paul Rohrbach préconise d'abord, avant de changer d'avis par la suite, un rapprochement avec la Russie, où il

---

12 (N.): *Wochenschau*. In: *Die Hilfe*, n° 13, 29.3.1896, p. 1.
13 *Der national-soziale Vertretertag*. In: *Die Hilfe*, 8ᵉ année, n° 41, 12.10.1902, p. 2.
14 Philippe ALEXANDRE: *Friedrich Naumann und Frankreich, 1899-1919*. Der Gegensatz von nationalem Ethos und untersuchender Vernunft bei einem Intellektuellen und Politiker der wilhelminischen Zeit (Deutsch-französische Wechselwirkungen. Vorträge französischer Gastprofessoren in Stuttgart), hrsg. von der DVA-Stiftung, Stuttgart, Nov. 2003, 32 p.

a effectué plusieurs voyages de 1897 à 1902,[15] alors que d'autres se prononcent en faveur d'une entente avec l'Angleterre. Martin Wenck, secrétaire du Nationalsozialer Verein, exprime le souhait, sous l'influence de la rencontre de Potsdam qui réunit l'Allemagne, la France et la Russie, que se forme un bloc qui résisterait à l'impérialisme économique de l'Angleterre et des Etats-Unis.[16]

La guerre dite des Boers, au Transvaal, dans les années 1900, donne aux anglophobes l'occasion de mobiliser l'opinion allemande contre l'Angleterre. Des collaborateurs de *Die Hilfe* se laissent gagner par cette hostilité.[17] Mais l'Angleterre apparaît surtout comme une référence obsédante, qu'elle soit considérée comme un exemple ou comme un adversaire. Son impérialisme est la source d'une énergie intérieure que Gottfried Traub lui envie.[18] D'un côté, elle est considérée comme le «véritable adversaire» de l'Allemagne sur le marché mondial; de l'autre, son déclin supposé fait dire à Helmut von Gerlach, par exemple, que l'Allemagne doit être en mesure, au moment voulu, d'assumer son héritage.[19] *Die Hilfe* considère la convention d'arbitrage signée en juillet 1904 entre l'Angleterre et l'Allemagne comme trop vague et insuffisante pour éviter un conflit armé entre les deux pays.[20]

L'attitude de *Die Hilfe* vis-à-vis de la Russie est elle aussi bien floue. Naumann a commenté sur le mode ironique l'alliance franco-russe de 1898, prêtant au tsar le dessein d'avoir un jour une armée à Belfort et une flotte à Toulon.[21] Il a dénoncé, en 1899, la duplicité de «Nicolas le Pacifiste» qui a suscité la première conférence de La Haye réunie pour favoriser l'arbitrage entre les nations et rendre inutile le règlement des conflits par la guerre;[22] le tsar ne cherchait, selon Naumann, qu'à renforcer son armée en attendant la décomposition totale de l'Empire austro-hongrois et de l'Empire ottoman. On ne peut donc s'étonner de voir *Die Hilfe* commenter avec une certaine satisfaction, en 1904, l'issue du conflit russo-japonais dans la mesure où il affaiblissait la Russie considérée comme une source de conflit international;[23] le fait que Naumann parle, en août de la même année, d'un trinôme anti-anglais constitué par la France, la Russie et l'Allemagne apparaît comme

15   Wilhelm KOSCH: *Biographisches Staatshandbuch*. Bern 1963, II, p. 1044.
16   Martin WENCK: *Wochenschau*. In: *Die Hilfe*, n° 46, 12.11.1899, p. 1.
17   *Cf.* par exemple Max MAURENBRECHER: *Wochenschau*. In: *Die Hilfe*, n° 45, 5.11.1899, p. 1.
18   Gottfried TRAUB: recension de l'ouvrage de Gustav Steffen consacré à l'Angleterre. In: *Die Hilfe*, n° 45, 5.11.1899, p. 4.
19   Helmut VON GERLACH: *Flotte*. In: *Die Hilfe*, n° 49, 3.12.1899, p. 2.
20   *Zwischen Deutschland und England*. In: *Die Hilfe*, n° 30, 24.7.1904, p. 1.
21   (N.): *Wochenschau*. In: *Die Hilfe*, n° 3, 15.1.1899, p. 1.
22   Friedrich NAUMANN: *Der Friedenszar*. In: *Die Hilfe*, n° 6, 5.2.1899, p. 2.
23   *Die Hilfe*, n° 2, 10.1.1904, p. 1.

paradoxal, quelques mois après la signature d'une Entente cordiale entre la France et l'Angleterre.[24]

Une alliance avec la France est un cas de figure envisagé par Naumann, en dépit de l'Entente cordiale et du fait qu'elle serait considérée comme une provocation.[25] Sa réflexion sur la situation du moment lui fait dire: «Quels que soient le lieu et la manière, recherchons autant que possible l'entente avec la France.»[26] Cette option lui est inspirée par la vision inquiète d'une Allemagne encerclée et isolée et la méconnaissance des négociations secrètes qui ont lieu entre l'Angleterre et l'Allemagne. Elle n'exclut pas la prudence. La France est certes affaiblie par l'Angleterre, mais Naumann est bien conscient du fait que les relations franco-allemandes restent marquées par le contentieux de 1870/71.[27] Il se montre impressionné par l'habileté du ministre français des Affaires étrangères, Théophile Delcassé. C'est parce qu'elle semble inspirée par un «grand projet» pour son pays, que sa diplomatie apparaît comme supérieure à celle de Bülow.[28] L'option du rapprochement avec la France sera compromise par les deux crises marocaines de 1905 et de 1911. Aussi Naumann dénoncera-t-il les erreurs de Kiderlen-Wächter: Agadir et le *Panthersprung*.

Cette inquiétude face à une politique qui peut avoir pour résultat un isolement et un encerclement de l'Allemagne, est – on le sait – très répandue dans l'Allemagne d'avant 1914. Le «cauchemar des coalitions» qui hantait Bismarck semble avoir gagné l'opinion allemande. Le «devoir patriotique du journaliste», déclare Naumann, est d'empêcher cela.[29] Il note à cette même époque: «Ce que nous observons, c'est une action concertée des puissances occidentales dont le but n'est autre que d'humilier l'Allemagne dès qu'il leur semblera qu'elles en ont l'opportunité.»[30] C'est un état de choses qu'il explique par trois raisons: 1. «Notre peuple ne sait pas s'attirer la sympathie de ses voisins»; 2. Nous sommes des concurrents gênants; 3. Nous ne partageons pas de destin historique avec d'autres.

On le voit bien, la vision que Naumann et son entourage ont de l'Europe est influencée à la fois par cette inquiétude et l'ambition pour une Allemagne en plein essor. Naumann, auquel son impérialisme a été maintes fois reproché, n'en reste pas moins un esprit en recherche, qui réfléchit à la manière dont la

---

24 Friedrich NAUMANN: *Der Weltkrieg*. In: *Die Hilfe*, n° 31, 21.8.1904, p. 2.
25 *Cf.* par exemple Max MAURENBRECHER: *Felix Faure*. In: *Die Hilfe*, n° 9, 26.2.1899.
26 HEUSS: *Friedrich Naumann* (*cf.* note 3), p. 298.
27 Friedrich NAUMANN: *Deutschland und Frankreich*. In: *Die Hilfe*, n° 5, 29.1.1899, p. 2 sqq.
28 *Die Hilfe*, n° 20, 15.5.1904, p. 3 sq.
29 Cité par HEUSS: *Friedrich Naumann* (*cf.* note 3), p. 186 sq.
30 *Die Hilfe*, n° 19, 8.5.1904, p. 2 sq.

paix peut être préservée en Europe. La solution lui semble passer par le maintien des grandes alliances existantes et, en même temps, par des traités de réassurance.[31]

A la veille de la guerre, la situation est perçue comme préoccupante. Paul Rohrbach et Ernst Jäckh observent la montée du panslavisme, qui s'appuie notamment sur la Serbie et semble miner l'Empire austro-hongrois. Si l'ampleur réelle du panslavisme reste difficile à mesurer, il est un fait que la Russie, renforcée et maîtrisant mieux sa situation intérieure, exerce une pression grandissante sur l'Empire ottoman, tout comme l'Angleterre.[32]

C'est cet état de choses qui pousse Naumann à participer, comme d'autres députés allemands, socialistes, libéraux ou conservateurs, à la deuxième conférence parlementaire franco-allemande qui se réunit à Bâle à la Pentecôte de 1914. A ce moment-là, on croit encore à la possibilité d'éviter le pire grâce à une action croisée, à un travail d'information et de persuasion, dans l'opinion des deux pays qui pourrait dissiper des malentendus entretenus notamment dans la presse nationaliste. C'est sur des interlocuteurs tels que Jean Jaurès que Naumann fonde ses espoirs.[33]

Certains collaborateurs de *Die Hilfe* pensent qu'il est possible de préserver un équilibre européen, à une double condition. L'Etat national doit rester fort et indépendant au sein du système d'alliances existant, c'est-à-dire de la Triple Alliance et de la Triple Entente; il s'agit, à la fois, de garantir la pérennité des «puissances intermédiaires», de réconcilier les empires austro-hongrois et turc brouillés depuis 1908. Depuis ses deux voyages des années 1898 et 1899 en Orient[34] et en Autriche, Naumann défend l'idée exprimée par Bismarck dans ses *Pensées et souvenirs*: «Nous avons besoin de l'Autriche si nous voulons nous défendre contre la Russie.» C'est, depuis *Deutschland und Österreich* (1900),[35] une constante dans ses réflexions sur l'Europe, guidées par le souci de l'intérêt national et de l'avenir de l'Allemagne. Ainsi a-t-il peu à peu développé, depuis 1899, une pensée grand-allemande. Il met en avant la nécessité de constituer une «communauté des Etats d'Europe centrale», fondée sur la race et la culture germaniques. Cette communauté aurait une fonction économique et stratégique; elle répondrait en effet à une double nécessité: celle d'organiser des «grands ensembles économiques» et de faire face au péril russe dans une union avec

---

31 Friedrich NAUMANN: *Der europäische Friede*. In: *Die Hilfe*, n° 3, 19.1.1908, p. 35.
32 HEUSS: *Friedrich Naumann* (*cf.* note 3), p. 298.
33 F[riedrich] NAUMANN: *Deutsch-französische Annäherung*. In: *Die Hilfe*, n° 24, 11.6.1914, p. 378 sq.; *cf.* aussi du même: *Deutschland un Frankreich*. In: *Der Deutsche Krieg. Politische Flugschriften*, hrsg. von Ernst Jäckh, n° 2, Stuttgart 1914.
34 *Asia* (1899). In F[riedrich] NAUMANN: *Werke*. Köln/Opladen 1964, t. 4, p. 377.
35 Friedrich NAUMANN: *Deutschland und Österreich*. In: *Werke*, t. 4, pp. 406, 420, 424.

les «frères allemands d'Autriche».[36] L'argument de la race a ici un poids indéniable.

Fondamentale dans les schémas qui se dégagent du discours sur l'Europe chez Naumann et ses amis, cette idée a deux corollaires: l'amélioration des relations avec la France et la pérennité de l'Empire ottoman, dont la survie est nécessaire à l'Allemagne. C'est au nom de cette nécessité qu'en 1898 Naumann a adopté vis-à-vis de l'Arménie une attitude sans complaisance, qui lui a valu des critiques sévères.[37] En 1908, il affirme que la question turque est une question allemande.[38] Telle est aussi l'opinion du publiciste libéral autrichien Richard Charmatz. En 1914, après la déclaration de la guerre, Paul Rohrbach et Ernst Jäckh, même si ce dernier reconnaît que la Turquie a envenimé les relations germano-russes, réaffirment cette idée.[39] Jäckh, spécialiste de la Turquie où il a longtemps séjourné, plaide depuis longtemps en faveur d'un engagement de l'Allemagne dans la «question d'Orient»; il a défendu l'idée d'une alliance de l'Allemagne, de l'Autriche et de la Turquie face à l'entente formée par la Russie, la France et l'Angleterre. Il pense toutefois que la Turquie devrait regarder vers l'Asie mineure plutôt que de s'accrocher à la Bulgarie, la Macédoine et l'Albanie.[40]

La déclaration de guerre provoque des réactions différentes parmi les collaborateurs de *Die Hilfe*. Ernst Jäckh déclare: «L'Allemagne peut vaincre seule.»[41] Mais on a conscience des difficultés: les Scandinaves se montrent réservés (Rohrbach), l'agression contre la Belgique aura des conséquences (Gustav Mayer); le Portugal et l'Espagne restent dépendants de l'Angleterre; quant à l'Italie, elle attend de voir, et le panslavisme ne fait que se développer.

Franz Oppenheimer, en 1914 *Privatdozent* à l'Université de Berlin, pose ce principe fondamental: la pérennité d'une Autriche forte est nécessaire au Sud-Est européen. Encore faut-il une nouvelle politique des nationalités.[42] Gerhard Hildebrand, rédacteur en chef de *Die Hilfe*, croit pouvoir annoncer que l'évolution des derniers temps mettra un terme à l'annexionnisme

---

36 (N.): *Wochenschau*. In: *Die Hilfe*, n° 3, 15.1.1899, p. 1; Naumann: *Deutsche in Österreich. Ibid.*, p. 2.
37 HEUSS: *Defensive* (*cf.* note 4), p. 122.
38 *Cf. Die Hilfe*, n° 42, 18.10.1908, p. 670 sqq. Guillaume II n'a-t-il pas déclaré à Damas et à Tanger: «Nous sommes les amis de 200 millions de musulmans.»
39 *Cf.* entre autres Paul ROHRBACH: *Deutschland und Rußland*. In: *Die Hilfe*, n° 12, 19.3.1914, p. 182 sq.; *Die Türkei und Deutschlands Krieg*. In: *Die Hilfe*, n° 34, 20.8.1914, p. 544 sq.
40 HEUSS: *Friedrich Naumann* (*cf.* note 3), p. 298; *Die Hilfe*, n° 45, 5.11.1914, p. 732 sq.
41 Ernst JÄCKH: *Die Türkei und Deutschlands Krieg*. In: *Die Hilfe*, n° 34, 20.8.1914, p. 544.
42 *Die Hilfe*, n° 40, 1.10.1914, p. 651 sq.

longtemps pratiqué par les puissances.⁴³ Un Sud-Est européen regroupant des petites nations faibles en une communauté d'intérêts économiques, dépassant l'Etat national, mais sous l'hégémonie de l'Allemagne: tel est le principe qui sous-tend l'idée de *Mitteleuropa*, que Naumann développe dans son livre de 1915 qui porte ce titre.⁴⁴

Le projet qu'il décrit dans *Mitteleuropa* s'inscrit dans la logique de son analyse de l'évolution du monde. Naumann est en effet de ceux qui interprètent la guerre comme un processus de réorganisation des relations internationales, comme une nécessité historique, à laquelle les petits notamment ne peuvent se soustraire. Cette évolution lui semble offrir «un espace possible de domination allemande».⁴⁵ Dans le contexte du blocus, son idée devient un but de guerre qui rejoint certains objectifs du gouvernement. Il s'agit de créer d'une «communauté d'Etats d'Europe centrale», «des Vosges à la Vistule», une sorte d'Etat supranational, capable de rivaliser, par sa masse, avec d'autres grands ensembles existants, et qui permettrait d'apporter une solution au problème des minorités dans cette partie du continent.⁴⁶ Si cette idée trouve une certaine audience dans l'opinion, c'est sans doute parce que, parmi toutes celles qui sont développées dans le débat sur les buts de guerre, elle apparaît comme une solution d'avenir à ceux qui sont à la recherche d'un compromis honnête.

La question qui, dès 1899, a sous-tendu le discours sur l'Europe dans *Die Hilfe* semble bien être celle-ci: comment assurer l'avenir d'une Allemagne forte et prospère dans une Europe en paix? Les analyses de Naumann et de ceux qui collaborent à la revue, qu'elles soient guidées par le réalisme ou par des inquiétudes parfois irrationnelles, partent toujours du même point de vue: celui de l'intérêt national. Leurs conceptions peuvent, comme on le voit, diverger ou évoluer en fonction du contexte, voire de l'actualité. Mais ils ne font souvent que réagir face à des situations complexes, sans avoir toutes les clés nécessaires à une connaissance et une appréciation de la situation réelle. Le lecteur d'aujourd'hui doit avoir à l'esprit que le contexte de l'époque est peu lisible pour le commentateur; la diplomatie de l'Empire, plus encore que celle d'aujourd'hui, restait un domaine réservé et secret. Naumann ne qualifiait-il pas, en 1914, les diplomates de *Geheimkrämer der auswärtigen Politik*,

---

43 Gerhard HILDEBRAND: *Habsburgische Balkanpolitik*. In: *Die Hilfe*, n° 32, 6.8.1914, p. 514 sq. Recension de l'ouvrage du publiciste libéral autrichien Richard CHARMATZ et collaborateur de *Die Hilfe*: *Geschichte der auswärtigen Politik Österreichs*.
44 Cf. *Mitteleuropa*, Von Friedrich NAUMANN: *Mitglied des Reichstages*. Berlin 1915.
45 NAUMANN: *Bismarck und unsere Weltpolitik*. In: *Die Hilfe*, n° 33, 13.8.1914, p. 1.
46 Jacques DROZ note fort justement que l'idée de Naumann a été déformée, qu'elle a fait l'objet d'attaques violentes, mais qu'elle n'a débouché sur aucune réalisation, les puissances centrales se montrant prudentes.

c'est-à-dire de gens menant un commerce secret qui reste un mystère pour l'opinion?[47]

Le discours européen de *Die Hilfe* a évolué. Par exemple: Naumann a d'abord considéré la diplomatie de Bismarck comme un modèle dans la mesure où elle a assuré un certain équilibre et la paix en Europe, tout en permettant à l'Allemagne d'acquérir un statut de médiateur. A l'époque de l'impérialisme et du partage du monde,[48] un tel modèle ne suffisait toutefois plus pour relever les grands défis de l'histoire.

L'attitude de Naumann vis-à-vis de la France est assez complexe. D'un côté, il ne la considère plus que comme une «puissance moyenne», vis-à-vis de laquelle il manifeste une certaine condescendance, il n'est pas question pour lui de remettre en cause le *statu quo* dans la question de l'Alsace-Lorraine; de l'autre, il appelle de ses vœux un rapprochement avec la France, tout en observant avec inquiétude les succès de sa diplomatie qui ont permis une entente avec la Russie, puis avec l'Angleterre.

L'idée de *Mitteleuropa* est peut-être, finalement, la grande idée, le seul véritable élément de continuité qui parcoure *Die Hilfe* des années 1900 à 1944. Cette idée sera régulièrement réactivée dans les années 1920 et 1930. Elle est en quelque sorte évolutive; elle exprime une forme de pensée impérialiste, mais elle est aussi censée proposer une solution qui permettrait à l'Europe de se stabiliser et de réagir face à la montée des puissances nouvelles: les Etats-Unis et le Japon.

La Révolution d'octobre 1917 et l'attitude des vainqueurs amènent Naumann à se montrer plus nuancé et plus attentiste. Un rapprochement avec la Russie est, pour un temps, envisagé comme une possibilité d'assurer une paix mondiale durable à partir de concessions mutuelles. L'idée de «société des nations» n'est pas rejetée *a priori*; elle le sera à partir du moment où elle sera perçue comme l'instrument d'une tutelle anglo-saxonne, privant les vaincus de 1918 de leur liberté.

On attendait une paix fondée sur une entente. Franz Oppenheimer écrivait, en mars 1918: «Dans une Europe durablement pacifiée et totalement immunisée contre les velléités guerrières, dans une Europe mûre pour l'adhésion à la Société des Nations, les anciennes frontières politiques n'auront plus d'importance vitale, et elles pourront être aménagées selon d'autres critères, alors plus essentiels, ceux de l'appartenance nationale et économique commune.»[49]

47   *Cf.* F[riedrich] NAUMANN: *Deutsch-französische Annäherung*. In: *Die Hilfe*, n° 24, 11.6.1914, pp. 378-379.
48   NAUMANN utilise le terme *Großweltbetrieb*.
49   Franz OPPENHEIMER: *Machtfrieden oder Verständigungsfrieden*. In: *Die Hilfe*, n° 12, 21.3.1918, p. 126.

Mais, le traité de Versailles ne permettra pas d'instaurer une paix de cette nature; les vaincus se voient dicter des conditions difficiles. Friedrich Meinecke est de ceux qui, dès octobre 1918, ont lancé cet avertissement: une humiliation ne pourra que susciter en Allemagne un nationalisme forcené.[50]

L'hypothèque de Versailles: une *Mitteleuropa* comme alternative aux projets européens de Coudenhove-Kalergi et de Briand

A l'automne de 1918, *Die Hilfe* devient un des organes de presse de la Deutsche Demokratische Partei qui obtient 18, 8 % des voix lors de l'élection de l'Assemblée de Weimar, mais qui perdra ensuite une bonne partie de son capital confiance du fait que ses députés ont accepté la signature du traité de Versailles. Ce parti travaillera loyalement au sein des gouvernements de la République de Weimar. Les crises du régime liées au contexte international, celle de 1923 notamment, influenceront le discours de *Die Hilfe* sur l'Europe. Les années 1928 à 1930 marqueront un tournant, une inflexion sensible, surtout à partir du moment où la revue sera devenue, en 1930, un organe de la Deutsche Staatspartei créée à la suite d'un rapprochement avec des éléments libéraux plus proches de la droite.

En 1930, *Die Hilfe* est, selon Theodor Heuss, un organe du libéralisme chrétien, d'une petite phalange d'esprits cultivés du milieu protestant allemand, mais n'ayant plus la même audience qu'autrefois. Leur but est de participer à la défense de la République en apportant des éléments réalistes et constructifs à la discussion sur l'avenir du pays.

Die Hilfe participe ainsi à un débat dont l'enjeu est l'organisation de l'Europe. Pour les partisans d'une telle organisation, il s'agit de faire naître une communauté de nations indépendantes, vivant en paix et unies par la démocratie et la solidarité. Mais grande est la tension entre cette nécessité, dont beaucoup sont conscients, et les intérêts nationaux. La révision du traité de Versailles et la reconnaissance des droits de leur pays sont deux éléments qui déterminent, dans une large mesure, les réactions des Allemands. C'est en fonction de ces éléments que réagissent aussi les collaborateurs de *Die*

---

50   Friedrich MEINECKE: *Deutschland und der Friede*. In: *Die Hilfe*, n° 43, 24.10.1918, p. 506. Il s'agit là d'une recension d'un livre publié par le professeur Walter GOETZ: *Deutschland und der Friede: Notwendigkeiten und Möglichkeiten deutscher Zukunft*. Erörtert von Gertrud Bäumer, Sivlio Broedrich, Otto Hoffmann u.a., hrsg. von Walter GOETZ. Leipzig 1918, VIII-626 p.

Hilfe face aux projets proposés par l'initiateur du mouvement paneuropéen, Coudenhove-Kalergi, puis par le ministre français des Affaires étrangères, Aristide Briand, qui songe à une Europe unie par «un certain lien fédéral», enfin par l'Autrichien Schober dont le projet alternatif donne une nouvelle actualité à l'idée de *Mitteleuropa*, dans le contexte du début des années 1930.

Le débat sur l'avenir de l'Europe a commencé avant la fin d'un conflit armé qui est ressenti par beaucoup comme un désastre collectif pour le continent. En raison de sa monstruosité, ce conflit remet en cause la doxa européenne d'avant 1914, et en particulier les notions de progrès et de civilisation. Anton Erkelenz parlera, en 1924, d'«autodestruction de l'Europe».[51] La Grande Guerre a, dit-on, tué la «vieille fraternité culturelle» du continent,[52] elle lui a fait perdre sa prééminence dans le concert des nations. Le rôle joué désormais par la «Grande-Angleterre», l'Amérique et l'Asie du Sud-Est montre que le centre de gravité de la politique mondiale s'est déplacé. Parce qu'ils sont ruinés, les grand Etats européens se trouvent livrés à la volonté des Anglo-Saxons qui imposent leur domination morale au monde.

La mise en place de la Société des Nations donne une dimension nouvelle à la réflexion sur l'avenir de l'Europe. Dans un discours prononcé au Reichstag peu de temps avant sa mort, Naumann incite ses compatriotes à adhérer à l'idée de «société des nations», mais il énonce les règles d'une morale qui renvoie à Lessing, Kant et d'autres penseurs allemands. Faire d'un monde informe un tout organisé est un idéal qui se trouve déjà formulé dans la pensée allemande.[53] Il se montre toutefois pessimiste: la nouvelle organisation du monde, telle qu'elle se dessine, lui apparaît comme un «syndicat» des «grands Etats dominateurs». Une hiérarchie s'est établie entre les Etats. Il y a, au bas de cette hiérarchie, les «Etats à punir»: l'Allemagne, l'Autriche, la Hongrie.[54]

L'idée de société des nations en soi n'est pas remise en cause dans *Die Hilfe*; ses collaborateurs dénoncent toutefois ce que Wilhelm Heile appellera la «comédie» de Genève,[55] les contradictions entre les principes sur lesquels cette organisation est censée reposer et sa mise en œuvre. Le pacifiste Ludwig

51 Anton ERKELENZ: *Die Selbstvernichtung Europas*. (Aus der Rede bei der Kundgebung für Reich und Republik auf dem Parteitag der DDP in Weimar.) In: *Die Hilfe*, n° 8, 15.4.1924, pp. 123-126.
52 F[riedrich] NAUMANN: *Die Geister der Nationen*. In: *Die Hilfe*, n° 16, 18.4.1918, p. 176 sq.
53 F[riedrich] NAUMANN: *Die Selbstbestimmung der Völker*. In: *Die Hilfe*, n° 39, 30.09.1919, p. 623 sq.
54 F[riedrich] NAUMANN: *Neue Weltpolitik*. In: *Die Hilfe*, n° 20, 15.5.1919, p. 244 sq.
55 Wilhelm HEILE: *Weltfriede und Völkerbund*. In: *Die Hilfe*, n° 44, 22.12.1920, p. 676 sq.

Quidde souligne que la nouvelle organisation internationale devait être une «communauté de nations libres et égales entre elles».[56] Président de la Société allemande de la paix[57], il est de ceux qui, depuis longtemps, militent en faveur de cette idée; or, dès 1919, alors que le traité de Versailles est à peine signé – et que les autres ne le sont pas encore, il en demande la révision, et incite l'Allemagne à se faire la porte-parole des Etats décidés à se battre pour «la vérité et la justice».[58]

En 1923, au moment de l'occupation de la Ruhr et de la grande crise franco-allemande, le juriste Hermann Kantorowicz, professeur à Fribourg, rappellera que la vocation de la nouvelle organisation était de prévenir la guerre, de faire naître une «alliance de démocraties souveraines et égales entre elles», une alliance fondée sur le droit et la solidarité – une transposition de l'idéal de l'Etat démocratique, chrétien et socialiste sur le plan international.

Avec les années, force est de constater que cet idéal d'une Europe fonctionnant comme une «Grande Suisse» ne peut se réaliser.[59]

Ainsi la révision des traités de 1919/1920 devient-elle la revendication, explicite ou implicite, qui, dans *Die Hilfe*, sous-tend à la fois la condamnation de la politique des vainqueurs, de la France et de l'Angleterre en particulier, et la réflexion sur l'avenir de l'Europe. De cette réflexion se dégagent plusieurs questions essentielles telles que la place du Vieux Continent dans le monde, les principes qui doivent présider à sa reconstruction et à l'organisation qu'il s'agit de lui donner.

Dans le numéro du 11 septembre 1919, Gertrud Bäumer, collaboratrice de Friedrich Naumann,[60] a proposé une analyse de la situation de l'Europe de l'après-guerre. Chacun des Etats européens doit, écrit-elle, prendre conscience qu'il est dans son propre intérêt de participer à la reconstruction d'une Europe qui, désormais, n'est plus le centre du monde et dont le destin économique est entre les mains de l'Amérique.[61] Ludwig Haas, ministre de l'Intérieur en Bade en 1919, conseiller d'Etat, député, a insisté, au début de 1920, sur la nécessité de favoriser un esprit de réconciliation et de permettre

---

56 Ludwig QUIDDE: *An Wilson*. In: *Die Hilfe*, n° du 29.5.1919, p. 269 sq.
57 Karl HOLL: *Ludwig Quidde (1858-1941). Eine Biografie*. Düsseldorf 2007.
58 Ludwig QUIDDE: *Demokratische Ideale*. In: *Die Hilfe*, n° 30, 24.7.1919, p. 387 sq.
59 Hermann KANTOROWICZ: *Die Idee des Völkerbundes*. In: *Die Hilfe*, n° 15, 1.8.1923, pp. 252-256.
60 En 1920, elle sera nommée conseillère du ministère fédéral, chargée de mission dans les affaires relevant de l'éducation. Personnalité éminente du mouvement féministe et très active comme publiciste, elle sera également, de 1926 à 1933, déléguée du gouvernement allemand à la Société des Nations à Genève.
61 Gertrud BÄUMER: *Europa unter den Kriegsfolgen*. In: *Die Hilfe*, n° 37, 11.9.1919, p. 508 sq.

à la raison de présider aux relations entre les Etats européens.[62] Un retour à la situation de 1913 est impossible, c'est entendu, mais si l'Europe ne peut plus avoir l'ambition de dominer le monde, elle est, en revanche, encore en mesure de remplir une mission d'une autre nature: être un «guide» dans le nouvel ordre international.[63]

Il y a certes beaucoup d'idéalisme dans toutes ces exhortations. La politique des vainqueurs a fait naître en Allemagne un ressentiment général et croissant, qui se reflète dans les articles de *Die Hilfe*.

Anton Erkelenz reproche à la France de ne poursuivre qu'un seul but: l'affaiblissement définitif de l'Allemagne, ce qui fait d'elle le trublion de l'Europe. Poincaré est la cible principale de ces critiques. Car, dit-on, il s'appuie sur la Petite-Entente pour assurer à son pays l'hégémonie en Europe.[64] En février 1923, le juriste Robert Schmölder, collaborateur de *Der Tag* et du *Berliner Tageblatt*, dit de la France qu'elle est le feu qui, depuis toujours, ravage l'Europe.[65] L'accession au pouvoir des travaillistes en Angleterre semble, en revanche, permettre de nourrir quelques espoirs.[66]

La politique d'Aristide Briand et de Gustav Stresemann, l'«esprit de Locarno» et l'entrée de l'Allemagne dans la Société des Nations, le 10 septembre 1926, vont, pour un temps, apaiser les tensions. Le n° 1, du 1er janvier 1927, est entièrement consacré à la France. Il est le deuxième de trois numéros spéciaux, dont le premier a pour thème la Russie et le troisième la Pologne.[67]

Mais, entre temps, la discussion sur l'organisation de l'Europe a pris un autre tour dans *Die Hilfe*. Wilhelm Heile est de ceux qui ont défendu l'idée d'Etats-Unis d'Europe, dans lesquels il voit la solution au problème des réparations. Certes, mais la condition pour réaliser cette idée est, selon lui, la création d'une Europe médiane dont le moteur serait l'union de l'Allemagne et de l'Autriche; celles-ci seraient alors en mesure de restaurer leur économie et de payer leurs dettes. La réalisation d'un tel projet s'est toujours heurtée au refus de l'Entente. C'est pourquoi Heile écrivait en juin 1922: «Celui qui

---

62 Ludwig HAAS: *Die Richtung deutscher auswärtiger Politik*. In: *Die Hilfe*, n° 1, 1.1.1920, p. 6 sq.
63 Anton ERKELENZ: *Der Kampf um den Frieden in Europa*. In: *Die Hilfe*, n° 14, 15.7.1923, p. 231 sq. Erkelenz note: «Wo die Herrschaft aufhört, fängt die Führerschaft an.»
64 *Politische Notizen. Das kranke Frankreich*. In: *Die Hilfe*, n° 6, 15.3.1924, p. 90.
65 Robert SCHMÖLDER: *Frankreich der Dauerbrand Europas*. In: *Die Hilfe*, n° 4, 15.2.1923, p. 57 sq.
66 Anton ERKELENZ: *Der englische Regierungswechsel und die deutsche Außenpolitik*. In: *Die Hilfe*, n° 3, 1.2.1924, p. 43 sq.
67 N° 2 du 15 janvier 1924 et n° 10 du 15 mai 1929. Ces numéros spéciaux comptent 40 pages.

veut les Etats-Unis d'Europe doit vouloir l'unité de l'Allemagne. Cela vaut aussi et particulièrement pour les Français.»[68]

On le voit bien, l'idée grand-allemande reste déterminante dans la réflexion que les collaborateurs de *Die Hilfe* consacrent à l'organisation de l'Europe. Et la visite officielle du chancelier Marx et du ministre des Affaires étrangères allemand à Vienne, au printemps 1924, ont, manifestement, contribué à renforcer une idée que le rapport des forces en Europe empêche de se concrétiser. Si l'Allemagne réussit à se faire entendre grâce à un «révisionnisme plein de tact», la Société des Nations pourra permettre l'organisation d'«Etats-Unis d'Europe».[69]

Tel est le point de vue de Heile. Mais il y a aussi les sceptiques qui, tirant des leçons de l'histoire, mettent en garde les crédules contre l'attitude de la France et de Poincaré. Pour s'opposer à l'«impérialisme des exploiteurs» et à leur «égoïsme». Hans von Eckardt, économiste, à cette époque responsable de la Section «Europe de l'Est» au Weltwirtschaftsarchiv de Hambourg, demande à l'Allemagne de jouer le rôle de médiateur en tant que «puissance morale»; ce qui suppose que les Allemands cessent d'osciller entre l'Est et l'Ouest, comme ils l'ont fait depuis Rapallo. Un équilibre ne pourra toutefois être trouvé que dans la mesure où les relations internationales se seront moralisées. En outre, la Russie, sur laquelle Hans von Eckardt croyait pouvoir compter, ne s'est-elle pas rapprochée de la France?[70]

C'est dans ce contexte marqué par la désillusion et l'incertitude face à l'avenir que se développe le débat sur les projets européens de Coudenhove-Kalergi et de Briand. Les critères en fonction desquels ils sont commentés se trouvent formulés dans le programme du DDP: la mise en pratique des principes wilsoniens, sur lesquels la S.D.N. est censée reposer, la justice et la liberté, comme base des relations internationales, le refus de la politique de la force, une fédération de tous les Etats libres.[71]

Le projet paneuropéen proposé par le comte Richard Coudenhove-Kalergi (1894-1972) ne fait en 1923 l'objet d'aucun commentaire dans *Die Hilfe*. Pourtant, Erich Koch-Weser, leader du DDP, est membre du bureau de l'Association paneuropéenne. D'autres questions occupent manifestement

---

68 Wilhelm HEILE: *Die Vereinigten Staaten von Europa*. In: *Die Hilfe*, n° 18, 25.6.1922, p. 274 sq.
69 Wilhelm HEILE: *Von Versailles über Locarno nach Europa*. In: *Die Hilfe*, n° 21, 1.11.1925, p. 435 sq.
70 Hans VON ECKARDT: *Deutschland und Rußland*. In: *Die Hilfe*, n° 2, 15.1.1924, p. 17 sq.; du même: *Deutschland, Rußland und England*. In: *Die Hilfe*, n° 15, 1.8.1925, p. 325 sq.
71 *Programm der Deutschen Demokratischen Partei, Leipzig, 13.-15.12.1919*. In: Wolfgang TREUE: *Deutsche Parteiprogramme seit 1861*. (Quellensammlung zur Kulturgeschichte. Hrsg. von Wihlhelm Treue; Bd. 3.) (4ᵉ éd.) Göttingen 1968, pp. 135-140.

les esprits à ce moment-là: l'évacuation des territoires occupés, la levée de l'interdiction de l'*Anschluss*, le désarmement collectif, la réorganisation de l'armée allemande, la protection de la Sarre, de Danzig et de Memel, les assurances contre d'éventuelles agressions françaises, la fin du contrôle du potentiel militaire allemand, la dépolitisation du problème des réparations.[72]

Durant le débat suscité par le projet paneuropéen, il est, entre autres, question de la géométrie d'une future organisation européenne. Certains, comme Anton Erkelenz, faisant d'une certaine manière abstraction du processus historique qui travaille la Russie, et dont on ne connaît pas l'aboutissement, songent à une Europe qui irait de l'Atlantique à l'Oural.[73]

L'initiative de Briand, comme celle de Coudenhove-Kalergi, sera accueillie avec réserve. Le *Mémorandum sur l'Union fédérale européenne* proposé en 1930 par Briand s'efforce de trouver une formule de coopération européenne dans le cadre de la S.D.N; il s'agit de créer, pour le développement économique, un lien fédéral compatible avec la souveraineté des Etats. Le pacte proposé est censé rendre possible une union morale des Etats européens.

Une contradiction fondamentale est reprochée à la politique de Briand: il entend réconcilier vainqueurs et vaincus tout en pérennisant le *statu quo*, en maintenant l'Allemagne dans un carcan.[74] Dès 1929, avant même sa publication officielle, son mémorandum fait l'objet de critiques dans *Die Hilfe*. La «nouvelle formule miracle» laisse de côté la question de la géométrie de l'organisation qui doit être créée; elle ne permet pas de dire si elle a un caractère politique ou économique; elle dissimule ses véritables intentions. Si la proposition de Briand n'a pas été *a priori* rejetée, on se demande quelle est sa stratégie.[75]

Le plan de Briand est toutefois jugé moins sévèrement que celui de Coudenhove-Kalergi: il est considéré dans *Die Hilfe* comme plus réaliste; il présente l'avantage d'être proposé par un pays qui a une position plus forte que l'Autriche. Et même s'il a pour but de ménager les intérêts de la France, il doit être pris au sérieux. Enfin, l'Allemagne ne peut se permettre de s'isoler par un refus de principe.[76]

Le congrès de l'Union paneuropéenne qui se tient à Berlin en 1930 amène Axel Schmidt à faire de nouveaux commentaires sur les projets de

72 Anton ERKELENZ: *Deutschland und der Völkerbund*. In: *Die Hilfe*, n° 1, 1.1.1925, p. 4 sq.
73 Anton ERKELENZ: *Die Selbstvernichtung Europas*. In: *Die Hilfe*, n° 8, 15.4.1924, pp. 123-126.
74 *Cf.* entre autres Gertrud BÄUMER: *Zu neuen Ufern*. In: *Die Hilfe*, n° 15, 1.8.1925, p. 323 sq.
75 *Europäische Föderation (Politische Notizen)*. In: *Die Hilfe*, n° 15, 1.8.1929, p. 363.
76 *Paneuropa und paneuropäische Union (Politische Notizen)*. In: *Die Hilfe*, n° 21, 24.5.1930, p. 526 sq.

Coudenhove-Kalergi et de Briand. Il reproche au premier de faire abstraction du problème des antagonismes nationaux et des minorités, problème dont la solution est la clef de la pacification de l'Europe. Il exclut la Russie de l'organisation qu'il propose, alors que l'habile Aristide Briand a envoyé son mémorandum à Moscou. Axel Schmidt pense que la Russie soviétique ne peut faire partie d'une union paneuropéenne.[77] Le projet de Briand est, selon lui, trop inspiré par le besoin de sécurité de la France. Il n'est qu'un «anesthésique» qui doit permettre de pérenniser le *statu quo*. Il conclut: «L'Allemagne n'a, comme tous les vaincus, vraiment aucune raison de souscrire un contrat de réassurance pour l'injustice du traité de Versailles.»

Tel est aussi le point de vue de la rédaction de *Die Hilfe*.[78] Mais l'année 1928 n'a-t-elle pas marqué un tournant? N'a-t-on pas, depuis, assisté à une détérioration du climat international?[79] Les succès de Stresemann et de Briand se sont avérés fragiles, et le petit-déjeuner de septembre 1926 à Thoiry, pour important qu'ait été le symbole, a été bien vite oublié. Renforcé par le redressement du franc, Poincaré se montre moins conciliant que Briand.

Quoi d'étonnant, dans ce contexte, au fait que l'*Anschluss* soit de plus en plus considéré comme le préalable à une organisation européenne viable.[80]

Lorsqu'en 1930 le chancelier d'Autriche Johannes Schober lance l'idée d'une «union économique européenne» fondée sur une *Mitteleuropa*, il trouve un écho favorable dans *Die Hilfe*. D'une part parce que cette proposition est ressentie comme une reprise du projet de Friedrich Naumann, d'autre part parce qu'elle semble apporter une réponse à un problème dont la solution se fait attendre. En formant cette «communauté de travail», l'Allemagne et l'Autriche inquiètes se donneraient les moyens d'assurer leur avenir écono-

---

77 Axel SCHMIDT: *Paneuropa und der Osten*. In: *Die Hilfe*, n° 25, 26.6.1930, p. 631 sq.
78 *Von der Genfer Szene (Politische Notizen)*. In: *Die Hilfe*, n° 38, 20.9.1930, p. 942 sq.
79 Hans ZEHRER: *Deutschlands Außenpolitik am Wendepunkt*. In: *Die Hilfe*, n° 18, 15.9.1928, pp. 413-417. Le jeune Hans Zehrer (1899-1966), fondateur de la revue *Die Tat*, a connu une certaine notoriété en contribuant à développer, à la fin de la République de Weimar, une théorie de la «nouvelle élite». Expression d'un romantisme politique, cette théorie fut un refuge pour la nouvelle classe des intellectuels qui, frustrée de ne pas être politiquement représentée, redoutait de se voir prolétarisée par la situation économique de l'Allemagne. *Cf.* Hans ZEHRER: *Die eigentliche Aufgabe*. Hall 1932; *Rechts oder links: Die Verwirrung der Begriffe*. In: *Die Tat*, 1931, n° 7, pp. 505-559. *Cf.* aussi Ebbo DEMANT: *Von Schleicher bis Springer. Hans Zehrer als politischer Publizist*. Mainz 1971 et Klaus FRITZSCHE: *Politische Romantik und Gegenrevolution in der Krise der bürgerlichen Gesellschaft: das Beispiel des Tat-Kreises*. Frankfurt/Main 1976.
80 Wilhelm HEILE: *Deutschlands Einheit und europäische Sendung*. In: *Die Hilfe*, n° 12, 15.6.1927, pp. 296-299.

mique. C'est alors que se constituent deux associations, l'une à Berlin, l'autre à Vienne, qui se donnent pour mission de soutenir ce projet dans l'opinion. Un collaborateur de *Die Hilfe* fait de Friedrich Naumann un prophète qui, plus réaliste que Briand, a très tôt compris la force qui pouvait se dégager d'une «nation économique mitteleuropéenne» dont l'Allemagne, du fait de l'«attraction» qu'elle exerce, constituerait le noyau, le modèle fédérateur.[81]

La discussion amène certains à dire que ce projet mitteleuropéen n'est pas incompatible avec la proposition de Briand, qu'il n'en est que l'étape première, et que, dans ce processus, les Allemands ont un rôle particulier à jouer: celui de leader *(Führerrolle)*.

L'évolution du contexte international et la débâcle électorale du DDP en 1928 ont amené les éléments démocrates du parti à adopter une stratégie nouvelle, à opérer un rapprochement avec des éléments de la Droite. C'est ainsi qu'en 1930 est créée la Deutsche Staatspartei dont le programme montre que des concessions ont été faites à ces nouveaux alliés. Du révisionnisme «plein de tact», préconisé hier, on est passé à une forme moins nuancée de revendication. Il s'agit désormais de défendre les «intérêts vitaux» du *Volksstaat*, de permettre à l'Allemagne de suivre le chemin historique qui est le sien, et qui la conduit au Danube. Les réserves vis-à-vis de Briand s'expriment avec davantage de fermeté et l'idée d'union douanière avec l'Autriche est présentée comme un objectif premier de la politique allemande. C'est une «union européenne par le bas», un bloc germano-autrichien affecté par de graves problèmes économiques (Block der Wirtschaftsnot), qui doit être créé pour sortir l'Europe du chaos.

Die Hilfe le montre bien, les atermoiements de la Société des Nations, l'impatience grandissante de l'Allemagne, son désespoir et la crise du début des années 1930 ont conduit certains libéraux allemands à radicaliser leur discours. Le DDP a connu un processus de dissolution rapide. La question de la flotte militaire a provoqué dans ses rangs une division, notamment entre les instances dirigeantes du parti et les pacifistes. Durant l'été 1930, après la formation de la *Deutsche Staatspartei*, des démocrates se rapprochent d'une certaine partie de la droite nationaliste, d'autres, comme Anton Erkelenz et Ludwig Bergsträsser, adhèrent au SPD, d'autres encore, qui font partie du Cartel de la Paix, comme Ludwig Quidde, créent un parti radical démocratique.

---

81 Gustav STOLPER: *Die Vision Mitteleuropa*. In: *Die Hilfe*, n° 16, 15.8.1929, p. 400 sq.

1933-1944: Du soutien à une politique révisionniste à la vision d'une Europe nouvelle[82]

Les libéraux ont pris trop tard conscience du danger que représente le national-socialisme, et, pour diverses raisons, le faible carré qu'ils constituent désormais oppose peu de résistance après la «prise du pouvoir» par le NSDAP. En mars 1933, les 4 députés libéraux votent les pleins pouvoirs à Hitler.[83] Le régime totalitaire étant instauré, seule l'ambiguïté du discours semble pouvoir leur permettre de survivre.

A partir du numéro 1 du 7 janvier 1933, l'en-tête de *Die Hilfe* porte la mention: «Fondée par Friedrich Naumann», suivie de quatre noms, ceux des responsables de la publication: Walter Goetz, Fritz H. Hermann, Theodor Heuss et Gertrud Bäumer. Une stratégie se dessine: Ces quatre noms représentent l'ensemble des collaborateurs de la revue, qui n'est l'organe d'aucun parti, mais reste fidèle au programme national-social, à l'idée du socialisme national développée par Naumann.[84] Le sous-titre devient: «Zeitschrift für Politik, Wirtschaft und geistige Bewegung.» Le terme «parti» est donc évité; *Die Hilfe* entend être l'expression d'un «mouvement». Elle continuera à fonctionner comme «lieu d'indépendance intellectuelle», en affirmant sa neutralité, en permettant à des sensibilités différentes de s'exprimer, dans un esprit social et communautaire, et en tenant compte de toutes les manifestations du patriotisme.

La rédaction s'assigne une mission: servir les intérêts de la germanité, et une idée s'impose dans les articles de la revue: celle du redressement de l'Allemagne sur une autre base que celle de la Société des Nations. Il s'agit de défendre les «intérêts vitaux» de la communauté nationale et de contribuer à sa cohésion.

L'ambiguïté principale de ce nouveau discours repose sur le terme *national-sozial*, comme programme politique dont les buts ne doivent en aucun cas être confondus avec celui du national-socialisme. En 1936, les quatre noms cités plus haut disparaissent, celui de Naumann est placé en caractères gras dans l'en-tête de *Die Hilfe*, – sans doute parce qu'il reste associé aux notions de socialisme national et de *Mitteleuropa*; mais cette stratégie ne crée toutefois qu'une convergence apparente avec la politique de

---

82 Philippe ALEXANDRE: *L'idée d'Europe dans la revue Die Hilfe (1933-1944)*. In: *Le discours européen* (*cf.* note 2), pp. 394-432.
83 Werner STEPHAN: *Aufstieg und Verfall des Linksliberalismus 1918-1933.* Geschichte der Deutschen Demokratischen Partei. Göttingen 1973, en particulier le dernier chapitre intitulé: «Kurzer Weg zum Abgrund».
84 *An die Leser!* In: *Die Hilfe*, n° 1, 7.1.1933, p. 1.

Hitler dont les intentions profondes ne se recoupent en rien avec l'héritage intellectuel de la revue libérale-démocrate.

A partir de la fin des années 1930, *Die Hilfe* publie des articles écrits par des gens totalement étrangers au réseau de ses anciens collaborateurs, et dont l'idéologie et la phraséologie sont celles du national-socialisme. Quant aux libéraux, ils s'expriment eux aussi sous l'influence du contexte international, puis de la guerre et de son évolution, mais dans la marge très étroite que leur laisse le régime pour s'exprimer publiquement. S'agissant de l'Europe, leur propos est dominé, jusqu'en 1938, par l'idée du «réveil de l'Allemagne»; réveil qui permettra une recomposition du continent. La déclaration de la guerre en septembre 1939 donne une autre orientation au discours sur l'avenir de l'Europe continentale: il s'agit désormais de résister, sous l'égide de l'Allemagne, à l'agression des Anglo-Saxons. Après le tournant que marque Stalingrad, il sera question, en 1943 et en 1944 surtout, de la reconstruction de l'Europe sur des bases nouvelles.

A la fin des années 1920, l'union entre l'Allemagne et l'Autriche en vue de la construction d'un nouvel ordre européen est de plus en plus souhaitée par ceux qui considèrent la formule paneuropéenne comme un moyen utilisé par les vainqueurs pour pérenniser le système instauré en 1919 à Versailles, pour assurer l'hégémonie de la France sur le continent. Les révisionnistes disent préférer à la proposition de Briand celle du chancelier autrichien Schober, proche des milieux grand-allemands, qui préconisent d'abandonner une Pan-Europe imposée «par le haut» pour s'efforcer d'en construire une «par le bas». Dans le contexte de la crise de 1929, cette alternative est présentée comme la seule possible; elle est légitimée par l'argument selon lequel doivent se constituer de grands ensembles correspondant à des entités naturelles, géographiques et économiques.[85] Du point de vue économique, elle répond au souhait d'une union douanière, dont on attend qu'elle apporte une solution à la crise céréalière. Du point de vue diplomatique, elle est une réaction contre l'immobilisme dont les vainqueurs sont accusés. Il s'agit, en d'autres termes, de faire naître un «bloc révisionniste». Ce bloc réunira ceux qui souffrent de la crise, il mettra fin au *statu quo* entretenu par l'Entente et la Petite-Entente, et apaisera ainsi les craintes que les Allemands éprouvent face à l'avenir, leur impatience, que les atermoiements de la Société des Nations font grandir.[86]

---

85   Dr. Franz KLEIN (Vienne): *Europas Neuordnung beginnt.* In: *Die Hilfe*, n° 14, 4.4.1931, p. 321 sqq.
86   Dr. R. MÜLLER (Potsdam): *Hitler in französischer Beleuchtung.* In: *Die Hilfe*, n° 36, 3.9.1932, pp. 855-862.

En été 1932, le juriste Hermann Höpker-Aschoff (1883-1954)[87] a justifié l'attitude des Allemands qui ont quitté la conférence de Genève sur le désarmement pour protester, au nom de l'égalité des droits. Seuls contre tous, ils ont voulu s'opposer à un *diktat*.[88] En décembre 1933, Theodor Heuss dit du référendum concernant le départ de l'Allemagne de la Société des Nations qu'il exprime la désillusion des Allemands face au «système de Genève» dont le fonctionnement ne correspond en rien au pacifisme wilsonien.[89] En mars 1936, il saluera la fin du Pacte de Locarno qui, selon lui, avait pour but d'empêcher une révision des frontières. L'efficacité de la politique du gouvernement du Reich (Rhénanie, présence allemande dans les Balkans) permet de surmonter les difficultés nées des hésitations et de l'incohérence de la diplomatie européenne.[90] Ce sont deux volontés qui s'opposent: la volonté «conservatrice» de Versailles et la volonté «révisionniste» de l'Allemagne.

Le manque d'imagination des dirigeants européens empêche de parvenir à la paix, écrit Theodor Heuss dans le même article. L'Allemagne tourne le dos à l'impérialisme. Sa politique se concentre désormais sur les régions allemandes; c'est ce qui, explique-t-il, fait la différence entre l'idéologie national-socialiste et celle du fascisme. L'Allemagne provoque ainsi une nouvelle «révolution», une «offensive morale» contre Versailles qui rappelle celle de Max de Bade en 1919. Le discours de Theodor Heuss évolue ainsi dans l'ambiguïté. Si, d'un côté, ses propos peuvent être interprétés comme une adhésion à la politique de Hitler dans la mesure où elle ménage les intérêts allemands, ils mettent, de l'autre, l'accent sur la paix, et expriment, indirectement, mais clairement, une condamnation de l'impérialisme.

Quand il s'agit des intérêts nationaux, *Die Hilfe* adopte un ton radical. Elle a salué la libération de la Rhénanie, le retour de la Sarre à l'Allemagne, dénonce le traitement des minorités allemandes en Pologne et dans les pays baltes, elle critique la diplomatie de Louis Barthou et le voyage de Herriot en Russie, dont le but est de permettre un nouvel «encerclement» de l'Allemagne. Elle dénonce l'impuissance de l'Angleterre face au différend franco-allemand. Aussi se félicite-t-elle du fait que la politique extérieure de l'Allemagne remette en cause l'ordre européen né de Versailles. Walter Goetz salue le traité conclu entre l'Allemagne et la Pologne, qui affaiblit les

---

87 Membre de la diète de Prusse avant 1933, député au Reichstag depuis 1930. Il est un des dirigeants de l'ancien DDP et du nouveau *Deutsche Staatspartei*. Après 1945, il sera un des fondateurs du FDP et, en 1951, président de la Cour constitutionnelle de Karlsruhe.
88 Hermann HÖPKER-ASCHOFF: *Abrüstung und Gleichberechtigung*. In: *Die Hilfe*, n° 22, 18.11.1933, pp. 553-556.
89 Theodor HEUSS: *Das Ende von Genf*. In: *Die Hilfe*, n° 23, 2.12.1933, pp. 577-580.
90 Theodor HEUSS: *Das Ende des Locarno-Paktes*. In: *Die Hilfe*, n° 6, 14.3.1936, pp. 121-124.

relations franco-polonaises, le traité de commerce avec la Yougoslavie qui ne s'oppose plus à un rapprochement entre l'Allemagne et l'Autriche. Il apparaît désormais possible de constituer un nouveau grand ensemble européen de type helvétique. Il faut, pour cela, que l'Italie renonce à ses prétentions sur certaines parties de l'espace danubien, la Hongrie à ses «menées révisionnistes», et que l'Allemagne réussisse à créer une union économique avec la Tchécoslovaquie et rende l'*Anschluss* possible.[91]

Le journaliste Axel Schmidt,[92] qui a étroitement collaboré aux publications de Paul Rohrbach et de Ernst Jäckh, est de ceux qui, dès le départ, ont milité en faveur d'une politique allemande révisionniste, pacifique mais résolue.[93] Hostile à la Russie bolchevique, il se félicite, en 1937, de l'évolution de la politique italienne, dans la mesure où elle permet, entre autres, une lutte commune contre le bolchevisme. Il demande l'*Anschluss* qui, dit-il, répond à la volonté de deux parties d'un même peuple de se réunir ainsi que la réunion des Sudètes à l'Allemagne qui mettra fin au «péché de Versailles». Pour Axel Schmidt, il s'agit là de la réalisation du Grand Reich que Arndt, Uhland, Lagarde et Naumann ont appelé de leurs vœux. Comme Rohrbach, il est de ceux qui, parmi les libéraux, ont adopté un ton très ferme dès lors

---

91   Walter GOETZ: *Das moderne Italien*. In: *Die Hilfe*, n° 4, 15.2.1936, p. 74 sqq.
92   Axel Schmidt (1870-1940) est proche de Paul Rohrbach, dont il a fait la connaissance alors qu'il était au service de la *Zentralstelle für Auslandsdienst* sous la direction de Mumm von Schwarzenstein, durant la Première Guerre mondiale. Ensemble, ils ont créé, en mars 1918, la *Deutsch-Ukrainische Gesellschaft (DUG)* qui a édité jusqu'en novembre 1922 la revue *Die Ukraine*. Il ne s'agissait pas, dans l'esprit de cette société, de faire de la propagande en faveur de conquêtes, mais de travailler aux intérêts allemands en étendant l'influence économique et culturelle de l'Allemagne en Ukraine et dans l'Europe de l'Est, en se donnant pour mission d'aider à la «libération» de l'Ukraine. *Cf.* Manfred ALEXANDER, Frank KÄMPFER, Andreas KAPPELER, Günther STÖKL (dir.): *Kleine Völker in der Geschichte Osteuropas*. Stuttgart 1991, pp. 120, 122-123. Axel SCHMIDT a également collaboré à la série *Der deutsche Krieg: Politische Flugschriften* (Die russische Sphinx; n° 7) publiée par Ernst JÄCKH durant la Première Guerre mondiale; à la série *Die russische Gefahr: Beiträge und Urkunden zur Zeitgeschichte*, publiée par Paul ROHRBACH (*Das Endziel Rußlands*, 1916; n° 2). Le livre *Osteuropa, historisch-politisch gesehen* publié en 1942 a suscité l'intérêt (Paul ROHRBACH: *Osteuropa*, 1ère partie; Axel SCHMIDT: *Polen*, 2e partie). Une autre publication commune *Die russische Revolution* (1916) a été rééditée en 1975. Axel SCHMIDT a collaboré aux trois hebdomadaires *Die Hilfe* avant 1914 déjà, à *Das Größere Deutschland* (Weimar, 1914-1915), édité par Paul ROHRBACH et Ernst JÄCKH et *Deutsche Politik, Wochenschrift für Welt- und Kulturpolitik* (Berlin, 1916-1918), édité par les mêmes et Philipp STEIN.
93   Axel SCHMIDT: «Die Zeit der Überraschungen ist vorbei» (Hitler). In: *Die Hilfe*, n° 3, 6.2.1937, p. 49 sqq. *Cf.* aussi *Politische Nachrichten. Deutschlands Außenpolitik*. In: *Die Hilfe*, n° 5, 19.2.1938, p. 116 sq. et *Politische Nachrichten*. «Ich glaube an einen langen Frieden» (Hitler). In: *Die Hilfe*, n° 3, 4.2.1939, p. 67.

qu'il s'agit des intérêts nationaux: l'Allemagne doit ménager son avenir en étendant sa sphère d'influence. Les peuples en plein essor ont, selon lui, un droit à étendre leur espace vital. En novembre 1940, après s'être félicité de l'issue de la guerre d'Espagne, il saluera la lutte menée par l'Allemagne contre le bolchevisme.[94]

Theodor Heuss interprète, lui aussi, la politique du gouvernement allemand comme la mise en œuvre de l'idée de Friedrich Naumann.[95] Dans ses réflexions, il a toutefois une approche plus nuancée du nouveau rapport de forces instauré depuis 1938. Il s'agit, écrit-il, d'une réorganisation du centre-est de l'Europe. Cette concrétisation de la *Mitteleuropa* résulte non pas d'un impérialisme allemand, mais d'une évolution naturelle répondant à des besoins. C'est, selon lui, le «rationalisme le plus moderne dans la conception du marché» qui est à l'œuvre dans cette région de l'Europe.[96]

Wilhelm Külz voit, lui aussi, dans la Grande Allemagne avec les protectorats de Bohème et de Moravie, l'accomplissement de l'idée de Naumann qui met fin au chaos né de Versailles, dont elle est l'antithèse.[97] Naumann, explique-t-il, a été mal compris de son temps; il a été le premier à associer les deux notions «national» et «social» pour articuler un programme dont l'organisation du centre-est de l'Europe est aujourd'hui la mise en œuvre.

On se souvient que le Saxon Wilhelm Külz (1875-1948) fut notamment député du Reichstag de 1922 à 1932, ministre de l'Intérieur du cabinet Hans Luther en 1926, maire de Dresde en 1931, et qu'il fut démis de ses fonctions en mars 1933 parce qu'il refusait de hisser le drapeau à croix gammée sur son hôtel de ville.[98] Peter F. Stubmann (1876-1962) – qui, comme W. Külz, fut d'abord national-libéral puis membre du DDP – signe ses articles dans *Die Hilfe* sous le pseudonyme Thomas Klingg; il fut ministre du Mecklenburg-Strelitz et sénateur de Hambourg en charge du Commerce, de la Navigation et de l'Industrie. Démis lui aussi de ses fonctions en 1933, il vit depuis 1936 à Königsberg en Bavière.

Klingg interprète la *Mitteleuropa* comme l'avènement d'un socialisme de type nouveau, comme «une nouvelle organisation des peuples en vue de

---

94 Axel SCHMIDT: *Politische Korrespondenz. Europa nach dem Fall Barcelonas*. In: *Die Hilfe*, n° 3, 4.2.1939, p. 64 sqq.; du même: *Spanien und das neue Europa*. In: *Die Hilfe*, n° 21, 4.11.1940, p. 321 sqq.
95 Theodor HEUSS: *Die mitteleuropäische Problematik*. In: *Die Hilfe*, n° 5, 19.2.1938, pp. 102-105.
96 Theodor HEUSS: *Die Konsolidierung Mitteleuropas*. In: *Die Hilfe*, n° 3, 4.2.1939, p. 49 sqq.
97 Wilhelm KÜLZ: *Ein neues Mitteleuropa*. In: *Die Hilfe*, n° 7, 1.4.1939, p. 145 sqq.
98 A propos de l'action politique de Wilhelm Külz jusqu'en 1933, on pourra lire notamment Thomas KÜBLER : *Wilhelm Külz als Kommunalpolitiker*. In : *Jahrbuch zur Liberalismus-Forschung* (Archiv des Liberalismus), 18. Jg., 2006, pp. 101-110.

l'augmentation du rendement collectif dans l'intérêt de tous». Ce «nouveau socialisme des économies nationales», qui trace une continuité de Naumann à Hitler, ouvre, selon lui, des perspectives différentes.[99]

Il est difficile de dire dans quelle mesure ce discours exprimait une adhésion réelle à la politique extérieure du gouvernement du Reich ou une adhésion apparente seulement, relevant de la stratégie. Justus Hashagen, professeur d'histoire à Hambourg, avait le courage d'exprimer des doutes à propos de l'*Anschluss*, qui risquait, selon lui, de provoquer la division de l'Europe en deux camps, la lutte de tous contre tous, un effondrement de l'Occident. Faisant référence à Ranke, il insistait, d'une part, sur le fait que toutes les nations étaient impliquées dans la construction de l'Europe, qu'elles avaient des devoirs envers elle. C'était là une critique, à peine déguisée. Mais il écrivait, d'autre part, que l'Europe chrétienne a reçu de Dieu une mission qui l'oblige à faire preuve de solidarité face aux dangers de l'extérieur, venant de l'Amérique, de la Russie et du Japon. Ce point de vue pouvait être interprété comme un soutien à la politique du gouvernement du Reich qui apportait un correctif aux erreurs de 1919 et permettait à une évolution naturelle des choses de suivre son cours et de contribuer ainsi à la paix.[100]

A partir du moment où la guerre est déclarée, la propagande occupe une place particulière dans *Die Hilfe*. On est dans un contexte de culture de guerre. Des intellectuels partisans convaincus du régime publient depuis un certain temps dans la revue des articles dans lesquels il ne s'agit pas de faire réfléchir, mais de convaincre, en énonçant des certitudes et en annonçant la victoire de l'Allemagne. Ces contributions tranchent avec les analyses des membres de l'ancien *Naumann-Kreis* et du réseau libéral.

Parmi ces collaborateurs extérieurs, il y a le nazi Hans Uhle,[101] qui travaille pour des revues de l'extrême droite favorable au national-socialisme.

---

99 Thomas KLINGG: *Volksordnung im Donauraum*. In: *Die Hilfe*, n° 9, 6.5.1939, pp. 193-196.

100 Julius HASHAGEN: *Rankes Europa und die Gegenwart*. In: *Die Hilfe*, n° 9, 7.5.1938, p. 193 sqq.

101 Hans UHLE collaborait entre autres aux revues suivantes: *Deutschlands Erneuerung* (1917-1943), organe de l'extrême droite, publiée par le J.F. Lehmanns Verlag, *cf.* Hans UHLE: *Das Reich – Versuch einer politischen Deutung*. In: *Deutschlands Erneuerung*, 25ᵉ année, 1941, p. 395 sqq.; cité dans Ursula WOLF: *Litteris et patriae: das Janusgesicht der Historie*. Stuttgart 1996, 516 p.; ici p. 385; *Deutsches Adelsblatt*, dans lequel il attaquait l'Angleterre, discréditait la politique de Wilson et de Roosevelt et accusait les Juifs d'être à l'origine de la guerre; *Schule der Freiheit* de Otto LAUTENBACH. H. Uhle voyait dans la fondation du Reich de Bismarck l'avènement d'une ère nouvelle. Günter BARTSCH: *Die NWO[Natürliche Weltord-*

Uhle légitime la politique de Hitler en présentant le conflit armé comme le résultat d'une «dynamique de l'histoire». L'Allemagne est dégagée de toute responsabilité, la France et l'Angleterre sont en revanche clairement mises en cause. Ce discours utilise les clichés habituels de la propagande national-socialiste. A un peuple allemand jeune et plein de vitalité, mais limité dans son développement par un espace insuffisant *(Volk ohne Raum)*, il oppose une Angleterre vieille et usée, soumise à l'influence des Juifs et de la franc-maçonnerie, et qui n'est plus en mesure de gérer son immense Empire.[102]

Hans Offe, de Fribourg-en-Brisgau, un connaisseur de l'Afrique, qui a travaillé avec Paul Rohrbach, reprend le slogan: «La France contre la civilisation», alors utilisé par une certaine propagande pour disqualifier le voisin détesté qui vient d'être défait et occupé. Il s'agit ici de montrer que le nouvel ordre européen qui est en train de naître, n'est pas un nivellement des peuples, mais qu'il permet une concurrence créatrice entre eux.[103]

Paul Rohrbach souhaite, comme Hans Offe,[104] que l'Allemagne renoue avec son passé colonial, mais sa pensée impérialiste lui inspire aussi d'autres projets. Après l'entrée des troupes allemandes en Belgique, en Hollande et au Luxembourg, en mars 1940, il analyse le parti que les Allemands pourraient tirer de leurs «petits voisins» qui ont avec eux une «parenté de sang».[105] Sa puissance appelle l'Allemagne à présider aux destinées de l'Europe, mais d'une Europe sans l'Angleterre et fondée sur une conscience «continentale». L'Angleterre s'est, affirme Rohrbach, exclue elle-même de l'Europe, parce

---

nung]-Bewegung Silvio Gesells. Geschichtlicher Grundriß 1891-1992/1993. Lütjenburg 1994, chapitre IV: *Die Schule der Freiheit* des Otto Lautenbach, p. 111 sqq. Günter Bartsch présente H. Uhle comme un élément radical et un chaud partisan de Hitler, qui interprétait l'attaque de la France en mai 1940 comme le début d'une lutte légitime menée au nom du droit du peuple allemand à la survie, qui, écrivait-il, n'avait été que «le jouet de puissances étrangères» depuis «la révolte juive de novembre 1918». La politique du Führer n'était, selon lui, que l'expression de la volonté du peuple allemand. Günter Bartsch cite un article de Hans Uhle paru dans *Schule der Freiheit*, n° 3/4, 1941, p. 49.

102 Hans UHLE: *Britanniens Krieg – Britanniens Ende?* In: *Die Hilfe*, n° 4, 17.2.1940, p. 54 sq.

103 Hans OFFE: *Frankreich gegen die Zivilisation.* In: *Die Hilfe*, n° 17, 4.9.1940, pp. 261-263. *Frankreich gegen die Zivilisation* est le titre général d'une série de 25 publications éditée par le Deutsches Institut für außenpolitische Forschung et le Hamburger Institut für auswärtige Politik, dans le cadre d'une propagande liée à la campagne militaire menée contre le pays voisin en 1940.

104 Paul ROHRBACH a préfacé son livre *Politische Weltkunde: ein Beitrag zur Volksbildung*, paru à Leipzig en 1917. Hans Offe a donné, en janvier 1937, un exposé sur l'Afrique du Sud-Ouest, à l'Université de Fribourg, dans le cadre d'un cycle de conférences organisé par la section locale du *Reichskolonialbund*.

105 Paul ROHRBACH: *Deutschlands «kleine Nachbarn».* In: *Die Hilfe*, n° 5, 9.3.1940, pp. 68-71.

qu'elle s'est comportée de manière immorale. Quant à la France, il lui appartient de choisir entre l'Angleterre et le «principe continental». La guerre actuelle est une guerre totale menée contre les Anglo-Saxons qui ne poursuivent qu'un seul but: l'encerclement économique de l'Allemagne.[106]

Dans les schémas que l'on esquisse en vue d'une future organisation de l'Europe sur la base de la situation des années 1940 et 1941, l'Europe du Centre-Est et les Balkans constituent eux aussi un enjeu important de la politique des puissances européennes. Différents collaborateurs de *Die Hilfe* leur consacrent une réflexion, mais quelques nuances se font sentir selon leur sensibilité.

En mai 1939, Wilhelm Külz les intégrait à la *Mitteleuropa*, à une vaste organisation économique allant de la Mer du Nord à la Mer Noire, devenue possible depuis les accords commerciaux déjà signés entre l'Allemagne et la Hongrie, la Yougoslavie, la Bulgarie et la Roumanie. Ce grand espace est, selon lui, appelé à se développer à partir du grand marché allemand et à se protéger contre les fluctuations du marché mondial afin d'éviter ces crises répétées qui ont plongé les économies de ces pays dans des crises profondes.[107]

Un autre collaborateur, Hugo Engelbrecht,[108] se félicite en septembre 1940 du retour de Prague à l'Allemagne. Il cite longuement Heinrich von Srbik, historien du *Gesamtdeutschtum*, membre du NSDAP, et qui, le 22 mars 1939, a déclaré: «La paix du monde dépend de l'organisation du Centre-Est européen. La bannière du Führer flotte désormais sur le château de Prague. Une ère nouvelle a commencé pour le centre de notre continent. Ce sera, nous en sommes persuadés, une ère de bonheur, d'ordre et de prospérité pour le peuple allemand comme pour le peuple tchèque, car elle apporte une solution magistrale à un problème millénaire, et elle nous ramène aux réalités concrètes et ethniques ainsi qu'à l'histoire du centre de l'Europe.»[109]

Hermann Mulert, théologien protestant, ancien membre du *Nationalsozialer Verein*, rédacteur en chef de la revue *Die Christliche Welt* depuis 1932, homme de la résistance intellectuelle au régime,[110] a un discours bien différent sur les perspectives ouvertes par la politique allemande dans le

---

106 Paul ROHRBACH: *Europa ohne England*. In: *Die Hilfe*, n° 14, 17.7.1940, p. 209 sqq.
107 Thomas KLINGG: *Volksordnung im Donauraum*. In: *Die Hilfe*, n° 9, 6.5.1939, pp. 193-196.
108 Il s'agit peut-être de l'auteur de *Deutsches land* (sic) *an der Donau: Ein Reisebegleiter nach Wien und Österreich*. Munich/Berlin 1928.
109 Hugo ENGELBRECHT: *Die deutsche Stadt Prag*. In: *Die Hilfe*, n° 18, 21.9.1940, pp. 278-283.
110 Matthias WOLFES: *Hermann Mulert. Lebensbild eines Kieler Theologen (1879-1950)*. Hrsg. vom Verein für Schlewig-Holsteinische Kirchengeschichte. Neumünster 2000, 152 p.

sud-est européen. Dans une recension de l'ouvrage de Franz Thierfelder:[111] *Schicksalsstunden des Balkans* (Vienne, 1941), il souligne la proximité créée par l'histoire, l'économie et la culture entre l'Allemagne et ces régions, et attend des mutations profondes qu'elles connaissent l'émergence de forces nouvelles positives des deux côtés.[112]

L'idée centrale qui se dégage de ce discours sur l'Europe continentale est que l'Allemagne est appelée à organiser le continent. On a jusqu'ici légitimé cette idée en s'appuyant sur des arguments historiques, culturels ou économiques. Désormais, c'est davantage la victoire militaire éclatante sur la France que l'on va mettre en avant; mais on va également affirmer que l'Angleterre s'est discréditée et marginalisée en ne répondant pas aux propositions pacifiques de l'Allemagne qui devient la puissance prédominante en Europe.[113] N'est-ce pas là le message que Hitler a voulu faire passer, en août 1940, dans l'important discours qu'il a prononcé au Reichstag, avant que ne commence la bataille des airs au-dessus de l'Angleterre?[114]

Mais il y a des différences dans le discours des uns et des autres. Un an plus tard, Otto Eugen Hasso Becker, auteur d'ouvrages de littérature de voyage, fait valoir un autre argument. L'Angleterre n'est pas en Europe, mais en marge de l'Europe, explique-t-il; c'est autour du «peuple du milieu» que le continent doit s'organiser, ce sont les Allemands qui permettront à l'Europe de renaître et de redevenir le guide du monde.[115] Quant à la guerre, Becker l'interprète comme une catharsis qui permettra à l'Europe de remplir cette mission universelle.

Ce qu'il y a de remarquable dans cette présentation des choses, c'est que, sans remettre en cause la politique allemande et en reprenant certains termes du discours national-socialiste, comme par exemple *Führerrolle*, elle semble s'efforcer de donner, entre les lignes, à la réflexion sur l'Europe une orientation qui n'est pas celle de l'impérialisme nazi. Theodor Heuss ne fait-il pas la même chose quand, en juin 1941, il rappelle que l'Allemagne a apporté une contribution essentielle à la culture européenne, mais que cette culture est née d'un «échange permanent» entre des peuples du continent et que

---

111 Franz Thierfeld (1896-1963), publiciste, linguiste engagé dans la politique culturelle, est un conservateur qui a soutenu, pour un temps, l'idéologie national-socialiste. Il a beaucoup œuvré pour le rayonnement de la langue et de la culture allemandes à l'étranger.
112 Hermann MULERT: *Europa und der Balkan*. In: *Die Hilfe*, n° 18, 20.9.1941, p. 287.
113 Axel SCHMIDT: *Das Jahr 1940*. In: *Die Hilfe*, n° 23/24, 12.12.1940, pp. 355-359.
114 *Nachrichten. Die Führerrede*. In: *Die Hilfe*, n° 15, 5.8.1940, p. 236 sq.
115 Otto Eugen Hasso BECKER: *Blickpunkt Europa*. In: *Die Hilfe*, n° 15, 2.8.1941, p. 237 sqq.

ceux-ci «doivent apprendre à se connaître avant de pouvoir s'entendre».[116] Une fois encore, nous avons ici manifestement l'exemple d'un propos habile, cherchant à suggérer la nécessité de l'échange et de la compréhension mutuelle, dans l'intérêt de tous les Européens. S'agissant de la guerre, Theodor Heuss dit qu'elle doit apporter une réponse – par les armes – à la question de leur destin.

L'issue de la bataille de Stalingrad marque, au début de 1943, un tournant qui contribue à donner une inflexion sensible au discours sur l'Europe dans *Die Hilfe*. Quand il apparaît que l'Allemagne ne pourra sans doute pas gagner la guerre, on observe deux attitudes bien différentes: Tandis que les partisans du régime s'efforcent d'empêcher la démoralisation qui peut résulter d'une défaite importante, d'autres ouvrent des perspectives, à partir d'une réflexion historisante, avec une rhétorique prudente usant de la métaphore.

En février 1943, à l'occasion du 10ᵉ anniversaire de la «prise du pouvoir» par les nationaux-socialistes, Hans Uhle rappelle que la providence a permis au *Führer* de mettre fin au système de Versailles, de sortir le monde du chaos et de la décadence, et d'assurer le salut de l'Allemagne. Héroïque, Hitler a lancé un défi au monde et créé le «*Reich* millénaire». La responsabilité de la guerre doit être imputée aux Anglais et aux Américains qui ont formé contre l'Allemagne un «front bolchevico-capitaliste».[117]

A côté de ce discours, qui ne diffère pas de la propagande des nazis, nous trouvons dans *Die Hilfe* des articles – d'une longueur tout à fait inhabituelle – qui, déjà, proposent une vision de l'Europe de l'après-guerre. Le sociologue Werner Ziegenfuß, directeur de la revue, préconise pour l'Europe continentale une «politique des grands espaces» *(Großraumpolitik)* qui constituera une alternative à la politique des Etats-nations.[118] L'Europe de demain, contrainte de surmonter ses divisions fatales et de former un tout face aux mondes anglo-saxon et soviétique, devra trouver une forme de coexistence et de coopération. L'Allemagne aura, dans un contexte nouveau, une mission particulière à remplir. C'est à Montesquieu que renvoie Ziegenfuß quand il affirme que l'Europe doit avoir conscience de son unité.[119] Mais quelle forme donner à cette unité? Il s'agira non pas de cultiver l'utopie comme un Rousseau ou un Kant – qui ont, selon lui, méconnu la

---

116 Theodor Heuss: *Geistiges Europa*. In: *Die Hilfe*, n° 11, 1.6.1941, p. 174 sqq. Il s'agit ici d'une recension de *Geistiges Europa* de A.E. Brinckmann, historien de l'art de l'Université de Francfort-sur-le-Main.
117 Hans Uhle: *Die nationalsozialistische Revolution*. In: *Die Hilfe*, n° 3, 6.2.1943, pp. 29-33.
118 Werner Ziegenfuß: *An der Schwelle Europas*. In: *Die Hilfe*, n° 1, 2.1.1943, pp. 1-5.
119 Montesquieu: *Considérations sur la monarchie universelle en Europe*, 1721-1724, chap. XVIII.

réalité des peuples. Comme l'a montré l'expérience de la Société des Nations, c'est en vain que l'on s'efforce de bâtir sur la «raison». L'impératif qui s'impose est la création d'une confédération, qui tiendra compte des réalités géographiques et historiques, qui sera une construction «par le bas» ménageant les «intérêts de ses membres».

Le modèle proposé par Ziegenfuß est celui qu'a décrit le philosophe allemand Karl Christian Friedrich Krause en 1814 *(Entwurf eines europäischen Staatenbundes)*[120] et dont il retient deux idées. 1. Celle des «grands espaces», qui sont des constructions concrètes formant des unités supranationales, déterminées par des données politiques et géographiques, et qui existent à côté d'autres ensembles tels que l'Asie, l'Afrique, l'Amérique du Nord... 2. L'idée qu'un peuple doit prendre les commandes de ces «grands espaces». En Europe, ce serait l'Allemagne, parce qu'elle en est le cœur. Ziegenfuß évolue donc dans une ambiguïté qui, seule, rend ce discours possible dans le contexte de 1943. Il affirme non seulement que l'Allemagne est naturellement appelée à être le centre qui transmet au tout son énergie, – et il en reste à la notion de *Führung* ou de *Führerrolle*, – mais aussi que cette Europe aura à s'affirmer face au monde américain, qui n'obéit qu'au «principe de l'intérêt» et à l'URSS qui agit sous l'effet d'un «fanatisme inspiré par un principe utopique».

O.E.H. Becker, déjà cité plus haut, analyse, en août 1943, les causes de l'effondrement de l'Europe. Elle a, selon lui, ruiné la grande idée de son unité cachée en mettant ses forces au service de conquêtes, la technique au service de la destruction, et en créant des normes en vue de produire des hommes en série, en faisant de l'homme un animal. Sombrant dans le chaos des pulsions, l'Européen a proclamé la mort de Dieu, mais Dieu l'a puni de son orgueil. Il s'agit ici d'une critique déguisée de l'idéologie national-socialiste. Becker veut croire au salut de l'Europe, qui, dans un monde malade, aura une responsabilité à assumer: il lui faudra être la «lumière dans la nuit du chaos».[121]

La question du *leadership* dans le monde d'après-guerre occupe une place grandissante dans cette réflexion, qui peut devenir polémique. Exemple: En février 1944, le professeur d'économie Friedrich Lenz,[122] réagit aux

---

120 *Cf.* Georg CAVALLAR: *Die europäische Unon.* Von der Utopie zur Friedens- und Wertegemeinschaft (Austria: Forschung und Wissenschaft). Wien 2006, p. 43 sq.
121 Otto Eugen Hasso BECKER: *Europa.* In: *Die Hilfe,* n° 15, 7.8.1943, pp. 213-219.
122 Friedrich Lenz (1885-1968), né à Marburg, fils de l'historien Max Lenz, fut professeur d'économie à Brunswick puis à Gießen. Après avoir effectué plusieurs séjours d'études en Italie, en Angleterre et aux Etats-Unis, il perdit sa chaire en 1933. Après la guerre, il fut de nouveau professeur, à Berlin, puis professeur honoraire à Bonn. Il est l'un des fondateurs de la Friedrich-List-Gesellschaft.

propos tenus par le maréchal Smuts lors de la conférence de Téhéran, qui réunissait Roosevelt, Staline et Churchill. Smuts a affirmé que l'idée de mission de l'Europe appartient au passé, que le monde est désormais dominé par le trio: Russie, Etats-Unis, Grande-Bretagne, et que les petits pays seront obligés de choisir leur camp. On en revient donc à cette idée des grands ensembles nés de l'évolution du monde, et dont l'affrontement a provoqué la guerre généralisée. Mais Lenz ne tient pas pour définitif ce déplacement du centre de gravité du monde. Il veut croire qu'après la «guerre totale» le rétablissement de l'équilibre international permettra de bâtir une communauté économique; mais il prédit une longue période d'affrontement entre deux grands blocs, entre deux grands principes universels qui devront trouver un compromis pour permettre de trouver cet équilibre.[123]

Si Friedrich Lenz en reste à des considérations assez générales, l'économiste Walter Flemmig[124] va plus loin: il parle, de manière concrète, de la construction d'une Europe économique. Il expose les questions qui se poseront dans les étapes successives de cette construction: approvisionnement en matières premières, autonomie dans la production de denrées alimentaires, division du travail dans le nouveau «grand espace économique», abolition des barrières douanières, accords économiques, développement constant et organique de l'Europe, autosuffisance ou ouverture, intégration dans l'économie mondiale. Flemmig voit dans la formation de ces «grands espaces économiques» une première étape vers le développement d'une économie mondiale.[125]

Ces propos, dont la perspicacité retient notre attention, contrastent avec la propagande hostile aux démocraties occidentales que l'on trouve jusque dans l'avant-dernier numéro de *Die Hilfe*, celui du 19 août 1944, dans lequel Leo Friedrich[126] fait le procès des démocraties occidentales. Il les accuse – non sans raisons – d'avoir instrumentalisé les Etats fascistes-autoritaires dans

---

123   Friedrich LENZ: *Die großen Mächte in Vergangenheit und Gegenwart*. In: *Die Hilfe*, n° 4, 19.2.1944, pp. 49-55.

124   *Cf.* pour la période antérieure à 1945 W. FLEMMIG: *Die Hauptverbände der Textilindustrie Mittel- und Westsachsens [...] in ihrer wirtschaftlichen, wirtschaftspolitischen und sozialpolitischen Bedeutung*, 164 p. On trouve des extraits de cette thèse, soutenue le 14 mai 1924 à Cologne, dans: *Promotionen der Wissenschaftlichen Fakultät Köln*, n° 9, pp. 19-22; *cf.* aussi *Die Entwicklung des deutschen Steinkohlenbergbaus im Jahre 1935*. In: *Montanistische Rundschau* (Vienne), 28 (1936), n° 6; *Selbstkosten im Fabrikbetrieb*. (Aus der Praxis des Kaufmanns; 5.) Eßlingen a. N. vers 1926.

125   Walter FLEMMIG: *Die werdende wirtschaftliche Ordnung in Europa*. In: *Die Hilfe*, mai 1944, pp. 152-155; *cf.* du même: *Die Welt in der Wandlung*. In: *Die Hilfe*, n° 13, juin 1944, pp. 198-203.

126   Nous ne savons rien de Leo Friedrich, qui est peut-être l'éditeur de *Unsere Heimkehr ins Reich: ein Erlebnisbuch. Umsturztage 1918; 20 Jahre völkische Not; die Tage der Befreiung 1938*. (Unsere Heimat; Sonderheft.) Groß-Ullersdorf 1938.

leur lutte contre le bolchevisme, et provoqué ainsi un bouleversement total du système de la politique internationale tel qu'il avait existé jusqu'alors.[127]

Conclusions

L'analyse que nous venons de faire met en évidence le fait que, dans *Die Hilfe* comme dans bien d'autres revues généralistes du même type, le discours sur l'Europe a été déterminé par le contexte national et international.

Avant 1914, il y a dans ce discours des éléments objectifs, mais il traduit dans une large mesure une vision darwiniste et inquiète du monde, des peurs face aux autres nations, une inquiétude face à l'avenir. Naumann et ses amis voient dans l'Etat-nation fort, fondé sur un socialisme national et la puissance, une garantie pour l'avenir de l'Allemagne; cette idée constitue sans doute le point commun qui donne une certaine unité à leurs réflexions. Dès le tournant du siècle, s'exprime assez fortement, dans *Die Hilfe*, le souhait de voir perdurer l'alliance entre l'Allemagne et l'Autriche, tant pour des raisons stratégiques et économiques que pour des raisons «nationales». Le maintien des systèmes d'alliance existant en Europe: la Triple Alliance et la Triple Entente ainsi que la pérennité des Empires austro-hongrois et ottoman sont considérés comme un gage de sécurité pour l'Allemagne. Mais la réconciliation avec la France et le rapprochement avec l'Angleterre apparaissent comme des corollaires de cette option fondamentale, comme des moyens de garantir une paix dont l'Allemagne en plein essor a tout à gagner du point de vue économique également. Ce sont là les prémices du plan de *Mitteleuropa* que Naumann développera, en 1915, dans le contexte de la guerre sur deux fronts et qui sera à ce moment-là une contribution au débat sur les buts de guerre.

En 1918, les collaborateurs de *Die Hilfe* espèrent une paix fondée sur l'entente, qui permettrait de reconstruire, sur des bases saines, une Europe qui s'est autodétruite, mais la désillusion résultant du traité de Versailles les amènera à soutenir la politique révisionniste du gouvernement allemand. Au milieu des années 1920, l'esprit de Locarno se manifeste dans *Die Hilfe*, en particulier dans des numéros thématiques consacrés à la France ou à l'Angleterre; mais la revue ne tarde pas à se montrer très critique face au projet paneuropéen de Coudenhove-Kalergi et à celui d'Europe confédérale proposé par Aristide Briand, soupçonnés de pérenniser un *statu quo* que les

---

127 Leo FRIEDRICH: *Winston Chruchill und die britisch-nordamerikanischen «Eliten» über Mussolini und Hitler*. In: *Die Hilfe*, n° 16/17, 19.8.1944, p. 241 sq.

libéraux refusent résolument. Le projet d'organisation économique de l'Europe du Centre-Est proposé par le chancelier autrichien Johannes Schober leur est, en revanche, considéré comme une possibilité de concrétiser l'idée d'une *Mitteleuropa* dont le moteur serait une union douanière entre l'Allemagne et l'Autriche.

Les atermoiements de Genève, les résultats des négocations sur le désarmement et la crise de 1929/1930 provoquent une radicalisation de la critique de la France et de l'Angleterre. A partir de 1933, *Die Hilfe* cultive dans son discours une certaine ambiguïté qui lui permet de survivre. Dans le domaine de la politique extérieure, elle s'appuie sur une certaine convergence entre ses conceptions et la politique de Hitler qui marque un réveil de l'Allemagne, permet une révision énergique du traité de Versailles puis une mise en œuvre de l'idée de *Mitteleuropa*. Mais les fondements idéologiques sur lesquels se fonde le discours des libéraux ne sont évidemment pas ceux des nationaux-socialistes.

La déclaration de guerre, puis la guerre sur deux fronts, en d'autres termes l'encerclement de l'Allemagne, orientent la réflexion vers une Europe continentale, résistant d'un côté aux Anglo-Saxons, de l'autre à la Russie soviétique. Mais, dans les dernières années du régime hitlérien, deux discours bien distincts se développent, pour ainsi dire parallèlement, dans *Die Hilfe*. Alors que des partisans du régime nazi, totalement étrangers à la tradition libérale et à l'ancien *Naumann-Kreis*, exaltent l'Allemagne engagée dans la «guerre totale», Theodor Heuss et d'autres collaborateurs de la revue proposent une vision historique et critique de l'Europe, dans laquelle ils affirment l'unité de celle-ci, la nécessité de la reconstruire sur des bases nouvelles dans un contexte totalement nouveau, c'est-à-dire dans un monde bipolaire où le Vieux Continent devra affirmer son identité et défendre ses intérêts face aux super-puissances anglo-saxonne et soviétique.

Comme on le voit, on est passé de conceptions fondées sur certaines ambitions impérialistes, et inspirées par le seul intérêt national, à des perspectives montrant que l'Europe de l'avenir doit être fondée sur la conscience d'intérêts communs. Mais le principal élément de continuité dans ce discours, quel que soit le schéma européen proposé, a été, du début à la fin, la conviction que l'Allemagne, en raison de sa culture et de sa force, doit y jouer un rôle de *leader*.

Résumé

Il est certes difficile de résumer les points de vue qui, durant cinquante ans, se sont exprimés à propos de l'Europe dans la revue *Die Hilfe*. Elle a en effet paru, de 1894 à 1944, dans des contextes très différents, elle a donné la parole à des représentants de différentes sensibilités du libéralisme allemand, qui ont eux-mêmes évolué. De cette diversité se dégagent toutefois un certain nombre de constantes.

Le discours européen des libéraux de gauche est, à l'époque de Guillaume II, marqué par le souci de voir l'Allemagne prospérer dans une Europe en paix; mais la question qui se pose est de savoir comment assurer l'avenir de l'Allemagne dans un monde où tout est rapport de force. Cette vision inquiète de l'évolution du monde, influencée par le darwinisme, fait unanimement partager la conviction selon laquelle il s'agit d'être fort dans une Europe dont l'équilibre doit être maintenu: en assurant la pérennité du système d'alliances existant et des empires austro-hongrois et ottoman, en cherchant l'entente avec la France et l'Angleterre, en organisant le centre de l'Europe à partir d'une forme d'union entre l'Allemagne et l'Autriche-Hongrie. Chez certains se manifeste une prise de conscience; il importe d'organiser l'Europe, entre autres sur la base des possibilités offertes par le droit international. Friedrich Naumann livre à ses lecteurs des réflexions qui, dans le contexte de la discussion sur les buts de guerre, aboutiront, en 1915, à son projet de *Mitteleuropa*.

L'expérience traumatisante de la guerre, la défaite militaire et le traité de Versailles modifient l'approche que les directeurs et les collaborateurs de *Die Hilfe* ont de la question européenne. Le Vieux Continent s'est livré à une véritable autodestruction; son avenir est au cœur de la réflexion, mais la pensée qui domine le propos, durant la difficile année 1923 notamment, est aussi et peut-être surtout la révision du traité de Versailles qui est le préalable à une paix durable et à son organisation. Après la courte période de détente qui résulte des accords de Locarno et l'intérêt suscité par les initiatives du Mouvement paneuropéen, la déception provoquée par la politique de l'Entente inspire à beaucoup un scepticisme grandissant face aux propositions du Français Aristide Briand qui suggère de créer « une sorte de lien fédéral entre pays d'Europe». Organe du Parti démocratique (DDP), *Die Hilfe* reflète le sentiment qui prévaut parmi les libéraux de gauche à la fin des années 1920: le «nationalisme démocratique» s'impose (cf. Jürgen C. Heß, *Das ganze Deutschland soll es sein. Demokratischer Nationalismus in der Weimarer Republik am Beispiel der Deutschen Demokratischen Partei*, Stuttgart 1978). L'on assiste à une réactivation de l'idée de *Mitteleuropa* qui s'exprime d'abord sous la forme d'une adhésion à la proposition de l'Autrichien Schober qui propose une union de l'Autriche et de l'Allemagne comme point de départ d'une organisation européenne.

A partir de 1933, *Die Hilfe* cultive une ambiguïté qui, seule, lui permet de survivre; elle apporte son soutien à la politique révisionniste de Hitler, réponse aux légitimes aspirations des Allemands. Alors que la guerre a commencé, dans un contexte obscur, quelques intellectuels nazis, totalement étrangers au réseau libéral qui a toujours porté la revue, trouvent dans *Die Hilfe* une tribune qui leur permet d'exalter une Europe dominée par l'Allemagne. Ce discours relève de plus en plus de la propagande dès lors qu'il apparaît que les Allemands ne pourront pas gagner la guerre; il tranche avec les analyses de libéraux qui, durant les années 1943 et 1944, définissent la problématique de l'après-guerre: dans un monde bipolaire, l'Europe qui a perdu sa position dominante, devra s'organiser sur des bases nouvelles pour résister face aux puissances nouvelles.

Zusammenfassung

Es ist sicher schwierig, alle Gesichtspunkte zusammenzufassen, die während 50 Jahren in der Zeitschrift *Die Hilfe* im Hinblick auf Europa zum Tragen gekommen sind. In der Tat ist *Die Hilfe* ja zwischen 1894 und 1944 in sehr unterschiedlichen Zusammenhängen erschienen, sie hat Vertretern sehr unterschiedlicher Ausrichtungen des deutschen Liberalismus, die wiederum sich im Laufe der Jahre weiterentwickelt haben, das Wort erteilt. Trotz dieser Verschiedenheit lassen sich einige Konstanten ableiten.

Der europäische Diskurs der Linksliberalen ist in der Epoche Wilhelms II. durch das Interesse geprägt, Deutschland in einem friedlichen Europa prosperieren zu sehen, allerdings ist die Frage, die sich stellt, wie man die Zukunft Deutschlands in einer Welt sichern kann, in der alles von der Macht abhängt. Diese beunruhigende Vision der Entwicklung der Welt, die vom Darwinismus beeinflusst ist, führt zu der einmütigen Überzeugung, dass man stark sein muss in einem Europa, dessen Gleichgewicht erhalten bleiben soll: indem man den Fortbestand des bestehenden Bündnissystems und des österreichisch-ungarischen sowie des Osmanischen Reiches sichert, indem man die Verständigung mit Frankreich und England sucht und indem man Mitteleuropa in Form einer Union zwischen Deutschland und Österreich-Ungarn organisiert, u.a. auf der Grundlage der Möglichkeiten, die das Völkerrecht bietet. Friedrich Naumann bietet seinen Lesern Überlegungen, die, im Kontext der Diskussion über die Kriegsziele, 1915 in sein Projekt von «Mitteleuropa» münden werden.

Das Trauma des Krieges, der militärischen Niederlage und des Vertrags von Versailles verändern die Herangehensweise der Herausgeber und der Mitarbeiter der «Hilfe» an die europäische Frage. Der «alte Kontinent» hat sich einer echten Selbstzerstörung überlassen; seine Zukunft steht im Zentrum der Überlegungen, aber der Gedanke, der die Ausführungen insbesondere im schwierigen Jahr 1923 beherrscht, ist auch und vielleicht vor allem die Revision des Versailler Vertrags, die die Vorbedingung für einen dauerhaften Frieden und dessen Organisation ist. Nach der kurzen Entspannungsphase, die aus den Abkommen von Locarno und dem Interesse an den Initiativen der Paneuropa-Bewegung resultiert, führt die Enttäuschung über die Politik der Entente viele zu wachsender Skepsis angesichts der Vorschläge des Franzosen Aristide Briand, der «eine Art föderale Verbindung zwischen den Ländern Europa» anregt. Das Presseorgan der Deutschen Demokratischen Partei (DDP), *Die Hilfe*, spiegelt das Gefühl, das unter den Linksliberalen Ende der 1920er-Jahre vorherrscht: Der «demokratische Nationalismus» setzt sich durch (vgl. Jürgen C. HESS: *Das ganze Deutschland soll es sein. Demokratischer Nationalismus in der Weimarer Republik am Beispiel der Deutschen Demokratischen Partei*. Stuttgart 1978). Man erlebt eine Reaktivierung der «Mitteleuropa»-Idee, die sich vor allem in Form einer Unterstützung des Vorschlags des Österreichers Schober zeigt, der eine Union von Österreich und Deutschland als Ausgangspunkt einer europäischen Organisation anregt.

Ab 1933 pflegt *Die Hilfe* eine Zweideutigkeit, die allein ihr erlaubt zu überleben. Sie unterstützt die revisionistische Politik Hitlers als eine Antwort auf die legitimen Forderungen der Deutschen. Nachdem der Krieg in einem unklaren Zusammenhang begonnen hat, finden einige Naziintellektuelle in der «Hilfe» eine Tribüne, die ihnen erlaubt, sich für ein deutschbeherrschtes Europa zu begeistern. Seitdem es scheint, dass die Deutschen den Krieg nicht werden gewinnen können, fällt dieser Diskurs immer mehr in den Bereich der Propaganda. Er überschneidet sich mit den Analysen der Liberalen, die, während der Jahre 1943 und 1944, die Nachkriegsproblematik erörtern: In einer bipolaren Welt wird sich Europa, das seine beherrschende Stellung verloren hat, auf neuen Grundlagen organisieren müssen, um angesichts der neuen Mächte zu widerstehen.

Wilhelm Heile und seine proeuropäische Tätigkeit in der Weimarer Republik

Biographische Voraussetzungen und Umrisse von Heiles Europakonzeption

Karl HOLL

Unter den linksliberalen Politikern der Weimarer Republik hat sich kaum ein anderer so sehr für die Idee und die Ziele einer europäischen Einigung eingesetzt wie Wilhelm Heile.[1] Dennoch ist sein leidenschaftliches Engagement für Europa heute weitgehend vergessen, und nicht einmal ein bescheidenes Maß an Nachruhm ist an seinem Namen haften geblieben. Im Jahre 1881 im niedersächsischen Diepholz geboren, verdankte Heile seine frühe politische Prägung besonders Friedrich Naumann, unter dessen Anhängern er gewissermaßen der zweiten Generation angehörte. Sein engerer Lebensumkreis blieb zeitlebens Niedersachsen, im historischen Sinne das durch die preußische Annexion von 1866 untergegangene Königreich Hannover.

Seit 1903 studierte Heile Maschinenbau an der Technischen Hochschule Hannover, von der er 1905 als Mitglied des Verbandes der Vereine Deutscher Studenten (VDSt) im Konflikt um die Haltung Friedrich Naumanns im VDSt[2] relegiert wurde. Es folgten journalistische Tätigkeiten in Danzig und Berlin. Von Naumann übernahm er 1912 die Redaktion der «Hilfe», nach Naumanns Tod 1919 auch deren Herausgabe, in der er 1924 von Gertrud Bäumer abgelöst wurde. Er stand an der Spitze der «Staatsbürgerschule» seit

---

1   Vgl. Jürgen C. HESS: *Das ganze Deutschland soll es sein.* Demokratischer Nationalismus in der Weimarer Republik am Beispiel der Deutschen Demokratischen Partei. Stuttgart 1978, S. 279-316. – Der folgende Aufsatz greift auf meine frühere Darstellung zurück: Karl HOLL: *Europapolitik im Vorfeld der deutschen Regierungspolitik.* Zur Tätigkeit proeuropäischer Organisationen in der Weimarer Republik. In: *Historische Zeitschrift*, Nr. 219, 1974, S. 33-94. – Dazu mit wohlbegründeten kritischen Ergänzungen: Jürgen C. HESS: *Europagedanke und nationaler Revisionismus.* Überlegungen zu ihrer Verknüpfung in der Weimarer Republik am Beispiel Wilhelm Heiles. In: *Historische Zeitschrift*, Nr. 225, 1977, S. 572-622.

2   Vgl. Theodor HEUSS: *Friedrich Naumann.* Der Mann, das Werk, die Zeit. München und Hamburg, 3. Auflage 1968, S. 260-265; Werner STEPHAN: *Aufstieg und Verfall des Linksliberalismus 1918-1933.* Geschichte der Deutschen Demokratischen Partei. Göttingen 1973, S.104.

deren Gründung durch Naumann im Jahre 1918. An der von Naumann gegründeten, aus der «Staatsbürgerschule» hervorgegangenen «Deutschen Hochschule für Politik» lehrte Heile Staatswissenschaften.

Heiles parteipolitische Tätigkeit begann mit seinem Eintritt in die 1910 als Zusammenschluss der linksliberalen Parteien gegründete Fortschrittliche Volkspartei (FVP). Der Deutschen Demokratischen Partei (DDP) gehörte er seit ihrer Gründung Ende 1918 an, und er war sowohl Mitglied der Verfassungsgebenden Deutschen Nationalversammlung 1919/1920 wie auch des Reichstages von 1920 bis 1924. Konstanten im politischen Denken Heiles bildeten ein an Naumann orientierter nationalsozialer Linksliberalismus, seine kritische Einstellung zur kleindeutschen Lösung der deutschen Frage im 19. Jahrhundert, demzufolge ein mit antipreußischen Affekten und prowelfischen Sympathien verbundener großdeutscher Föderalismus sowie ein moderater Pazifismus, der ihn trotz freundlicher Kontakte zu Ludwig Quidde und Friedrich Wilhelm Foerster nicht zum Anschluss an die Friedensbewegung der zwanziger Jahre zu bewegen vermochte.

Als ausschlaggebende Motivation für seine europäischen Bemühungen benannte Heile seine Teilnahme am Ersten Weltkrieg, aus dem er mit einer schweren Verwundung zurückgekehrt war. Eine umstandslose Hinwendung zum Pazifismus wie bei manchen seiner Generationsgenossen mit Fronterfahrung ergab sich daraus aber nicht. Vielmehr erschloss sich ihm aus dem Kriegserlebnis vor allem die Einsicht in die besondere Bedeutung deutsch-französischer Verständigung als Voraussetzung europäischer Einigung. Heiles Interesse für deren Probleme war spätestens geweckt seit dem Erscheinen von Naumanns Mitteleuropa-Buch (1915), dessen machtstaatliche und wirtschaftspolitische Implikationen in Heiles Europakonzeption jedoch nicht ausdrücklich in Erscheinung traten.[3] Indes sorgte das in der DDP weiterlebende nationalsoziale Erbe Naumanns dafür,[4] dass gerade die Erwartungen an *Mitteleuropa* als ein denkbares Konzept künftiger Gestaltung Europas nie ganz aus der Diskussion der Partei verschwanden.

Die Überwindung von «Versailles» mit friedlichen Mitteln war die zentrale Intention der DDP-Außenpolitik, wofür die Chiffren «Freiheit» und «Gerechtigkeit» standen.[5] Doch das hinter den Chiffren verborgene Fernziel

---

3   Aufschlussreich und als Beispiel zahlreicher ähnlicher Äußerungen Heiles dazu in *Die Hilfe*: Wilhelm HEILE: *Deutschland und Mitteleuropa*. In: *Die Hilfe*, Nr. 28, 1922, S. 98 ff.
4   Vgl. Jürgen ELVERT: *Mitteleuropa! Deutsche Pläne zur europäischen Neuordnung (1918-1945)*. Stuttgart 1999, zu Friedrich Naumann: passim. Heile dagegen bleibt unerwähnt.
5   Vgl. Lothar ALBERTIN: *Liberalismus und Demokratie am Anfang der Weimarer Republik*. Eine vergleichende Analyse der Deutschen Demokratischen Partei und der Deutschen Volkspartei. Düsseldorf 1972, S. 209-226; Werner SCHNEIDER: *Die*

war die Wiedererlangung einer deutschen Führungsrolle in Europa. Das Ziel hätte dann erreicht sein sollen, wenn auf der Grundlage friedlichen Interessenausgleichs und von «Verständigung» und nach der Wiederherstellung von «Freiheit» und «Gerechtigkeit»[6] – unter Hinnahme der Rückkehr von Elsass-Lothringen zu Frankreich und unter dem Einverständnis mit der erneuerten polnischen Staatlichkeit – das deutsche Reich überwiegend in seinen alten Grenzen wiedererstanden wäre. So betrachtet war die Europa-Politik der DDP und Heiles im wesentlichen Instrument ihrer Revisionspolitik.

Diese Sichtweise war die Wirkung einer mentalitätspolitischen Transformation im Linksliberalismus, der nach dem durch die Kriegsniederlage besiegelten Scheitern von Konzepten eines liberalen Imperialismus seit 1918/1919 eine Kompensation durch Erfolge eines «demokratischen Nationalismus» erstrebte. Heile war wegen seiner intensiven publizistischen Tätigkeit dafür ein markantes Beispiel, umso mehr als seine Europa-Pläne im Lichte der realen Möglichkeiten der Zeit den Charakter allzu kühner Utopien annahmen.[7]

Sind die europäischen Bemühungen Heiles auch nicht in eine bis ins letzte ausgereifte Programmatik eingemündet, die sich etwa in präzisen politischen Forderungen oder auch nur Empfehlungen verdichtet hätte, so ist doch klar erkennbar, worauf Heile mit ihnen abzielte: auf die schrittweise Verringerung der Spannungen in Europa bis zu ihrer endgültigen Überwindung, das heißt auf die Beseitigung latenter oder manifester Kriegsgefahr durch den allmählichen Abbau der aggressiven Nationalismen bei den Weltkriegsgegnern. Indem Heile allerdings sein nie erlahmendes Interesse an den nationalen Minderheiten Europas bekundete – sie waren aufgrund der mit den Friedensverträgen erfolgten territorialen Veränderungen noch erheblich zahlreicher und konfliktträchtiger geworden –, so legte er dergestalt den Finger in offene Wunden und wies absichtslos, doch ahnungsvoll auf europäische Krisenherde und auf ihre Verfügbarkeit für künftige Strategien großräumiger politischer Brandstiftung hin.

Eine mit einem höheren Maß an Konkretheit ausformulierte Europakonzeption wäre unmittelbar nach dem Ende des Weltkriegs und in dem folgenden Jahrzehnt kaum möglich gewesen, und auch keiner der anderen mit Heile

---

Deutsche Demokratische Partei in der Weimarer Republik 1924-1930. München 1978, S. 200-212.
6   Siehe z. B. HEILE: *Der Kampf ums Recht.* In: *Die Hilfe,* Nr. 26, 1920, S. 114.
7   Darin besteht ein wesentliches Ergebnis der von Jürgen C. Hess vorgenommenen eindringlichen Analyse der publizistischen Äußerungen Heiles und namentlich aller seiner europapolitischen Artikel in *Die Hilfe* während der Weimarer Republik: HESS: *Deutschland* (wie Anm. 1), in prägnanter Formulierung: S. 577, Anm. 12, u. S. 578; vgl. Vanessa CONZE: *Das Europa der Deutschen. Ideen von Europa zwischen Reichstradition und Westorientierung (1920-1970).* München 2005, S. 211-218 (S. 213).

konkurrierenden Unternehmungen hat sie zu erbringen vermocht. Politischer Realismus gebot die Beschränkung auf allgemeine Ziele und auf die Benennung von Umrissen. Größere Konkretheit hätte Heiles Aktivitäten überdies mehr als seinen Absichten zuträglich in die Kontroversen des politischen Alltags der Weimarer Republik verstrickt. Daher wohl auch die Vagheit von Heiles Formel für die Vollendung seiner europäischen Zukunftsvision: eine «organische» föderative Gliederung Europas als Lösung der europäischen Einzelprobleme.

Präziser war dagegen Heiles von Anfang an bestehende Überzeugung davon, was über das kontinentale Europa hinaus zu einem vereinigten Europa gehören müsse: auf jeden Fall Großbritannien und womöglich – ohne Rücksicht auf naheliegende ideologisch begründete Bedenken – auch Sowjetrussland. Schließlich und vor allem ist festzuhalten die enge Verknüpfung von Heiles Europavorstellungen mit den auf eine Revision der territorialen Ergebnisse des Versailler Friedensvertrags gerichteten Zielen seiner Partei: In der Erwartung Heiles einer wie auch immer sich gestaltenden europäischen Einigung trafen sich die revisionspolitischen Intentionen der DDP mit denen des Auswärtigen Amtes und besonders ausgeprägt in dessen Leitung durch Gustav Stresemann.

Bevor Heile mit seiner europäischen Werbung hervorzutreten begann, hatte bereits seit Beginn der zwanziger Jahre der in Berlin agierende polnische Journalist Alfred Nossig das neue Feld betreten.[8] Nossigs Zugang zu dem Thema war sein Eindruck von den Unzulänglichkeiten des Völkerbundes, woraus sich seine Bereitschaft herleitete, bei der Propagierung eines «Europäischen Friedensbundes» mitzuwirken. Dieser sollte auf der Grundlage enger Kooperation zwischen Deutschland, Frankreich, England und Polen den Völkerbund ergänzen, indem er sich zur territorialen Unverletzlichkeit der Signatarstaaten, zum absoluten Kriegsverbot, zur obligatorischen Streitschichtung und zur Einrichtung einer militärischen Exekutive verpflichtete. Damals setzten Nossigs Kontakte mit dem Auswärtigen Amt ein, wo er nicht von vornherein auf Ablehnung, sondern zunächst und noch in den ersten Jahren danach auf wohlwollendes Interesse stieß, so, wie hier überhaupt die vielfältigen Europainitiativen, darunter diejenigen Heiles, zusammenliefen.[9]

8 Siehe Reinhard FROMMELT: *Paneuropa oder Mitteleuropa*. Einigungsbestrebungen im Kalkül deutscher Wirtschaft und Politik 1925-1933 (Schriftenreihe der Vierteljahrshefte für Zeitgeschichte, Nummer 34). Stuttgart 1977 (phil. Diss. Konstanz 1975), S. 16-22. – Zu Leben und Werk Nossigs: Heiko HAUMANN: *Geschichte der Ostjuden*, 5. Auflage München 1999, S. 171; Pawel KORZEK: *Juifs en Pologne. La question juive pendant l'entre-deux-guerres*. Paris 1980, S. 107 ff., S. 118 f.
9 Deshalb unverzichtbar für die Rekonstruktion der Geschichte der von Heile, Nossig und anderen in der Weimarer Republik betriebenen Europa-Aktivitäten außer dem Nachlass Heile, Nr. 1332, Bde 1, 18, 31, 67, 129 im Bundesarchiv in Koblenz, das

Coudenhove-Kalergi und *Paneuropa* in Konkurrenz zu Heile

Bald standen Heile und der umtriebige Europa-Propagandist Nossig trotz mancher, im Grunde geringfügiger Divergenzen, überwiegend in einem Verhältnis der Kooperation. Aber von erheblicher Wirkung für alles weitere im Europa-Diskurs der Zeit war das Erscheinen des Buches *Paneuropa* des infolge des Friedensvertrages von St. Germain zum tschechoslowakischen Staatsbürger gewordenen jungen Grafen Richard Nikolaus Coudenhove-Kalergi im Jahre 1923.[10] Denn zunächst im Gedankenaustausch, dann immer stärker in der Auseinandersetzung Heiles mit seinem Rivalen Coudenhove-Kalergi schärfte sich das Profil der beiderseitigen Europa-Konzeptionen. Von Anfang an war dabei die Frage der Vereinbarkeit jedweder Europa-Konzeption mit der offiziellen deutschen Völkerbundpolitik von zentraler Bedeutung. Es galt nämlich abzuwägen, ob und inwieweit die jeweiligen Europa-Pläne Hebel zur Regionalisierung des Völkerbundes bedeuteten und somit der Stabilität des Völkerbundes abträglich oder zuträglich sein würden. Denn absichtliche oder unbeabsichtigte Schritte zu einer Regionalisierung des Völkerbundes – im Falle Europas zu einem europäischen «Kontinentalismus» – hätten, so die Befürchtung, leicht zum Verfall des Völkerbundes beitragen können. Daher die von Stresemann letzten Endes gegen eine Identifizierung des Reiches mit Nossigs Initiative getroffene Entscheidung: Die Missdeutbarkeit von Nossigs Projekt als Versuch einer Sabotage des Völkerbundes entsprach nicht den Grundlinien von Stresemanns Außenpolitik.[11]

Eine positive Einstellung zum Völkerbund (ungeachtet der Kritik an dessen Mängeln) und das Bekenntnis zu seiner Universalität gehörten indes

---

im Politischen Archiv des Auswärtigen Amtes in Berlin vorhandene Schriftgut: Akten des Sonderreferates Völkerbund, Allgemeines B2, Europäische Verständigungsaktion des Dr. Nossig-Heile, Bd. 1-6.

10 Richard Nikolaus COUDENHOVE-KALERGI: *Paneuropa*. Wien/Leipzig 1923. – Zu seiner eigenen Darstellung vgl. DERS.: *Kampf um Europa. Aus meinem Leben*, Wien 1949; DERS.: *Eine Idee erobert Europa. Meine Lebenserinnerungen*. Wien/München/Basel 1958; DERS.: *Ein Leben für Europa. Meine Lebenserinnerungen*. Köln, Berlin 1966. – Zu Coudenhove-Kalergis Paneuropaplänen: Anita ZIEGERHOFER-PRETTENTHALER: *Botschafter Europas. Richard Nikolaus Coudenhove-Kalergi und die Paneuropa-Bewegung in den zwanziger und dreißiger Jahren*. Wien 2004; Ulrich WYRWA: *Richard Nikolaus Graf Coudenhove-Kalergi (1894-1972)*. In: *Historische Zeitschrift*, Nr. 283, 2006, S. 103-122; Karl HOLL: *Richard Nikolaus Graf Coudenhove-Kalergi und seine Vision von «Paneuropa»*. In: Heinz DUCHARDT (Hrsg.): *Europäer des 20. Jahrhunderts. Wegbereiter und Gründer des «modernen» Europa*. Mainz 2002, S. 11-37.

11 HOLL: *Europapolitik* (wie Anm. 1), S. 38.

nach früheren Vorbehalten namhafter Linksliberaler, an der Spitze Naumann,[12] auch zu den Grundlagen der Außenpolitik der DDP, und als bezeichnend dafür durfte gelten, dass ein so bedeutendes Mitglied ihrer Reichstagsfraktion wie Johann Heinrich Graf von Bernstorff, der deutsche Botschafter in den USA von 1908 bis 1917, an der Gründung der Deutschen Liga für den Völkerbund (DLV) beteiligt war, dann, 1922, deren Präsident wurde und schließlich, 1929, an die Spitze des internationalen Verbandes der Völkerbundligen trat.[13] Unterstützung fand die DLV auch in der Deutschen Friedensgesellschaft (DFG) und bei ihrem Vorsitzenden, dem DDP-Politiker Ludwig Quidde.[14] Heile gehörte wie nicht wenige seiner Fraktionsgenossen, so etwa der pazifistische Völkerrechtslehrer Walther Schücking, der DLV an, und selbstverständlich war er sich bewusst, dass seine Europapläne einer Prüfung ihrer Völkerbundtauglichkeit standhalten mussten, sofern er sich Hoffnungen machen durfte, im Auswärtigen Amt mehr als nur freundliches Gehör zu finden.

Von mindestens ebenso großer Bedeutung für das Urteil über die Überzeugungskraft der konkurrierenden Europakonzeptionen war die Frage der Zugehörigkeit Großbritanniens (weniger entscheidend auch Sowjetrusslands) zu einem vereinigten Europa, und hier war und blieb die Festlegung Coudenhove-Kalergis auf den Ausschluss beider Staaten aus «Paneuropa» eindeutig und unverrückbar. Ja, sie wurde bald zum ausschlaggebenden Unterscheidungskriterium beider Positionen, jener des «Paneuropäers» einerseits und Heiles (und in dessen Gefolge auch Nossigs) andererseits, so dass «Klein-Europa» (also «Paneuropa») bzw. «Groß-Europa» zu polemisch gemeinten Kampfbegriffen avancierten. Dass sich der Gegensatz nicht überbrücken ließ, hing mit den Erwartungen zusammen, welche Heile und die Revisionspolitik der DDP an eine aktive Europapolitik Englands knüpften. In deren Perspektive war die Fernhaltung Englands von einer europäischen Einigung unerwünscht, da eine derartige Entscheidung gegen England, so ihre Überzeugung, nicht zur Entschärfung der deutsch-französischen Spannungen hätte beitragen und da sie somit den revisionspolitischen Intentionen Deutschlands hätte schaden können. Dies entsprach auch der Linie des Auswärtigen Amtes.

Eitel blieb die Hoffnung auf eine wie auch immer geartete Zusammenarbeit beider Protagonisten, so, wie es den Interessen des Auswärtigen Amtes

---

12 Detlev ACKER: *Walther Schücking (1875-1935)*. Münster in Westfalen 1970, S. 146 ff; HESS: *Deutschland* (wie Anm. 1) S. 52 f; DERS.: *Europagedanke* (wie Anm. 1), S. 582.
13 Vgl. ACKER: *Schücking* (wie Anm. 12), S. 146-200.
14 Vgl. Karl HOLL: *Ludwig Quidde (1858-1941). Eine Biografie*. Düsseldorf 2007, S. 315 f.

entsprochen hätte. Dass ein Zusammenwirken beider Seiten nicht gelang, lag nicht nur begründet in der Unvereinbarkeit beider Konzepte,[15] sondern auch und vielleicht überwiegend am selbstbewussten, seinen Führungsanspruch nie preisgebenden, zu keinerlei Zugeständnissen und Kompromissen bereiten Auftreten Coudenhove-Kalergis.

Nicht ungeschickt setzte Coudenhove-Kalergi gegen Heile in seiner Werbung den Umstand als Argument ein, dass er kein deutscher Staatsbürger war, denn *angesichts der noch herrschenden europäischen Mentalität*, das heißt angesichts des in den Siegerstaaten des Weltkrieges herrschenden Misstrauens gegenüber Deutschland, dürfe *Paneuropa nicht von Deutschland ausgehen oder deutsch aufgezäumt* werden.[16] Außerdem befürchte er, wie er schon jetzt betonte, eine geringere Bereitwilligkeit potenter Geldgeber zur finanziellen Unterstützung, falls «Paneuropa» durch die Zusammenarbeit mit Organisationen ähnlicher Zielsetzung, aber linksorientierter Ausrichtung seine Anziehung nach rechts gefährde.

Während Heile gehofft hatte, sämtliche pro-europäische Bestrebungen ließen sich in einer einzigen Organisation ohne den Anspruch auf Trennschärfe zusammenschließen, bestand Coudenhove-Kalergi auf der Eigenständigkeit seiner eigenen Gründung. Heile bot er an, künftig als deutscher Generalsekretär der Paneuropa-Organisation zu fungieren und sich auf die Werbung für *Paneuropa* und auf dessen organisatorische Festigung in Deutschland zu beschränken. Das war jedoch weder in der Sache noch im Sinne seiner persönlichen Ziele das, was Heile zu akzeptieren bereit war, und zwar weder jetzt noch später.

Unübersehbar bestand seit dem Ende des an politischen und wirtschaftlichen Turbulenzen so reichen Jahres 1923 in Deutschland eine erhöhte öffentliche Aufnahmebereitschaft für die europäische Thematik, ja, sie erfreute sich nun sogar einer gewissen Konjunktur, verstärkt durch die günstige Konstellation gleichzeitiger Regierungstätigkeit verständigungsbereiter Politiker in Frankreich (Edouard Herriot), England (Ramsay MacDonald) und Deutschland (Wilhelm Marx). Die Chance wurde von Nossig genutzt für die Weiterentwicklung seines Projektes, jetzt in der Gestalt eines «Komitees für die Interessengemeinschaft europäischer Völker». Mit dem Beginn des neuen Jahres zeigte sich, dass sich das deutsche «Komitee» inzwischen konsolidiert hatte. Auffällig genug lag das Übergewicht bei Politikern der DDP wie Schücking, Otto Nuschke und (ungeachtet des Fortbestehens seiner Kontakte mit Coudenhove-Kalergi, Grafen Richard Nikolaus) auch Heile. Indes wirkten

---

15 Boris SCHILMAR: *Der Europa-Diskurs im deutschen Exil 1933-1945*. München 2004, S. 35.
16 Coudenhove-Kalergi an Heile, 11. Februar 1924. In: Nachlass Heile 18, Bundesarchiv Koblenz. HOLL: *Europapolitik* (wie Anm. 1).

auch Politiker anderer politischer Zugehörigkeit, so der Sozialdemokrat Heinrich Ströbel und Johannes Giesberts vom linken Flügel der Zentrumspartei bei der Unternehmung mit. Da es sich bei ihnen allen um Politiker handelte, deren Standort sich links von der Mitte befand, konnte Coudenhove-Kalergi daraus leicht ein Argument für die von ihm behauptete zu starke Linkslastigkeit der Konkurrenzorganisation gewinnen.

Die deutsche Gruppe der Interparlamentarischen Union diente offenbar als Rückhalt des «Komitees», für das sich die vielfältigen Kontakte Heiles als eines «Multifunktionärs», beginnend mit seiner Mitgliedschaft in der DLV, wahrscheinlich als zweckdienlich erwiesen. Er betätigte sich nicht nur als Schriftführer der deutschen Gruppe der Interparlamentarischen Union. Er war auch Vizepräsident der «Entente Internationale des Partis Radicaux et des Partis Démocratiques Similaires», eines die linksliberalen Parteien Europas zusammenschließenden Dachverbandes,[17] und Vizepräsident des «Österreichisch-Deutschen Volksbundes», der für den Anschluss Deutsch-Österreichs an das Reich werbenden Organisation demokratischer Politiker. Er war außerdem Mitglied des «Internationalen Werbeausschusses für den Frieden», der unter der Leitung des französischen Linkskatholiken Marc Sangnier stand. Sangnier trat als entschiedener Werber für deutsch-französische Aussöhnung auf, er war der Organisator demokratischer Friedenskongresse in den zwanziger Jahren und 1926 Gastgeber eines deutsch-französischen Jugendtreffens auf seinem Landsitz Bierville südlich von Paris.[18] Heile konnte aus solchen Kontakten für seine Sache Nutzen ziehen, indem er innerhalb kurzer Zeit persönliche Beziehungen zu einer erheblichen Zahl ausländischer, insbesondere französischer Politiker aufzubauen verstand.

Europäische Aktivitäten

Die definitive Abgrenzung der beiden wichtigsten Organisationen für europäische Einigung vollzog sich um die Mitte des Jahres 1925. Von nun an hieß das bisherige «Komitee für die Interessengemeinschaft der europäischen

---

17 Siehe Alwin HANSCHMIDT: *Anläufe zu internationaler Kooperation radikaler und liberaler Parteien Europas 1919-1923*. In: *Francia*, Nr. 16, 1989, S. 35-48; DERS.: *Entente der Radikalen und Demokraten. Zur Gründung der ersten Liberalen Internationale vor 75 Jahren*. In: *Liberal. Vierteljahreshefte für Politik und Kultur*. Jgg. 42, 2000, S. 72-77. – Heile als Teilnehmer der Kongresse der «Entente»: HEILE: *Europäischer Demokratentag in London*. In: *Die Hilfe*, Nr. 34, 1928, S. 185 f.

18 Zur Einordnung des Vorgangs siehe Dieter TIEMANN: *Deutsch-französische Jugendbeziehungen der Zwischenkriegszeit*. Bonn 1989, S. 77-84.

Völker» «Komitee für europäische Zusammenarbeit». Seither verstärkten Heile und Coudenhove-Kalergi ihren Wetteifer um eine Ausweitung ihrer Aktionsbasis. Sie erhöhten ihre Bemühungen, das Auswärtige Amt für eine Unterstützung zu gewinnen, und dies auch im Hinblick auf eine finanzielle Subventionierung. Sie strebten eine breitere parlamentarische Unterstützung an. Sie bemühten sich, einflussreiche Wirtschaftskreise für ihre Aktivitäten zu interessieren. Sie begannen, ihre Propaganda auch in Frankreich, England und Polen zu entfalten. Und sie trachteten nach Anerkennung als regierungsoffiziöse deutsche Europaorganisation, vergleichbar der Deutschen Liga für den Völkerbund. Aus all diesen Gründen, letztlich also aus Opportunität, mieden beide Konkurrenten die Nähe zum organisierten deutschen Pazifismus, und dies umso mehr, als dieser sich immer mehr radikalisierte. (Eine Ausnahme bildete Coudenhove-Kalergis Auftritt auf dem Weltfriedenskongress im Oktober 1924 in Berlin, auf dem er vergeblich für sein «Paneuropa» zu werben versuchte).

Das Auswärtige Amt gab seine Zurückhaltung, sich auf die ausschließliche Förderung einer der beiden wichtigsten Europa-Organisationen festzulegen, nie auf. Wohl aber wäre in seiner Sicht ihre enge Zusammenarbeit dringend erwünscht, bevorzugt sogar ihre Fusion gewesen. Jedoch machten schon die Vorbehalte des Auswärtigen Amtes gegenüber allen drei Protagonisten der Europa-Aktivitäten ein solches Ergebnis unwahrscheinlich. Denn Nossig galt als «Phantast», Heile stand im Verdacht, seine Europa-Aktivitäten nicht zuletzt im Hinblick auf seine persönlichen, auch beruflichen Ambitionen zu betreiben, wie es wohl seit der Nichterneuerung seines Reichstagsmandats im Mai 1924 besonders deutlich hervortrat, Coudenhove-Kalergi missfiel wegen seines autoritären Auftretens und wegen seiner doktrinären Haltung.

Die günstigen atmosphärischen Bedingungen der Locarno-Verträge halfen unter Heiles intensivem Einsatz[19] bei der Weiterentwicklung des «Komitees für europäische Zusammenarbeit» zum «Verband für europäische Verständigung».[20] Für ihn diente die DLV als Modell. Dementsprechend gliederte sich der Verband in zwölf Ausschüsse, unter denen dem Ausschuss für europäische Verständigung besondere Bedeutung zukam. Ein Arbeitsplan benannte europäische Entspannung, geistige Abrüstung, Beseitigung der Ursachen künftiger Kriege durch friedliche Verständigung als Ziele. Der Verband stellte sich als konkrete Aufgaben die Herstellung direkter Kontakte zwischen einzelnen gesellschaftlichen Gruppierungen der europäischen Völker und die

---

19 Als Beispiel für Heiles publizistischen Einsatz in *Die Hilfe*, HEILE: *Von Versailles über Locarno nach – Europa*. In: *Die Hilfe*, Nr. 31, 1925, S. 436 f.
20 Vgl. Undine RUGE: *Die Erfindung des «Europa der Regionen»*. Eine kritische Ideengeschichte integralföderalistischer Europakonzepte, Frankfurt am Main. New York 2003 (Phil. Diss. Göttingen 2003), S. 50.

Prüfung der Lage der nationalen Minderheiten unter dem Aspekt des Selbstbestimmungsrechts.

Das Selbstverständnis des Verbandes, wie es sich um 1926 darstellte, ließ sich in etwa so umreißen: Er wollte Instrument sein für eine Politik der friedlichen Revision von Versailles, das hieß die Rückgewinnung des Selbstbestimmungsrechts für Deutschland und dies vor allem Frankreich gegenüber. Er betrachtete europäische Verständigung begründet im deutschen Interesse und hervorgehend aus den Locarno-Verträgen. Er zielte ab auf «gerechte» Grenzziehung und dachte dabei offenbar besonders an die deutsche Ostgrenze.

Zu den nächsten Schritten des Verbandes gehörte eine Reise Nossigs nach Paris mit dem Ziel, zu sondieren, ob das Programm des Verbandes in Frankreich günstige Aufnahme finde. Nossig stieß in Paris auf eine kühle Reaktion. Man ließ ihn wissen, ein derart massives Vorgehen Deutschlands bedürfe der Abschwächung durch gleichzeitige Kundgebungen in England und Polen. Es folgte eine Reise Heiles nach Paris, wo er dank seiner Tätigkeit bei der «Entente» hoffen konnte, die Bedenken seiner radikalsozialistischen Gesprächspartner zu zerstreuen.

Bereits solche Anzeichen bescheidenster Erfolge im Lager Heiles schienen Coudenhove-Kalergi zu alarmieren. Das ließen von seiner Seite seither unternommene Störversuche erkennen, so jetzt die Verbreitung des Gerüchtes, Paul Painlevé und Herriot seien in das Paneuropa-Lager übergewechselt. Das aber war keineswegs der Fall, denn als am 12. Juni 1926 eine erste Delegiertenkonferenz des bisher gegründeten nationalen Komitees des Verbandes für europäische Verständigung im europäischen Zentrum der Carnegie-Stiftung in Paris stattfand, tagte sie unter Painlevés Vorsitz. Die Einladung war von französischer Seite ergangen, offenbar zu kurzfristig, um eine repräsentative Beschickung zu gewährleisten. Die britische Teilnahme zum Beispiel erschöpfte sich in Grußadressen der drei Parteien des Unterhauses. Als deutsche Teilnehmer traten nur Heile und Rudolf Wissell (SPD) auf.

Die stärkste Delegation bildeten die französischen Teilnehmer, zu denen außer Painlevé Emile Borel, André Honnorat, André François-Poncet, Henri Lichtenberger und Joseph Barthelémy gehörten, durchweg Politiker, die der Verständigung mit Deutschland aufgeschlossen gegenüberstanden. Mit seinem Appell, endlich die zwischen den pro-europäischen Bewegungen herrschenden Differenzen zu überwinden, regte Painlevé eine ausgedehnte Diskussion über das Programm Coudenhove-Kalergis an und über den Bestand der Modifikationen, die dieser mittlerweile daran vorgenommen hatte. Heiles Eindruck zufolge bestand bei den Teilnehmern der Konferenz keine Neigung zu einer Zusammenarbeit mit «Paneuropa».

Die Konferenz hatte sich die Aufgabe gestellt, sich als Versammlung des Verbandes für europäische Verständigung zu konstituieren. Dieser Anspruch ließ sich jedoch nicht einlösen, da sich die kleine deutsche Delegation nicht bereit fand, an einem nur von Deutschen, Franzosen und Polen zu unterzeichnenden Aufruf mitzuwirken. Das vorläufige Ergebnis war deshalb die Vertagung und die Einwilligung in die vorzeitige Veröffentlichung eines deutschen Aufrufs.

Der Aufruf, dessen Diktion und programmatische Aussagen an die starke Beteiligung Heiles und Schückings denken ließen, wurde am 28. Juli 1926 verbreitet. Er verwies auf das mit den Locarno-Verträgen für Europa Erreichte und brachte seine wesentlichen Erwartungen in der Passage zum Ausdruck:

> Das deutsche Volk ist bereit, seine Lebensinteressen auf dem Wege weiterer Verständigungsarbeit zu sichern. Andererseits haben die übrigen Völker begriffen, dass eine Weiterentwicklung Europas ohne vollen Ausgleich mit Deutschland unmöglich ist. Soll aber die neue Ordnung, die zur allgemeinen Abrüstung führen muss, von Dauer sein, so muss die Gewissheit geschaffen werden, dass die moralischen Garantien, die an die Stelle der militärischen treten, von keiner Seite verletzt werden. Dies kann nur durch eine Vertiefung der Gedanken des Friedens und der Solidarität sowie durch Verflechtung der Wirtschaften erreicht werden.

Der Aufruf fand ein günstiges Echo, das sich in einer rund 400 Namen enthaltenden Liste der Unterzeichner ausdrückte: neben Reichskanzler Marx und Stresemann viele weitere Persönlichkeiten aus der Politik unter Einschluss der Deutschen Volkspartei und der Wirtschaftlichen Vereinigung, zahlreiche Oberpräsidenten und Oberbürgermeister, daneben Bankiers und Wirtschaftsführer, namhafte Gelehrte, Repräsentanten des künstlerischen Lebens, gemäßigte Vertreter der Friedensbewegung, Graf Bernstorff für die DLV, Theodor Leipart als Vorsitzender des Allgemeinen Deutschen Gewerkschaftsbundes sowie Otto Hörsing als Vorsitzender des «Reichsbanners Schwarz-Rot-Gold». Die Breite der Zustimmung konnte freilich nicht darüber hinwegtäuschen, dass hier ausschließlich jene Kräfte ihr Bekenntnis für Europa aussprachen, die auf dem Boden der Republik standen, und dass die Zahl von Politikern aus der DDP überwog. Dafür war überdies aufschlussreich, dass Schücking als Vorsitzender des vorläufigen Vorstandes, Heile als sein geschäftsführender Stellvertreter, Nossig als Generalsekretär vorgesehen waren.

Auf europäischer Ebene erfolgte die Gründung des Verbandes am 2. September 1926 in Genf, begleitet von einem Manifest «An die Völker Europas». Der Vorgang vermochte nicht sonderlich zu beeindrucken. Tatsächlich eindrucksvoll als theatralische Inszenierung wirkte dagegen Coudenhove-Kalergis Paneuropa-Kongress in Wien vom 3. bis 6. Oktober 1926. Dafür sorgten nicht nur eine perfekte Organisation, sondern auch die Wahl des Ortes, der Europa als überzeitliche Idee und als unvergängliches Zeugnis abendländischer Kultur beschwor und zugleich nostalgische Erinnerungen an den supranationalen Charakter des untergegangenen Habsburger-Reiches wecken mochte. Dem gewünschten Effekt dienten auch die Anwesenheit von 2000 Delegierten aus 24 Staaten, die Coudenhove-Kalergi wie erwartet zum Präsidenten der «Paneuropa-Union» wählten, sodann die Deklamation der Hymne «Europa» durch die Schauspielerin Ida Roland, die Gattin Coudenhove-Kalergis, und viele weitere quasi-ästhetische ornamentale Zutaten dieser Veranstaltung.[21]

Der zumindest optisch spektakuläre Erfolg Coudenhove-Kalergis spiegelte sich im Interesse deutscher Wirtschaftskreise an der Paneuropa-Bewegung wider, zusätzlich stimuliert durch das Interesse an einer europäischen Zollunion. Das nun zustande kommende deutsche Wirtschaftskomitee für Paneuropa zählte Namen von Spitzenvertretern der deutschen Wirtschaft, wobei die Beteiligung von Kohle und Stahl und von modernen Produktionssektoren wie Chemie und Elektroindustrie ins Auge fielen.[22]

Auf den Erfolg Coudenhove-Kalergis reagierte das deutsche Komitee des Verbandes für europäische Verständigung mit einer öffentlichen Kundgebung am 2. November 1926 im Reichstag. Indem Heile als einer der Redner die Ziele des Verbandes in Erinnerung rief, bekräftigte er die Zugehörigkeit Englands zu Europa, wofür die Locarno-Verträge eine eindeutige Bestätigung lieferten, und forderte auch den Beitritt Sowjetrusslands, sobald es dazu reif und bereit sei. Der Schein des Erfolges trog: Gefestigt war der Verband keineswegs, und er blieb belastet durch innere und äußere Schwierigkeiten, die Heiles Energien stark in Anspruch nahmen.

Eines der Probleme der Verbandsleitung ergab sich aus der Stellung Nossigs innerhalb des Verbandes, die sowohl die Verbandsleitung als auch das Völkerbundsreferat des Auswärtigen Amtes zu Überlegungen veranlasste, wie eine Kaltstellung und schließlich eine Ausbootung Nossigs zu bewerkstelligen sei. Die aus den archivalischen Quellen zu ermittelnden Gründe hierfür sind nicht überaus eindeutig. Nach dem anfänglichen Wohlwollen des Auswärtigen Amtes gab es inzwischen internes, vielleicht von deutschen

---

21 HOLL: *Europapolitik* (wie Anm. 1), S. 67 f.
22 Vgl. FROMMELT: *Paneuropa* (wie Anm. 8), S. 46-72. Die Verknüpfung der Paneuropabewegung mit Interessen der Großindustrie und der Hochfinanz sowie der militante Antibolschewismus Coudenhove-Kalergis bot der marxistischen Kritik bequeme Ansatzpunkte. Als deren Reflex siehe u.a. Günter HÖHNE: *Paneuropa-Union Deutschlands (PUD) 1926-1933*. In: Dieter FRICKE und HERAUSGEBERKOLLEKTIV (Hrsg.): *Lexikon zur Parteiengeschichte. Die bürgerlichen und kleinbürgerlichen Parteien und Verbände in Deutschland (1789-1945)*, Bd. 3. Köln 1985, S. 569-575. Sie bewirkte auch die Abwendung deutscher Linksintellektueller wie Kurt Hiller und Klaus Mann von *Paneuropa*: HOLL: *Graf Coudenhove-Kalergi* (wie Anm. 10), S. 26; FROMMELT: *Paneuropa* (wie Anm. 8), S. 62.

Wirtschaftskreisen beeinflusstes Missfallen an manchen Eigenmächtigkeiten Nossigs, die aus der Sicht des Auswärtigen Amtes eine Distanzierung von ihm erforderlich machten. Der neuen Verbandsführung und hier vor allem Heile mochte Nossig bei ihrem Bestreben, die politische Basis nach rechts zu erweitern und dergestalt mit Coudenhove-Kalergi gleichzuziehen, allmählich zur Last geworden sein. Dabei konnten regelmäßige Beschwerden über undiplomatisches Vorgehen Nossigs bei seinen Auftritten im Ausland, über seine hektische Betriebsamkeit sowie mehr oder weniger vernehmlich geäußerte, besonders in der Rechtspresse antisemitisch getönte Kritik an dem «polnischen Juden» und Zionisten Nossig als willkommene Argumente dienen.[23]

Aus dem sich infolge dieser Konstellation entwickelnden, von Intrigen, wechselseitigen Vorwürfen und Verdächtigungen reichlich erfüllten Kulissenspiel ging Nossig nicht als Sieger hervor. Das Ergebnis bestand trotz «gütlicher Verständigung» des Verbandsvorstandes mit Nossig und der Zusicherung seiner finanziellen Unterstützung durch den deutschen Verband letztlich in der Ausbootung Nossigs nicht nur aus seiner Funktion innerhalb des deutschen Verbandes, sondern auch aus dem Gesamtverband, dem er ebenfalls als Generalsekretär gedient hatte.[24] Tragisch ist das weitere Schicksal Nossigs.[25]

Daneben war für Heile jetzt – und mit dem Problem Nossig verschränkt – das Problem der Finanzierung des Verbandes aufgetaucht, seit das Auswärtige Amt eine Kürzung der bisher gewährten Subvention angekündigt hatte und deshalb die von Nossig neuerdings für das Jahr 1927 ersonnenen Projekte (ein «Europäischer Kongress» in Frankfurt am Main und die Gründung eines gesamteuropäischen Klubs) teils wegen ihrer Kostspieligkeit, teils als politisch unzweckmäßig hatten gestrichen werden müssen.

---

23 Vgl. HOLL: *Europapolitik* (wie Anm. 1), S. 71.
24 Vgl. ebd., S.72 f.
25 Nach 1933 vom NS-Regime ausgewiesen, setzte Nossig von Polen aus seine Aktivitäten zur Verwirklichung seiner Friedensideen fort. Alsbald nach dem Überfall Hitler-Deutschlands auf Polen trat er 1939 in Warschau in Verbindung mit deutschen Besatzungsbehörden und entwickelte Pläne zur Emigration der jüdischen Bevölkerung Polens. Er wurde schließlich auf deutschen Druck hin Mitglied des Judenrates im Warschauer Ghetto. Anfang 1943 von einem Gericht des jüdischen Untergrunds wegen des Verdachts verräterischer Kollaboration mit den Deutschen unter Anklage gestellt, wurde er zum Tode verurteilt und von Mitgliedern der jüdischen Kampforganisation hingerichtet. – Siehe M. ZYLBERBERG: *The Trial of Alfred Nossig. Traitor or Victim*. In: *The Wiener Library Bulletin* Nr. 23, 1969, S. 41-45; Ysrael GUTMAN: *The Jews of Warsaw, 1939-1943*. Ghetto, Underground, Revolt, Brighton 1982, S. 80 ff. S. 341 f.

Die Berliner Entscheidungen folgten einem bedeutenden Vorgang in Paris oder überschnitten sich mit ihm. Heile hielt sich Mitte Dezember 1926 anlässlich der Sitzung des Zentralkomitees des europäischen Verbandes in Paris auf. Es ist unklar, ob ihm zu dieser Zeit bereits bekannt war, dass sich unter der Leitung von Emile Borel eine neue Gruppe für europäische Verständigung konstituiert und sich, der ständigen Rivalität zwischen der Gruppe Heile-Nossig und Coudenhove-Kalergi überdrüssig, auf ein neues, pragmatischeres Programm geeinigt hatte. Die neue Gruppe, die sich «Comité Français de Coopération Européenne» nannte, konnte sich ermutigt fühlen vom Zuspruch politisch einflussreicher Mitglieder, die vorher entweder dem französischen Komitee für internationale Verständigung oder dem französischen Paneuropa-Komitee angehört hatten. Nicht zuletzt dadurch, dass der französische Staatspräsident Gaston Doumergue die Ehrenpräsidentschaft der Neugründung übernahm und Aristide Briand und sogar Raymond Poincaré dem Ehrenausschuss beitraten, wurde sie zur wichtigsten europäischen Organisation Frankreichs. Vergeblich unternahm Heile Schritte mit dem Ziel, den deutschen Verband durch eine ähnliche Entscheidung Hindenburgs aufzuwerten.[26]

Das neue französische Komitee betrachtete sich keineswegs als direkte Nachfolgeorganisation des Verbandes für europäische Verständigung. Das erfuhr Heile im April 1927 von Borel, als er mit diesem, einer früheren Verabredung gemäß, eine Reise nach England antrat, um die nach Nossigs misslungenen Versuchen womöglich doch noch bestehenden Möglichkeiten zur Gründung einer britischen Gruppe des Verbandes zu erkunden. Damit hatte sich auf unerwartete Weise zugleich die Frage erledigt, ob Nossigs Tätigkeit noch eine internationale Verankerung besitze. Schmerzlich hingegen dürfte für Heile die Information gewesen sein, die er von Borel auf seine Frage erhielt, ob der deutsche Verband auch von dem neuen französischen Komitee als Partner angesehen werde: Borel verneinte die Frage.[27] Heile ebenso wie Borel konnten sich in England davon überzeugen, wie stark dort in der Gestalt der «League of Nations Union» der Völkerbundsgedanke Breitenwirkung entfaltete. Diese Erkenntnis förderte die Bereitschaft eines künftigen engeren Zusammengehens des Verbands mit dem Weltbund der Ligen für den Völkerbund.

Die neue Entwicklung setzte beide Seiten, Heile wie Coudenhove-Kalergi gleichermaßen, unter Zugzwang. Dies fand seinen Ausdruck darin, dass beide Kontrahenten sich im April 1927 zu einem Gespräch über Möglichkeiten und Formen künftiger Zusammenarbeit veranlasst sahen. Wie

---

26 FROMMELT: *Paneuropa* (wie Anm. 8), S. 61.
27 HOLL: *Europagedanke* (wie Anm. 1), S. 75 ff.

Heile dem Auswärtigen Amt berichtete, hatte Coudenhove-Kalergi dabei seine bisherige Haltung zum Ausschluss Englands von einer europäischen Einigung bekräftigt, aber auch davon abweichende Stimmen im französischen Paneuropa-Komitee, so die des Generalsekretärs Francis Delaisi, erwähnt. Als das bisherige Haupthindernis für eine Zusammenarbeit beider Organisationen habe Coudenhove-Kalergi Nossig bezeichnet. Ein Verzicht Coudenhove-Kalergis auf seinen Führungsanspruch im Falle einer etwaigen Fusion beider Organisationen sei nicht zu erwarten, wusste Heile weiter zu berichten.[28]

Immerhin erwies es sich für Coudenhove-Kalergi als notwendig, dem französischen Paneuropa-Komitee eine neue personelle Struktur zu geben: Den Vorsitz übernahm Louis Loucheur, Léon Blum und Barthelémy traten in den Vorstand ein, während Delaisi Generalsekretär blieb.

Manches schien auf den Beginn eines neuen Stadiums in den beiderseitigen Beziehungen hinzudeuten. Heile betonte dem Auswärtigen Amt gegenüber mit Gesten des guten Willens seine Bereitschaft zur Zusammenarbeit. Zugleich betrieb er die Errichtung einer dem französischen Komitee ebenbürtigen Dachorganisation in Deutschland, eines «Deutschen Komitees für europäische Kooperation», – vielleicht deshalb, um sich auf solche Weise in eine günstigere Position bei künftigen Verhandlungen mit Coudenhove-Kalergi zu bringen. Das Auswärtige Amt verhielt sich abwartend. In der Tat schien Skepsis dem Stand der Dinge angemessen.

Fürs erste kam es im Dezember 1927 trotz der hinhaltenden Taktik Coudenhove-Kalergis zur Gründung eines alle Europa-Organisationen umfassenden «Deutschen Kartells für europäische Annäherung».[29] Ob es gleichwohl zu einer Einigung beider Europa-Protagonisten kommen werde, erschien zweifelhaft wie eh und je. Heile glaubte über Hinweise zu verfügen, wonach Coudenhove-Kalergi versuche, sein Ansehen in Frankreich zu schmälern, indem er ihn als Vorkämpfer des Anschlusses von Österreich an das Deutsche Reich zu diskreditieren versuche.[30] Heiles Tätigkeit an vorderer Stelle im «Österreichisch-Deutschen Volksbund» war kein Geheimnis gewesen. An sie jetzt gerade in Frankreich zu erinnern und damit Heiles neuen Verband dort als Organisation mit dem Hauptziel des «Anschlusses» erscheinen zu lassen, war allzu offensichtlich ein weiteres Störmanöver Coudenhove-Kalergis, wie es Heile auch von Borel bestätigt wurde. Anfang 1928 revanchierte sich das deutsche Komitee für europäische Kooperation, indem Schücking darauf hinwies, dass sogar der Präsident des Reichstages und Präsident der deutschen Paneuropa-Union Paul Löbe gleichzeitig an der Spitze des «Österreichisch-Deutschen Volksbundes» stehe. In der Tat konnte

---

28 Ebd., S. 77.
29 Ebd., S. 80.
30 FROMMELT: *Paneuropa* (wie Anm. 8), S. 61.

das Engagement Heiles für den «Anschluss», also für die Erfüllung des Traumes von «Großdeutschland», in Frankreich leicht Misstrauen wecken. War Heile aber so unbelastet von Bedenken, war er so arglos, war er gar so naiv, dass bei ihm keinerlei Zweifel an der Vereinbarkeit seiner Europa-Politik mit der Werbung für «Anschluss» aufkamen, wenn es ihm um die französische Zustimmung zu beidem zu tun war?

Die Entwicklung ließ Befürchtungen im Auswärtigen Amt aufkommen, in die neuerlichen Querelen hineingezogen zu werden. Zugleich wuchs dort der Zweifel an einer fortdauernden Existenzberechtigung von Heiles Verband und verstärkte sich der Wunsch einer Fusion des Verbandes mit der Deutschen Liga für den Völkerbund. Tatsächlich entwickelten sich die Dinge von nun an Zug um Zug in diese Richtung.

Zunächst trat am 24 November 1928 in Paris unter dem Vorsitz von Paul Doumer, des Präsidenten des französischen Senats, die Generalversammlung aller nationalen Komitees des Verbandes für europäische Kooperation zusammen und beschloss deren Vereinigung zur «Fédération des comités nationaux de coopération européenne», die sich in deutscher Version «Bund für europäische Kooperation» benannte. In der von der Versammlung beschlossenen Satzung war davon die Rede, dass das zentrale Komitee der Fédération und auch deren nationale Komitees sich zu enger Zusammenarbeit mit der Liga für den Völkerbund auf internationaler und nationaler Ebene verpflichteten.

In ihren Ansprachen drückten Heile und Borel die Distanz der Gründung zu Coudenhove-Kalergis «Paneuropa» aus und bekräftigten das Interesse an einer britischen Beteiligung, worauf der als Beobachter anwesende Generalsekretär der britischen Liga für den Völkerbund Maxwell Garnett die Bildung eines britischen Komitees für europäische Kooperation, jedoch in Verbindung mit der britischen Völkerbundsliga, ankündigte. Borel wurde zum Präsidenten des Bundes berufen, Schücking und der polnische Politiker Stanislaw Thugutt wurden Vizepräsidenten, Heile und Jules Rais Generalsekretäre. Heile wurde die Aufgabe zugewiesen, sich um die internationale Propaganda und um die Beziehungen zwischen den nationalen Komitees zu kümmern.[31]

Als der Bund am 12. und 13. Februar 1929 in Brüssel seinen ersten Kongress abhielt – Heile nahm daran teil –, wurde die Absicht einer engen Verbindung des Bundes mit dem Weltbund der Ligen für den Völkerbund durch die Teilnahme von dessen Präsidenten Johann Heinrich Graf Bernstorff und von dessen Generalsekretär Théodore Ruyssen unterstrichen. Wenige Wochen später reiste Heile nach Oslo, Stockholm, Helsinki, Reval und Riga, um dort die Möglichkeiten zur Einrichtung nationaler Komitees zu sondieren, stieß

---

31 HOLL: *Europagedanke* (wie Anm. 1), S. 83 f.

dabei jedoch allenfalls auf wohlwollendes Interesse. Wie weit die Verzahnung des internationalen Verbandes der Ligen für den Völkerbund mit dem Bund inzwischen gediehen war, bewies die Gleichzeitigkeit der Versammlungen beider Organisationen Ende Mai 1929 in Madrid. Heile und von deutscher Seite außerdem Wilhelm Sollmann (SPD) und Eduard David (SPD) nahmen an der Tagung des Bundes teil, auf der Fragen der europäischen Zusammenarbeit auf dem Gebiet des Zollwesens, der Fortfall des Visumzwangs und die Vereinheitlichung des Luftverkehrsrechts in Europa diskutiert wurden. Alles in allem konnte Heile mit dem von ihm trotz vieler Widrigkeiten Erreichten zufrieden sein.[32]

Heiles europäischer Eifer und sein Eifer für einen intensiven deutsch-französischen Dialog fand 1929 auch seinen Ausdruck in einem erneuten Besuch in Paris und in seiner Teilnahme am Parteitag der Radikalsozialisten in Reims. Sein ungebrochener europäischer Enthusiasmus kontrastierte aber nun deutlich mit der mittlerweile in Berlin herrschenden Zurückhaltung in Fragen der europäischen Einigung. Das war zunächst einmal gewiss die Wirkung von Stresemanns Tod am 3. Oktober 1929 und des Übergangs in der Leitung des Auswärtigen Amtes an Julius Curtius, auch wenn gegenüber einer positiven Einschätzung von Stresemanns Engagement für Europa ohnedies Einschränkungen angezeigt sein mögen.[33] Heile fand jedenfalls bei seinen Vorsprachen im Auswärtigen Amt jetzt weniger aufmerksames Gehör als zuvor. Das, was an europäischen Ideen bisher vorliege, entbehre noch der nötigen Reife, so die reservierte Stellungnahme des Auswärtigen Amtes, das außerdem von einem engeren europäischen Zusammenschluss ungünstige Wirkungen bei den USA und bei Sowjetrussland befürchtete (oder auch nur zu befürchten vorgab) und empfahl, die in Aussicht stehende Denkschrift Briands zur europäischen Kooperation abzuwarten.

Die vielfältigen Folgewirkungen der Weltwirtschaftskrise fügten Heiles Aktivitäten weitere Hindernisse hinzu. Das alles hielt Heile jedoch nicht von seinem Plan ab, ein Aktions- oder Arbeitsprogramm für den «Bund für europäische Kooperation» zu entwerfen. Wie gewöhnlich ließ er sich auch jetzt von euphorischen Stimmungen beflügeln, da ihn die Kontakte mit seinen französischen Freunden in dem Eindruck bestärkten, die Anstrengungen für die Einigung Europas würden bald greifbare Erfolge zeitigen. Die Vorbereitung des Aktionsprogramms bestand in einem von Heile, Borel und Rais ausgearbeiteten Fragebogen, der den einzelnen nationalen Komitees zugeleitet werden sollte. Die daraufhin erwarteten Antworten sollten als Grundlage für das Aktionsprogramm dienen.

---

32   Ebd., S. 85 f.
33   So HESS: *Europagedanke* (wie Anm. 1), S. 577, Anm. 12.

Für die deutsche Seite formulierte Heile einen umfangreichen Entwurf, in dem er sich unter anderem zu der staatsrechtlichen Gestalt eines vereinigten Europa äußerte: Die Form des Bundesstaates sei das erstrebenswerte «Zukunftsideal», ein Staatenbund das «Gegenwartsideal». Der Entwurf bekräftigte die ablehnende Haltung des Bundes gegenüber Coudenhove-Kalergi: Von einem europäischen Zusammenschluss dürfe die Sowjetunion ungeachtet der dort herrschenden Verhältnisse ebenso wenig ausgeschlossen werden wie Großbritannien, dessen Fernhaltung von einem vereinigten Europa Coudenhove-Kalergi vor allem mit den globalen Verpflichtungen dieses Staates als ehemaliges koloniales Imperium zu begründen pflegte. Die britische Beteiligung dagegen diene, so Heile, auch den Interessen der britischen Dominions und Indiens. Damit schlug Heile das Thema der Rolle der Kolonien und Schutzgebiete in deren Verhältnis zu einem vereinigten Europa an, ein Thema, das bereits auf dem Madrider Kongress von David berührt worden war. Dazu stellte Heiles Entwurf fest, die Gleichberechtigung aller europäischen Staaten, somit auch deren von Wettbewerbsverzerrungen befreite industrielle Produktion und ebensolche Handelsbeziehungen erforderten den ungehinderten, gleichberechtigten Zugang aller dieser Länder zu den außereuropäischen Rohstoffressourcen.

Die europäische Zusammenarbeit sollte gemäß den Wünschen Heiles befördert werden durch die Einsetzung eines ständigen Komitees von Regierungsbeauftragten der europäischen Staaten mit der Aufgabe, einen Organisationsplan für einen europäischen Staatenbund zu erarbeiten. Heiles konkrete Anregungen zur Zusammenarbeit der europäischen Staaten waren vielfältig. Außer wirtschaftlichen Aufgaben waren dies Aufgaben zur Koordinierung der europäischen Zoll- und Verkehrspolitik, des Erziehungswesens, der Sozial- und Gesundheitspolitik und, überraschend genug, wagte es Heile sogar, die Möglichkeit einer gemeinsamen europäischen Verteidigungsorganisation anklingen zu lassen. Heiles Entwurf schloss mit dem Vorschlag, eine Studienzentrale als ständige Kommission einzurichten, die sich mit den Problemen der europäischen Einigung beschäftigen solle.

Dieser Entwurf mochte aus zeitgenössischer Sicht utopisch anmuten. Heile zögerte dennoch nicht, ihn im Dezember 1929 dem Auswärtigen Amt mit der Bitte um Kenntnisnahme und mit der Bitte zuzuleiten, ihn wissen zu lassen, gegen welche Punkte Bedenken bestünden. Die Bitte um eine gewissermaßen begutachtende Stellungnahme durch das Auswärtige Amt war ungewöhnlich, die Aussicht Heiles auf eine die deutsche Außenpolitik derart festlegende Auskunft höchst gering. Tatsächlich fiel so die Ende 1929 ergehende Antwort des Auswärtigen Amtes aus: einer Festlegung ausweichend. Im Übrigen wurde die Annahme einer etwaigen Ehrenmitgliedschaft des deutschen Außenministers in dem internationalen Bund von einem gleichgerichteten Schritt der Außenminister Frankreichs und Großbritanniens abhängig gemacht.[34]

Eine längere interne Aufzeichnung des Auswärtigen Amtes zur Information des in der Materie unbewanderten neuen Ministers sprach zu diesem Zeitpunkt mit Skepsis über die Erfolge Heiles in Deutschland, desgleichen über die Erfolgsaussichten des Bundes auf internationaler Ebene. Auch im Hinblick auf die finanziellen Auswirkungen einer zu starken Förderung Heiles riet die Aufzeichnung zur Distanz gegenüber Heile. Für das Urteil über Coudenhove-Kalergi galt nach wie vor nichts anderes im Auswärtigen Amt, das ausdrücklich dessen Haltung zu England und zur Sowjetunion als die schwachen Punkte in der Paneuropa-Konzeption vermerkte. Äquidistanz herrschte hier also noch immer gegenüber den beiden Europa-Konkurrenten. Um eine ausgewogene Haltung war das Auswärtige Amt auch bemüht im Zusammenhang mit den zentralen öffentlichen Veranstaltungen beider Europa-Organisationen: dem Paneuropa-Kongress in Berlin vom 17. bis 19. Mai 1930 und den gleichzeitig zusammentretenden Tagungen der Föderation der Nationalkomitees für europäische Kooperation und des Weltbundes der Ligen für den Völkerbund in Genf am 2. und 3. Juni 1930.

An der Genfer Tagung der Föderation nahmen außer Heile die Mitglieder des Reichstages Marie Elisabeth Lüders (DDP) und Rudolf Breitscheid (SPD) teil, dieser zugleich als Vizepräsident. Es lag für Heile nahe, so kurz nach dem Berliner Paneuropa-Kongress in Genf den Gegensatz zu Coudenhove-Kalergi zu betonen. Eine gewisse Sensation bedeutete es jedoch Barthelémy, den Teilnehmer des Berliner Kongresses, gerade jetzt in Genf mit einem Vortrag über das Problem staatlicher Souveränität im Zusammenhang europäischer Einigung zu erleben und zwar mit Thesen, die keine Entsprechung in der paneuropäischen Doktrin fanden. Mehr noch: Barthelémy wies die Behauptung, Großbritannien sei wegen seiner starken überseeischen Bindungen kein europäischer Staat mit dem Hinweis auf ähnliche Bindungen Frankreichs als Kolonialmacht zurück und führte damit Coudenhove-Kalergis Argumentation ad absurdum. Überdies wollte er auch an der Zugehörigkeit Sowjetrusslands zu Europa festgehalten wissen. Eine Replik auf das seit dem 1. Mai 1930 vorliegende Memorandum Briands über Erfordernisse und Möglichkeiten einer engen Verbindung der europäischen Staaten enthielt die Rede Breitscheids, indem sie den nach Breitscheids Ansicht überholten Souveränitätsbegriff in Briands Plan in Frage stellte. Es war zu erwarten gewesen, dass im

---

34 HOLL: *Europapolitik* (wie Anm. 1), S. 87 ff.; HESS: *Europagedanke* (wie Anm. 1), S. 591.

Lichte von Briands Initiative alle in diesen Tagen in Genf zu Europa geäußerten Kommentare Beachtung finden würden.[35]

Heiles europäische Aktivitäten vor ihrem Ende

Heiles Betriebsamkeit täuschte darüber hinweg, dass es sich bei seinen Aktionen im Grunde nur noch um Scheinerfolge handelte. Mit dem Amtsantritt von Julius Curtius hatte er den Höhepunkt seiner Europa-Aktivitäten überschritten, und die Aussichten auf einen baldigen Durchbruch zum Erfolg waren geschmolzen, auch wenn er es sich selbst am wenigsten eingestehen mochte. Die sich äußerlich erfolgreich darstellende Tätigkeit des deutschen Komitees und der internationalen Föderation fand ein jähes Ende durch die seit Herbst 1930 immer mehr einschneidende Finanznot des Reiches. Mit Bestürzung nahm Heile die Ankündigung des Auswärtigen Amtes auf, die bisherige jährliche Subvention für das Komitee müsse um die Hälfte gekürzt werden. Nur eine ausreichende finanzielle Unterstützung konnte, so Heiles Erfahrung, die Arbeitsfähigkeit seiner Organisation auch in Zukunft sichern. Doch eine Demarche Heiles beim Auswärtigen Amt blieb erfolglos. Ebenfalls scheiterte ein Hilfeersuchen Heiles bei dem Reichsfinanzminister Hermann Dietrich. Von diesem hatte Heile sich vielleicht Verständnis für die prekäre Lage des Komitees erhofft wegen ihrer gemeinsamen Mitgliedschaft in der Deutschen Staatspartei (DStP), zu der sich die DDP auf ihrem Weg nach rechts soeben entwickelt hatte.[36]

Einer Empfehlung Schückings folgend, richtete das Präsidium des Komitees in der zweiten Oktoberhälfte 1930 einen dringenden Appell an Curtius, die Entscheidung zurückzunehmen.

Erstmals von der Seite des Komitees war darin ausdrücklich die Rede von der schwierigen beruflichen Situation Heiles, der aus seiner Tätigkeit aus der Geschäftsleitung entlassen werden müsse, falls die Kürzung in Kraft trete. Das aber werde als schwerer Schlag für das internationale Ansehen und die Aktionsfähigkeit des deutschen Komitees wirken und letzten Endes den deutschen Interessen abträglich sein, da es als Abkehr von der Europa-

---

35　HOLL: *Europapolitik* (wie Anm. 1), S. 89 ff. – Zu Briands Europa-Memorandum und über die Gründe, weshalb seit dem Übergang des Auswärtigen Amtes an Curtius eine der Gesamtlage und vor allem angesichts der Weltwirtschaftskrise eigentlich besonders angemessen gewesene konstruktive Diskussion der Briand-Initiative auf der deutschen Seite unterblieb, vgl. Peter KRÜGER: *Die Außenpolitik von Weimar*, 2. Auflage. Darmstadt 1993, S. 523-530.
36　HOLL: *Europapolitik* (wie Anm. 1), S. 91.

Heile und seine proeuropäische Tätigkeit in der Weimarer Republik 217

politik Stresemanns interpretiert werden könne. Doch gerade dieses Argument verkannte, wie sehr sich der Wind inzwischen gedreht hatte. Curtius blieb unbeeindruckt von solchen Warnungen und von dem Hinweis auf die existenzielle Notlage Heiles gleichermaßen.

Es bestand jetzt also Klarheit darüber, dass an die Aufrechterhaltung der Komiteearbeit in Deutschland nicht mehr zu denken war. Auf der Suche nach einem Ausweg aus seiner schwierigen wirtschaftlichen Lage verfiel Heile auf die ungewisse Hoffnung, dass ihm mit Hilfe des Auswärtigen Amtes und durch Schückings Empfehlung die Leitung des Sekretariats bei dem in Genf kürzlich eingerichteten europäischen Studienausschusses des Völkerbundes angeboten werden könne. Doch dieser Plan scheiterte, da die Völkerbundsversammlung entschied, den Generalsekretär des Völkerbundes gleichzeitig die Geschäfte des Sekretariats des Studienausschusses wahrnehmen zu lassen.

Unter dem Zwang der Verhältnisse löste sich das Deutsche Komitee für europäische Kooperation am 10. Februar 1931 auf und schloss sich mit der Deutschen Liga für den Völkerbund zusammen. Die Vereinigung des Komitees mit dem Europaausschuss der Liga wurde unter der Bezeichnung «Deutsches Comitee für europäische Cooperation; Europa-Ausschuss der Deutschen Liga für Völkerbund» vollzogen. Heile wurde unter Gewährung einer Abfindung die Kündigung seiner alten Stellung ausgesprochen, aber in gleichem Zuge die Geschäftsleitung des neuen, verschmolzenen Komitees übertragen.[37] Seine neue Tätigkeit war nur von kurzer Dauer.

Heile hatte seine Bemühungen nie aufgegeben, nach dem Verlust seines Reichstagsmandats im Jahre 1924 erneut einen Sitz im Reichstag zu erringen, um so für europäische Einigung mit den Möglichkeiten vermehrten Einflusses zu werben.[38] Auch darin war er gescheitert. Seine Chancen hierzu verringerten sich erneut gegen Ende der zwanziger Jahre, seit die DDP begann, die Gewichte ihrer Programmatik nach rechts zu verlagern und sich schließlich, 1930, unter dem Eindruck weiterer schmerzlicher Erosion ihrer Wählerschaft, zur Quasi-Fusion mit dem «Jungdeutschen Orden» entschloss. Damit verbunden war ein Schwinden ihres Interesses an europäischer Einigung und eine Wiederbelebung von Mitteleuropa-Konzepten,[39] ja um der zweifelhaften (und nur vorübergehenden) Verständigung mit dem «Jungdeutschen Orden» willen sogar ein Zurückweichen vor dessen antieuropäischen und nationalistischen Ressentiments. Hatte Heile noch Ende Juli 1930 seine Loyalität gegenüber der Neugründung «Deutsche Staatspartei» und gegenüber dem Experiment

---

37 Ebd., S. 93.
38 Eine Aufzählung entsprechender Bemühungen Heiles. In: Ebd., S. 93 f., Anm. 200.
39 Zum Zusammenhang vgl. FROMMELT: *Paneuropa* (wie Anm. 8), S. 75-78.

mit dem «Jungdo» bekundet,[40] so wurde sein Versuch einer Kandidatur für die bevorstehende Reichstagswahl auf der Reichsliste der DStP, wie er vermutete, am Einspruch des Kanzlers des «Jungdo» Otto Bornemann zunichte.

Wilhelm Heile nach 1933 und nach 1945: Opfer des NS-Regimes, vergessener Europäer

Ein Mann mit dieser politischen Biographie durfte im «Dritten Reich» nicht auf Förderung hoffen. Im Gegenteil: Heile wurde jetzt zum Opfer, politisch, wirtschaftlich, physisch. Für die ohnedies geringe Unterstützung, die ihm das Auswärtige Amt hatte gewähren können, gab es unter den Bedingungen und unter den ideologischen Vorgaben des NS-Regimes weder Hoffnung noch Anlass. Die Ereignisse seit dem 30. Januar 1933 setzten der europäischen Politik Heiles ein gewaltsames Ende, das Heile auch nicht mit einem devoten Angebot an das Auswärtige Amt, sich seiner Auslandskontakte für die neue (in seinem Verständnis: alte) deutsche Außenpolitik zu bedienen, abwenden konnte.

Es folgte Heiles Versuch, durch die Bewirtschaftung eines Rittergutes in der Niederlausitz seine Existenz zu sichern. Der Versuch endete 1936 mit der Zwangsversteigerung des Gutes. Es schlossen sich Jahre an, in denen Heile seinen Lebensunterhalt und den seiner Familie als Übersetzer bei der Reichsbank bestritt. In der Folgezeit mehrfach in Gestapo-Haft, erlitt er schwere Misshandlungen, die zu seiner Arbeitsunfähigkeit führten. Die letzten Jahre des Zweiten Weltkrieges: verbrachte er zurückgezogen in seiner niedersächsischen Heimat.

Nach Kriegsende wurde Heile mehrfach in politische Ämter berufen, als Bürgermeister von Colnrade (1945), als Landrat des Kreises Grafschaft Hoya (1946-1948), schließlich, vorübergehend, als stellvertretender Ministerpräsident und als Verkehrsminister des Landes Niedersachsen (1946). Er half 1945 bei der Gründung der Freien Demokratischen Partei (FDP) in Niedersachsen und wurde Anfang 1946 an die Spitze der FDP in der britischen Besatzungszone gewählt. Nachdem er vergeblich versucht hatte, die FDP für seine Vorstellungen von föderalistischer Politik zu erwärmen und

---

40 Siehe: *Linksliberalismus in der Weimarer Republik*. Die Führungsgremien der Deutschen Demokratischen Partei und der Deutschen Staatspartei 1918-1933, eingeleitet von Lothar ALBERTIN, bearbeitet von Konstanze WEGNER in: Verbindung mit Lothar ALBERTIN. Düsseldorf 1980, S. 568 (Heile in der Sitzung des Parteiausschusses am 30.7.1930).

da er sich bei seinen Verhandlungen mit der Niedersächsischen Landespartei (NLP) mit dem Ziel eines Zusammenschlusses desavouiert sah, verließ er die FDP und schloss sich 1947 der NLP (seit Mitte 1947 Deutsche Partei/DP) an, für die er seit 1948 dem Parlamentarischen Rat angehörte.[41]

Gleichzeitig ließ Heile seine Bemühungen um europäische Einigung wiederaufleben und wurde Vorsitzender der neugegründeten Europa-Union. In der Werbung für europäische Ziele lief ihm aber nunmehr der aus dem Exil in den USA zurückgekehrte «Paneuropäer» Coudenhove-Kalergi mit der wiedergegründeten Paneuropa-Union den Rang ab. In den Zeiten der Ost-West-Konfrontation und des «Kalten Krieges», in der Situation, in welcher sich Europa noch reduziert auf das «Europa der Sechs» unter Ausschluss Großbritanniens präsentierte, in der Zeit des Bundeskanzlers Konrad Adenauer hatte das Europa-Konzept Heiles keine rechte Chance. Wenige Jahre vor seinem Tode 1969 im niedersächsischen Harpstedt hatte Heile gute Gründe für seine bittere Klage:

> Jetzt wird der Graf Coudenhove, der die Verwirklichung Europas durch seinen kontinentalen Machtwunschtraum zur rechten Zeit verhindert hat, vom Kanzler der «Bundesrepublik Deutschland» in amtlichen historischen Dokumenten als Vater des Europa-Gedankens gefeiert, der tatsächliche Vater totgeschwiegen und geächtet.[42]

Zusammenfassung

Wilhelm Heile (1881-1969), ein Niedersachse und überzeugter Antipreuße sowie Vertreter eines demokratischen und sozialen Liberalismus, der seine politische Aktivitäten an der Seite Friedrich Naumanns begann, war über mehrere Jahre Herausgeber und Chefredakteur der Zeitschrift *Die Hilfe*. Während der Weimarer Republik zählte er zu den Persönlichkeiten, die am stärksten für ein geeintes Europa eintraten. Seine Europaüberzeugung, die übrigens eng verbunden war mit starken Sympathien für eine deutschfranzösische Annäherung, resultierte aus seinen Erfahrungen als Soldat während des Ersten Weltkrieges und war teilweise auch angeregt durch das Buch *Mitteleuropa* (1915) von Friedrich Naumann. Die politischen Anstrengungen Heiles zugunsten Europas verschleierten seinen Wunsch wie auch denjenigen seiner Partei, (der Deutschen Demokratischen Partei, DDP), langfristig eine friedliche Revision des Versailler Vertrags zu erreichen, einschließlich der Aufhebung des Anschlussverbots Österreichs an das Reich. Als Mitglied der

---

41 CONZE: *Europa* (wie Anm. 7), S. 217 f.
42 HOLL: *Europapolitik* (wie Anm. 1), S. 33; Nachlass Heile, Nr. 1132/31, S. 17.

Verfassungsgebenden Nationalversammlung von Weimar (1919/1920) sowie des Reichstags und als Journalist hat er zur Gründung proeuropäischer Organisationen beigetragen, wobei er immer in Konkurrenz zum Grafen Richard Nikolaus Coudenhove-Kalergi und seiner Organisation «Paneuropa» stand, von denen sich Heile durch seine entschiedene Befürwortung einer Zugehörigkeit Großbritanniens und der Sowjetunion zum vereinten Europa unterschied. Nicht nur der Tod Gustav Stresemanns und der Übergang des Außenministeriums an Julius Curtius 1929, sondern auch die Auswirkungen der Finanz- und Wirtschaftskrise in Deutschland und insbesondere der Rückgang des Interesses an europäischen Lösungen für viele Probleme der Zeit setzte den proeuropäischen Aktivitäten Heiles ein Ende.

Résumé

Wilhelm Heile (1881-1969), Bas-Saxon de souche, anti-prussien par conviction, partisan d'un libéralisme démocratique et social, dont les activités politiques débutèrent aux côtés de Friedrich Naumann fut, durant quelques années, directeur et rédacteur en chef de la revue *Die Hilfe*. Pendant la République de Weimar, il compta parmi les personnalités les plus engagées en faveur d'une Europe unie. Son européisme, par ailleurs étroitement lié à de fortes sympathies pour un rapprochement franco-allemand, résultait de ses expériences de soldat durant la Grande Guerre et fut, pour une part, stimulé par le livre «Mitteleuropa» (1915) de Friedrich Naumann. Les efforts politiques faits par Heile en faveur de l'Europe dissimulaient son désir ainsi que celui de son parti (le Parti Démocrate Allemand, DDP) d'atteindre à long terme une révision pacifique du traité de Versailles, y compris l'annulation de l'interdiction du rattachement de l'Autriche au Reich. En tant que membre de l'Assemblée Nationale Constitutionnelle de Weimar (1919/1920) et du Reichstag (1920-1924) et en tant que journaliste il a contribué à la fondation d'organisations pro-européennes toujours en compétition avec le comte Richard Nikolaus Coudenhove-Kalergi et son organisation «Paneuropa», de qui Heile se distinguait par sa prise de position résolue en faveur de l'appartenance de la Grande-Bretagne et de l'Union Soviétique à une Europe unie. Non seulement la mort de Gustave Stresemann et l'arrivée de Julius Curtius au ministère des Affaires étrangères en 1929, mais aussi les répercussions de la crise économique et financière en Allemagne et surtout la baisse de l'intérêt pour des solutions européennes à bon nombre de problèmes de l'époque ont mis fin aux activités pro-européennes de Heile.

La Première Guerre mondiale, une période de rupture

Der Erste Weltkrieg, eine Periode des Umbruchs

Die Hilfe pendant la Première Guerre mondiale. Questions de politique intérieure

Michel DURAND

Cette communication porte sur quelques questions de politique intérieure qui ont donné lieu entre 1914 et 1918 à des prises de position passionnées de la part des collaborateurs de *Die Hilfe*. C'est un sujet qui, on s'en doute, ne pouvait être traité de manière exhaustive dans le cadre de ce colloque, et des débats qui furent primordiaux dans le contexte social de l'époque ont dû être passés sous silence. Les controverses autour de la place de la femme dans la société et dans la vie politique, ou les réformes à apporter à l'enseignement et à l'éducation de la jeunesse, abordées à maintes reprises dans les colonnes de la revue, ne sont mentionnées que pour mémoire. Ces matières nécessiteraient à elles seules une étude spécifique et ne seront pas traitées ici. N'ont été retenus pour cet exposé que quelques aspects représentatifs des transformations induites par la guerre dans les domaines social, économique et politique, aspects d'ailleurs liés entre eux: l'évolution vers un ordre social jugé plus équitable, avec la vision chère à Friedrich Naumann d'un rapprochement entre les ouvriers et la monarchie; la marche forcée vers une économie planifiée en raison de l'effort de guerre; l'évolution vers un *Volksstaat* par le renforcement du rôle politique des parlementaires.

Comme la plupart de ses concurrentes, la revue *Die Hilfe* propage pendant toute la durée du conflit la thèse d'une Allemagne victime de l'agression fomentée par des puissances jalouses et hostiles et contrainte de mener une guerre qu'elle n'a pas voulue au nom du droit à la légitime défense. Plus le conflit perdure, plus elle se félicite de l'union sacrée autour du gouvernement et se dit soucieuse de pérenniser l'esprit du 4 août 1914. Dans cette optique, elle proclame les vertus régénératrices de la guerre, perçue comme un moyen d'éduquer les masses à un degré de vie morale plus élevé, de créer une «race nouvelle», supérieure spirituellement à l'ancienne.[1] Une vision qui, associée au ton moralisateur des copieuses «méditations et prières» – les pasteurs sont nombreux à écrire dans *Die Hilfe* – conduit à justifier à la fois la guerre et ses conséquences sur la population par des références aux Ecritures. Les Evangiles et Saint Paul sont largement sollicités à cet effet.

---

[1] *Cf.* p. ex. A. HAHN: *Das neue Geschlecht*. In: *Die Hilfe*, 12.11.1914, p. 745. *Cf.* aussi Paul ROHRBACH: *Erzieher Krieg*. In: *Die Hilfe*, 28.1.1915, pp. 56-58.

Cette vision d'une élévation du niveau moral du peuple allemand transparaît chez tous ceux qui s'interrogent sur les mutations de la politique intérieure une fois la paix revenue.[2] Elle donne parfois un ton incantatoire à leurs écrits, comme s'ils n'étaient pas absolument certains de ce qu'ils avancent et comme s'ils craignaient de prendre leurs désirs pour des réalités. Les spéculations sur le sujet peuvent prendre une forme originale. Lorsque Wilhelm Heile, dans un article de janvier 1916, raisonne sur les chances de réalisation des réformes politiques indispensables, il le fait sous la forme d'un dialogue fictif entre deux personnages, l'un pessimiste et l'autre optimiste. Le pessimiste pense naturellement que, la guerre finie, les égoïsmes catégoriels reprendront le dessus sur le désintéressement et l'esprit de sacrifice. L'optimiste s'inscrit en faux et proclame sa confiance dans l'idéalisme de la plupart des politiciens et sa foi dans l'honnêteté et le sens des responsabilités de ses concitoyens, y compris chez les sociaux-démocrates. Il reconnaît cependant que la paix sociale est liée à la réalisation des promesses de «réorientation de la politique intérieure» faites par le gouvernement du Reich en compensation des sacrifices imposés à la population. Le pessimiste ne croit pas à l'exécution des engagements pris, car le gouvernement n'a selon lui tiré aucune leçon de la guerre, et il pressent qu'au désappointement de la social-démocratie succédera un renforcement de la répression qui placera le libéralisme dans une position inconfortable.

On notera d'ailleurs que même la conviction de l'optimiste paraît chancelante, puisqu'il énumère les obstacles auxquels se heurteront nécessairement les réformes. L'échéance, selon lui, ne peut qu'être lointaine. En effet, un éventuel projet de loi électorale soumis par Bethmann Hollweg et approuvé par Guillaume II échouera à coup sûr devant la chambre haute du Landtag de Prusse, obligeant le roi à dissoudre l'assemblée et à organiser de nouvelles élections. La présence d'une grande partie des électeurs sous les drapeaux obligera à reporter le scrutin à la fin des hostilités. Il juge d'ailleurs inopportun, vu les circonstances, d'étaler aux yeux des observateurs étrangers un différend entre l'exécutif et le législatif, qui pourrait conforter les ennemis

---

2   *Cf.* p. ex. Johannes FISCHER: *Vom Erleben des Krieges*. In: *Die Hilfe*, 11.2.1915, p. 91: «Das Erleben des Krieges ist für uns zugleich zu einem Erleben des Staates geworden, und wie mit Blitzlicht sind all die konstruktiven und bauenden Kräfte dem Verstehen des einzelnen nahegerückt worden, der seither den Einzelvorgang irgendeiner Maßnahme nicht in diesem großen staatsschaffenden und erhaltenden Zusammenhang sah. Nun mit einem Male haben die Menschen wieder festen Boden unter den Füßen und verteidigen aus Ueberzeugung, was ihnen seither fremd blieb oder gar von ihnen abgelehnt wurde. So erhebend ist das Reden über Volk und Staat, über den Zusammenhang des einzelnen mit dem Schicksal eines ganzen Volkes nie gewesen wie jetzt, wo man so viel Schwereres verlangen muß als je zu anderer Zeit.»

de l'Allemagne dans l'idée que la concorde nationale a perdu de sa solidité. Et s'il conclut son propos en renouvelant sa confiance de principe aux gouvernants, il rappelle tout de même que les points d'achoppement sont ou seront la réorganisation de la politique intérieure et la réforme du code électoral prussien et qu'en tout état de cause le non respect des promesses en ces domaines conduira à un conflit politique.[3]

Un enjeu préoccupant: l'évolution de la social-démocratie

Die Hilfe observe avec inquiétude l'évolution de la social-démocratie, et cette préoccupation prend des allures d'obsession au fur et à mesure que la guerre se prolonge. A la veille de la mobilisation, l'équipe de la revue suspecte encore les sociaux-démocrates de placer l'internationalisme au-dessus du patriotisme, d'être plus solidaires des travailleurs des autres pays que du gouvernement allemand. Elle récuse cependant l'appellation de «vaterlandslose Gesellen» et appelle à mener une politique de réconciliation et de progrès social propre à ramener la social-démocratie dans le giron de la «communauté populaire».[4] Par la suite, *Die Hilfe* prête une attention soucieuse à l'évolution interne de la SPD, en particulier de sa fraction au Reichstag. C'est ainsi que la scission envisagée lors de la convention du 24 mars 1916 est commentée en détail. Wilhelm Heile s'étonne de ce que la majorité n'ait pas exclu depuis longtemps les «éléments destructeurs» de l'unité du parti, qui contrecarrent sa «participation constructive» à la politique du Reich. Car il voit dans la social-démocratie telle que l'incarnent les majoritaires autour de Scheidemann une alliée possible du libéralisme dans la reconstruction de la politique intérieure allemande après la guerre.[5] S'il appréhende l'avenir

---

3 Wilhelm HEILE: *Die innere Politik nach dem Kriege*. In: *Die Hilfe*, 6.1.1916, p. 12: «Die Neuorientierung, die wir von den Regierenden verlangen, können diese aber auch von uns anderen erwarten. Zum Volke gehören auch König und Kanzler. Wir, die wir von ihnen fürs Volk der Masse Vertrauen fordern, und auf Grund des Vertrauens das der gleichen Pflicht entstehende gleiche Recht, vertrauen auch ihnen und ihrem Wort. Sollten wir uns darin täuschen, und sollte wirklich nach dem Friedensschluß alles beim alten bleiben, so würden sie freilich gewahr werden müssen, daß das Volk nach 1915 nicht mehr das nach 1815 ist.»

4 Gerhard HILDEBRAND: *Die Sozialdemokratie im Augenblick der Entscheidung*. In: *Die Hilfe*, 30.7.1914, pp. 493-494.

5 Wilhelm HEILE: *Die Spaltung der Demokratie*. In: *Die Hilfe*, 30.3.1916, p. 209: «[...] sie steht vor der Geschichte da als Trägerin einer sozialen und demokratischen Staatsauffassung, die auch dem vaterländischen Staatsgedanken in schwerer Zeit eine wertvolle und zuverlässige Stütze gewesen ist. Mit dieser Sozialdemokratie

de cette future collaboration, la scission lui apparaît globalement comme un soulagement et une clarification nécessaire pour peu que le rapport de force entre les dissidents et les majoritaires reste le même dans le pays qu'au sein de la fraction parlementaire. Il redoute en effet la naissance autour de Liebknecht, Haase et Ledebour, d'un «parti de gardiens fanatiques du Graal de la doctrine marxiste».

Par ailleurs Heile prétend ne pas avoir été surpris par le ralliement des sociaux-démocrates à la politique nationale, il a toujours eu confiance dans le bon sens des masses populaires et n'a pas d'inquiétude pour l'avenir immédiat du *Burgfrieden*. Il est moins sûr du comportement des partis après le retour de la paix et craint la renaissance des anciens clivages et de l'intolérance. Il serait capital pour le renouveau politique de l'Allemagne que les partis «bourgeois» acceptent de nouer des alliances électorales avec la SPD qui, selon lui, aurait abandonné le principe de la lutte des classes et se serait convertie à la tolérance politique. Sans se bercer d'illusions, il croit voir des signes d'évolution des mentalités, même au sein de la droite conservatrice. Le problème avec cette dernière, remarque-t-il, c'est qu'elle croit préserver l'autorité de l'Etat en la contestant, comme le montre sa résistance à une modification du droit électoral prussien approuvée par l'empereur et son chancelier. A son sens, une telle réforme aboutirait pourtant à un renforcement plutôt qu'à un affaiblissement de l'autorité de l'Etat, car le scrutin égalitaire est le seul moyen pour les gouvernants de s'informer de ce que veut le peuple et de travailler à gagner son adhésion.[6] Heile rappelle que

---

    gemeinsam am Neuaufbau des inneren politischen Lebens nach dem Kriege und am weiteren Ausbau des Reiches zu arbeiten, wird dem Liberalismus von selbst naheliegen und kann auch dem Zentrum und den nicht völlig befangenen Konservativen nicht unmöglich sein.»

6 Wilhelm HEILE: *Demokratie und Kaisertum*. In: *Die Hilfe*, 17.2.1916, p. 112: «Man kann im einzelnen sehr darüber streiten, ob es einen Volkswillen überhaupt gibt, und ob der Wille der Volksvertretung, wie auch immer sie zusammengesetzt sei, wirklicher Volkswille ist. Worüber man aber nicht streiten kann, das ist das: Der Staat hat unter allen Umständen ein dringendes Interesse daran, daß es so etwas wie einen Volkswillen geben möchte. Weiß der Staat oder wissen die, die ihn leiten, was das Volk will, so ist es ein leichtes, den Volkswillen als Staatswillen nützlich und aufbauend zu verwerten. Das Volksinteresse zum Staatswillen zu machen, ist die natürliche Aufgabe der Volksvertretung; das Staatsinteresse zum Volkswillen zu machen, eine Hauptpflicht der verantwortlichen Leiter des Staates. Eben darum braucht der Staat und braucht seine Regierung das Wahlrecht als das Mittel, das die Volksmassen an den Staat bindet, indem es sie zum Mitdenken und dadurch zum Mithandeln und Mitopfern erzieht. Je höher der Staat im Wahlrecht seinen Bürger wertet, desto stärker fühlt sich und ist der Bürger dem Staate verpflichtet. Das wußte Bismarck und darum gab er der Reichsverfassung die Grundlage der Gleichberechtigung aller. Das wissen wir und darum hoffen und wünschen wir, daß der Geist der

Naumann, seize ans plus tôt, prédisait dans son livre *Demokratie und Kaisertum* l'avènement du patriotisme des masses et l'alliance inéluctable du pouvoir impérial et de la volonté populaire.

Par la suite, Wilhelm Heile consacre encore de nombreux articles à la SPD et à ses problèmes internes. Il blâme le manque de clairvoyance de ceux qui lui reprochent de considérer les sociaux-démocrates comme des Allemands à part entière et d'envisager avec eux une possible collaboration.[7] Il se félicite, on l'a vu, de la décision d'opérer une scission du parti entre révisionnistes et révolutionnaires, car en mettant fin à l'indiscipline des groupes d'opposition, les premiers confirment l'option du 4 août 1914. Certes, cette mesure va inévitablement renforcer le parti et le rendre plus dangereux pour «les adversaires de l'esprit social et d'une conception démocratique de l'Etat», car lorsqu'un groupe puissant quitte le domaine de la théorie pour se placer sur le terrain des réalités et des nécessités, il a d'autres chances de faire valoir ses vues qu'en se cantonnant dans un isolement sectaire. Mais Heile affirme, pour sa part, ne pas craindre cette évolution qu'il a toujours souhaitée.

En juin 1917, il publie dans *Die Hilfe* un échange de correspondance avec Paul Göhre, pasteur en rupture d'Eglise, ancien membre du *National-sozialer Verein* passé à la social-démocratie et député au Reichstag.[8] Heile prend acte du virage patriotique de la SPD depuis le début de la guerre, mais il se dit préoccupé par les opinions de Scheidemann dont il juge les prises de position publiques néfastes à la cause allemande. Il lui reproche notamment ses propos sur l'Alsace-Lorraine et sa propagande en faveur d'une paix sans annexion ni indemnité et s'étonne de ce que les membres influents du parti le laissent s'exprimer sans contrôle. Göhre répond par une longue missive dans laquelle il rappelle d'abord que la Fortschrittliche Volkspartei dont

---

preußischen Thronreden von 1908 und 1912 sich als stärker erweisen mögen als aller Widerstand derer, die kein rechtes Vertrauen zum Volke haben.»

7 Wilhelm HEILE: *Von der Sekte zur Volkspartei*. In: *Die Hilfe*, 1.2.1917, p. 72: «Wie hat man früher die Politiker geschmäht, die den Glauben an den guten deutschen Geist des Volkes auch und gerade in den breitesten Schichten sich durch nichts rauben ließen, weder durch doktrinäre Verstiegenheiten noch durch agitatorische Uebertreibungen! Wie hat man uns verfolgt und verhöhnt, die wir die Sozialdemokraten nicht als vaterlandslos ansehen und behandeln, die sie nicht zurückstoßen wollten, sondern zur Mitarbeit ermuntern und heranziehen! [...] Es gibt leider auch jetzt noch Politiker und politische Gruppen, die noch immer nicht einsehen, wie ungerecht und zugleich kurzsichtig ihre Stellung zu den Sozialdemokraten war, und die, sobald erst der Krieg vorbei ist, wieder den wahren Patriotismus für sich allein in Anspruch nehmen werden. Solchen Verderbern des politischen und nationalen Lebens gilt es, beizeiten das gefährliche Handwerk zu legen.»

8 Wilhelm HEILE & Paul GÖHRE: *Die Friedenspolitik der Sozialdemokratie*. In: *Die Hilfe*, 7.6.1917, pp. 372-376.

Heile est membre est un parti bourgeois, alors que lui, Göhre, appartient au parti du prolétariat; leurs visions ne peuvent donc totalement coïncider. Toutefois, Göhre est partisan d'une alliance objective contre la réaction. Il pense aussi que l'Alsace-Lorraine doit rester allemande et obtenir un statut de pleine égalité avec les autres Etats du Reich. Il s'efforce ensuite de rassurer Heile sur les intentions de Scheidemann en remarquant que ce dernier n'est pas le parti à lui tout seul et que le temps où Bebel était seul maître à bord est révolu. Il assure ensuite que les principes de l'action politique de la SPD n'ont pas varié: défense de la patrie, rejet d'une guerre de conquête, recherche d'une paix respectant tous les belligérants. Il conclut enfin en précisant que, depuis la scission du congrès de Gotha en avril 1917, le parti s'oriente vers une politique résolument nationale, ajoutant que si une nouvelle internationale socialiste devait voir le jour après la guerre, elle serait différente des précédentes, moins abstraite politiquement, et reposerait sur une base syndicale.[9]

Les grandes grèves du début de l'année 1918 tempèrent pourtant momentanément l'ardeur de *Die Hilfe* à se rapprocher de la social-démocratie. Plus qu'un affaiblissement de la capacité défensive de l'Allemagne, Heile voit dans ces manifestations une nouvelle entrave à la normalisation de la vie politique en Allemagne. Les gouvernants ne pourront en effet qu'être déroutés par la participation de la SPD majoritaire à un mouvement qu'elle n'a sans doute pas voulu mais dont elle ne pouvait se désolidariser sans perdre sa crédibilité auprès des ouvriers. Tout en réitérant sa confiance dans les dirigeants du parti, il déplore que les grèves apportent des arguments aux réactionnaires. C'est pourquoi il exhorte le gouvernement à concrétiser au plus vite ses promesses de réorganisation de la politique intérieure.[10]

---

[9] Gertrud Bäumer publie, en mars 1918 justement, un commentaire du programme socio-politique des syndicats allemands qui, à ses yeux, apporte la preuve de l'évolution de la social-démocratie au cours de la guerre et de son abandon de la théorie de la lutte des classes. Elle souligne l'absence de préjugés des rédacteurs du programme, lequel dénote un réalisme supérieur à celui de maints partis bourgeois. L'optique est celle d'un socialisme d'Etat qui ne serait pas enfermé dans une théorie économique mais obéirait seulement au principe de la subordination de l'individuel au collectif, un principe au demeurant largement vulgarisé par la guerre. *Cf.* G. BÄUMER: *Die Überwindung des Klassenkampfes (Gedanken zum sozialpolitischen Programm der deutschen Gewerkschaften)*. In: *Die Hilfe*, 14.3.1918, pp. 117-118; *Cf.* aussi Theodor HEUSS: *Abschied von Marx*. In: *Die Hilfe*, 15.2.1917, pp. 106-109.

[10] Wilhelm HEILE: *Der Streik*. In: *Die Hilfe*, 14.2.1918, pp. 63-64. *Cf.* également Friedrich WEINHAUSEN: *Nun erst recht Sozialpolitik!* In: *Die Hilfe*, 28.2.1918, pp. 88-89.

Le long cheminement vers le *Volksstaat*

Parallèlement à ces interrogations partisanes, *Die Hilfe* milite pour une représentation nationale plus respectée, disposant de prérogatives accrues. Peu de temps avant le début de la guerre, Naumann, dans le compte rendu d'une rencontre de parlementaires français et allemands à Bâle, constatait avec amertume la différence de statut existant entre les députés des deux pays et confrontait le manque de prestige du député allemand au pouvoir politique réel de son collègue français.[11] Le déficit de démocratie du système politique allemand, l'irresponsabilité du gouvernement devant les élus de la nation sont déplorés à intervalles réguliers dans la revue.

Dans ce contexte, *Die Hilfe* propage, sans le définir avec précision, l'idéal politique du *Volksstaat*.[12] Dans un article de novembre 1915 signé Friedrich Holdermann et intitulé *Der Krieg als Erzieher zum deutschen Volksstaat*, l'auteur se promet de la guerre une évolution favorable des classes populaires. D'une part, le séjour des soldats allemands sur des sols étrangers serait, selon lui, de nature à renforcer par les comparaisons qu'il permet non seulement l'amour de leur pays natal, mais aussi celui de leur régime politique. La guerre serait ainsi une sorte de «leçon de choses» conduisant l'homme du peuple à découvrir la supériorité de l'Etat allemand et des bienfaits qu'il prodigue.[13] D'autre part, cet Etat omniprésent à travers ses autorités militaires gouverne sans relâche les pensées du peuple et il subsistera nécessairement des traces de cette emprise même après la fin du conflit. Cela n'a

---

11 Friedrich NAUMANN: *Deutsch-französische Annäherung*. In: *Die Hilfe*, 11.6.1914, pp. 378-379: «Was uns deutschen Abgeordneten sehr eindringlich deutlich wurde, war der Unterschied, der zwischen der politischen Bedeutung der französischen und der deutschen Abgeordneten vorhanden ist. Die französischen Abgeordneten sind ein Stück der Regierung, wir deutschen Abgeordneten aber sind nur ein Stück der öffentlichen Meinung.»

12 Fin 1917, Fortschritt (Buchverlag der *Hilfe*), publie une série intitulée *Der Deutsche Volksstaat. Schriften zur inneren Politik*. Le premier cahier, *Der Kaiser im Volksstaat*, est rédigé par Friedrich NAUMANN, le deuxième, de Max WEBER, paraît sous le titre: *Wahlrecht und Demokratie in Deutschland*.

13 Friedrich HOLDERMANN: *Der Krieg als Erzieher zum deutschen Volksstaat*. In: *Die Hilfe*, 4.11.1915, p. 706: «Diejenigen, die den Anschauungsunterricht der realen Dinge in Rußland und Frankreich genossen haben, werden dem Staat der Heimat künftig ganz anders gegenüberstehen. Sie werden ihn politisch kaum mehr verneinen. Sie wissen jetzt viel besser als vorher, wieviel der deutsche Staat trotz allem, was sie auch nachher noch an ihm auszusetzen haben werden, jedem, auch dem Geringsten, für das tägliche Dasein wert ist und gibt. Sie werden aus der Fremde ein stärkeres Staatsbewußtsein mitbringen. Sie werden, heimgekommen, ein kräftiges Ferment dafür in ihren Schichten sein.»

sans doute pas que des aspects positifs, concède Holdermann, mais dans l'immédiat et pour les épreuves qu'il faudra affronter lors du retour à la paix, le militarisme crée les conditions nécessaires à la survie de l'Etat et de la nation. Au demeurant, l'armée a su acquérir «un énorme capital de popularité et de confiance» auprès des masses, elle leur a fourni «des héros et de grands chefs» qui suscitent l'admiration et ravivent l'idée du «chef national». Etrangement, l'auteur ne semble pas s'inquiéter des risques de dérive réactionnaire, dont il est pourtant conscient; il voit plutôt dans cette évolution la possibilité d'un renforcement des organisations politiques qui militent pour la démocratie, allant même jusqu'à faire de la guerre une éducation à la conscience civique.[14]

Holdermann est convaincu que le mélange au front de combattants de toute origine sociale abolit les barrières de classes au profit d'une camaraderie égalitaire, d'une masse qui absorbe les individus, pénétrés de l'importance de l'enjeu et prêts à donner le meilleur d'eux-mêmes pour la victoire. Il nomme cela la «démocratie de la guerre» et assure que ce conflit, qui renforce les pouvoirs de l'aristocratie, des chefs militaires et de l'empereur, est en même temps une «démocratisation non moins considérable de l'esprit allemand»,[15] ces pouvoirs se fondant eux-mêmes dans le creuset de l'époque pour devenir le bien commun du peuple tout entier. Un singulier brassage qui doit se concrétiser, une fois la paix revenue, par une orientation plus fortement démocratique de la politique intérieure au sens où l'entend Naumann dans *Demokratie und Kaisertum*. Cette «démocratisation» ne mettra pas fin aux grandes oppositions de principe en matière de politique, de société, d'économie et de religion, elle préservera la diversité des opinions sans laquelle un pays s'appauvrit, mais elle apaisera les tensions et atténuera les controverses. L'auteur voit dans l'inscription tardive mais indélébile au

---

14   *Ibid.*, p. 707: «Die Männer und die Jugend, die durch die schwere Schule dieses Dienstes für ihr Volk gegangen sind und draußen viel erlebt und gesehen haben, werden auch daheim die Angelegenheiten des öffentlichen Lebens mit der größeren Weite des Gesichtskreises innerlich gereifter Persönlichkeiten beurteilen. Sie, die so Ungeheures für ihr Volk geleistet, werden einen selbstbewußten, kraftvollen und stolzen Bürgergeist haben.»
15   *Ibid.*, p. 707: «Das ist die Demokratie des Krieges für uns Deutsche. Er erzieht das Volk für den Staat. Durch ihn wird das Volk zum Staat. Er hat erst ein wirkliches deutsches Volksbewußtsein geschaffen: das Bewußtsein, daß wir ein großes und starkes Volk sind – durch das Volk, durch die einzigartigen Kräfte, die es aus sich herausgeholt hat. Er hat das deutsche Volk zum ersten mal sich selbst als Macht erkennen lassen, als die Macht, die bei aller nötigen Unterordnung unter Führung und Befehl ihr Schicksal in die Hand nimmt und sich bewußt ist, daß es nur so glücken kann.»

fronton du Reichstag – «Dem deutschen Volk» – le symbole d'une communauté nouvelle scellée par l'effort de guerre.
En janvier 1917, Naumann donne sa propre définition du *Volksstaat*. Il emprunte le concept au vocabulaire de la social-démocratie, dont le projet politique serait mieux désigné, selon lui, par le terme de *Zukunftsstaat*, un programme qui s'inscrirait plutôt dans la ligne de l'économie de guerre, dirigiste, autoritaire, tandis que le *Volksstaat* se veut résolument démocratique. En principe la «nouvelle orientation de la politique intérieure» promise par le gouvernement devrait tendre vers le *Volksstaat*, mais Naumann constate que rien de concret n'a encore été fait pour modifier la législation dans ce sens. Dans la pratique, il observe cependant un renforcement de la représentation populaire: le mouvement ouvrier est reconnu par les autorités, les parlementaires (surtout de droite) exigent de pouvoir intervenir dans des domaines jusqu'alors exclus de leurs compétences. Il pense ainsi que dès la fin de la guerre, le parlement aura un rôle accru pour traiter les questions budgétaires. Par conséquent, même si les réformes ne sont plus guère évoquées dans les conversations, elles s'installent peu à peu dans l'usage pour attribuer au peuple davantage de responsabilité dans les affaires politiques. La mise au point de Naumann n'est pas inutile si l'on considère les fortunes diverses du mot, dont l'intérêt immédiat est peut-être qu'il permet de parler de démocratie sans user d'un vocable étranger. Au demeurant, le *Volksstaat* qu'il appelle de ses vœux n'est pas un Etat décentralisé, il prise trop le principe monarchique d'autorité en raison de l'efficacité qu'il lui prête pour souhaiter un éparpillement des responsabilités, mais ce qui importe désormais à ses yeux c'est d'aller vers plus de citoyenneté et de ne plus traiter les Allemands en sujets mais en citoyens.[16]

Wilhelm Heile reprend le même titre que Naumann pour développer l'idée que l'Allemagne et, dans une moindre mesure, l'Autriche-Hongrie sont, depuis la Révolution russe de février, les seuls pays du monde civilisé à constituer encore des Etats autoritaires. Le Reich possède avec la Prusse l'un des régimes politiques les plus rétrogrades d'Europe. Certes les régimes

16 Friedrich NAUMANN: *Der deutsche Volksstaat*. In: *Die Hilfe*, 25.1.1917, p. 54: «Der Patriotismus der Masse ist als das Urelement des Sieges und der Staatserhaltung in wunderbarer Weise zur Erscheinung gekommen. Die Masse kann in der großen Gefahr nicht als untertänig behandelt werden, sondern Kaiser und Heerführer und Staatsmänner können gar nichts anderes tun, als sich an ihren todesbereiten guten Willen zu wenden: das Volk erhält den Staat. Das Volk ist keine einförmige Menge, aber in einem Punkte muß bei allen sonstigen Verschiedenheiten volle Einheitlichkeit und Einmütigkeit bestehen, in dem Heimatrechte innerhalb der Staatsverwaltung. Es darf keine Bürger zweiter und dritter Klasse geben. Das ist der praktische Sinn des Wortes Volksstaat, wie er aus der Kriegsnot herauswächst. Nicht Klassenstaat, sondern Volksstaat, Nationalstaat, Bürgerstaat!».

ennemis ne sont, dans certains cas, que des parodies de démocratie, néanmoins il estime qu'il est grand temps que l'Allemagne se dote, sur tout son territoire, de parlements élus au suffrage égalitaire ainsi que d'un gouvernement responsable devant le Reichstag, qui ne puisse être ni nommé, ni démis de ses fonctions sans l'assentiment de ce dernier.[17] Heile fait preuve d'à-propos avec sa revendication puisque son article est sous presse lorsque Guillaume II lit son «message de Pâques» du 7 avril 1917, dans lequel il s'engage à mettre fin au système électoral prussien «des trois classes». Au cours des mois suivants, Heile et Naumann vont réclamer infatigablement la fin de l'Etat autoritaire, l'alignement du mode de scrutin au Landtag de Prusse sur celui du Reichstag, l'attribution de droits politiques réels à ce dernier pour permettre la conversion du «sujet» en «citoyen», des objectifs qui, on le sait, ne se concrétiseront qu'avec le gouvernement de Max de Bade et la réforme constitutionnelle du 28 octobre 1918, quelques jours à peine avant l'écroulement de la monarchie.[18]

Les batailles de retardement des opposants à la libéralisation du régime se sont, en fin de compte, révélées efficaces puisque de projets reportés en promesses non tenues, le système politique du Reich est resté quasiment immuable pendant presque toute la durée de la guerre. Et qui plus est, les changements finalement obtenus s'accompagnent du discrédit de la défaite militaire. Ce danger est perçu dès le mois d'octobre 1918 par Wilhelm Heile qui précise que les libéraux et les démocrates ont revendiqué ces mesures bien avant le début des hostilités et les ont réclamées inlassablement pendant toute la durée du conflit. Il rejette la responsabilité des ajournements de la *Neuorientierung* sur la droite conservatrice qui ose maintenant parler d'infamie.[19] Mais, ajoute-t-il, la faute n'incombe pas aux seules classes dirigeantes:

---

17 Wilhelm HEILE: *Der deutsche Volksstaat*. In: *Die Hilfe*, 12.4.1917, pp. 241-242.
18 Wilhelm HEILE: *Die Demokratie als Friedensziel*. In: *Die Hilfe*, 5.7.1918, pp. 436-438. *Cf.* aussi NAUMANN: *Der Volksstaat kommt!* In: *Die Hilfe*, 10.10.1918, pp. 480-481; NAUMANN: *Das Vertrauen des Volkes*. In: *Die Hilfe*, 7.11.1918, pp. 528-529; Gertr. BÄUMER: *Der Volksstaat und die Frauen*. In: *Die Hilfe*, 7.11.1918, pp. 529-530.
19 Wilhelm HEILE: *Der Volksstaat und der Friede*. In: *Die Hilfe*, 31.10.1918, p. 512: «Wir hörten vom Regierungstisch viele schöne Versprechungen über die Neuorientierung des deutschen staatlichen Lebens; aber es war nicht zu erreichen, daß damit auch Ernst gemacht wurde [...] Was ist denn anders geworden? Haben die recht, die uns unsere Reformen, die sie nicht mehr verhindern können, nun in letzter Stunde noch zu verekeln suchen, indem sie ihnen den Stempel deutscher Schmach aufdrücken und uns sagen, sie erfolgten auf Wilsons Diktat? Nein. Es gibt keine niederträchtigere Verleumdung als diese. [...] Und die uns jetzt die Freude an der inneren Wiedergeburt vergällen wollen, das sind die, die mit aller Kraft und all ihrem übermächtigen Einfluß verhindert haben, daß die Reform rechtzeitig kam, die uns in fürchterlicher Gesinnungsgemeinschaft mit den Kriegstreibern unter unseren

un peuple a toujours les gouvernants qu'il mérite et les Allemand auraient dû manifester plus tôt l'énergie, le courage et la volonté qui viennent en quelques jours de changer le cours des choses.[20]

Die Hilfe et les promesses de «réorientation de la politique intérieure»

Au début de 1917, *Die Hilfe* lance une campagne en faveur de la «réorientation de la politique intérieure» du Reich. Comme le précise un article de Ludwig Herz sur le sujet, il s'agit de promouvoir une démocratisation de la vie publique qui ne se traduise pas par quelques mesures inopérantes octroyées en récompense des sacrifices consentis pour la défense du Reich, mais par une révision complète de la constitution reconnaissant le droit du peuple à participer activement aux affaires publiques. En fait, il s'agit rien moins que de «tranformer le gouvernement autoritaire en gouvernement de la nation par elle-même». Les quelques compétences concédées jusqu'alors aux commissions parlementaires avaient surtout pour dessein d'imposer aux représentants du peuple une part de responsabilité sans leur donner un droit de cogestion, alors qu'il s'agit maintenant de bouleverser de fond en comble la conception de l'Etat.[21] Herz énumère un certain nombre de mesures urgentes:

Feinden in den Weltkrieg hineingeführt und in den Jahrzehnten vor dem Kriege wie in den vier Jahren des Krieges eine Politik getrieben haben, die uns bis hart an den Rand des Abgrundes gebracht hat.»

20 *Ibid.*, p. 513: «Und schließlich galt doch auch für uns das Wort, daß ein Volk immer die Regierung hat, die es verdient. Hätte das Volk und hätte auch nur seine Vertretung, der Reichstag, schon früher die Kraft und den Mut und den Willen gezeigt, der jetzt in wenigen Tagen zum Ziele führte, so hätten wir weder vorm Kriege noch im Kriege unter dem Joch der «[...] ismen» zu seufzen brauchen; Militarismus, Imperialismus, Partikularismus, Bürokratismus hätten nur ihre guten Seiten, die sie doch auch haben, entfalten können, das Volk hätte sich selbst regiert, sein Schicksal ganz und gar nur in eigener Hand gehabt.»

21 Ludwig HERZ: *Neuorientierung*. In: *Die Hilfe*, 22.2.1917, pp. 126-127: «Wenn wir ‹Neuorientierung› fordern, so tun wir es, weil in den Zeiten der demokratischsten Einrichtung, die erdacht werden kann, den Zeiten der allgemeinen Wehrpflicht, eine nicht demokratische Staatsverfassung ein Widerspruch in sich ist, weil die Erlebnisse des Krieges bewiesen haben, daß nicht nur die demokratisch regierten Staaten aus höchster Staatsbürgerpflicht der Landesverteidigung gewachsen sind, sondern auch, daß das deutsche Volk für die demokratische Staatsverfassung reif geworden ist und sie verlangen kann, verlangen muß und verlangen wird. [...] Denn es kann uns nicht genügen, so wünschenswert und nötig wir es auch halten, daß einige liberale oder liberalisierende Gesetze gemacht werden, daß Bräuche verschwinden,

réforme du droit pénal et du code de procédure pénale, réforme du scrutin au Landtag, mais aussi aux élections communales de Prusse, redécoupage des circonscriptions conformément à la constitution, législation sociale en matière d'habitat. Et d'autres plus fondamentales encore: modification du droit d'association et de réunion, suppression de l'ingérence de l'Etat dans le recrutement des fonctionnaires communaux, transfert au Reich de la charge de faire exécuter les lois fédérales, création de ministères responsables en lieu et place de la seule chancellerie, transfert de la responsabilité de l'action gouvernementale au peuple tout entier à travers la participation de ses représentants élus. Mais pour imposer ces réformes, il faudra vaincre la résistance de la classe au pouvoir et de la bureaucratie, et Herz préconise pour cela d'élargir les prérogatives du parlement. Il doute d'ailleurs que les rapports de force entre les différentes composantes du Reichstag soient propices à la formation immédiate d'un bloc capable d'imposer ces revendications; il pense néanmoins que la Fortschrittliche Volkspartei a le devoir de les réitérer sans cesse, car elle a vocation à devenir le moteur du futur mouvement démocratique en Allemagne.

Début mars 1917, Naumann précise sa conception d'une *Volkspolitik*, qui doit répondre aux besoins d'un «peuple nouveau» né des épreuves de la guerre. Ce peuple-là ne tolérera plus que les leviers du pouvoir se trouvent entre les mains d'une caste protégée, et le retour des combattants exigera des partis traditionnels une adaptation aux réalités nouvelles, faute de quoi ils seront concurrencés par des groupements d'un type inédit. Non que Naumann redoute ces changements qui annoncent un «assouplissement salutaire» de la politique intérieure, il ne pense d'ailleurs pas que ces groupements supplanteront les anciens partis. Mais il conseille à ceux-ci de s'adapter aux temps nouveaux, car le peuple, à l'avenir, attendra de ses représentants une implication beaucoup plus forte, en particulier dans la politique étrangère.[22] Cela

---

    von denen der Bruch mehr ehrt, als die Befolgung. Unsere Forderungen zielen in eine andere Richtung, in die Verwandlung der Obrigkeitsregierung in die Selbstregierung der Nation. […] Es genügt nicht mehr, den Inhalt von Gesetzen nach anderen Grundsätzen zu formen, es heißt Kern und Wesen der Staatsauffassung vollständig umwerten. Wenn auch die ersten Staffeln im Wege der Gesetzgebung zurückgelegt werden können, das Endziel kann in Paragraphen nicht niedergeschrieben werden, es ist erst dann erreicht, wenn seine Erfüllung allgemein als selbstverständlicher und natürlicher Zustand angesehen und ein Versuch, gegen den Willen der Volksvertretung zu regieren, als revolutionär empfunden werden wird.»
22 Friedrich NAUMANN: *Volkspolitik*. In: *Die Hilfe*, 8.3.1917, pp. 152-153: «Wir müssen uns auf manche erregte Stunde und manche wolkenhafte Rede gefaßt machen, erwarten aber auch viel neue Antriebe und eine heilsame Lockerung unserer innenpolitischen Steifheit. Eins freilich glauben wir nicht, nämlich daß die neuen Gebilde die alten Parteikörper überwinden werden. Die bestehende Organisation hat durch ihre Beziehungen in allen Landesteilen und ihren arbeitsgewohnten Apparat eine größere

ne signifie pas qu'il faille déposséder les gouvernants de toutes leurs prérogatives: la monarchie n'est pas remise en question; simplement il faut qu'elle comprenne que les progrès de la démocratisation sont inéluctables. Pour Naumann, refuser au peuple nouveau ses droits politiques serait un non-sens.

Wilhelm Heile se félicite deux semaines plus tard du discours de Bethmann Hollweg à la Chambre haute de Prusse, où sont renouvelées les promesses de «réorientation» de la politique intérieure. Les réformes évoquées porteraient sur la réglementation du droit du travail, celle du droit électoral prussien et l'organisation du Landtag, Chambre haute incluse. Soulignant l'urgence à clarifier la situation et à confondre les ennemis du Reich et du peuple, ces «classes féodales d'ancien et nouveau style» qui n'ont de cesse d'entraver tout progrès vers la démocratie afin de conserver leur position dominante, Heile salue la perspective d'un alignement de la Prusse sur le reste du Reich, et si le chancelier n'a pas donné le détail de ses projets en la matière, il a au moins rappelé l'importance qu'il y a à les mener à bien. C'est un début prometteur, pour peu que les représentants du peuple ne laissent aucun repos aux gouvernants. L'heure n'est plus aux atermoiements, les partis progressistes doivent se concerter pour imposer les réformes indispensables, faute de quoi les masses populaires impatientes se détourneront d'eux. Heile invoque la nécessité d'une alliance objective non seulement avec le national-libéralisme, mais aussi avec la SPD et le Zentrum. Devant la gravité de l'heure, les tactiques partisanes doivent faire place à une politique responsable.[23]

Dès lors, les articles sur le thème de la «réorientation» se succèdent sous la plume de Wilhelm Heile, où il compare la situation des droits civiques en Allemagne et dans les pays ennemis. Presque dix ans plus tôt, le roi avait désigné la réforme du droit électoral prussien comme la tâche la plus urgente du moment. Depuis, rien n'a changé.[24] Seul le patriotisme du mouvement

---

Stärke als die besten neuen Versuche. Es handelt sich also nicht darum, die alten Parteien zu beseitigen, sondern sie mitten hineinzustellen in den aufquellenden Geist des kommenden Zeitalters.»

23 Wilhelm HEILE: *Der Kanzler und das deutsche Volk.* In: *Die Hilfe*, 22.3.1917, pp. 189-190: «Damit hat er in der Tat den Nagel auf den Kopf getroffen: Die Neuorientierung muß kommen und kommt, nicht aus Dankbarkeit für die Taten und Leiden des Volkes, sondern um der nationalen Selbsterhaltung willen, weil die innere Freiheit unentbehrlich ist als einzig sichere und starke Grundlage staatlicher Kraftentfaltung. Wer sich ihr entgegenstemmt, versündigt sich am Vaterland. [...] Bei dem, wovon wir reden, handelt es sich nicht um Parteihader, dessen Austrag man vertagen kann. Es handelt sich nicht um eine Parteifrage. Es handelt sich um nicht weniger als um Sein oder Nichtsein des Vaterlandes.»

24 Wilhelm HEILE: *Auf dem Wege zum neuen Deutschland.* In: *Die Hilfe*, 5.4.1917, p. 222: «Ist es da ein Wunder, wenn sich der unverbildete, schlichte Staatsbürger fragt, ob denn die Freiheit, unfrei zu sein, so viel wert ist, daß es sich lohnt, um

ouvrier et le sens des responsabilités de ses dirigeants ont jusqu'alors évité la catastrophe. Alors pourquoi temporiser? Le chancelier, qui bénéficie de l'appui d'une solide majorité au Reichstag, fait preuve d'aveuglement quand, par souci de préserver l'unité nationale, il préfère tenir compte des quelques milliers de contempteurs de la réforme plutôt que de la volonté de la masse du peuple allemand. Heile considère que le destin de l'Allemagne future repose désormais entre les mains des vingt-huit membres de la commission constitutionnelle du Reichstag, selon que leur travail sera ou non suivi d'effet: le spectre des commissions de l'assemblée de Francfort reste un avertissement fort à tous les démocrates.

C'est pourquoi sans doute il profite d'une pause parlementaire après une semaine d'activité de la commission pour passer en revue les premiers résultats. S'il constate que les questions de fond n'ont pas encore été abordées, il rejette cependant tout pessimisme quant à l'avenir des travaux: en débattant d'abord des questions sur lesquelles il était possible de réunir une majorité cohérente, les participants aux négociations ont pris l'habitude de travailler ensemble et de se mettre d'accord, ce qui devrait faciliter les discussions ultérieures sur des sujets plus controversés. Les représentants des deux partis libéraux, du Zentrum et de la SPD majoritaire ont travaillé de concert, tandis que les socialistes indépendants se tenaient à l'écart et que les conservateurs pratiquaient une obstruction systématique. Heile prétend ne pas comprendre l'hostilité de ceux-ci au vu des décisions prises par la commission, qui ne font que préciser ou rétablir des dispositions législatives existantes et qui, en aucune manière – et à son grand regret – ne préfigurent un régime parlementaire, ni ne portent préjudice au pouvoir impérial. Pour lui, le motif véritable de la fronde conservatrice n'est pas la crainte d'une diminution des droits de la monarchie ou des prérogatives des Etats confédérés, mais celle d'une répartition plus juste du pouvoir entre les citoyens d'Allemagne et de Prusse. Il comprend en revanche leur inquiétude si les conclusions de la commission devaient prendre forme législative, car l'extension à la Prusse du système électoral du Reich, en donnant une représentation équitable aux immenses circonscriptions des grandes villes et des contrées industrielles, renforcerait évidemment la gauche. Heile se félicite au passage que la SPD ait accepté,

---

ihretwillen noch weiter unbegrenzte Opfer zu bringen? Es ist so – und darüber sollten sich die leitenden Männer der deutschen Politik nicht täuschen –, daß die russischen Vorgänge das Gefühl für die Unwürdigkeit unserer preußischen Verfassung ganz außerordentlich verschärft haben. Hinter den Russen zurück: das ist der ärgste Schimpf, den man dem deutschen Bürgerstolz antun kann. Das verträgt man nicht. Und wenn nicht bald Ernst gemacht wird mit der Erfüllung der Versprechungen, die von den Tagen der Freiheitskriege an dem preußischen Volk gemacht worden sind, so könnte es dahin kommen, daß das Dichterwort einen ganz eigenen Klang erhält: Nichtswürdig ist die Nation, die nicht ihr alles freudig setzt an ihre Ehre!»

au moins temporairement, un compromis remettant à plus tard le scrutin proportionnel intégral, égalitaire et secret de tous les Allemands de plus de vingt ans sans distinction de sexe. Il voit dans cette concession tactique une preuve de réalisme de la part des sociaux-démocrates, qui, sans abandonner leurs revendications de principe, ont souscrit à un système auquel il était possible de rallier une majorité. Il est convaincu que l'harmonisation du droit électoral dans l'ensemble du Reich sera l'étape déterminante sur la voie d'un *Volksstaat* allemand. Aussi la capacité des députés à œuvrer à la réorganisation de la politique intérieure en un temps où le pays lutte pour sa survie est-elle à ses yeux un indice de la bonne santé du corps social. Tant que n'est pas oubliée la nécessité de l'union nationale, les débats et controverses politiques, loin d'affaiblir l'Allemagne, renforcent au contraire le sens civique de ses habitants et confortent l'acceptation des sacrifices les plus douloureux.[25]

Une semaine après cet état des lieux, Wilhelm Heile déplore l'attitude de ceux qui reprochent à la commission d'avoir esquivé les problèmes de fond. Il tient ces critiques pour injustifiées et regrettables: injustifiées, car si les résultats déjà obtenus étaient négligeables, les conservateurs ne mèneraient pas une campagne de dénigrement aussi violente; regrettables car rien ne paralyse davantage les velléités d'agir que les présages de mauvais augure. Or ceux-ci n'émanent pas seulement des éternels protestataires, mais aussi de partisans enthousiastes des réformes qui soupçonnent les porte-parole du progressisme politique de pêcher par excès de réalisme et de se laisser inciter à la résignation. Heile rappelle à ces déçus de la politique que les propositions de la commission, pour être adoptées, nécessitent de rallier une majorité, qu'elles résultent de négociations préalables entre les partis et ne peuvent donc qu'être des compromis, que les reproches de mollesse et d'indécision faits à la fraction de la Fortschrittliche Volkspartei sont dénués de fondement, car une fraction résignée n'aurait certainement pas choisi Friedrich Naumann pour la représenter en session plénière du Reichstag, là où sont débattues précisément les questions de fond.[26] Mais le pragmatisme impose de reconnaître que la majorité de gauche est fragile et que le maintien d'une coalition démocratique dépend du bon vouloir d'une partie du Zentrum et de l'aile droite des nationaux-libéraux. Or, le Zentrum dans son ensemble défend,

---

25   Wilhelm HEILE: *Die Verfassungsarbeit des Reichstags.* In: *Die Hilfe,* 17.5.1917, pp. 321-323.
26   Wilhelm HEILE: *Auf dem Wege zum Parlamentarismus.* In: *Die Hilfe,* 24.5.1917, pp. 336-338. Heile cite un article du *Berliner Tagblatt* où les leaders de la *Fortschrittliche Volkspartei* sont suspectés de mettre sous le boisseau la question épineuse de la réforme du parlement afin de ne pas menacer leur alliance avec le Zentrum et les nationaux-libéraux au sein de la commission, p. 337.

plus encore que les conservateurs, le particularisme des Etats confédérés et s'oppose à la poursuite de l'uniformisation des institutions. Dans ces conditions, il est vain d'espérer voir fonctionner un régime parlementaire, à moins qu'un parti ne devienne à lui seul majoritaire.[27] C'est pour mettre un terme à cette situation de blocage que Naumann et *Die Hilfe* réclament depuis longtemps la formation de blocs de partis, et si leurs appels n'ont pas été entendus, la faute en incombe en premier lieu aux politiciens et aux organes politiques qui consacrent leur énergie à diviser plutôt qu'à rassembler.

Soutien à la résolution de paix du Reichstag

Deux événements politiques majeurs envahissent les colonnes de *Die Hilfe* en 1917 et 1918. Le premier est la résolution de paix votée par la majorité du Reichstag le 19 juillet 1917. Le second est la réforme du droit électoral prussien qui n'arrivera à son terme que le 24 octobre 1918.

La participation de la fraction libérale de gauche à l'élaboration de la résolution de paix suscite des interrogations chez les lecteurs de la revue, et parfois leur mécontentement. Ce qui contraint Naumann à se justifier. Dans une lettre ouverte «à un ancien national-social», il explique adhérer à la résolution parce que tel est son devoir. Apposer sa signature sur un document à côté de celle de représentants de la SPD ou du Zentrum n'a rien d'une compromission dans la mesure où les fils des socialistes et ceux des catholiques versent leur sang pour la patrie comme le font ceux des libéraux.[28] Dans la même livraison de septembre 1917, Wilhelm Heile s'indigne de la virulence des pangermanistes et de leurs campagnes de diffamation contre le Reichstag,

---

[27] *Ibid.*, p. 327: «Was folgt aus alledem? Es folgt daraus, daß man, welchen Teil der Verfassungsreform man auch für den wichtigsten und entscheidenden ansehen will, fast für jede ganze Arbeit auf eine andere Mehrheit angewiesen ist. Eben deswegen nützt es nichts, große Worte zu deklamieren. Alles kommt darauf an, daß die führenden Politiker aller reformfreundlichen Parteien in ernsthafter und möglichst wenig doktrinärer Gedanken- und Verhandlungsarbeit sich untereinander verständigen. Wenn sie das tun, dann arbeiten sie schon beinahe in den Formen einer parlamentarischen Regierung. So viel aber ist gewiß, daß es eine parlamentarische Regierung ohne solche Verständigungsarbeit nie geben wird und geben kann, solange nicht eine Partei für sich allein eine feste Mehrheit bildet.»

[28] Friedrich NAUMANN: *An einen alten Nationalsozialen.* In: *Die Hilfe*, 13.9.1917, pp. 576-577; Offener Brief an den Herausgeber der *Hilfe*. In: *Die Hilfe*, 27.9.1917, pp. 601-602; Wilhelm HEILE: *Vom deutschen Frieden.* In: *Die Hilfe*, 27.9.1917, pp. 602-603.

qui visent à faire accroire à la population que la démarche des parlementaires est un signe de faiblesse et de défaitisme.[29]

Car la résolution de paix, avant de toucher à la politique étrangère, est d'abord un acte de politique intérieure. C'est pourquoi la création de la *Deutsche Vaterlandspartei* en réaction à cette décision inquiète l'équipe de *Die Hilfe*, qui comprend immédiatement que l'entreprise est dirigée contre la majorité à l'assemblée et qu'elle cherche à diviser le peuple allemand en deux camps opposés. Son but, dit Heile, est de discréditer le Reichstag aux yeux du peuple allemand et d'empêcher ainsi la réorganisation de la politique intérieure souhaitée par les démocrates. Ce qui est en jeu n'est donc pas la résolution de paix, mais la mise en œuvre d'un système politique plus démocratique.[30] Naumann est, lui aussi, préoccupé par la bipolarisation de la vie publique qu'il voit s'accentuer depuis le départ de Bethmann Hollweg. Les hommes dont les menées ont conduit à la chute de ce gouvernement sont aujourd'hui membres de la *Vaterlandspartei*, et il accuse ce mouvement de déstabiliser, sciemment, le système politique et de menacer délibérément la concorde nationale dans un but partisan. Il lui dénie le droit de se prétendre parti militaire et d'opposer ainsi l'armée à la représentation nationale. Il le suspecte enfin de préparer un coup d'état afin d'instaurer une dictature. En même temps, il l'accuse de saper l'autorité impériale en organisant des manifestations de protestation contre des décisions officielles.[31]

L'appréciation de Friedrich Meinecke est analogue à celle de Heile. Lui aussi blâme l'endoctrinement et le chantage au patriotisme pratiqués par la Vaterlandspartei et met en garde ses lecteurs contre une entreprise de désinformation qui voudrait faire croire que ce parti n'a pas de desseins autres que patriotiques, alors que son objectif réel est de faire éclater la majorité au Reichstag. Un succès dans cette direction renverrait aux calendes grecques une refonte du système prussien des trois classes. Faut-il dès lors s'étonner que ce mouvement réunisse à la fois des agrariens conservateurs et des magnats d'industrie, tous ennemis des réformes électorales? L'historien lance

---

29 Wilhelm HEILE: *Die Hetze gegen den Reichstag*. In: *Die Hilfe*, 13.9.1917, pp. 577-579.
30 Wilhelm HEILE: *Fürs Vaterland*. In: *Die Hilfe*, 4.10.1917, p. 613: «Es ist also ganz klar: da sich die Angriffe der Vaterlandspartei nur gegen die Reichstagsmehrheit richten, nicht aber gegen den Kaiser und Hindenburg und Michaelis, so kann der Hauptzweck der Partei und das eigentliche Ziel der Angriffe gar nicht die Bekämpfung der Verständigungsbereitschaft sein. Das ist gewiß ein Zweck, und manchem Mitläufer auch wohl der Zweck. Die Hauptsache aber ist der Kampf gegen den neuen deutschen Geist, der von der freien und gleichberechtigten Mitwirkung aller Volksgenossen am Staatsleben die größte Kraftentfaltung im Innern und nach außen erhofft.»
31 Friedrich NAUMANN: *Das Zweiparteiensystem*. In: *Die Hilfe*, 1.11.1917, pp. 660-661.

un avertissement: les buts de guerre propagés par la Vaterlandspartei ne sont que poudre aux yeux pour duper les naïfs, ils servent en fait de paravent à une remise en cause fondamentale des avancées vers la démocratie. Il exhorte donc à se méfier de l'exaltation nationaliste véhiculée par ce parti, laquelle dissimule despotisme et militarisme.[32]

En réponse à l'extrémisme de la Vaterlandspartei, *Die Hilfe* présente la création du Volksbund für Freiheit und Vaterland en décembre 1917 comme une version modérée du lobbying politique, née de l'esprit du 4 août 1914 et de la foi dans le peuple allemand, ce peuple pour lequel le Volksbund revendique une plus grande participation aux affaires publiques tant législatives qu'administratives. Moins bruyant que son encombrant rival, il se veut une plateforme de rassemblement pour les amis du progrès politique.[33]

La réforme du système des trois classes en Prusse

La position de *Die Hilfe* dans la question électorale de Prusse procède de la volonté d'introduire de la démocratie dans le fonctionnement du Landtag. Le remplacement d'un scrutin censitaire par un scrutin égalitaire aurait valeur d'exemple étant donné le poids de la Prusse dans la confédération. Aussi la promesse de *l'Osterbotschaft* est-elle reçue avec enthousiasme comme l'annonce de la fin des préjugés de classe, même si Naumann ne se fait pas d'illusion: il sait que du projet à la réalisation la route sera longue et semée d'embûches. La présence à tous les échelons de la politique et de l'administration de représentants des familles nobles fait qu'il voit mal comment le Premier ministre pourra libéraliser le royaume face à la résistance des hauts fonctionnaires et de la Chambre haute. Evidemment, il regrette que du fait de cette résistance, une réforme qui aurait dû sceller la réconciliation nationale soit devenue une cause de discorde.[34] Le partage par tous des sacrifices imposés par la guerre rend pourtant plus intolérable l'iniquité des barrières de classe. L'idée démocratique est l'idée du temps des conflits de masse et à ce titre sa mise en œuvre est une nécessité que le roi de Prusse avec son sens

---

32 Friedrich MEINECKE: *Vaterlandspartei und deutsche Politik*. In: *Die Hilfe*, 22.11.1917, pp. 700-702.
33 Martin WENCK: *Ein Kind des 4. August 1914*. In: *Die Hilfe*, 1.8.1918, pp. 362-363.
34 Friedrich NAUMANN: *Preußische Verfassungsfragen*. In: *Die Hilfe*, 3.5.1917, pp. 288-289. La revue publie un extrait de l'étude de Max WEBER: *Wahlrecht und Demokratie in Deutschland* sous le titre *Das Reichstagswahlrecht für Preußen* (*DH* 29.11.1917, pp. 709-710). *Cf.* également Julius LUEBECK: *Parlament und Regierung im neugeordneten Deutschland*. In: *Die Hilfe*, 18.7.1818, pp. 340-341.

de l'Histoire a comprise, lui qui n'est pourtant pas un démocrate de naissance. Mais Naumann doute que la noblesse conservatrice fasse preuve de la même lucidité et il déplore que l'occasion d'amender le système électoral au moment de la mobilisation ait été manquée. Il fustige l'égoïsme des hobereaux, insensibles à ce qui est socialement juste et nécessaire, mais maîtres dans l'art de la politique (il les compare à Metternich). Leur leader, Ernst von Heydebrand, est un homme de conviction, un réactionnaire pour qui même le système des trois classes est empreint d'esprit révolutionnaire. Toutefois, Naumann prédit que le peuple prussien finira par imposer une réforme en dépit des tactiques dilatoires de la Chambre haute.[35]

A ceux qui estiment le moment mal choisi pour réclamer une réforme qui divise l'opinion, Wilhelm Heile répond que les véritables fauteurs de trouble sont ceux qui rejettent l'égalité entre les citoyens. Ce sont eux qui mettent en péril l'union sacrée du *Burgfrieden* en refusant d'en tirer les conséquences institutionnelles. Plus que la défense de leurs privilèges, Heile reproche aux hobereaux la manière employée et les risques qu'ils font courir au gouvernement et à l'empereur par leur aveuglement. Ils ne se rendent pas compte qu'ils mettent le parti conservateur en péril en ne souscrivant pas à la volonté populaire. En raison de cette attitude irresponsable, Heile estime que les jours de la vieille caste au pouvoir sont comptés.[36] Ses membres ont pour unique préoccupation de maintenir en Prusse le statu quo institutionnel qui leur assure leurs prébendes, leur programme tient en une formule: «l'Etat, c'est nous», et ils n'ont à l'évidence pas envie que cela change.[37] Leur combat

35 Friedrich NAUMANN: *Die Überklugen*. In: *Die Hilfe*, 13.12.1917, p. 725: «Lächerliche Gesellschaft! Das, was kommen muß, das kommt, das erscheint trotz aller schlauen Technik, denn das Volk, von dem so viel geredet wird, existiert wirklich, steht draußen vor den Toren, kämpft an den Fronten, vergießt Blut und dient der Zukunft. Dieses Volk ist unglaulich geduldig und merkt in seiner großen Masse nur ganz langsam, wie ihr mit ihm gespielt habt und spielt, aber er merkt es allmählich doch. Dann erhebt sich ruhig aber mit redlichem und treuem Zorne das Preußentum gegen die Überpreußen. Das alles geht bei uns nicht vor sich wie in Rußland, aber gar zu leicht nehmen darf man den Geist der Masse auch bei uns nicht.»
36 Wilhelm HEILE: *Das alte Preußen und das neue Deutschland*. In: *Die Hilfe*, 20.12.1917, p. 735: «Wer das bisher nicht verstanden hat, der hat es im Kriege gelernt: entweder muß das Reich preußisch werden oder Preußen muß sich dem Reich anpassen. Das Reich aber kann sich nicht politisch rückwärts entwickeln zu einem Staatswesen, in dem der, der fürs Vaterland Opfer gebracht und viel verloren hat, dafür auch noch an staatsbürgerlichen Rechten verliert, und der, der am Kriege verdient hat, obendrein an politischem Recht und Einfluß gewinnt. Also muß Preußen deutsch werden.»
37 Wilhelm HEILE: *Die Revolution der Herren*. In: *Die Hilfe*, 16.5.1918, p. 225: «Für die preußischen Herren handelt es sich ja gar nicht um die Frage, ob das gleiche Wahlrecht oder irgendein Klassen- oder Mehrstimmenwahlrecht den Anforderungen der Gerechtigkeit mehr entspricht. Für sie gibt es da nur die eine Frage: wie

d'arrière-garde motive l'agitation révolutionnaire de l'USPD. Heile dénonce comme non fondées les accusations qu'ils lancent contre le gouvernement, coupable à leurs yeux de briser l'unité nationale, et les accuse de forfaiture lorsqu'ils exigent que l'on attende avant toute modification le retour de tous les soldats afin de leur permettre de participer au vote de réformes éventuelles. Pour Heile, il y a au contraire urgence à mettre un terme au maquignonnage des conservateurs et à substituer enfin le suffrage universel et égalitaire à un système injuste et périmé, issu de la féodalité. Il en va de la crédibilité des dirigeants allemands, en particulier de l'empereur, qui seraient bien inspirés de montrer davantage de fermeté dans l'achèvement d'une réforme pour laquelle ils ont engagé leur parole.[38]

Epilogue entre République et Révolution

La ténacité avec laquelle les auteurs de *Die Hilfe* exigent une refonte de la politique intérieure et la constance avec laquelle ils se réfèrent aux promesses gouvernementales d'une «réorientation» de cette politique ne sauraient surprendre, puisque l'article premier du programme fondateur du Nationalsozialer Verein mentionne parmi ses priorités de 1896 une politique étrangère nationale de puissance et une politique intérieure de réformes sociales.[39] Figurent également dans ce texte, à côté de la valorisation du travail par rapport au capital et de la solution de la «question féminine» par l'amélioration du statut des femmes, l'extension du suffrage universel à toutes les assemblées provinciales et communales. Il y a là de quoi fonder un consensus des partis de gauche, même si, dès l'origine, la formation de Naumann marque sa différence avec la social-démocratie en rejetant tout dogmatisme révolutionnaire. Mais cette persévérance dans l'avertissement et la mise en demeure a cependant quelque chose de touchant dans son inefficacité si l'on pense que

---

    erhalten wir dem preußischen Staat seine ‹Eigenart›, d.h. den Aufbau, bei dem wir ohne ständig neuen Kraftaufwand den alten Zustand erhalten können: der Staat – das sind ‹wir›.»

38 *Ibid.*, p. 226: «Das Volk in seiner gewaltigen Mehrheit will ja nichts wissen von all den Tüfteleien und Klügeleien, die jetzt zur Konservierung dessen erfunden werden, was doch dem Untergang geweiht ist: das Volk kennt nur das eine klare Ziel, das es sich nicht trüben lassen wird: ein Reich, ein Volk, ein Recht. Und was die Kriege um die deutsche Einheit gebracht haben, das soll in diesem Weltkriege, der zur Verteidigung des damals entstandenen Reiches geführt wird, nun endlich glücklich vollendet werden.»

39 *Cf. Deutsche Geschichte in Text und Darstellung*. Bd. 8: *Kaiserreich und Erster Weltkrieg 1871-1918*. Stuttgart: Reclam [UB 17008], p. 249.

les libéraux de gauche, même rassemblés au sein de la *Fortschrittliche Volkspartei*, ne représentent pas une force électorale bien redoutable pour un gouvernement qui, de toute façon, est aux ordres d'un Haut Commandement des armées aux pouvoirs quasi dictatoriaux.

La défaite militaire et l'effondrement de la monarchie créent les conditions favorables à la démocratisation de la vie politique tant souhaitée par *Die Hilfe*. Seulement, les incertitudes nombreuses qui pèsent sur le pays vaincu et le risque d'une révolution inquiètent Naumann et ses collaborateurs. Lui-même tente d'analyser la situation, d'identifier les responsables au premier rang desquels il place l'empereur et une caste d'officiers qui ont dirigé une armée du XXe siècle avec des méthodes du XVIIIe, sans respecter la qualité de citoyen du soldat. Il espère pour l'Allemagne l'avènement d'une démocratie, à la différence de ce qui s'est passé en Russie, et c'est pourquoi il exhorte les libéraux à s'opposer de toutes leurs forces au bolchevisme. Il craint toutefois que, dans cette lutte, le libéralisme ne soit tenté de s'allier à la réaction, créant ainsi à gauche un vide politique que viendraient occuper des partis nouveaux, plus soucieux d'accompagner l'évolution sociale à venir. Car il admet que les libéraux allemands ont déjà failli à leurs principes en manquant de détermination dans leur critique du caporalisme de la société wilhelminienne.[40]

Paul Rohrbach s'interroge, dans un article publié à la suite de celui de Naumann, sur l'avenir de la république en Allemagne. Convaincu que le principe républicain n'est en rien supérieur au principe monarchique, que le jeu démocratique laisse trop de place à des pratiques douteuses et que le régime monarchique est soumis aux aléas de la succession, il renvoie dos à dos les partisans des deux formes de gouvernement. Un rétablissement des Hohenzollern sur le trône étant de toute façon impossible, il convient d'être un honnête républicain et de considérer ce choix qui n'en est pas un avec philosophie, car, affirme-t-il, deux choses demeurent qui transcendent république et monarchie: le peuple et la patrie.[41]

Wilhelm Heile se fait l'écho du désarroi ambiant dans les jours qui suivent l'abdication de Guillaume II: chaque heure, dit-il, apporte des changements radicaux, le Reich et surtout l'Etat prussien avec son organisation administrative, policière et militaire n'ont pas résisté aux premiers assauts de la révolution. Un monde ancien disparaît et celui qui le remplace ne se laisse pas encore discerner nettement. Un peuple qui a résisté pendant quatre ans

---

40 Friedrich NAUMANN: *Wie es kam*. In: *Die Hilfe*, 21.11.1918, p. 557: «Vor dieser Gefahr warnen wir in dieser Stunde mit aller Absichtlichkeit, weil wir als eine der Ursachen der Katastrophe auch ansehen, daß die Liberalen nicht liberal genug gewesen sind. [...] Mehr Liberalismus würde mehr Staatserhaltung bedeutet haben.»

41 Paul ROHRBACH: *Republik und deutsche Zukunft*, 21.11.1918, pp. 557-559.

aux armées ennemies entre en guerre civile, réduisant à néant les sacrifices consentis, livrant le pays à la vindicte étrangère. Nul ne sait plus qui gouverne. Heile attribue la responsabilité de cette confusion aux «suppôts de l'ancien régime», tenants «arrogants, orgueilleux, égoïstes» d'une politique rétrograde et brutale, aux «incorrigibles» de la Vaterlandspartei qui ont refusé la proposition de paix du Reichstag un an plus tôt et crient maintenant à la trahison. Leur obstruction systématique aux réformes a semé le doute dans la population quant au sérieux des promesses gouvernementales et ruiné sa confiance dans le personnel politique. A présent, la question des réformes intérieures paraît bien dépassée. Heile affiche des convictions républicaines, mais se serait fort bien accommodé d'une monarchie constitutionnelle sur le modèle anglais, s'accordant en cela avec Naumann. Il se console de la défaite à l'idée que la République achèvera enfin l'unité allemande en créant un Etat national unifié accueillant les frères autrichiens. Et si cet espoir ne pouvait se réaliser, il serait tout de même heureux que le nouvel Etat allemand soit un libre *Volksstaat*, apportant à ses concitoyens «unité, droit et liberté». En fait, il redoute que la dictature «d'en haut» ne laisse place à celle du prolétariat.[42]

On comprendra sans doute les inquiétudes et le désenchantement de ces publicistes, qui voient la fin tant attendue d'une guerre dévastatrice, une guerre qu'ils espéraient victorieuse, régénératrice du peuple allemand et annonciatrice d'une vie politique plus ouverte au citoyen, et qui se trouvent subitement placés dans une situation à laquelle ils n'étaient pas préparés. Qui se trouvent surtout confrontés à des interrogations multiples dont la moindre n'est pas de savoir ce qui reste, après une guerre perdue, des «pensées d'avenir» et des «nouvelles espérances» évoquées par le programme de leur revue en 1894.

Résumé

Quelques aspects de la politique intérieure de l'Allemagne ont été l'objet, entre 1914 et 1918, de prises de position passionnées dans *Die Hilfe*. La guerre, dont on attendait d'abord une régénération du peuple allemand, provoque, à la longue, des bouleversements sociaux, économiques et politiques. Du fait de cette évolution, les collaborateurs de la revue espèrent un changement radical dans la politique intérieure du gouvernement du *Reich*, changement qui doit amener un ordre social plus juste ainsi que la naissance d'un

---

42 Wilhelm Heile: *Die deutsche Revolution*. In: *Die Hilfe*, 14.11.1918, pp. 541-543. *Cf.* aussi W. Heile: *Der deutsche Neubau*. In: *Die Hilfe*, 21.11.1918, p. 559.

Volksstaat grâce au renforcement du rôle politique de la représentation populaire.

Die Hilfe suit attentivement l'évolution des affaires intérieures de la social-démocratie. C'est qu'en effet les libéraux de gauche envisagent la possibilité d'une coalition de toutes les forces libérales avec le SPD et le Zentrum pour imposer une parlementarisation du régime. A la condition toutefois que le SPD reste sur la ligne modérée qu'il suit depuis 1914. C'est de ce point de vue qu'elle salue la victoire remportée par les réformistes à Gotha et exprime son inquiétude en voyant le parti s'impliquer dans les grèves de masse de février 1918.

La première préoccupation de *Die Hilfe* est la réalisation du «message de Pâques» que l'empereur adresse aux Allemands en avril 1917. Un gouvernement responsable devant le Reichstag, la reconnaissance des prérogatives de la représentation populaire, l'abolition du mode de scrutin à trois classes en Prusse: telles sont les revendications qui forment l'essentiel du programme des libéraux de gauche durant les dernières années de la guerre. Il est constamment rappelé au lecteur qu'il est nécessaire de mettre en pratique «la nouvelle orientation de la politique intérieure» dont Bethmann Hollweg a si souvent parlé et de mettre en œuvre une *Volkspolitik*. La rédaction de *Die Hilfe* accuse les partis de s'opposer à cette orientation réformatrice, de manquer de sens de la responsabilité, et elle met en garde contre les conséquences qui résulteraient d'un retard pris dans la démocratisation du pays. Elle apporte son soutien à la proposition de paix du Reichstag et dénonce ses adversaires qui sont accusés de poursuivre des buts relevant de la seule politique intérieure et de vouloir se faire passer pour les seuls représentants de l'esprit patriotique.

La loi sur la parlementarisation est adoptée le 28 octobre 1918. Le lendemain, éclatent les premières mutineries de marins. La situation politique que connaît l'Allemagne après l'abdication de l'empereur et la proclamation de la République allemande sont sources de nouvelles inquiétudes. Naumann redoute que le libéralisme ne soit contraint, dans la lutte menée contre le bolchevisme, de faire une alliance contre nature avec la réaction. Il est difficile de dire qu'il a manqué d'intuition.

Zusammenfassung

Zwischen 1914 und 1918 sind verschiedene Aspekte der deutschen Innenpolitik der Gegenstand leidenschaftlicher Stellungnahmen in der «Hilfe» gewesen. Der Krieg, von dem man zunächst eine Erneuerung des deutschen

Volkes erwartet hatte, provozierte langfristig soziale, wirtschaftliche und politische Umwälzungen. Von dieser Entwicklung erhoffen sich die Mitarbeiter der Zeitschrift einen radikalen Wechsel der Innenpolitik der Reichsregierung, einen Wechsel, der dank der Verstärkung der politischen Rolle der Volksvertretung eine gerechtere soziale Ordnung ebenso wie die Geburt eines «Volksstaates» herbeiführen soll.

Die Hilfe verfolgt aufmerksam die innere Entwicklung der Sozialdemokratie. Die Linksliberalen fassen tatsächlich die Möglichkeit einer Koalition aller liberalen Kräfte mit der SPD und dem Zentrum ins Auge, um eine Parlamentarisierung des Regimes zu erzwingen. Dies allerdings unter der Bedingung, dass die SPD die gemäßigte Linie beibehält, der sie seit 1914 folgt. Unter diesem Gesichtspunkt begrüßt sie den Sieg, den die Reformisten in Gotha davontragen und drückt ihre Beunruhigung angesichts der Beteiligung der Partei an den Massenstreiks des Februars 1918 aus.

Die erste Sorge der «Hilfe» ist die Verwirklichung der «Osterbotschaft», die der Kaiser im April 1917 an die Deutschen richtet. Eine Regierung, die dem Reichstag verantwortlich ist, die Anerkennung der Prärogative der Volksvertretungen, die Abschaffung des Dreiklassenwahlrechts in Preußen – das sind die Forderungen, die den Kern des Programms der Linksliberalen in den letzten Kriegsjahren bilden. Die Leser werden immer wieder daran erinnert, dass es notwendig sei, «die Neuausrichtung der Innenpolitik», von der Bethmann Hollweg so oft gesprochen hat, in die Tat umzusetzen und eine «Volkspolitik» zu treiben. Die Redaktion der «Hilfe» klagt die Parteien an, sich dieser Reformorientierung zu widersetzen, und sie warnt vor den Konsequenzen, die aus einer Verzögerung der Demokratisierung des Landes resultierten. Sie unterstützt den Friedensvorschlag des Reichstages und prangert seine Gegner an, denen sie vorwirft, allein innenpolitische Ziele zu verfolgen und als die alleinigen Vertreter des Patriotismus gelten zu wollen.

Das Gesetz über die Parlamentarisierung wird am 28. Oktober1918 verabschiedet. Am nächsten Tag brechen die ersten Aufstände der Matrosen aus. Die politische Situation, die Deutschland nach der Abdankung des Kaisers und der Ausrufung der Republik erlebt, ist die Quelle neuer Beunruhigung. Naumann fürchtet, dass der Liberalismus im Kampf gegen den Bolschewismus gezwungen sein wird, ein unnatürliches Bündnis mit der Reaktion einzugehen. Man wird schwerlich sagen können, dass es ihm an Intuition gemangelt habe.

1918-1919: Das Umbruchjahr im Spiegel der nationalsozialen Wochenschrift *Die Hilfe*

Julia SCHRODA

Im Mittelpunkt der vorliegenden Untersuchung steht weniger ein bestimmtes Thema, denn ein Zeitraum. Das Erkenntnisinteresse der historischen Zeitschriftenforschung liegt in diesem Falle darin, eine bestimmte Periode aus der Perspektive der Zeitgenossen nachzuerleben.

Dadurch, dass hier gerade nicht die verkürzte Sichtweise des *a posteriori* angelegt wird, liegt die Gefahr auf der Hand, sich in der Flut der Details zu verlieren. Folgende Leitfragen standen deshalb bei der Auswahl und der Analyse der Beiträge im Vordergrund:

– Lässt sich eine liberale Identität in einer Zeit der Krisen und Umbrüche wahren?
– Wie werden die letzte Phase des Krieges und die auf das Volk hereinbrechenden Ereignisse aus «national-sozialer» Perspektive beurteilt?

Darüber hinaus stellen sich übergreifende Fragen wie die nach den Befindlichkeiten der deutschen Gesellschaft während des Krieges sowie zwischen der Unterzeichnung des Waffenstillstandsvertrags am 11. November 1918 und der Unterzeichnung des Versailler Vertrags am 28. Juni 1919. Welche weltanschaulichen Fragen werden gestellt und wie werden sie beantwortet? An welchen Personen und Kreisen wird Kritik geübt? Wie steht man zur Frage der Kriegsschuld?

Eine starke Leitlinie entsteht durch Friedrich Naumanns *Kriegs-* und Gertrud Bäumers *Heimatchronik* sowie Naumanns ebenfalls wöchentlich erscheinende *Betrachtungen*, die dritte wichtige Stimme ist Wilhelm Heile.

Eine chronologisch angelegte Analyse der Beiträge trägt der Perspektive der Zeitgenossen Rechnung. Es ergeben sich drei Teile:

1. Vor dem Waffenstillstand
2. Die Phase des Umbruchs Oktober/November 1918
3. Der Weg zum Versailler Vertrag und dessen Beurteilung.

Vor dem Waffenstillstand

Bis weit ins Jahr 1918 herrscht die Illusion, man werde den Krieg siegreich beenden können, was aus heutiger Perspektive die Vermutung nahe legt, Zensur und Kriegspropaganda haben stark zu dieser Fehleinschätzung beigetragen. So verleiht Wilhelm Heile in der ersten Januarausgabe seiner Hoffnung Ausdruck, man habe ein letztes Kriegsjahr vor sich. Hinsichtlich des Friedens herrscht Zuversicht infolge des erfolgreichen Waffenstillstands mit Russland:

> Je deutlicher die Sprache unserer kriegerischen Erfolge ist und je ehrlicher zugleich die Friedensworte unserer politischen Führer, desto stärker sind die Trümpfe, die wir den Verständigen, zum Frieden Geneigten im feindlichen Lager für ihren Kampf mit den Kriegshetzern im eigenen Land in die Hände geben. [...] Schreiten wir im gleichen Tempo fort, so wird das Jahr 1918 uns den Frieden bringen, der im Geist und in der Wahrheit ein deutscher Friede ist.[1]

Friedrich Naumann unternimmt im Januar den *Versuch einer Beurteilung der russischen Oktoberrevolution* und beklagt die verminderte Wahrnehmung der Geschehnisse aufgrund des Krieges. Dennoch gelangt er zu einem ersten Gesamturteil:

> Das Volk als Menge macht jetzt seine erste wirkliche Regierungsprobe. Man träumt nicht mehr im alten romantischen Sinne von Freiheit, Gleichheit und Brüderlichkeit, sondern macht mit der Gleichheit einen bitteren Ernst: gegen den Besitz der oberen Schichten! Gegen Landbesitz, Kapital, Führerschaft![2]

Im Februar versucht er abzuschätzen, ob von der russischen Revolution eine Gefahr für West- und Mitteleuropa ausgehe, meint aber: «Der von Russland ausgehende bolschewistische Geist ist noch etwas anderes als unsere herkömmliche Demokratie, ja er ist gewaltig von ihr unterschieden, denn er ist nicht Glaube an Mehrheit, sondern Wille zur Macht im härtesten Sinne des Wortes: Antityrannei, Umsturz in aller Form, Revolution an sich.»[3] Dagegen sei die deutsche Sozialdemokratie wirklich zu einer «nationale[n] Reformpartei geworden, wie sich am 4. August 1914 zeigte».[4]

Naumann schließt: «Der Staat muss gestärkt und neugeboren aus allen Anfechtungen hervorgehen. Die wahre Sicherung vor den Wogen einer europäischen Revolution ist in der Mitte des Erdteils der deutsche Volksstaat. Möge er bald, sehr bald vorhanden sein!»[5] Naumanns Anmerkungen

---

1 *Die Hilfe*, 3.1.1918, S. 5.
2 *Die Hilfe*, 17.1.1918, S. 20.
3 *Die Hilfe*, 14.2.1918, S. 66.
4 Ebd.
5 Ebd., S. 67.

zur neuen Ostgrenze vom 2. März 1918 propagieren gemäß seines «Mitteleuropa»-Konzepts eine mitteleuropäische Einheitsgesinnung, warnen dagegen eindringlich: «Mit Annexionsgesinnungen lässt sich hier niemals etwas Gutes erreichen, niemals!»[6]

In der Ausgabe vom 28. März beginnt Georg Wolf, Führer der liberalen Fraktion im elsass-lothringischen Landtag, seine Ausführungen unter dem Titel *Unser Recht auf Elsaß-Lothringen*[7] mit der Behauptung, Frankreich habe sich «krampfhaft [...] in den Gedanken verbissen [...], Elsass-Lothringen wieder in seine Gewalt zu bekommen.» Auch aus seinen Formulierungen spricht die Zuversicht auf einen deutschen Sieg, wenn er in Bezug auf Frankreich urteilt: «Wahrlich, eine bewundernswerte Zähigkeit im Kampf um eine aussichtslos gewordene Sache! Ohne einen starken ethischen Einschlag, den subjektiven Glauben der Franzosen an die Gerechtigkeit ihrer Forderung, ist dieses Durchhalten psychologisch kaum zu begreifen.»[8]

Es bestehe kein Zweifel darüber, dass Frankreich die Abtretung 1870/71 als «gewaltsame Lostrennung» empfunden habe und dieses Gefühl sei von der «weit überwiegenden Mehrheit der abgetretenen Bevölkerung restlos geteilt» worden. Der Elsass-Lothringen-Konflikt erscheint im Rückblick als einer der Gründe für einen aus deutscher Perspektive unausweichlichen Ersten Weltkrieg:

> Frankreich hat unter dem dritten Napoleon leichtfertig den Krieg vom Zaun gebrochen, um Deutschlands Emporkommen zu hindern. Damals hat die Entscheidung der Waffen gezeigt, wo die größere Stärke und das größere Recht der Geschichte liegen. Es hat sich dem Spruch gefügt und jetzt eine Weltkoalition gegen den Sieger von 1871 zusammengebracht, um eine Revision jener Entscheidung herbeizuführen. So bringt es unsäglichen Jammer über Europa und sich jetzt an den Rand des Abgrunds, weil ihm die rechte Einschätzung seiner Stellung in der Geschichte der Gegenwart fehlt. Es lädt damit eine Schuld auf sich, die sich an ihm selber rächen wird.[9]

Dennoch wurzelt für Wolf «die Revanche [...] nicht nur in der Überstiegenheit unhaltbar gewordener Machtansprüche, sondern auch in einem nationalen Verpflichtungsgefühl, das in gleicher Stärke unserem Volk nur zu wünschen wäre. Dieses Verpflichtungsgefühl trägt aber durchaus romantischen Charakter, ihm entspricht keine greifbare politische Wirklichkeit mehr, denn die Entwicklung ist seit 1871 nicht stillgestanden, wie man in Frankreich wähnt».[10]

---

6   *Die Hilfe*, 7.3.1918, S. 100.
7   *Die Hilfe*, 28.3.1918, S. 137-139.
8   Ebd., S.137.
9   Ebd., S. 138.
10 Ebd.

Wolf beruft sich auf die Zahl und Zusammensetzung der Bevölkerung, die steigende Zahl der Mischehen, die höheren Geburtenraten in «altdeutschen» und gemischten Ehen, sowie den Rückgang des Französischen als Muttersprache (kaum ein Neuntel der Bevölkerung). Er verweist weiter auf das deutsche Wirtschaftsleben, den ökonomischen Aufschwung, die Prägung durch Schule und Verwaltung. Darüber hinaus sprächen der Kampf der Elsässer und Lothringer auf Seiten des Deutschen Reiches als auch die Äußerungen der Elsässer und Lothringer vor dem Krieg für den Willen der Bevölkerung, weiter deutsch bleiben zu wollen, woraus Deutschland die Pflicht erwachse, sie vor einem erneuten Nationalitätswechsel zu bewahren. Die Vorstellung einer Umzingelung des Deutschen Reiches und einer «Weltverschwörung» trägt der Auffassung Rechnung, Deutschland führe einen Verteidigungskrieg.

In *Die Geister der Nationen*[11] schreibt Naumann, erst der große Krieg offenbare «die Seelen der Nationen»: «Alle wissen, dass dieser Krieg ein gemeinsames Unheil geworden ist, aber keiner kann mehr anders; es findet sich der Ausweg nicht. Dieser Zustand ist von einer Schrecklichkeit, die nicht zu sagen ist.»[12]

Die Mechanismen der Propaganda auf feindlicher Seite sind Naumann durchaus bewusst, er schreibt, die ausländische Berichterstattung sei «für den Zweck der Kriegsleidenschaft zurechtgemacht und darum verzerrt und verzogen».[13]

> Viele von uns haben die Franzosen gut gekannt, wir waren oft in ihrem Lande und lasen ihre Literatur. Dabei vergaßen wir nie, was unsere Vorfahren von den ihrigen teils gelernt und teils gelitten hatten. Wer aber von uns allen, die wir die kleinen Franzosen in ihrer Eigenart schätzten, wer von uns hat ihnen und ihren Frauen, ihren Greisen und Kindern jemals die Zähigkeit zugetraut, um der Idee von Elsass-Lothringen willen diesen Krieg so zu führen? [...]
> Das nationale Wesen wird im Kriege hart und gewaltsam; fanatisch hier und listenreich dort. [...] Niemand hat diese Weltgeschichtsqual gewollt, denn niemand hat sie vorher gekannt und geahnt. Es bleibt nichts übrig, als ruhige Pflichterfüllung mitten im Zwange der Geister und Dinge. [...] Ob später wieder ein Zusammenleben erwächst? Ob später? Gott weiß es, wir aber haben für uns zu kämpfen, für heute, morgen und übermorgen.[14]

In *Der Tag der Vernunft*[15] wägt Naumann zwei Theorien, zum Frieden zu gelangen, gegeneinander ab, die beide nicht in Reinform umgesetzt werden können, «eine militaristische und eine pazifistische» und formuliert resig-

11   *Die Hilfe*, 18.4.1918, S. 176-178.
12   Ebd., S. 176.
13   Ebd., S. 177.
14   Ebd., S. 178.
15   *Die Hilfe*, 2.5.1918, S. 200-201.

niert: «Mit jedem Kriegsjahre entfernen wir uns weiter von dem Zustande, wo sich ein Sieg verlohnte, nämlich von der Blüte der Kultur und Wirtschaft. Schon heute ist unsere Lebenszeit vor dem Kriege ein verlorenes Paradies geworden, und zwar auch dann, wenn unsere Waffen siegen.»[16] Sein Beitrag endet mit einem Loblied auf Deutschland:

> Das bleibt ein mächtiges Stück deutschen Geistes: das Volk, von dessen Knechtseligkeit die Welt da draußen redet, ist in großen Dingen freier als all die anderen! Wir vertragen die praktische Vernunft. Es hilft aber nichts, sie allein zu haben, ehe auch die anderen Hauptvölker sich zu ihr wenden. Darin liegt das peinliche, anspannende dieser Zeitlage.[17]

In *Es lebe das Volk!*[18] formuliert Naumann die Hoffnung, der Krieg werde zum einheitsstiftenden Ereignis für das ganze deutsche Volk: «Das war es ja, was von alters her den Liberalismus von den konservativen Strömungen unterschied, dass der Liberalismus an das Volk im Ganzen glaubte, an seine Pflichttreue, Großherzigkeit, Tapferkeit und Verantwortlichkeit.»[19]

Paul Rohrbach überschreibt seinen Beitrag im Juni 1918 mit der Frage *Wie lange noch?*[20] und baut auf die Verbesserung des Deutschlandbildes bei der Entente:

> [...] sehen denn die Feinde nicht ein, dass ihr Mühen zwecklos ist, dass sie uns nicht niederzwingen und der Frevel der Verlängerung des Blutvergießens allein auf sie fällt? Ja sicher, aber das Schreckensbild, das man ihnen vorhält, ist das triumphierende Deutschland, das der Welt den Fuß auf den Nacken setzt. Rettet eure und der Welt Freiheit! Mit dem Ruf stellen die feindlichen Führer die wankende Einheit der inneren Front bei ihren Völkern immer noch wieder her. Es gibt eine wachsende Partei drüben, die fängt an zu fragen, ob denn nicht mit Deutschland am Ende ein Zusammenleben denkbar sei, wenn man den Ausgleich richtig anfängt. Gegen sie richtet sich das Gebet der Lloyd George, Wilson, Clemenceau: Herr, gib uns ein Deutschland, das wir noch länger als Feind der Freiheit und Menschlichkeit malen können! Das ist es, woran wir denken müssen, wenn wir uns fragen: was kann geschehen, damit ein Ende werde![21]

Im Abdruck seiner *Reichstagsrede über die Kriegslage und den Weg zum Frieden* beurteilt Naumann die Frage des Friedensschlusses sehr positiv: «Die Frage liegt heute für Deutschland so günstig, wie sie im Verlauf des Krieges noch nicht gelegen hat.»[22]

---

16 Ebd., S. 200.
17 Ebd., S. 201.
18 *Die Hilfe*, 20.6.1918, S. 288-289.
19 Ebd., S. 288.
20 Ebd., S. 291-292.
21 Ebd., S. 292.
22 *Die Hilfe*, 4.7.1918, S. 315.

Sowohl der «Glaube an die Pflicht» als auch das «Vertrauen auf die Einheitlichkeit und Güte der Leitung» seien auf deutscher Seite stärker als bei den Feinden: «Die Deutschen brauchen das Narkotikon (falsche Hoffnungen, Siegesversprechen) nicht, sie brauchen es deshalb nicht, weil auf unserer Seite der Krieg geführt wird als der Krieg der Verteidigung des Lebens unserer Nation, unserer Kultur, unserer Vergangenheit und Zukunft.»[23]

Er bekundet der Generalleitung von Hindenburg und Ludendorff sein Vertrauen und wird durch Zurufe von den unabhängigen Sozialdemokraten unterbrochen. Er beschwört die Einheit des Reiches gegen eine Welt von Feinden, plädiert aber gleichzeitig für eine kritische Betrachtung der Mächteverhältnisse:

> Nun wird gesagt, das sei der Schicksalskampf, der so lange fortgesetzt werden müsse, bis eine dieser Mächte tot ist. Wie aber, wenn sie nun beide halbtot sind, was wird denn dann? [...] Das ist das Erzittern unseres lieben, alten, Erdteils. Aus dem Erdteil der alten Kultur steigt jetzt etwas wie ein hunderttausendfältiges Bitten an die Staatslenker auf: ihr sollt kämpfen, solange ihr kämpfen müsst, aber ihr sollt nicht glauben, dass mit den militärischen Mitteln allein alles gemacht werden kann! Neben das militärische Mittel, das in seiner gewaltigen Wucht wirkt, gehört der Geist, der Gedanke, das Gewissen der Völker, der Wille und Verstand, der in die Zukunft hineinblickt.[24]

Im August fordert Wilhelm Heile eine *Politische Offensive*:[25]

> Es ist in Deutschland, namentlich in den Reihen der Machtsiegpropheten, der abgegriffene Brauch, Lloyd George als bloßen Demagogen, Wilson als bloßen Schaumschläger und üblen Heuchler hinzustellen. Und doch könnten wir froh sein, wenn wir in der politischen Leitung auch einmal einen Mann ähnlichen Kalibers besäßen. [...] Mit bloßen Friedensangeboten erreicht man den Frieden so wenig wie mit bloßem militärischen Kraftaufwand. Wir müssen die Quellen zerstören, aus denen unseren Feinden immer neue Kraft zuströmt; [...]. Die Kraftquelle der Feinde ist aber die gleiche wie bei uns. Die Völker glauben an die Gerechtigkeit ihrer Sache; [...].[26]

In diesem Zusammenhang warnt Heile eindringlich vor dem unheilvollen Einfluss der Alldeutschen. Ende August fordert Heile noch deutlicher *Die Initiative des Kaisers*.[27] Er lobt die Reden des Staatssekretärs Solf und des Prinzen Max von Baden und äußert den Wunsch, der Kaiser wolle «einmal vor die Welt hintreten [...], um rein grundsätzlich zum eigenen Volk, zu den verbündeten Völkern, zur neutralen und zur feindlichen Welt zu reden» und deutlich machen, dass er «in den Dingen der inneren wie der äußeren Politik ganz und gar auf dem Standpunkt der Reichstagsmehrheit und der großen Mehrheit des deutschen Volkes steht». Er fordert den Kaiser auf, «sein altes

---

23   Ebd., S. 316.
24   Ebd., S. 319.
25   *Die Hilfe*, 15.8.1918, S. 384-386.
26   Ebd., S. 384-385.
27   *Die Hilfe*, 29.8.1918, S. 408-410.

Programm zu verkündigen von der Vereinigung von Demokratie und Kaisertum und von dem freien, gleichberechtigten und von gegenseitiger Achtung erfüllten Zusammenarbeiten der in freien Volksstaaten organisierten Völker in einem der Gesamtheit zu Liebe und niemand zu Leide begründeten Völkerbund».[28]

Wie kommt man zum Frieden? überschreibt Naumann einen Beitrag in der Ausgabe vom 5. September 1918, in dem er den Gedanken des passiven Widerstandes als Möglichkeit verwirft, weil er staatszerstörend sei. Mit einem Verweis auf Russland warnt er eindringlich vor einer Revolution. Er lässt zwischen den Zeilen die Sorge um den Kriegsausgang sprechen:

> Wer alles auf die Karte des Sieges setzt, darf sich damit im Unterbewusstsein nicht verschweigen, dass auch der gegenteilige Fall eintreten kann und dass dieser viel schlimmer ist als eine Verständigung.
> Indem wir für den Verständigungsfrieden arbeiten, müssen wir die materielle und geistige Waffenrüstung tapfer aufrechterhalten; während wir der Welt sagen, dass wir ehrlich friedensbereit sind, müssen wir das Vertrauen zur Heeresleitung ungeschmälert aufrechterhalten. Nur so wird Unterwerfung abgewehrt und Verständigung erreicht.[29]

Am 12. September 1918 fragt Naumann besorgt: *Wer führt uns?*[30] Während es auf militärischem Gebiet Hindenburg und Ludendorff seien, fehle in der Politik eine erkennbare Führung. Der weltweiten Wirkung der von Wilson und Lloyd George formulierten Prinzipien stehe eine deutsche Sprachlosigkeit gegenüber: «Wir haben die beste, tapferste Armee, die besten Feldherren, aber eine Politik, die niemand versteht, weil sie aus dem Vorzimmer nicht herauskommt.»[31]

Die Phase des Umbruchs im Oktober/November 1918

Anfang Oktober äußert sich Naumann zur Völkerbundsfrage und bedauert die große Skepsis in weiten Kreisen der deutschen Öffentlichkeit, betont aber, dass gerade Deutschland den Völkerbund brauche: «Weil wir der Gegenstand wilden Hasses so vieler Nationen geworden sind, begreifen wir am meisten, dass eine Erneuerung und Hochstellung der Menschheitsgesinnung notwendig ist.»[32]

---

28 Ebd., S. 410.
29 *Die Hilfe*, 5.9.1918, S. 424.
30 *Die Hilfe*, 12.9.1918, S. 432-433.
31 Ebd., S. 433.
32 *Die Hilfe*, 3.10.1918, S. 466.

Am 10. Oktober schreibt er in *Zukunftsfragen* über den Völkerbund: «Wir müssen uns irgendwie mit ihm abfinden, denn er ist zweifellos auf dem Marsche und kommt mit uns oder gegen uns.»[33]

In derselben Ausgabe begrüßt Naumann in *Der Volksstaat kommt!*[34] die Einsetzung einer parlamentarischen Regierung als Verwirklichung einer persönlichen Vision:

> Als ich vor fast zwanzig Jahren mein Buch ‹Demokratie und Kaisertum› schrieb, sah ich im Geiste die Grundformen, die sich jetzt verwirklichen, hörte sozusagen die Rede des Prinzen Max voraus, aber es fehlte dabei der grauenvoll gewaltige Hintergrund. [...]
> Und ein deutscher Prinz führt den Volksstaat ein, ein vollberechtigter, thronfolgender Fürst aus altem Hause. Das gehört zur Poesie der Geschichte, die auch im Kriege nicht ganz vergisst, Künstlerin zu sein.[35]
> Niemals ist es leicht, die Verantwortung für einen Frieden zu übernehmen, der nicht ohne schwere Enttäuschungen sein kann, jetzt gehört aber dazu der absolute Mut eines guten Gewissens gegenüber dem eigenen Volke und gegenüber der Menschheit. [...]
> Es ist Pflicht aller Volkskreise, vom Kaiser bis zum unabhängigsten Sozialisten, jetzt die Friedensmöglichkeit zu fördern.[36]

Gertrud Bäumers *Heimatchronik* versucht, als Pendant zu der von Naumann geführten *Kriegschronik*, Ausgabe für Ausgabe das Kriegserleben der Heimatfront darzustellen, teils melancholisch-literarisch oder ganz pragmatisch. Spätestens ab Oktober 1918 überschneiden sich die Zuständigkeitsbereiche der *Kriegs-* und der *Heimatchronik*. Stichwortartig notiert Bäumer am Sonntag, den 6. Oktober:

> Die Morgenzeitung – Friedensangebot, Erlass des Kaisers, Rede des Reichskanzlers –, [...] dazu steht wohl jeder ratlos vor Undurchsichtigem und Unfasslichem und unfähig, den geschichtlichen Inhalt der Stunden zu ermessen, von denen diese Spalten berichten. Heute wird das Bewusstsein, das einen durch die letzten Monate begleitete, dass unsere Seele die Zeit nicht mehr zu umfassen vermag, zum Gefühl voller Ohnmacht. Man steht, wie wenn man mit hohlen Händen einen stürzenden Strom auffangen sollte: Mehrheitsregierung, Autonomie Elsaß-Lothringens, Aufhebung des Belagerungszustandes, Aufnahme von sozialpolitischen Sicherungen in die Friedensverträge. Aber über das alles hinwegflutend und es immer wieder in sich verschlingend Schmerz und Schmach, mit der man heiß und bitter kämpft.[37]

Auch in den folgenden Beiträgen bringt sie ihre innere Zerrissenheit und Furcht zum Ausdruck:

---

33 *Die Hilfe*, 10.10.1918, S. 488.
34 Ebd., S. 480-481.
35 Ebd., S. 480.
36 Ebd., S. 481.
37 Ebd., S. 487.

> [...] Zu rasch ist der neue Kurs gekommen, als dass der gute Wille der wahrhaft und aufrichtig Patriotischen wissen könnte, ob er für die Tapferkeit des Endkampfes sich einsetzen oder dem «Rechtsfrieden» Wilsonscher Auffassung Verständnis bahnen soll [...].
> Vor dem Völkerbundsgedanken steht für uns der Wall der Beschimpfungen, die das Friedensangebot aus den Ententestimmen von neuem aufbaut. [...] Wie sollen wir an den Ernst des neuen Menschheitsgedankens des «Weltideals» glauben, wenn sein Anbruch im Zeichen der Rache steht, ausgeübt von der zusammengeballten Macht derer, die unsere Kraft endlich gebrochen haben? Wie können wir als Beschimpfte in einer Völkergemeinschaft an einer neuen Welt arbeiten als der Sündenbock, an dem allein ein Verhängnis gerächt werden soll, dem alle gedient haben, das über der ganzen Welt lastete?[38]

Auch Wilhelm Heile beschreibt am 31. Oktober 1918 in *Der Volksstaat und der Friede*[39] zunächst ein von Ausweglosigkeit und Schmach verursachtes Ohnmachtsgefühl, dem er sich jedoch zu entreißen sucht:

> Aber wir wehren uns dagegen, dass die Gefühle der Bitterkeit jetzt Oberhand bekommen und die Klarheit des Blickes trüben. Es ist jetzt nicht die Zeit zu klagen und anzuklagen. Die Stunde des Handelns ist da [...]. Was wir jetzt mitten im Kriege an Ereignissen der inneren Umwälzung erleben, das ist die deutsche Revolution.[40]

Heile begrüßt die Geburt des deutschen Volksstaates und übt scharfe Kritik an Ludendorffs Selbstherrlichkeit und dessen Einmischung in die Politik. Darüber hinaus unterstützt er die Völkerbundsidee: «Der Völkerbund, der die Gleichberechtigung aller bringt, ist uns nicht etwa ein notwendiges Übel, dem wir uns nur fügen, um Schlimmerem zu entrinnen. Er ist uns die Verwirklichung der alten deutschen Ideale, der Beginn des neuen Zeitalters, den zu beschleunigen wir selbst schwere Opfer zu bringen bereit sind.»[41]

Gertrud Bäumer unterzeichnet am 20. Oktober 1918 die Erklärung der «deutschen Frauen zum Rechtsfrieden»,[42] in der sie zunächst beklagt, dass die deutschen Frauen keinen Einfluss auf die Entscheidungen haben, obwohl sie den Krieg als Notwendigkeit gesehen und größte Opfer gebracht haben.

> Als Frauen und als Deutsche sehen wir in dem Völkerbund, der die Entwicklung der eigenartigen Kräfte der Nationen, ihre Freiheit, sicherstellt gegen die brutale Macht, einen Versuch, für dessen Gelingen auch wir unsere Kraft aus vollem Herzen einsetzen möchten. [...] Aber wir können kein Vertrauen haben zu einem Völkerbund, der begründet ist auf der zertretenen deutschen Ehre. [...] Wir können einem Programm, das für das Recht der Nationalitäten eintritt, nicht glauben, wenn es zugleich die Preisgabe deutscher Menschen und alter Stätten deutscher Kultur und Arbeit an fremde Staaten einschließen sollte. [...]

38 Ebd.
39 *Die Hilfe*, 31.10.1918, S. 511-513.
40 Ebd., S. 511-512.
41 Ebd., S. 512.
42 Ebd., S. 519.

Ehe das deutsche Volk Bedingungen auf sich nimmt, die das Andenken seiner Toten verleugnen und seinem Namen einen unauslöschlichen Makel anheften, würden auch die Frauen bereit sein, ihre Kräfte für einen Verteidigungskampf bis zum Äußersten einzusetzen.[43]

In *Der Volksstaat und die Frauen* fordert sie die Einstellung sachverständiger Beamtinnen in die Ämter, die mit Frauenfragen zu tun haben, die Schaffung einer Frauenvertretung und «eine Erklärung der Mehrheitsparteien im Reichstag, das Frauenstimmrecht als die notwendige Ergänzung des Volksstaates verwirklichen zu wollen»:

> Die deutschen Frauen, auf denen das ‹Umsonst› aller ihrer Opfer und Arbeit vielleicht noch schwerer liegt als auf den Männern, weil ihr Leben millionenfach durch den Krieg arm und leer geworden ist, könnten nicht schöner und würdiger aufgerichtet werden, als wenn ihr Volk sie jetzt mündig spräche, zugleich als ein Zeichen dafür, dass eine neue Zeit beginnt, auch für sie.[44]

Zwei Tage bevor er am 6. November zum Großen Hauptquartier abreist, um Vorträge an der Front zu halten, schreibt Naumann in der Kriegschronik: «Die Logik der militärischen Niederlage ist unheimlich. Man denkt, wieviel besser es gewesen wäre, im Juli 1917 einen Verständigungsfrieden zu schließen.»[45]

Die Chronik wird inzwischen von Heile fortgeführt, der von den Unruhen der Matrosen und Soldaten in Kiel berichtet und schließt: «Näheres über Charakter und Umfang der umstürzlerischen Vorgänge ist noch nicht bekannt.»[46]

Am 8. November sieht er die Haltung der Liberalen bestätigt:

> Jetzt muss es bald ein jeder einsehen, wie sehr wir mit unserer Forderung des schleunigen Umbaues des Deutschen Reiches zum freien Volksstaat recht gehabt haben, und wie es sich leider nur zu sehr bewahrheitet hat, dass jede Verzögerung der Reform, jede Halbheit zu den bösesten Folgen führen muss. Jetzt gärt es in ganz Deutschland, am meisten an der Wasserkante und in Bayern.[47]

In *Die deutsche Revolution*[48] klagt Heile «die Träger des alten Systems» an, «die anmaßenden, hochmütigen und selbstsüchtigen Vertreter jener Herrenpolitik im Innern und Gewaltpolitik nach innen und nach außen; [...]»:

> Um die deutsche Ehre ging es ihnen ja zu allererst, um die Ehre, die gloire. Verzichtfrieden, Hungerfrieden, Schmachfrieden nannten sie, was wir damals – noch auf der Höhe unserer Kraftentfaltung – hätten erlangen können, wenn der Reichstag nicht

43 Ebd.
44 *Die Hilfe*, 7.11.1918, S. 530.
45 *Die Hilfe*, 14.11.1918, S. 537.
46 Ebd., S. 538.
47 Ebd., S. 539.
48 Ebd., S. 541-543.

durch Michaelis' unglaubliche Torheit und das verderbliche Treiben der unverantwortlichen militaristischen Neben- oder vielmehr leider Hauptregierung um den Erfolg seines Verständigungsversuches betrogen worden wäre. Ach könnten wir nur heute diesen «Verzichtfrieden» bekommen, wie froh und glücklich wollten wir sein!⁴⁹

Zufrieden äußert sich Heile allein darüber, dass «[...] endlich die Vorbedingung geschaffen ist für den Umbau des Reiches aus einem Bunde selbstherrlich neben- und – selbst im Kriege – leider oft genug gegeneinander wirkender Staaten zu einem einheitlichen deutschen Staate». Er hofft auf den Anschluss der Deutsch-Österreicher und knüpft an die Ideale von 1848 an: «Aber ich kann nur jubeln, kann nur neuen Glauben und neue Hoffnung fassen, wenn der Staat, der auf den Trümmern des alten Reiches entsteht, ein freier Volksstaat wird. Ob Republik, ob Monarchie – auf Einigkeit und Recht und Freiheit kommt es an.»

In Erwartung einer Republik und eines freien Volksstaates schließt Heile: «[...] so wollen wir uns mit beiden Füssen fest auf den Boden der neuen Tatsachen stellen und zu unserem Teil nach besten Kräften mithelfen, dass neues Leben aus den Ruinen blüht.»⁵⁰

Am 11. November schreibt Naumann in der *Kriegschronik*:

> Die Waffenstillstandsbedingungen sind da und werden von allen denen, die den Ernst der Lage noch nicht begriffen haben, für unannehmbar erklärt. Diejenigen, die einen Überblick über die militärischen Kräfte besitzen, wissen, dass wir uns nicht wehren können. [...]
> Da alles voll ist von den Nachrichten über die beständige Verschiebung der Revolutionsmächte hat niemand richtigen Sinn dafür, dass wir heute nach Annahme des Waffenstillstandes den ersten Tag haben, an dem nicht mehr geschossen wird. *Der Friede ist endlich da!*⁵¹ Wenn wir uns früher den Friedenstag vorgestellt haben, so wurde an ihm aus tiefsten Herzen ein «Nun danket alle Gott!» gesungen. Dazu ist jetzt die Luft zu schwer.⁵²

In *Wie es kam*⁵³ übt Naumann offen Kritik am Kaiser, der ein Friedenshindernis gewesen sei und damit verantwortlich für die «Revolution in ihren ersten Tagen»:

> Es ist alles eingetroffen, was Bismarck fürchtete. Der gewesene Kaiser hat eine unbeschreibliche Last von Verantwortung auf sich. [...] Die gegenwärtige Revolution ist zunächst eine Militärrevolte, als solche würde sie aber nicht so tiefgreifende Wirkungen und Gefahren haben, wenn sie nicht zugleich die früher oft geweissagte soziale

---

49 Ebd., S. 542.
50 Ebd., S. 543.
51 Die im Original gesperrt gedruckte Passage ist hier wie alle anderen längeren Hervorhebungen dieser Art kursiv wiedergegeben.
52 *Die Hilfe*, 21.11.1918, S. 553.
53 Ebd., S. 556-557.

> Revolution wäre. [...] Der deutsche Liberalismus muss sich dem Bolschewismus mit allen Kräften widersetzen, damit wir nicht russische Zustände bekommen. Darin aber liegt gleichzeitig eine Gefahr für den Liberalismus. Wenn er nämlich jetzt nicht ganz und restlos demokratisch wird, so verbrüdert er sich mit der bald wieder erstarkenden Reaktion, indem sich links von ihm neue Parteien bilden, die der notwendigen sozialen Entwicklung weiter entgegenkommen. Das ganze Volk macht jetzt einen gewaltigen Ruck nach links.[54]

Naumanns Analyse und der propagierte «Kurswechsel» zeugen von seiner Fähigkeit, den von ihm geprägten Liberalismus den aktuellen politischen Zwängen anzupassen.

Am 22. November äußert sich Gertrud Bäumer in der *Heimatchronik* über die Gründung der deutschen demokratischen Partei, in der die fortschrittliche Volkspartei, der linke Flügel der Nationalliberalen und die neue demokratisch-republikanische Partei aufgehen:

> Damit ist die Grundlage einer politischen Neuformierung des deutschen Bürgertums geschaffen. Viele Menschen beklagen, dass es nicht zu einer vollen Einigung aller bürgerlichen Kreise gekommen ist. Sie vergessen, dass von einer Verschmelzung, die den Kurs einer mittleren Linie nahe legen würde, nicht die Rede sein kann, sondern nur von einer Zusammenarbeit auf Grund eines neuen entschieden demokratischen Programms. Die Einigung kann heute nicht in der Mitte, sie muss naturgemäß auf der Basis des linken Flügels stattfinden. Das Schicksal der nationalliberalen Partei ist unter diesen Verhältnissen noch nicht entschieden.[55]

Naumann widmet sich in derselben Ausgabe der «deutschen Einheit», die es um jeden Preis zu wahren gilt, und damit verbunden der Frage nach einer neuen Verfassung: «Wie schwer diese Aufgabe sein wird, ahnen zur Stunde nur wenige; gelingt aber ihre Lösung nicht, so ist das deutsche Volk endgültig zertrümmert und zerrissen.»[56]

Vor allem Frankreich wünsche sich die endgültige Zerstörung Deutschlands: «Sicherlich ist die Wut Frankreichs begreiflich, denn Nordfrankreich ist grässlich zerstört, und die Franzosen glauben nun einmal, dass das aus blindem, deutschem Hass geschehen sei, weil sie unsere Selbstverteidigung nicht anerkennen [...].»[57]

Hinter diesen Worten steht die tief verankerte Überzeugung, Deutschland sei der Erste Weltkrieg als Verteidigungskrieg aufgezwungen worden. In *Unser Schicksal*[58] geht Paul Rohrbach zunächst auf die Vorkriegssituation und den deutsch-englischen Konflikt ein, bevor er schreibt:

---

54 Ebd., S. 557.
55 *Die Hilfe*, 28.11.1918, S. 568.
56 Ebd.
57 Ebd.
58 Ebd., S. 570-572.

Nachdem der Krieg einmal entbrannt war, hätte für Deutschland alles darauf ankommen sollen, seinen Charakter als Verteidigungskrieg über alle Zweifel hinaus deutlich zu machen und festzuhalten. [...] Die Fehlrechnung mit dem U-Boot-Krieg und die ungeheure Torheit, die Vermittlung Amerikas im Winter 1916 auf 1917 abzulehnen, waren die Einleitung zu dem schließlichen militärischen Misserfolg. [...] Dazu kam die Entschlusslosigkeit der Regierung in der Frage der freiheitlichen Reformen im Innern. Hätte man solche energisch durchgesetzt und wäre gleichzeitig ein kräftiger moralischer Offensivfeldzug gegen die Feinde geführt worden, ein Vorhaben, das wenn es gelingen sollte, nach innen starke Erweiterung der Volksrechte, nach außen ehrlichen Verzicht auf den Machtfrieden forderte, so wäre selbst nach dem Eintritt der Vereinigten Staaten in den Krieg noch ein guter Friede zu erreichen gewesen. Nichts davon geschah; wohl aber wurde der große Erfolg des Friedens im Osten moralisch noch dadurch zunichte gemacht, dass wir die schöne und politisch fruchtbare Rolle des Befreiers sinnlos aufgaben und statt dessen Zwangspolitik trieben.[59]

Naumann stellt in einer Artikelserie die übergeordnete Frage *Wie soll es werden?*:

> Die Frage bedeutet nicht: welches ist der denkbar beste Verfassungs- und Gesellschaftszustand? sondern sie bedeutet: *welcher Zustand ist uns nach unserer Niederlage noch möglich?* Sobald man aber die Frage so stellt, begreift man auch, dass sie vor Abschluss des Friedens nur unvollkommen beantwortet werden kann, weil wir noch gar nicht wissen, welche politischen und wirtschaftlichen Zwangsbedingungen uns auferlegt werden.
> Darüber müssen wir uns ganz im klaren sein: die neue Gesellschaftsordnung beginnt im allerungünstigsten Zeitpunkt! Sie würde misslingen, wenn sie nicht auf festem Mehrheitsentschluss gegründet ist. Deshalb ist die völlige und rückhaltlose Demokratisierung in unserer Lage nicht etwa nur eine politische Rechthaberei oder moralische Theorie, sondern eine unzweifelhafte Notwendigkeit. Bei so schweren Lebensverhältnissen, wie wir sie vor uns haben, wird jede Regierung umgeworfen, die nicht auf der breiten Masse sich aufbaut.[60]

In den folgenden Artikeln geht er auf die Umgestaltungen in der Industrie, den Sozialismus und die Vergesellschaftung der Produktionsmittel, die Landwirtschaft (Frage der Schutzzölle, Mangel an Arbeitskräften, Volksernährung, Getreidemonopol), die Lage der Beamtenschaft, und die Frage Arbeitsschule und Gesinnungsschule ein. Er beklagt die übereilte und grobe Art, in der Trennung von Staat und Kirche angekündigt worden sei. In der Ausgabe vom 26. Dezember 1918 beschäftigt sich Naumann mit der freien Kirche im freien Staat und spricht sich gegen jeden Zwang, auch den des Religionsunterrichts aus.

In seinem Beitrag *Revolutionsneujahr* bringt er Krisenbewusstsein zum Ausdruck, indem er formuliert:

---

59 Ebd., S. 571.
60 *Die Hilfe*, 5.12.1918, S. 584.

> Es ist die Umwertung aller Werte. Und dabei ist alles so knapp und mager, dass wir uns den Luxus einer Wirbelperiode gar nicht gestatten dürften, wenn wir klug wären. [...] Der Teufel des Umsturzes ist den Leuten zur Unzeit ins schwache Gehirn gestiegen. Statt Reform machen sie dauernde Revolution und stören so den Geist des kommenden deutschen Volksstaates. In derartigen Zeitläuften also begrüßen wir uns und rufen uns gegenseitig zu: ein frohes und gesegnetes neues Jahr! – Wieviel Glaube an eine weisheitsvolle Weltregierung gehört dazu, um mitten in der brausenden Torheit der Menschen so friedlich und hoffnungsvoll zueinander zu sprechen! Und doch soll gerade dieses unser Wunsch sein: möge aus der Wirrnis wieder Ordnung werden und aus dem Fieberzustande eine neugeborene Gesundheit! Gott segne das neue Jahr, er segne es dem ganzen schwergeprüften deutschen Volke![61]

In *Das Schicksal des Sozialismus*[62] betrachtet Naumann bestimmte politische Strömungen als typisch für bestimmte Epochen. Der Liberalismus sei zur Zeit der Reichsgründung die große Idee des Zeitalters gewesen, an Bismarck aber «in eine rechte nationalliberale und eine linke fortschrittliche Hälfte» zerbrochen, was eine prinzipielle Durchführung des liberalen Programms unmöglich gemacht habe. Auch der Aufstieg des Sozialismus ist für ihn von

> [...] sehr schweren Nebenerscheinungen begleitet und tragisch belastet, denn der Sozialismus kommt zur Herrschaft durch die Niederlage im Weltkrieg! [...] In solcher Zeit ist *eine prinzipielle Durchführung des sozialistischen Programms sachlich unmöglich*. [...] Die Menge wird die ihr durch ihre eigenen Vertreter geschaffenen sozialen Vorteile annehmen, dabei aber stets durstig bleiben und fragen: Ist das nun der Sozialismus? Das ist das Tieftragische, das Verhängnisvolle am jetzt beginnenden sozialistischen Zeitalter in Deutschland! [...] Das einzige, was langsam hilft, ist sparsame, treue Arbeit aller Beteiligten, ein Sozialismus des gemeinsamen Ertrages und Emporarbeitens. Der aber ist das Gegenteil dessen, was diesen Männern und Frauen versprochen wurde![63]

Gertrud Bäumer begrüßt in der *Heimatchronik* die am 29. Dezember gebildete «einheitliche Regierung der Mehrheitssozialisten»: «Eine riesige Demonstration des Bürgertums und der Sozialdemokratie für die Ebert-Partei hat den Rücktritt der Unabhängigen aus der Regierung begleitet.»[64] Am 7. Januar verfolgt sie «mit tiefer Sorge und höchster Spannung die Nachrichten über den Entscheidungskampf zwischen Regierung und Spartakus» in Berlin. Noskes Ernennung zum Stadtkommandanten stärkt für sie «die Hoffnung auf energisches und erfolgreiches Vorgehen der Regierung».[65] Am 16. Januar schreibt sie über die Ermordung Karl Liebknechts und Rosa Luxemburgs: «Die furchtbare Vorstellung, dass eine Frau von einer Masse

---

61 *Die Hilfe*, 26.12.1918, S. 636.
62 *Die Hilfe*, 2.1.1919, S. 4-5.
63 Ebd.
64 *Die Hilfe*, 9.1.1919, S. 19.
65 *Die Hilfe*, 16.1.1919, S. 27.

totgeschlagen wird wie ein Tier, lässt das Grauen der Gewalt, die jene über sich selbst entfesselt haben, zehnfach entsetzlich erscheinen. Wer bindet die Mächte wieder, die in Wehr und Gegenwehr gegeneinander toben?»[66]

Tags darauf erkennt sie das schwere Erbe dieser Ereignisse: «Das gewaltsame Ende der Spartakusführer – in gewissem Sinne wieder ein Beweis, dass die Regierung noch nicht die nötigen Mittel zur Durchführung des Rechtsweges besitzt – ist für das Kabinett Ebert selbstverständlich schwer belastend.»[67]

Paul Rohrbach wendet sich im Januar mit scharfen Worten gegen *Die Entente als Ankläger Deutschlands*:

> Mit einem Hochdruck ohnegleichen wird in der feindlichen Presse, unter Führung der kriegshetzerischen englischen Organe, die alte unwahre These von der «Schuld Deutschlands am Kriege» und von seinen «Verbrechen» während des Krieges fortgesetzt. Unsere Pazifisten haben sich eingebildet, ein «erneuertes» Deutschland werde von seinen bisherigen Feinden bereitwillig und unter loyalen Bedingungen in die projektierte Friedensgemeinschaft der Nationen aufgenommen werden. Wenn je eine Aussicht darauf bestand, so ist sie auf das verhängnisvollste in Frage gestellt worden, als die Revolution vom 9. November uns entwaffnete und den erbittertsten, höhnischsten Feinden wehrlos zu Füßen warf. [...] die deutschen revolutionären und nichtrevolutionären vertrauensseligen Pazifisten können jetzt zusehen, wie auf der Gegenseite diejenigen triumphieren, denen nichts an Frieden, Gerechtigkeit und Völkerbund, vielmehr alles an der Niedertretung Deutschlands liegt, das sich ihnen in seinem Wahnsinn selbst an Händen und Füßen gebunden ausgeliefert hat.[68]

In *Satanische Politik* prangert Paul Rohrbach die Nichtbeachtung der 14 Punkte Wilsons und die Fortsetzung der Blockade an und zeigt sich v. a. sehr anglophob:

> Je mehr rachitische oder sonst lebensschwache, an Körper und Geist minderwertige Kinder in Deutschland geboren werden, desto erfreulicher für England. Dazu war die Blockade gut, und dazu soll sie noch so lange wie möglich fortdauern. [...]
> *Wozu aber haben wir denn selber eine Regierung, eine Nationalversammlung, eine Presse, wenn all diese Instanzen nicht wie ein Mann vor aller Welt gegen diese Politik der Hölle aufstehen? [...]*
> Man hat den Notstand in Deutschland absichtlich sich immer weiter verstärken lassen. Man hat befriedigt zugesehen, wie die Folgen der Revolution uns der Möglichkeit beraubten, selbst nur auf die bisherige an unserem Lebensmark nagende Art und Weise uns weiter durchzuhelfen. Nun, wo die unmittelbare Hungerkatastrophe droht, stellt man uns eine kärgliche Lebensmittelration in Aussicht, wenn wir die Handelsschiffe hergeben, die uns dazu dienen sollen, später wieder aus eigener Kraft unseren

---

66 *Die Hilfe*, 30.1.1919, S. 52.
67 Ebd.
68 *Die Hilfe*, 6.1.1919, S. 69.

Unterhalt zu verdienen. Und diese satanische Politik soll die Einleitung zum Völkerbund und der Ausfluss des Wilsonschen Weltgewissens sein![69]

Nach Verabschiedung der Notverfassung am 10. Februar schreibt Gertrud Bäumer über *Soziale Erneuerung*: «Man hat die Deutsche Nationalversammlung vielfach mit der Paulskirche verglichen. Mit Unrecht, wenn man Schwung, Feuer, Jugendlichkeit der Paulskirche an der Stimmung im Weimarer Nationaltheater misst.»[70]

Über die deutschen Frauen schreibt sie: «Wir sind gerufen durch die Revolution. Aber wir sind auch gerufen gegen die Revolution.»[71]

> Es ist unsere Aufgabe, den Geist zu erhalten, der die Ueberführung der einmal ausgebildeten Technik zu positiver sozialer Leistung gewährleistet, aus dem Notbau der jetzigen Lastendeckung allmählich den Neubau des sozialen Staates werden zu lassen. Dazu gehört sittliche Kraft, sozialer Wille, eine neue Art nationaler Erziehung, und vor allem: brüderliche Liebe und idealistische Wärme.[72]

Naumann schreibt in *Der neue Parlamentarismus*:

> Man muss fachmännisch anerkennen, dass bisher alles verhältnismäßig gut und ordentlich gegangen ist, aber es fehlt die Mystik der Staatsgeburt, der überwältigende Trieb einer Offenbarungszeit; die neue Staatsgründung hat noch keine eigene Legende. [...] Wir haben unter dem früheren Regierungssystem einen ermüdenden Parlamentarismus gehabt, der sich aus der Scheinrolle erklärte, zu der die Volksvertretung verurteilt war. [...] Die Volksvertreter sollen eine Verfassung fertigbringen, die kein ausgeklügeltes Kompromiss ist, sondern eine natürliche Organisation des deutschen Volksstaates.[73]

In seiner Rede in der Nationalversammlung vom 13. Februar 1919 plädiert Naumann für eine Regierung der Mehrheitssozialdemokratie mit den demokratischen Teilen des Bürgertums, d. h. für eine Koalition aus Sozialdemokraten, Demokraten und Zentrum. Er bekennt sich zum Wilson'schen Grundgedanken von der Selbstbestimmung der Nationen, möchte dies aber auch für Deutschland geltend machen: «Überall, wo es Deutsche gibt, müssen sie das Recht haben, wenn sie wollen, zu uns zu kommen.»[74] Er bedauert insbesondere die Tatsache, dass den «deutschen Elsässern» nicht die Möglichkeit gegeben werde, über ihre Staatszugehörigkeit abzustimmen und klagt die Brutalität der «Austreibungen» an.[75]

---

69 *Die Hilfe*, 13.1.1919, S. 78.
70 *Die Hilfe*, 20.2.1919, S. 94.
71 Ebd., S. 94, (Hervorhebung im Original).
72 Ebd., S. 96, (Hervorhebung im Original).
73 *Die Hilfe*, 27.2.1919, S. 100, (Hervorhebung im Original).
74 Ebd., S. 103.
75 Vgl. Ebd., S. 103-104.

Am Ende seiner Rede beteuert er die Solidarität seiner Fraktion mit der neuen Regierung: «Einen Volksstaat aufzurichten, ist ebenso ein technisches Kunstwerk als ein moralischer Entschluss. Um beides möglich zu machen, gehen wir mit der neuen Regierung.»[76]

In *Deutsche Grundrechte* knüpft Naumann an die Ideale von 1848 an:

> Im ganzen ist durch das Ausscheiden der Monarchie der demokratische Staat möglich geworden, der Staat, von dem die Grundrechte von 1848 weissagten, so dass viele Worte von damals nun erst lebendige Kraft erhalten. Neu aber im engeren Sinne ist das Eintreten der Arbeiterklasse in die Mitregierung. Darin liegt eine *Verschiebung des sozialen Ideals* gegenüber den bürgerlichen Idealen von 1848.[77]

Am 23. März blickt Gertrud Bäumer in der *Heimatchronik* mit Zuversicht auf die unter Bismarck geschaffene Reichseinheit, mit Entsetzen aber auf bestimmte Bevölkerungskreise:

> Man grübelt immer wieder von neuem über den beschämenden und schamlosen Vergnügungstaumel der Großstädte. Wie ist er zu vereinen mit allem Guten, Ernsten, Tüchtigen, das doch da ist? Schwäche, Muße, die Leere und Richtungslosigkeit eines Lebens ohne Arbeit und Ziele? Die Ungewissheit der Zukunft, die auf den Augenblicke verweist? Vor allem wohl die Hohlheit einer Zeit, die noch keinen Sinn wieder bekommen hat, nichts Haltgebendes, Formendes.[78]

Am 29. März beschäftigt sie das Rätesystem, dem sie in den Mai-Ausgaben eine ausführlichere Artikelserie widmet.

> Was ist daran innerlich notwendig und richtig? Der revolutionären Vorzeichen entkleidet, ist es das alte ständische Prinzip. Aber in diesem Prinzip steckt ein lebensvoller Gedanke: dass der Mensch seine Macht in der Gesellschaft herleitet aus seiner Arbeit, von dem Kreise, in dem er wurzelt und den er beherrscht, hinauswirft auf das Ganze. Andererseits es darf nicht sein: Minderheitsherrschaft, nicht Behandlung politischer Gesamtheitsfragen vom engen Gesichtskreis des einseitigen Interessenten, Trennung von Leib und Seele – nämlich Wirtschaft und Politik – des Volkes. Und in all dem die tiefere Sehnsucht nach einer Gemeinschaft anderer innerer Struktur, anderer Bindung als die alten Formen der kapitalistischen Wirtschaft. Das wird uns alle in der nächsten Zeit innerlich beschäftigen.[79]

Am 2. April versucht Gertrud Bäumer, *Die Seele der Revolution*[80] zu umreißen und berichtet, sie habe sich in der Nationalversammlung gegen diejenigen gewandt, welche die Revolution als überflüssig bezeichneten:

---

76 Ebd., S. 105.
77 *Die Hilfe*, 20.3.1919, S. 142, (Hervorhebung im Original).
78 *Die Hilfe*, 3.4.1919, S. 164.
79 Ebd.
80 Ebd., S. 179-180.

> Es gibt keine «überflüssige» Revolution in der Geschichte. Wenn Volksmassen die ruhigen Bahnen ihres Lebens verlassen und sich zur Gewalt entschließen, ist irgend etwas geschichtlich Notwendiges, da, dass sie treibt. [...]
> Was wir erleben, ist die Abrechnung mit dem Kapitalismus. Sie vollzieht sich selbstverständlich nicht so, dass ein engelreiner Richter einem schuldbedeckten Angeklagten den Prozess macht. Sie besteht darin, dass das soziale Produkt des Kapitalismus: die Masse, ihren Lebenswillen geltend macht. Er ist subjektiv nicht gerechter und reiner, als der der Machthaber. Vielleicht das Gegenteil. Denn in lichtlosen Wohnungen, bei lebloser Arbeit werden die Begierden nicht nobler, wird die Einsicht nicht klarer. Die gärenden Wünsche, die diese Masse erfüllen, sind das genaue Gegenbild der kapitalistischen Wirtschaftsmoral, Echo und Antwort auf die anstandslose Geltung des Satzes, dass jede Ausnutzung der Konjunktur für individuellen Erwerb erlaubt sei.[81]

Auch G. von Frankenberg befasst sich in *Ewige Feindschaft?*[82] mit den sozialen Gegensätzen in der deutschen Gesellschaft:

> Es wohnen seit alters in den Grenzen unseres Reiches zwei Nationen. Sie heißen: «Die besseren Kreise» und «Das Volk». Aber natürlich haben diese Namen, die wir ihnen beizulegen pflegen, wenig zu bedeuten. Wenn wir ehrlich sein wollen, müssen wir gestehen, dass es treffender wäre, sie «Die Besitzenden» und «Die Besitzlosen» zu nennen.[83]

Die Novemberrevolution 1918 habe viele wie ein Blitz aus heiterem Himmel getroffen: «Das widerliche Schauspiel eines Bürgerkrieges ist in Wahrheit nur der letzte Akt eines sozialen Dramas, das sich vor unser aller Augen abspielte und trotz seiner jahrzehntelangen Dauer fast unbeachtet blieb.»[84] Im Interesse des sozialen Friedens formuliert Frankenberg folgenden flammenden Appell:

> Bürger! Niemand verlangt, dass ihr dem Umsturz zujubelt. Aber darüber hätten wir gern ein Bekenntnis von euch, dass ihr die Ungerechtigkeit und Untauglichkeit des alten Systems einseht und mit uns entschlossen seid, ein neues Zeitalter zu schaffen, in dem es weder Unterdrücker noch Unterdrückte geben soll. Dies ist die Frage: Wollt ihr aus Proletariern Menschen machen? Oder wollt ihr sie in Ewigkeit nicht als eure Brüder anerkennen? Es mag sein, dass ihr nicht glaubt, die Durchführung des Sozialismus noch zu erleben. Aber wollt ihr ihn wenigstens?
> Es ist nicht wahr, dass ewige Feindschaft gesetzt ist zwischen Mensch und Mensch. Glaubt es nicht! Und sagt euch öffentlich los von dieser traurigen Lehre! Wagt's, auf die Gerechtigkeit und Vernunft der natürlichen Weltordnung zu bauen![85]

---

81 Ebd., S. 178-180.
82 *Die Hilfe*, 1.5.1919, S. 215-217.
83 Ebd., S. 215.
84 Ebd., S. 216.
85 Ebd., S. 217.

Der Weg zum Versailler Vertrag und dessen Beurteilung

Die große Not überschreibt Naumann seine *Betrachtungen*: «[...] irgend jemand muss doch schließlich sagen, ob wir uns endlos demütigen oder nochmals hungernd kämpfen wollen.»[86]
Wie wir gesund werden?[87] fragt Naumann besorgt, während die deutsche Delegation nach Paris fährt. Der Rückblick auf die sechs Monate, die seit dem Waffenstillstand vergangen sind, spiegelt seine Sicht auf die deutsche Gesellschaft:

> Ganz tot sind wir nicht. Es mag kommen, wie es will. Die Schlaffheit der ersten Novembertage ist um ein weniges gewichen. Damals wurde viel mehr preisgegeben als nötig war: [...] Während dieser sechs Monate hat jeder etwas hinzugelernt (abgesehen von denen, die nie etwas zu lernen brauchen!). Der Militarist hat gelernt und der Pazifist, der Konservative und der Demokrat, der Regierende und die Regierten. Es wollte keine alte Formel mehr passen. Die Republik erschien als eine beschiedene Notwendigkeit. [...] Keinen Tag war sie ganz sicher. Darum aber lernten wir alle für sie sorgen wie für ein mattes Kind. Das half uns selber geistig vorwärts. [...] Wir hatten im November die Waffen gestreckt, uns aber nicht selber hingeworfen. Nun aber war das vielen Franzosen und Engländern viel zu wenig, und sie fingen an, uns methodisch zu quälen, als seien wir Probetiere unter der Luftpumpe. Man experimentierte an uns, was ein Volk aushält. Sicherlich sind auch wir Deutschen als Eroberer nicht besonders milde und gerecht aufgetreten; man weiß in Polen und Litauen, was deutsche Herrschaft ist. [...] Schwach sind wir noch immer, aber stärker als am Anfang des November ist das deutsche Volk. Es hat in der Nacht nicht verzweifelt, nun wird es auch am grauen Morgen leben wollen.[88]

Am 8. Mai berichtet Naumann über die Übergabe der Friedensbedingungen in Paris, für deren Annahme sich alleine die Unabhängige Sozialdemokratie ausspreche – «indem sie dem Volke verspricht, man könne den Frieden ruhig annehmen, da er doch nicht gehalten werden würde. Ob es für Franzosen und Engländer einen Zweck hat, mit Männern dieser Auffassung einen Frieden zu schließen, mögen sich die Herren in Paris überlegen».[89] Am 10. Mai fügt er hinzu:

> Zu dem allem kommt, dass wir außer der unglaublichen materiellen Schädigung noch das moralische Todesurteil mitunterschreiben sollen, dass wir am Kriege schuld sind. Selbst angenommen, dass es in Deutschland gewisse Personen gibt oder gab, denen man einen Teil der gemeinsamen europäischen Schuld aufladen könnte – was hat die große Menge des deutschen Volkes mit einer derartigen Schuld zu tun? Der

---

86 *Die Hilfe*, 24.4.1919, S. 208.
87 *Die Hilfe*, 1.5.1919, S. 212-213.
88 Ebd., S. 213.
89 *Die Hilfe*, 15.5.1919, S. 242-243.

vorliegende Friedensentwurf ist Volksmord. Auch die pessimistischsten Beurteiler haben nicht geglaubt, dass etwas Derartiges innerhalb der Menschheit möglich ist.[90]

Am 12. Mai berichtet Naumann über die Protestsitzung der Nationalversammlung gegen den Pariser Friedensentwurf: «Das Wesentlichste dabei war die Erklärung des Ministerpräsidenten Scheidemann, dass dieser Friede nicht nur unerträglich und undurchführbar, sondern dadurch auch unannehmbar sei.»[91] In *Was soll geschehen?*[92] plädiert er dafür, das «Unannehmbar» in aller Konsequenz zu verfolgen:

> Man sagt uns, das deutsche Volk ist durch den langen Hungerkrieg bereits zu entkräftet und moralisch ermattet, um noch zu einem heldenhaften Widerstande Energie genug aufbringen zu können. [...] Trotzdem aber wirkt der Zwang: das Unterzeichnen des «Friedens» ist noch schlimmer als das Nichtunterzeichnen. Auch in schwachen Menschen entstehen Entschlüsse, wenn die Quälerei zu groß wird. Und sie ist zu groß geworden.[93]

Am 22. Mai beklagt Naumann die unerbittliche Haltung Frankreichs:

> Professor Lavisse [...] veröffentlicht im «Temps» einen offenen Brief, in dem er den harten Frieden billigt und Deutschland allein für schuldig erklärt. Deutschland habe im Jahre 1871 auch nicht deshalb Milde walten lassen, weil Frankreich zur Republik überging; warum solle es jetzt von Deutschlands Wandelung Notiz nehmen? Lavisse ruft: sprecht uns nicht von Aussöhnung, von Recht und Gerechtigkeit! Die Deutschen haben immer nur an sich gedacht, nicht an das Recht! – Ja, in der Tat, woran dachten die Franzosen, als sie einst Heidelberg zerstörten und Straßburg besetzten? Es wurde auf beiden Seiten gesündigt, und jetzt, jetzt endlich wäre es an der Zeit, alten Hader zu vergessen. Der Sieger muss dabei vorangehen. Wo aber findet sich solche Siegergenerosität bei den Franzosen? [...]
> Das würde eine tolle Grausamkeit sein, Deutsch-Österreich künstlich auf dem Zustande des hilflosen Kleinstaates erhalten zu wollen! Das Ideal der Franzosen ist ein völlig gespaltenes und geschlagenes Deutschtum.[94]

Wilhelm Heile schreibt in *Worauf wir hoffen*: «Ich kann den Glauben an Deutschland nicht verlieren, weil ich den Glauben an das deutsche Volk mir nicht aus dem Herzen reißen kann.»[95] Und schließt:

> Mir scheint, dass vielmehr der eigentliche Besiegte beim Entente-Frieden Wilson ist, der um seinen Völkerbund verwirklichen zu können, Schritt für Schritt vor den Forderungen der anderen zurückgewichen ist, bis nicht bloß der Friedensvorschlag, son-

---

90 Ebd., S. 243.
91 *Die Hilfe*, 22.5.1919, S. 249.
92 Ebd., S. 251-252.
93 Ebd.
94 *Die Hilfe*, 29.5.1919, S. 266.
95 Ebd., S. 267.

dern auch der Völkerbundsentwurf der Entente zu einem hässlichen Zerrbild seiner Gedanken geworden war.[96]

Der Pazifist Ludwig Quidde veröffentlicht einen Brief an Wilson, in dem er schreibt:

> Wenn der Friede im wesentlichen auf der Grundlage, die uns jetzt geboten wird, geschlossen werden sollte, so bedeutet er keinen dauerhaften Frieden, sondern neue Kriege; er bedeutet die Aufpeitschung aller nationalistischen Instinkte und die Wachhaltung des Völkerhasses; er erschwert denen, die den dauernden Frieden und einen echten Völkerbund wollen, ihre Arbeit ungeheuer. Aber nicht nur das: er bedeutet für Deutschland die schwerste Erschütterung der jungen Demokratie und besorgt die Geschäfte der Reaktion, nicht nur in Deutschland, sondern in allen beteiligten Ländern. Damit gefährdet er das ganze Werk einer friedlichen Neuorganisation der Welt, als deren Prophet sie aufgetreten sind.
>
> Wir bitten und flehen nicht, Herr Präsident. Wir appellieren nur an ihre eigenen Grundsätze, und wir tun das als Männer und Frauen, die sich unter ganz anderen Umständen, auch gegenüber den Versuchungen des Kriegsglückes, im Kampf für diese Grundsätze bewährt haben.[97]

Margarethe Rothbarth berichtet über den 8. Pazifistenkongress in Berlin:

> Die Schuldfrage mit Beziehung auf die Führung und den Ausbruch des Krieges bildete einen der Hauptstreitpunkte der Tagung. Während die Radikalen im Sinne Eisners allein das deutsche: mea maxima culpa in alle Welt rufen wollen, hat eine gemäßigtere Richtung den vermittelnden Standpunkt vertreten, der keineswegs die Schuld der deutschen Politik sowohl in den Jahren vorher wie in der kritischen Juliwoche verkennt, der aber auch die Sünden der gegnerischen Seite betont und nur eine fahrlässige, keine böswillige Schuld Deutschlands für erwiesen hält.[98]

Wilhelm Heile stellt nach der Entscheidung, die Friedensbedingungen anzunehmen und zu unterzeichnen, die Frage: *Deutschlands Ende?*:

> Die Unterzeichner des Friedens sagen zwar jetzt, dass sie sich durch die Unterzeichnung nicht für gebunden halten. «In der Sekunde der Unterzeichnung», meint der «Vorwärts», «beginnt für uns der Kampf mit allen Mitteln des Geistes, des Rechtes und der Moral» [...].
>
> Wir aber, die wir nicht unterschrieben haben und, um nicht unterschreiben zu müssen und auch nicht den Schein der Zustimmung zu geben, unsere Vertreter aus der Regierung zurückberufen haben, wir, die wir Deutschlands Recht nicht preisgegeben haben, wir dürfen und wir wollen jetzt diesen Kampf gegen den Gewaltfrieden fortführen.[99]

Auch Paul Rohrbach verurteilt die Unterzeichnung in *Was nun weiter?*: «Jetzt sind die Vertreter des Volkes in zwei Wege auseinandergegangen: den Weg des Bekenntnisses zur Knechtschaft und zum Freiheitswillen. Es

---

96   Ebd., S. 269.
97   Ebd., S. 270.
98   *Die Hilfe*, 19.6.1919, S. 311.
99   *Die Hilfe*, 26.6.1919, S. 323.

ist gut, dass von den Parteien der Zukunft die demokratische auf der Freiheitsseite geblieben ist.»[100]

Naumann gibt in seiner *Kriegschronik* vom 20. Juni einen Überblick über die Haltung der einzelnen Parteien und berichtet, «dass aus dem Ministerium alle diejenigen ausscheiden, die jetzt auch noch den Frieden für unannehmbar erklären. Das Ministerium Scheidemann ist damit zu Ende, und es bleiben nur die die Annahme billigenden Sozialdemokraten und die Erzbergersche Gruppe des Zentrums als Rest der ersten Regierung der deutschen Republik».[101]

Weiter berichtet Naumann über Hindenburgs Abschied von den Truppen, die er zu weiterer «Treue gegen das Vaterland» ermahnt habe, mit den Schlussworten: «Ich muss als Soldat den ehrenvollen Untergang einem schmählichen Frieden vorziehen»:

> Wir blicken rückwärts auf alles das, was Hindenburg in 5 Jahren dem deutschen Volke geleistet hat und rechnen es ihm besonders zur hohen Ehre an, dass er auch nach dem Zusammenbruch der Monarchie und nach dem Ausscheiden Ludendorffs bis heute alle persönlichen Bedenken zurückgestellt hat und in vorbildlicher Selbstlosigkeit auch während der Auflösung und Vernichtung der von ihm geführten Armee als erster deutscher Soldat auf seinem Posten geblieben ist. Er gehört in die Reihe der großen Heerführer aller Jahrhunderte.[102]

Gertrud Bäumer schreibt am 22. Juni:

> Kein Tag dieser furchtbaren fünf Jahre ist mit schwererer Hand eingetragen als dieser Sonntag. Bis zum Beginn des Plenums um 12 Uhr noch Fraktionsverhandlungen. Stellung zur Vertrauensfrage. Die Demokratische Fraktion beschließt, sich in der Vertrauensfrage der Stimme zu enthalten. Sie kann einer Regierung, an der sie nicht beteiligt ist, natürlich kein Vertrauensvotum geben, will aber zugleich zum Ausdruck bringen, dass sie ihr in den innerpolitischen Fragen keine Schwierigkeiten machen und nicht in die Opposition gehen will.[103]

Was ist der Friede? fragt Naumann und schließt nach einem Rückblick auf einen 1904 in den *Süddeutschen Monatsheften* veröffentlichten Artikel:

> Der Friede, den wir von jetzt an suchen, ist «die Verallgemeinerung des einheitlichen Zwanges über die Erdoberfläche». [...] Als Volk sind wir durch den Pariser Frieden proletarisiert. [...] Man macht uns alle zu Lohnsklaven der Herrenvölker. Von da an, wo wir das wissen, fängt ein anderes politisches Denken an: Wir wollen sein, was wir sind, damit wir wieder mehr werden. Wir organisieren die Menschheit von unten her, vom Keller aus. Das ist die deutsche Lebenserhaltung.[104]

---

100 Ebd., S. 324.
101 *Die Hilfe*, 3.7.1919, S. 338.
102 Ebd., S. 339.
103 Ebd., S. 341.
104 Ebd., S. 344.

Gertrud Bäumer klagt in *Der Fluch der Masse*:

> Nicht mehr unsere Niederlage selbst ist es, die uns am tiefsten bedrückt, sondern der babylonische Zerfall der inneren Einheit. Wir sind kein Volk mehr, wir haben keinen gemeinsamen Geist, keine gemeinsamen Erlebnisse, keinen gemeinsamen Willen. [...]
> Die Masse muss aufgelöst werden in Gemeinschaften innerhalb derer das einzelne sich menschlich gehalten, als Person, als ich gewertet fühlen kann.[105]

Im Folgenden formuliert sie konkrete Vorschläge, u. a. kleinere Klassen in den Schulen und die Einführung des Rätesystems sowie einer Demokratisierung in der Arbeitswelt.

> Um diesen alten, zerstörenden, verzweifelten Massengeist zu überwinden, bedarf es allerdings eines Weitblickes, einer Liebe und Opferbereitschaft aller Geistigen, die wieder wahrhaft das Salz dieser dumpfen Erde werden müssen, bedarf es einer Beurteilung der sozialen Fragen aus neuer Menschlichkeit heraus, bedarf es v. a. einer inneren Überwindung alles alten Parteigeistes. Gelingt es nicht, aus dem Felsen dieser harten Zeit solche Quellen zu schlagen, dann geht die deutsche Geschichte zunächst einmal in einem würdelosen, qualvollen Epilog zu Ende.[106]

In der Ausgabe vom 17. Juli 1919 wendet sich Wilhelm Heile in *Politische Notizen* an die Leser:

> Nachdem jetzt durch die Ratifizierung des Friedensvertrages der Krieg beendet ist, haben Naumann und Gertrud Bäumer auch ihre Kriegs- und Heimatchronik abschließen können, in der sie nun fast fünf Jahre hindurch Tag für Tag sich mit den großen Ereignissen des Krieges und ihren Folgen für uns auseinandergesetzt haben. Nun kehren wir wieder zurück zum alten Brauch der «Hilfe». In kurzen «politischen Notizen» werden wieder, wie vor dem Krieg, Naumann, Gertrud Bäumer und Heile zu den wichtigsten politischen und sozialen Vorgängen Stellung nehmen. Diese «Notizen» wollen keine Chronik sein, die alle wichtige Ereignisse verzeichnet, sondern nur in Ergänzung dessen, was in den Aufsätzen ausführlicher erörtert wird, Glossen, Anmerkungen zu dem, was uns und unsere Freunde am meisten beschäftigt.[107]

Gertrud Bäumer zieht in *Ende der Heimatchronik* Bilanz: «Das seelische Erbe des Krieges wirkt sich aus – und die Gestalt, die unter diesen Wirkungen Staat und Gesellschaft annehmen werden, ahnen wir noch nicht.» In Bezug auf die vergangenen Jahre möchte sie zwei Dinge festhalten:

> Das eine – dass ich einmal etwa im zweiten Kriegsjahr den Gedanken hatte, ich müsste eigentlich von jetzt ab zwei Tagebücher führen, eins für die Öffentlichkeit und eins für mich, in das eingetragen werden könne, was die Zensur nicht durchgelassen hätte, oder was sonst die Rücksicht auf falsche Ausnutzung oder schädliche Wirkung auszusprechen verbot. [...]

---

105 Ebd., S. 347.
106 Ebd., S. 348.
107 *Die Hilfe*, 17.7.1919, S. 369.

Das andere: ich glaube, dass diese Aufzeichnungen einmal Zeugnis ablegen werden für das deutsche Volk: gegen die Welt und gegen die ehrlosen Selbstgeißler in den eigenen Reihen. [...] Aber auch noch in einem anderen Sinne werden diese Aufzeichnungen Zeugnis sein: für die Reinheit des Kriegsgeistes, der im August 1914 das deutsche Volk erfüllte.

In *Demokratische Ideale* appelliert Quidde im Anschluss an eine Klage über die Parteienkämpfe und die innere Zerrissenheit an die Brüderlichkeit, an die Stärkung des Arbeitsrechts und die nationale Bildung. Ein neues Ideal der Völkergemeinschaft solle der Idee des Rechtes zum Durchbruch verhelfen. Quidde fordert einen echten Völkerbund und schließt:

Erst allmählich wird sich dann wieder eine Gemeinschaftsgesinnung entwickeln und den Bestand des Völkerbundes sichern. Auf unserer Seite wird die sieghafte Kraft des Rechtes sein. Auf diesem Wege und durch den Völkerbund werden wir auch das Ziel erreichen, das uns allen als das unverrückbare Ziel unserer ganzen Politik vorschweben muss: die Revision des Friedens von 1919.[108]

In *Deutsche Demokratie* ruft auch Naumann zu tatkräftiger Zuversicht auf:

Lasset uns d e u t s c h sei in den schwersten Tagen unseres Volkes! [...] Der Wirklichkeitssinn sei das Eigentum der deutschen Demokratie! [...] Mit etwa 900 000 Mitgliedern und 118 Parteisekretären gehen wir den kommenden politischen Anfragen entgegen. Wir bitten alle unsere Freunde, überall der deutschen Demokratie zu helfen.[109]

Und die mit *Verstand und Wille* überschriebenen *Betrachtungen* lesen sich wie das Vermächtnis des am 24. August 1919 in Travemünde Verstorbenen:

Fichte schreibt mit Recht, dass die Hauptarbeit der Befreiung vom Einzelmenschen selbst vollzogen werden muss: wer seinen Verstand freimacht, nur der wird ein freier Staatsbürger sein! Was aber zur Hilfe dieser Verstandserweckung getan werden kann, das ist die klare Herausarbeitung des Ideals eines denkenden Volkes. Nur ein solches Volk wird und kann gegen rechts und links, gegen alle Gewaltherrschaft und Diktatur durch sich selbst frei sein und bleiben.[110]

Schlussbetrachtungen

Charakteristisch für Naumann ist sein Bemühen, auch abweichende, ja gegnerische Meinungen zu verstehen.[111] Auch wenn er die Unterzeichnung des

---

108 *Die Hilfe*, 24.7.1919, S. 388 (Hervorhebung im Original).
109 Ebd., S. 419.
110 Ebd., S. 420.
111 Vgl. die Einleitung von Theodor HEUSS. In: *Friedrich Naumann. Der Mann, das Werk, die Zeit*. München und Hamburg: Siebenstern Taschenbuch Verlag, 1968: [...] in der Leidenschaft des politischen Kampfes stand er dann manchmal mit der

Versailler Vertrages vehement ablehnt, bekundet er stets sein Vertrauen in die Regierung, in Ebert und Erzberger, deren schwieriger politischer Aufgabe er sich bewusst ist. Seine in jeder Ausgabe vorhandenen *Betrachtungen* ähneln kurzen Predigten.

Eine große Verantwortung empfindet er gegenüber der Jugend: davon zeugen die insgesamt vier Teile der *Rede an junge Freunde* sowie die Gründung der Staatsbürgerschule im Februar 1918. Wie ein Echo darauf klingen die ersten Worte von Heiles Nachruf in der Ausgabe vom 28. August: «Unser Freund und Führer ist nicht mehr.»

Die Nachrufe gehen auf die weit gefächerten Facetten von Naumanns Lebenswerk ein: den Sozialismus (Gertrud Bäumer), sein historisch-politisches Denken (Walter Goetz), sein Vermächtnis (Wilhelm Heile), sein Wirken als Künstler (Paul Schubring), seine Haltung zum Elsass (Alfred Wolf). Lediglich Theodor Heuss überschreibt seinen Beitrag schlicht mit dem Titel *Erinnerungen*.[112]

Gertrud Bäumers Beiträge sind geprägt von einem unerschütterlichen Pflichtbewusstsein und einem oft sehr moralischen Unterton, aber auch von tiefem Verständnis für die Nöte des Volkes. Unermüdlich kämpft sie für das Frauenwahlrecht und die deutsche Einheit, für einen starken Volksstaat, dem gegenüber die einzelnen Bürger Verantwortung zeigen.

Wilhelm Heile propagiert mit deutlich patriotischem Unterton liberale Grundsätze. Er fordert den Volksstaat und den Einheitsstaat und spricht sich gegen eine zu starke Ausprägung des Föderalismus und v. a. des Partikularismus aus.

Paul Rohrbach ist sehr anglophob eingestellt und klagt im Laufe des Jahres 1919 auf sehr unerbittliche Weise das angebliche Versagen der deutschen Politiker an.

Georg Wolf beschäftigt sich als Vertreter der liberalen Fraktion im elsass-lothringischen Landtag intensiv mit der elsass-lothringischen Frage und den deutsch-französischen Beziehungen, die auch in Naumanns politischen Betrachtungen eine wichtige Rolle spielen.

Die Hilfe stellt im Umbruchjahr 1918/1919 weniger ein streng doktrinäres Parteiorgan dar als ein Sprachrohr für ein sozialliberales Credo. Das

---

Fähigkeit zur Entfernung, zur objektiven Schau und Würdigung, zum Erfassen und Deuten der gegnerischen Kräfte. Diese Objektivität war nicht Schwäche der Stellungnahme oder skrupelvoller Gerechtigkeitssinn, sondern Folge und Spiegelung jener Phantasie, die im Geschehen Geschichte sah – eine Sicht, welche Werte des Tages als Besitz des Tages erkannte, um dann freilich in den großen Entscheidungen unerbittlich zu werden (Ebd., S. 34).

112 Theodor Heuss tritt 1918/1919 v. a. als Verfasser literarischer Beiträge in Erscheinung, so z. B. über die Brüder Hauptmann und Mann.

Beschwören der Anhängerschaft auf möglichst breiter Basis ist das Hauptanliegen, auch nach dem Kurswechsel ab November 1918, der explizit als «Linksruck» bezeichnet wird.

Das politische Ideal ist durchweg ein freiheitlich-demokratischer Einheitsstaat mit einer starken Betonung der Verantwortung des Einzelnen gegenüber der Volksgemeinschaft. Einen weiteren Konsens bildet die strikte Ablehnung des Versailler Vertrags auf der einen, die Unterstützung der Regierung als ordnungswahrende Macht auf der anderen Seite.

Mit Naumann verliert der deutsche Liberalismus am 24. August 1919 einen charismatischen und weitsichtigen Politiker, der eine breite Anhängerschaft um sich zu scharen verstand.

Zusammenfassung

1918/19, ein Krisen- und Umbruchjahr im Spiegel der «national-sozialen» Wochenzeitung *Die Hilfe*: Zwischen den Zeilen entdeckt man den Seelenzustand der deutschen Gesellschaft im letzten Kriegsjahr sowie zwischen dem Waffenstillstand und der Unterzeichnung des Vertrags von Versailles. Wie konnte man angesichts der Wechselfälle der Geschichte eine liberale Identität wahren? Welches ist die «national-soziale» Vision der Welt in der *Hilfe*? Welche Personen und welche Milieus stehen im Zentrum der Kritik? Wie reagiert man auf den Vertrag von Versailles?

Friedrich Naumann und Gertrud Bäumer sind als Chronisten des Krieges und der Heimatfront die wichtigsten Stimmen, gefolgt von jener Wilhelm Heiles. Will man die Perspektive der Zeitgenossen erfassen, drängt sich eine chronologische Analyse auf. Hierbei sind drei Phasen zu unterscheiden:

1. Vor dem Waffenstillstand: Was im Nachhinein erstaunt, ist die Illusion, den Krieg gewinnen zu können, der Naumann ebenso wie Heile anhingen. Trotz Not und Mangel die Moral zu bewahren, scheint wiederum die Devise von Gertrud Bäumer gewesen zu sein.
2. Angesichts der politischen Veränderungen im Oktober/November 1918 und des Waffenstillstands vom 11. November bemüht sich Naumann, die liberalen Positionen den neuen Gegebenheiten anzupassen. Dabei knüpft er sowohl an seine Schriften aus der Vorkriegszeit als auch an traditionelle liberale Ideale an und verweist mehrfach auf 1848: Ein geeinter und demokratischer deutscher Staat, wenn möglich unter Einschluss des deutschsprachigen Österreichs, ist das in der *Hilfe* einmütig verteidigte politische Ideal. Heile zeichnet sich durch eine kategorische Zurückwei-

sung jedes Partikularismus aus. General Ludendorff wird die Schuld an den ungünstigen Bedingungen des Waffenstillstands zugesprochen. Den konservativen Kreisen wird vorgeworfen, die Demokratisierung verzögert zu haben, was die Revolution angefacht habe. Heile und Naumann erwarten viel vom zukünftigen Völkerbund und hoffen, dass Deutschland Mitglied werde. Gertrud Bäumer verteidigt die Rechte der Frauen und profiliert sich mit moralisierenden Tendenzen, indem sie die Sorglosigkeit gewisser Gesellschaftsschichten verurteilt, die nach vier Kriegsjahren nach Vergnügen gieren.
3. Der Vertrag von Versailles und seine Aufnahme in Deutschland: Die Ablehnung ist kategorisch. Naumann, Bäumer und die neu gegründete Deutsche Demokratische Partei (DDP) kämpfen gegen die Unterzeichnung, bis hin zum Rückzug der DDP aus der Regierung. Gleichzeitig ist ihre Unterstützung für die Regierung Bauer und Reichspräsident Ebert unerschütterlich.

Der Tod Naumanns im August 1919 beraubt den deutschen Liberalismus eines seiner visionärsten und charismatischsten Politiker.

Résumé

Une année marquée par des crises et des ruptures vue par l'hebdomadaire «national-social» *Die Hilfe*: Entre les lignes on découvre l'état d'âme de la société allemande durant la dernière année de guerre et entre l'armistice et la signature du traité de Versailles. Comment conserver une identité libérale face aux vicissitudes de l'histoire? Quelle est la vision «national-sociale» du monde développée dans *Die Hilfe*? Quelles personnes et quels milieux sont au centre de la critique? Comment réagit-on au traité de Versailles?

Friedrich Naumann et Gertrud Bäumer, chroniqueurs de la guerre et de l'arrière, sont les voix les plus importantes, suivies de celle de Wilhelm Heile. Une analyse chronologique s'impose lorsqu'on veut rendre la perspective des contemporains. Trois phases sont à distinguer:

1. Avant l'armistice: ce qui étonne le plus *a posteriori*, c'est l'illusion de pouvoir gagner la guerre, exprimée aussi bien par Naumann que par Heile. Garder le moral malgré la pénurie semble être la devise de Gertrud Bäumer.
2. Face aux changements politiques en octobre/novembre 1918 et l'armistice du 11 novembre, Naumann s'efforce d'adapter les positions libérales aux nouvelles données, tout en renouant avec ses propres essais d'avant-guerre

et des idéaux libéraux traditionnels, en renvoyant à maintes reprises à 1848. Un Etat allemand unifié et démocratique, si possible en union avec l'Autriche germanophone, est l'idéal politique unanimement défendu dans *Die Hilfe*. Heile se démarque par un refus catégorique de tout particularisme. Le général Ludendorff est considéré comme responsable des conditions défavorables de la révolution. Les milieux conservateurs sont attaqués pour avoir retardé la démocratisation, ce qui a déclenché la révolution. Heile et Naumann attendent beaucoup de la future Société des Nations, espérant que la nouvelle Allemagne en fera partie. Gertrud Bäumer défend les droits des femmes et se démarque par ses tendances moralisatrices, condamnant l'insouciance de certaines couches de la société, avides de plaisirs après plus de quatre années de guerre.
3. Le traité de Versailles et sa réception en Allemagne: Le refus est catégorique. Naumann, Bäumer et le DDP, le parti démocratique nouvellement fondé militent pour la non signature, ce qui pousse le DDP à quitter le gouvernement. En même temps, leur soutien au gouvernement Bauer et au président Ebert est inébranlable.

La mort de Naumann en août 1919 prive le libéralisme allemand d'un de ses hommes politiques les plus visionnaires et charismatiques.

Weimar et la démocratie – Troisième Reich et Seconde Guerre mondiale

Weimar und die Demokratie – Drittes Reich und Zweiter Weltkrieg

«Nur die Demokratie kann Deutschland wieder aufrichten»

Staat und Demokratie im *Hilfe*-Kreis, 1918-1933*

Thomas HERTFELDER

Die *Hilfe* in der Weimarer Republik

«*Die Hilfe* ist kein demokratisches Parteiorgan, sondern ein Führer, Mahner und Warner für alle demokratischen Kräfte in Deutschland.»[1] Als sich die beiden Herausgeber der *Hilfe*, Gertrud Bäumer und Anton Erkelenz, am 1. Juni 1924 mit dieser programmatischen Definition an ihre Leserinnen und Leser wandten, hatte die 1894 von Friedrich Naumann gegründete Wochenschrift den Zenit ihres Erfolges längst überschritten. Die Auflage der «Zeitschrift für Politik, Literatur und Kunst», wie der Untertitel seit Juli 1920 lautete,[2] war zwischen 1910 und 1925 von 15000 auf 4000 Exemplare zurückgegangen. Zwar konnte sich die Verbreitung des Blattes bis 1929 mit 8000 Exemplaren wieder stabilisieren, doch hatten danach Wirtschaftskrise und politische Umstände den Schwund an Abonnenten so sehr beschleunigt, dass die *Hilfe* im Jahr 1933 mit nur noch 3000 Exemplaren und rund 800 Abonnenten um ihr Überleben kämpfte.[3]

---

* Ich danke Ernst Wolfgang Becker und Florian Burkhardt für die kritische Durchsicht des Textes, Béatrice Bonniot für die Übersetzung der Zusammenfassung ins Französische.

1 *An die Freunde der Hilfe*. In: *Die Hilfe*, Nr. 11 v. 1.6.1924, S. 169.

2 Schon an den wechselnden Untertiteln lassen sich Selbstverständnis und Erscheinungsweise in Ansätzen ablesen: «Gotteshilfe, Selbsthilfe, Staatshilfe, Bruderhilfe» (bis Nr. 35 v. 1.9.1901), «Nationalsoziales Volksblatt» (ab Nr. 36 v. 8.9.1901), «Nationalsoziale Wochenschrift» (ab Nr. 30 v. 24.7.1904), ohne Untertitel ab Nr. 30 v. 30.7.1905), «Wochenschrift für Politik, Literatur und Kunst» (ab Nr. 52 v. 30.12.1906), «Zeitschrift für Politik, Literatur und Kunst» (ab Nr. 27 v. 5.7.1920), «Zeitschrift für Politik, Wirtschaft und geistige Bewegung» (ab Nr. 1 v. 7.1.1933).

3 Angaben nach: *Sperlings Zeitschriften-Adressbuch. Handbuch der deutschen Presse*. 51. Ausgabe, Leipzig 1925, S. 154; *Sperlings Zeitschriften- und Zeitungsadreßbuch*. Ausgabe 1933. Leipzig 1933, S. 194; Reiner BURGER: *Theodor Heuss als Journalist. Beobachter und Interpret von vier Epochen deutscher Geschichte*. Münster/ Hamburg/London 1998, S. 296-304; die Abonnentenzahl stieg im Lauf des Jahres 1934

In dieser Entwicklung spiegelt sich zum einen der fortlaufende politische Bedeutungsverlust des Weimarer Linksliberalismus wider, wie er in den Ergebnissen der Reichstagswahlen zwischen 1919 und 1933 drastisch zum Ausdruck kam.[4] Zum andern aber war mit dem frühen Tod des Gründungsherausgebers Naumann am 24. August 1919 das integrierende Zentrum jenes Kreises überwiegend akademisch gebildeter Männer und Frauen entfallen, die sich seit der Jahrhundertwende um den charismatischen Pfarrer, Politiker und Publizisten geschart hatten, um dessen Politik eines Ausgleichs zwischen fortschrittlichem Bürgertum und gemäßigter Arbeiterbewegung zu unterstützen.[5] *Die Hilfe* war das wichtigste Kommunikationsorgan dieses Kreises, und bis zu Naumanns Tod diente die regelmäßige Lektüre der *Hilfe* vielen Naumannianern nicht zuletzt der Pflege einer persönlichen Bindung an den charismatischen Gründer und Herausgeber. So musste Naumanns Tod im Sommer 1919 die *Hilfe* besonders hart treffen, zumal ein Nachfolger von ähnlicher Integrationskraft nicht in Sicht war.

1920 übernahmen die Redakteure Gertrud Bäumer und Wilhelm Heile die Herausgeberschaft, bis 1923 Anton Erkelenz Heile ablöste und zusammen mit

---

wieder auf 1200, ebd., S. 303. Eine umfassende systematische Untersuchung der *Hilfe* ist ein Desiderat der Forschung, vgl. bislang nur Rolf TAUBERT: *Die Hilfe (1894-1943)*. In: Heinz-Dietrich FISCHER (Hrsg.): *Deutsche Zeitschriften des 17. bis 20. Jahrhunderts*. Pullach 1973, S. 255-264.

4 Zur DDP vgl. Lothar ALBERTIN: *Liberalismus und Demokratie am Anfang der Weimarer Republik*. Eine vergleichende Analyse der Deutschen Demokratischen Partei und der Deutschen Volkspartei. Düsseldorf 1972; Werner STEPHAN: *Aufstieg und Verfall des Linksliberalismus 1918-1933*. Geschichte der Deutschen Demokratischen Partei. Göttingen 1973; Werner SCHNEIDER: *Die Deutsche Demokratische Partei in der Weimarer Republik 1924-1930*. München 1978; Bruce B. FRYE: *Liberal Democrats in the Weimar Republic*. The History of the German Democratic Party and the German State Party. Carbondale/Edwardsville 1985; Larry Eugene JONES: *German Liberalism and the Dissolution of the Weimar Party System 1918-1933*. Chapel Hill 1988; Dieter LANGEWIESCHE: *Liberalismus in Deutschland*. Frankfurt 1988, S. 265-272 passim, sowie den Beitrag von Reiner MARCOWITZ in diesem Band.

5 Zu Naumann vgl. noch immer Theodor HEUSS: *Friedrich Naumann. Der Mann, das Werk, die Zeit*. Stuttgart 1937; Peter THEINER: *Sozialer Liberalismus und deutsche Weltpolitik*. Friedrich Naumann im Wilhelminischen Deutschland (1860-1919). Baden-Baden 1983, sowie die Beiträge in Rüdiger vom BRUCH (Hrsg.): *Friedrich Naumann in seiner Zeit*. Berlin/New York 2000; zum Naumann-Kreis vgl. Ursula KREY: *Von der Religion zur Politik. Der Naumann-Kreis zwischen Protestantismus und Liberalismus*. In: Olaf BLASCHKE, Frank-Michael KUHLEMANN (Hrsg.): *Religion im Kaiserreich*. Milieus – Mentalitäten – Krisen. Gütersloh 1996, S. 350-381; DIES.: *Demokratie durch Opposition: Der Naumann-Kreis und die Intellektuellen*. In: Gangolf HÜBINGER, Thomas HERTFELDER (Hrsg.): *Kritik und Mandat*. Intellektuelle in der Weimarer Republik. Stuttgart 2000, S. 71-92.

Bäumer für sieben Jahre ein Tandem bildete.[6] Beide Herausgeber gehörten der DDP-Reichstagsfraktion an und verkörperten unterschiedliche Flügel der Partei: Während die promovierte Germanistin Bäumer eine kulturkonservativ-bildungsbürgerliche Tendenz im deutschen Linksliberalismus repräsentierte, vertrat der gelernte Schlosser und publizistische Autodidakt Erkelenz den Arbeitnehmer- und Gewerkschaftsflügel der DDP; beide teilten in der Tradition Naumanns ein ausgeprägtes Interesse an sozialpolitischen Fragen, die nach Bäumers und Erkelenz' Auffassung nicht ausschließlich über den freien Markt gelöst werden konnten. Im Sommer 1930 verließ Erkelenz aus Protest gegen die Fusion der DDP mit der Volksnationalen Reichsvereinigung[7] nicht nur seine Partei, deren Vorstand er seit 1919 angehörte, sondern auch die *Hilfe*, in der er allerdings unter dem Pseudonym «Josef Holter» noch gelegentlich publizierte.[8] Bäumer führte das Blatt ab 16. August 1930 zunächst alleine weiter, um Ende Juli 1932 auf dem Höhepunkt der Staats- und Wirtschaftskrise die Herausgeberschaft dem Historiker Walter Goetz zu überlassen. Im Januar 1933 schließlich fand sich mit Walter Goetz, Fritz Hermann und erneut Gertrud Bäumer ein Herausgebertrio zusammen, dem es gelang, die *Hilfe* ins «Dritte Reich» hinüber zu retten.[9]

Im Unterschied etwa zum sozialdemokratischen «Vorwärts» verstand sich die *Hilfe* nicht als reines Parteiorgan. Vielmehr bot das Blatt seinen Lesern eine Plattform zur Erörterung politischer, sozialer, wirtschaftlicher und kultureller Fragen der Zeit, und zwar aus der Perspektive der bürgerlichen Demokratie. Dieser besondere Blickwinkel kam beispielsweise darin zum Ausdruck, dass die Sachregister der Jahrgangsbände neben den klassischen Rubriken wie «Deutschlands Außenpolitik», «Innenpolitik», «Finanz- und Wirtschaftsfragen» und «Soziales» bis 1930 unter einer eigenen Sparte

---

6 Zu Bäumer vgl. Angelika SCHASER: *Helene Lange und Gertrud Bäumer. Eine politische Lebensgemeinschaft*. Köln/Weimar/Wien 2000, die Bäumers Rolle als Mitherausgeberin der *Hilfe* allerdings nicht thematisiert; zu Erkelenz vgl. Axel KELLMANN: *Anton Erkelenz: Ein Sozialliberaler im Kaiserreich und in der Weimarer Republik*. Münster 2007; zu Heile vgl. bislang nur die Festschrift von Ludwig LUCKEMEYER: *Wilhelm Heile*. Wiesbaden 1981.
7 So nannte sich der politische Arm des Jungdeutschen Ordens, vgl. Klaus HORNUNG: *Der Jungdeutsche Orden*. Düsseldorf 1958.
8 Vgl. die Erklärung von Erkelenz in: *Die Hilfe*, Nr. 33 v. 16.8.1930, S. 817, in der er auch seinen Eintritt in die SPD ankündigte. Zum Parteiaustritt vgl. KELLMANN: *Anton Erkelenz* (wie Anm. 6), S. 191-202.
9 Fritz Hermann gehörte dem Herausgebergremium nur bis zum Frühjahr 1933 an; vgl. BURGER: *Theodor Heuss* (wie Anm. 3), S. 296. Zur *Hilfe* in der NS-Zeit vgl. Jürgen FRÖLICH: *Die Umformung des deutschen Seins erlaubt keine passive Resignation. Die Zeitschrift Die Hilfe im Nationalsozialismus*. In: Christoph STUDT (Hrsg.): *«Diener des Staates» oder «Widerstand zwischen den Zeilen»? Die Rolle der Presse im «Dritten Reich»*. Münster 2007, S. 115-129.

«Demokratie» solche Artikel subsumierten, die sich mit Grundsatzfragen der Demokratie, aber auch mit den Problemen der DDP beschäftigten. An seiner republikanisch-demokratischen Grundausrichtung ließ das Blatt, das seine Leser regelmäßig zur «Arbeit für die Republik» aufforderte, jedenfalls keinen Zweifel.[10]

Die Beiträge der *Hilfe* entstammten zum einen aus der Feder eines relativ konstanten Stamms von etwa 20 Autorinnen und Autoren, unter denen anfangs noch Friedrich Naumann und Wilhelm Heile, dann Gertrud Bäumer und Anton Erkelenz mit Abstand am häufigsten vertreten waren. Zum andern gelang es den Herausgebern, gelegentlich Gelehrte des bürgerlich-demokratischen Lagers von Rang für das Blatt zu gewinnen, unter ihnen Ernst Troeltsch, Walter Goetz, Karl Vossler, Friedrich Meinecke und Hugo Preuß. Darüber hinaus kamen demokratische Journalisten wie Theodor Heuss, Wilhelm Cohnstaedt und Julius Bab zu Wort sowie schließlich Vertreter der lokalen DDP-Untergliederungen, sehr vereinzelt auch die Exponenten anderer demokratischer Parteien.[11] Die weit überwiegende Mehrzahl der Beiträge stammte somit von Mitgliedern, Anhängern oder Sympathisanten der DDP bzw. Deutschen Staatspartei, die in der *Hilfe* ihren demokratischen Standpunkt erläuterten und Kontroversen zu politischen Fragen austrugen. Der frühzeitig verstorbene Gründervater Naumann blieb dabei eine Autorität, die stets und in unterschiedlichen Zusammenhängen gerne aufgerufen wurde. Die Herausgeber taten ein Übriges, indem sie dafür sorgten, dass Naumann in jedem Jahrgangsband mit mehreren Beiträgen aus früheren Zeiten, manchmal auch nur mit einzelnen Sinnsprüchen («Naumann-Worten») vertreten blieb.[12]

Innerhalb der DDP verfügten die Anhänger und ehemaligen Mitarbeiter Naumanns über ein beträchtliches Gewicht, zumal sie sich gerne als intellektuelle Wortführer der Partei sahen: «Geistig führend wurden in der Partei die Gruppen, die in der Naumannschen Schule aufgewachsen», stellte Anton Erkelenz 1926 befriedigt fest.[13] In den innerparteilichen Auseinandersetzungen und in tagespolitischen Streitfragen trat die Naumann-Gruppe jedoch keineswegs geschlossen auf, im Gegenteil: Häufig stritten ihre Anhänger auf

---

10 Vgl. *Arbeit für die Republik*. In: *Die Hilfe*, Nr. 3 v. 25.1.1925, S. 65.
11 Etwa Paul LÖBE, Ludwig KAAS, Gustav STRESEMANN. In: *Die Hilfe*, Nr. 1 v. 1.1.1927, S. 20-24.
12 Zu Naumanns fünftem Todestag brachte die *Hilfe* in ihrer Ausgabe Nr. 15 v. 1.8.1924 eine Sonderbeilage heraus, die Gertrud Bäumer mit einem Beitrag unter dem Titel «Der Nationalsozialismus Friedrich Naumanns» eröffnete, Erkelenz skizzierte «Naumanns Stellung in der Sozialpolitik», Heuss «Naumanns Verhältnis zur Kunst», Walter Goetz «Naumanns Haltung zum Krieg» usw.
13 Anton ERKELENZ: *Wie die deutsche Republik wurde*. In: *Die Hilfe*, Nr. 19 v. 19.10.1926, S. 396-399, hier S. 397.

den verschiedenen Flügeln der Partei.¹⁴ Dabei bildete die *Hilfe* in jenem Personengeflecht, das sich politisch an der Idee einer «bürgerlichen Demokratie» orientierte, das zentrale Forum der intellektuellen Positionsbestimmung.

Diese Positionsbestimmung litt indessen vor allem an den vielfältigen Schwierigkeiten der DDP. Wie keine andere Weimarer Partei manövrierte sie sich auf Grund ihrer nahezu nahtlosen Beteiligung an den Reichsregierungen in die Defensive, und der Parteiführung gelang es kaum, die weit auseinander strebenden Flügel zu integrieren. Geplagt von notorischen Finanzsorgen sowie mangelhafter Organisation fand die Partei weder zu innerer Geschlossenheit, noch gelang es ihr, in ausreichendem Maße Wähler zu mobilisieren.¹⁵ Diese vielfachen Dilemmata der DDP ziehen sich durch den politischen Teil der *Hilfe* wie ein roter Faden. Die Selbstverständigung des linksliberalen Lagers in der *Hilfe* litt aber auch an einem Mangel an intellektuellem Potenzial: Nach dem frühen Tod von Max Weber, Ernst Troeltsch und Hugo Preuß fehlten der bürgerlichen Demokratie jene Köpfe, die im Stande gewesen wären, tragfähige Begriffe vom demokratischen Staat und von der parlamentarischen Demokratie zu formulieren.

«Alles durch das Volk»: Erwartungen 1918/1919

Nach dem überraschenden Sturz der Monarchie in Deutschland im November 1918 stellte sich die große Mehrheit der Linksliberalen ohne Zögern auf den Boden der soeben proklamierten demokratischen Republik. Unter dem Schock der Revolution griffen Angehörige des Naumann-Kreises auf das historische Modell der Revolution von 1848/1849 zurück, die sie als bürgerliche Revolution interpretierten und den aktuellen Vorgängen als Folie unterlegten: «Es bleibt übrig, die alte schwarzrotgoldene Fahne von 1848 zu entrollen, die Farben, denen schon einmal alles, was deutsch war und was auf eine große, einige freiheitliche Zukunft hoffte, Treue gelobt hatte», notierte ein zerknirschter Paul Rohrbach am 21. November 1918¹⁶ in der *Hilfe*, während Theodor Heuss es als «unsere Aufgabe» definierte, «die deutsche Geschichte beim Werk des Jahres 48 wiederanzuknüpfen» und «Mut zu neuem

---

14 Dies gilt z. B. für so unterschiedliche Figuren wie Anton ERKELENZ, Theodor HEUSS, Wilhelm COHNSTAEDT, Gertrud BÄUMER und Paul ROHRBACH.
15 Vgl. die in Anm. 4 genannte Literatur.
16 Paul ROHRBACH: *Republik und deutsche Zukunft*. In: *Die Hilfe*, Nr. 47 v. 21.11.1918, S. 557-559, hier S. 559.

Grundriß» forderte.[17] Gegenüber solchen historischen Rückbesinnungen stellte Wilhelm Heile am 19. Dezember 1918 emphatisch heraus, worum es den bürgerlichen Demokraten im Kern eigentlich ging:

> Der Staat sei hinfort die Organisation des Volkes. Alles durch das Volk, alles für das Volk – das ist der alte und doch ewig junge Grundgedanke der deutschen Demokratie [...]. Deutschland ist nur zusammengebrochen, weil es noch immer vom Geist des Klassenstaats beherrscht wurde. Deutschland wird wiedererstehen in größerer Kraft und Gesundheit, wenn der Klassengeist endgültig überwunden wird. Nur die Demokratie kann Deutschland wieder aufrichten.[18]

Damit hatte Heile in der Umbruchphase der Revolution und noch vor der Errichtung der Weimarer Republik einige zentrale Motive der Demokratie-Diskussion des *Hilfe*-Kreises vorweggenommen: Das Versagen des Kaiserreichs auf Grund seines Klassencharakters, die Überwindung der Klassengesellschaft durch die Demokratie und die Stärkung von Staat und Nation im neuen «Volksstaat». Was Heile sich von der neuen «deutschen Demokratie» erhoffte, war angesichts der desolaten Situation des Winters 1918/1919 nicht eben wenig – die Weimarer Demokratie stand bei ihren entschiedenen Verfechtern von Anfang an unter hohem Erwartungsdruck.

Doch wie sollte eine Demokratie, die all dies zu leisten vermochte, gedacht und gestaltet werden? Zwar konnten die Linksliberalen in die Weimarer Nationalversammlung ein imponierendes Maß an staats- und verfassungsrechtlichem Sachverstand einbringen, zwar stammten mit Hugo Preuß' Lehre vom «Volksstaat» und mit Max Webers Schriften zur Verfassungsreform die anspruchsvollsten und ausgereiftesten Überlegungen zur Demokratie, die im Kaiserreich entwickelt wurden, aus ihren eigenen Reihen, doch auf eine elaborierte Konzeption einer auf die Volkssouveränität gegründeten Republik oder auf eine erprobte bürgerlich-liberale Demokratietheorie konnten die Liberalen nicht zurückgreifen.[19] Denn der landläufige Begriff von Demokratie, wie er im späten Kaiserreich kursierte, diente entweder der polemischen Kennzeichnung der westlichen Regierungssysteme[20] oder er wurde, bezogen

---

17   Ebd., S. 1477.
18   Wilhelm HEILE: *Deutsche Demokratie*. In: *Die Hilfe*, Nr. 51 v. 19.12.1918, S. 613-615.
19   Vgl. grundlegend Ernst PORTNER: *Die Verfassungspolitik der Liberalen 1919. Ein Beitrag zur Deutung der Weimarer Reichsverfassung*. Bonn 1974, S. 204-229; Marcus LLANQUE: *Demokratisches Denken im Krieg. Die deutsche Debatte im Ersten Weltkrieg*. Berlin 2000; Christoph GUSY: *Fragen an das «demokratische Denken» in der Weimarer Republik*. In: DERS. (Hrsg.): *Demokratisches Denken in der Weimarer Republik*. Baden-Baden 2000, S. 635-663; Tina POHL: *Demokratisches Denken in der Weimarer Nationalversammlung*. Hamburg 2002.
20   Z. B. bei Wilhelm HASBACH: *Die moderne Demokratie. Eine politische Beschreibung*. Jena 1912.

auf die deutschen Verhältnisse, wenig entfaltet. Naumann hatte um die Jahrhundertwende die Demokratie als «Volkssouveränität durch Majorität» definiert und auf das demokratische Potenzial des wachsenden «Industrievolks» im Rahmen der monarchischen Ordnung gesetzt; seine Vorstellung von Demokratie war bestimmt von der Überzeugung, dass alle Politik ein «Kampf ums Dasein» sei.[21] Das Thema einer demokratischen Republik mit einer entsprechenden Ausgestaltung der Institutionen hatte im Kaiserreich bis zum November 1918 weder theoretisch noch praktisch auf der Tagesordnung gestanden.[22]

Unter der Überschrift «Der Volksstaat kommt» beschwor Naumann im Oktober 1918, als in einer Verfassungsreform die Parlamentarisierung des Deutschen Reiches vollzogen wurde, erneut jenen Begriff, den Hugo Preuß wissenschaftlich ausgearbeitet hatte. Mit «Volksstaat» meinte Naumann jedoch noch keineswegs die Republik, sondern vielmehr die vom Majoritätsprinzip bestimmte parlamentarische Regierungsform im Rahmen der konstitutionellen Monarchie. Im Parlamentarismus erblickte er «das Programm eines für uns noch fremden politischen Systems, durch das die Regierten zu Mitträgern der ausführenden Macht werden». Und in dem für ihn charakteristischen Glauben an Prozesse historischer Evolution fuhr er mit Blick auf die weltweite Krise der Monarchie fort: «Es vollzieht sich ein Naturvorgang wie einst in dunkler Vorzeit beim Wechsel geologischer Epochen.»[23] Hier wird zugleich jener Fatalismus greifbar, der weite Kreise des Bürgertums im Herbst 1918 erfasst hatte.[24] Die Monarchie als solche stand jedoch nicht zur Disposition.

Um so tiefer saß der Schock, als mit der Abdankung Wilhelms II. und der anderen deutschen Monarchen die Souveränitätsgrundlage des Reichs und das symbolische Zentrum der Macht schlagartig entfallen waren. Walter Goetz versuchte in der *Hilfe* die Dinge zu sortieren, indem er die Republik

---

21 Friedrich NAUMANN: *Demokratie und Kaisertum. Ein Handbuch für innere Politik.* 2. Aufl. Berlin 1900, S. 36, 41.
22 Vgl. LLANQUE: *Denken* (wie Anm. 19); Steffen BRUENDEL: *Volksgemeinschaft oder Volksstaat. Die «Ideen von 1914» und die Neuordnung Deutschlands im Ersten Weltkrieg.* Berlin 2003.
23 Friedrich NAUMANN: *Der Volksstaat kommt.* In: *Die Hilfe,* Nr. 41 v. 10.10.1918. S. 480 f. hier S. 480.
24 Zum Bürgertum in der Revolution 1918/1919 vgl. Hans-Joachim BIEBER: *Bürgertum in der Revolution. Bürgerräte und Bürgerstreiks in Deutschland 1918-1920.* Hamburg 1992; Michael EPKENHANS: *Das Bürgertum und die Revolution 1918/1919.* Heidelberg 1994, sowie den Forschungsbericht von Horst MÖLLER: *Bürgertum und bürgerlich-liberale Bewegung nach 1918.* In: Lothar GALL (Hrsg.): *Bürgertum und bürgerlich-liberale Bewegung in Mitteleuropa seit dem 18. Jahrhundert.* München 1997 (=HZ-Sonderheft 17), S. 293-342.

nun zum «reinen Volksstaat» erklärte und eine Fortsetzung der Naumannschen Politik auf dem Boden der neuen Republik forderte:

> Nun ist der Sturm über das Land gegangen, und Demokratie und Kaisertum gehören der Vergangenheit an. [...] Der Bruch mit der Vergangenheit erscheint zu groß. [...] Aber eines ist gewiß: die nationalsoziale Gedankenwelt ist nur an unser Volk, nicht an das Kaisertum gebunden, und vieles wird sich unzweifelhaft leichter auf dem Boden des reinen Volksstaates gestalten lassen. Sind wir der monarchischen Staatsform wirklich entwachsen, so müssen sich die Vorteile der Monarchie auch auf andere Weise erreichen lassen.[25]

Mit dieser Formulierung griff Goetz die funktionale Legitimation der Monarchie, wie sie Naumann um die Jahrhundertwende in «Demokratie und Kaisertum» vorgenommen hatte,[26] wieder auf, um sie auf die Republik zu übertragen. Trotz der tiefen historischen Zäsur, die das Ende der Monarchie bedeutete, schien ihm die Republik kaum mehr als eine andere staatliche Form zu sein, mit der sich die politischen Aufgaben der Monarchie auf bessere Weise lösen lassen. Diese formale, funktionale Interpretation der Republik wurde zwar keineswegs von allen Autoren der *Hilfe* geteilt. Doch sie wurde, vor allem unter dem Eindruck der heftigen Angriffe auf die Weimarer Demokratie, zu einem besonders folgenreichen Deutungsmuster im *Hilfe*-Kreis, das zusammen mit der schillernden Verheißungsformel vom «Volksstaat» die Republik unter einen besonderen Erwartungsdruck setzte. Der Begriff des «Volksstaates» wiederum bildete auch hier die entscheidende, von allen Lagern des Hilfe-Kreises geteilten Referenzgröße, und zwar bis zum Ende der Republik.[27]

Die demokratische Republik in der deutschen Geschichte

In der zentralen Frage, wie die im November 1918 ausgerufene demokratische Republik zu legitimieren sei, haben die Autoren der *Hilfe* unterschiedliche Argumentationslinien entwickelt. Nicht alle diese Begründungen erwiesen sich vor dem Hintergrund der Entwicklung der Weimarer Demokratie als

---

25 Walter GOETZ: *An die alten Freunde!* In: *Die Hilfe*, Nr. 43 v. 28.11.1918, S. 569 f. hier S. 570.
26 Vgl. Thomas HERTFELDER: *Meteor aus einer anderen Welt. Die Weimarer Republik in der Diskussion des Hilfe-Kreises.* In: Andreas WIRSCHING, Jürgen EDER (Hrsg.): *Vernunftrepublikanismus in der Weimarer Republik. Politik, Literatur, Wissenschaft.* Stuttgart 2008, S. 29-55, hier S. 31 f.
27 Vgl. z.B. das Editorial *Hilfe-Kreis*. In: *Die Hilfe*, Nr. 25 v. 18.6.1932. S. 601; das Editorial *Die Frage des 31. Juli*. In: *Die Hilfe*, Nr. 31. v. 30.7.1932, S. 721.

gleichermaßen belastbar. Eine Minimalposition markierte das in den Anfangsjahren der Republik vielfach variierte Argument des *fait accompli*, das Naumann in einer Rede vor der Nationalversammlung wie folgt formulierte:

> Und es muß kommen, es muß geschaffen werden der Volksstaat oder, wenn man das Fremdwort lieber hören will: die Republik; denn nach dem Verschwinden der Monarchen [...] bleibt uns gar nichts anderes übrig, als unseren deutschen Volksstaat mit aller Kraft, mit aller Hingebung und Treue zu bauen.[28]

Die Republik wird als ein Zustand definiert, hinter den man schon allein deshalb nicht mehr zurückgehen kann, weil eine Restauration des alten Regimes außenpolitisch unabsehbare Rückwirkungen auf die Friedensverhandlungen und im Innern Bürgerkrieg und Chaos zur Folge hätte. In diesem Licht erscheint die Staatsform der Republik geradezu als eine Überlebensfrage der deutschen Nation.[29] Darüber hinaus entsprach das Argument, die gegebene Entwicklung sei als «Machttatsache» anzuerkennen, einer Gedankenfigur, der man bei Naumann und seinen Anhängern häufig begegnet. 1919 konnte die *Hilfe* diese Überzeugung zugunsten der entstehenden Weimarer Republik in die Waagschale werfen; sie trug jedoch auch wesentlich dazu bei, dass sich die Herausgeber des Blattes gegenüber den Tatsachen, die das «Dritte Reich» 1933 zu schaffen im Begriff war, überraschend unsicher zeigten.[30]

In ihrem Eintreten für die Republik blieben freilich nur wenige Naumannianer beim Argument des *fait accompli* stehen,[31] das in der Regel vorgebracht wurde, um auch den überzeugten Anhängern der Monarchie eine Brücke in den neuen Staat zu bauen. Eine andere, belastbarere Brücke bildete der Rekurs auf die deutsche Geschichte, der uns in unterschiedlichen Varianten

---

28 Friedrich NAUMANN: *Rede in der Nationalversammlung am 13.2.1919.* In: *Die Hilfe*, Nr. 9 v. 27.2.1919, S. 100-104, hier S. 100.

29 So sah es Erich KOCH-WESER in seinen 1933 erschienenen Erinnerungen: *Und dennoch aufwärts! Eine deutsche Nachkriegsbilanz.* Berlin 1933, S. 12.

30 Die Begründung dieser These würde den Rahmen dieses Beitrags sprengen. Zur Hilfe insbesondere in den ersten Jahren des «Dritten Reichs» vgl. FRÖLICH (wie Anm 9), S. 115-129, sowie dessen Beitrag in diesem Band; ferner BURGER: *Theodor Heuss* (wie Anm. 3), S. 291-319, der für die ersten Jahre von einem Kurs «kritischer Kooperation» spricht.

31 Etwa Paul Rohrbach: «Wer historisch geschult ist, wird schwer zu dem Glauben gelangen, daß dem republikanischen Prinzip eine sachliche Überlegenheit über das monarchische innewohne [...]. Nichtsdestoweniger bleibt auch dem monarchisch denkenden Deutschen heute nur übrig, sich ehrlich und ohne Rückhalt auf den Boden der einmal geschaffenen deutschen Volksrepublik zu stellen. Höher als Monarchie oder Republik stehen Volk und Vaterland», Paul ROHRBACH: *Republik und deutsche Zukunft.* In: *Die Hilfe*, Nr. 47 v. 21.11.1918, S. 557-559, hier S. 559. Ähnlich argumentierte der DDP-Minister Otto Geßler, vgl. HERTFELDER: *Meteor* (wie Anm. 26), S. 29 f.

begegnet. Viele Autoren zitierten die Geschichte als Lehrmeisterin, indem sie auf die Strukturmängel des kaiserlichen Obrigkeitsstaats verwiesen, der an seiner eigenen Reformunfähigkeit zu Grunde gegangen sei. Während Hugo Preuß den «Scheinkonstitutionalismus des alten Regimes» als eine «wesentliche Ursache unseres nationalen Unglücks» anprangerte, beklagte Walter Goetz die Reformblockade seit den 1890er Jahren: «Es ist der Mangel an organischer Fortentwicklung, der eine der größten Ursachen unseres heutigen Schicksals geworden ist, es ist der Mangel an rechtzeitiger und guter Demokratie.»[32] Der Zusammenbruch des Kaiserreichs, die Revolution und die Republik werden bei diesen Autoren als das notwendige Resultat der versäumten Anpassung des Ancien Régime an den gesellschaftlichen Wandel interpretiert; die Weimarer Demokratie erscheint als das Ergebnis eines historischen Lernprozesses.

Statt bei den Defekten des Kaiserreichs anzusetzen, greift eine zweite Variante des historischen Begründungsmusters auf die demokratischen Traditionen der deutschen Geschichte zurück. Manche Autoren lassen sie bereits bei den Germanen beginnen, um dann mit dem Städtewesen des Mittelalters, den Bauernkriegen, der Burschenschaftsbewegung, den Steinschen Reformen und den Befreiungskriegen fortzufahren. In diese Traditionslinie wird die Weimarer Republik eingeordnet: «Wer die geistigen und politischen Taten der Deutschen im 18. und 19. Jahrhundert vor sich vorüberziehen läßt, vermag der noch an der Zukunft eines republikanischen Deutschland zu zweifeln?», fragte Kuno Waltemath die Leser der *Hilfe*.[33] In dieser Version lässt das historische Argument die Weimarer Republik als ein notwendiges Resultat einer langen demokratischen Tradition erscheinen und geht damit weit über jene im Bürgertum verbreitete Begründung hinaus, die in der Republik lediglich ein hinzunehmendes *fait accompli* sehen wollte. Zudem schien das

---

32 Hugo PREUß: *Die Bedeutung des Artikels 48 der Reichsverfassung*. In: *Die Hilfe*, Nr. 10 v. 15.5.1925, S. 224-226, hier 224; Walter GOETZ: *Der deutsche Staat und das Jahr 1848*. In: *Die Hilfe*, Nr. 10 v. 15.3.1923, S. 162 f. hier S. 163. Vgl. auch Anton ERKELENZ: *Die Krise der Demokratie in Deutschland*. In: *Die Hilfe*, Nr. 6 v. 15.3.1923, S. 91-93, bes. S. 93; Gertrud BÄUMER: *Das unvollendete Reich*. In: *Die Hilfe*, Nr. 33 v. 25.1.1925, S. 66 f.

33 Vgl. Kuno WALTEMATH: *Das deutsche Volk und die demokratische Republik*. In: *Die Hilfe*, Nr. 42, v. 16.10.1919, S. 584-586, hier S. 586; Erich KOCH: *Republikanische Einigung*. In: *Die Hilfe*, Nr. 17 v. 1.9.1926, S. 348-352, hier S. 349. Emmy Beckmann empfiehlt die republikanische Geschichte der Niederlande und der USA als Vorbild, Emmy BECKMANN: *Nationale Pflicht und Ehre in der Republik*. In: *Die Hilfe*, Nr. 8 v. 15.3.1922. S. 121-123, hier S. 123. Für Ludwig Herz liegen die «Wurzeln» der «Demokratie der Jetztzeit» zum einen in der «alte[n] deutsche[n] Gemeinfreiheit», zum andern in der «durch die Reformation endlich verwirklichten Gewissensfreiheit», Ludwig HERZ: *Die Grundlagen der Demokratie*. In: *Die Hilfe*, Nr. 38 v. 18.9.1919, S. 516-519, hier S. 516 f.

historische Argument bestens geeignet, sowohl der Diskreditierung der Republik als einer «undeutschen» Staatsform als auch dem revolutionären Voluntarismus von links zu begegnen.

Die Autorinnen und Autoren der *Hilfe* haben die Demokratie nicht als ein statisches Ideal, sondern als ein historisch wandelbares, dynamisches Konzept begriffen. Mit diesem historisch geschärften Demokratiebegriff gewannen sie ein starkes Argument gegen die Kritiker der Republik: Die Republik stecke noch in ihren Kinderschuhen, die Demokratie sei durchaus unfertig, sie bedürfe der stetigen Weiterentwicklung und stelle sich täglich neu als große Aufgabe.[34] Die Demokratie als Projekt – diese Überlegung, die nicht zufällig zwei von Kant inspirierte Autoren vorgetragen haben, verband sich mit dem Appell an ein tätiges Republikanertum, ein aktives, durch Handlungen zu beglaubigendes Bekenntnis des Bürgers zur Demokratie.

Allerdings ist das Projekt der Demokratie nur um den Preis des Verzichts auf utopisches Denken zu haben. Realismus lautete das Gebot der Stunde, und diesen Realismus führten Naumann und seine Anhänger gegen den revolutionären Elan von links und rechts ins Feld: «Der Wirklichkeitssinn sei das Eigentum der deutschen Demokratie! An Phantasien werden uns die Radikalen rechts und links immer übertreffen. Nichts ist für begabte Menschen leichter, als sich eine Weltordnung auszudenken, in der alles besser sein soll», schrieb Naumann zum Abschluss der Verfassungsberatungen in Weimar. Die Demokratie sei «ein sehr unvollkommenes System», formulierte Ernst Moering 1925 in einem Diskussionsbeitrag, und dennoch sei sie «das beste der möglichen Systeme». Demokratie und Liberalismus müssten eine Verbindung eingehen, um ihre zerstörerischen Elemente gegenseitig zu neutralisieren.[35] Die parlamentarische Demokratie von Weimar als ein System der Kompromisse ist zwar entwicklungsfähig, aber sie bietet keinen Raum für Utopien. Im Gegenteil: Die parlamentarische Praxis erzwingt den Kompromiss und damit die Kooperation der ideologisch verschiedenen Standpunkte. Sie bedeutet die institutionalisierte Absage an den Geist der Utopie.[36]

---

34 Heinrich MEYER-BENFEY: *Demokratische Gesinnung*. In: *Die Hilfe*, Nr. 12 v. 15.6.1924, S. 190-194, hier 192; ähnlich Gertrud BÄUMER: *Kant und die deutsche Freiheit*. In: *Die Hilfe*, Nr. 8 v. 15.4.1924, S. 129-131, hier S. 131: «Die Idee der Demokratie ist nicht ausgelebt, sie ist noch jung und in den Anfängen ihrer Verwirklichung.»

35 Ernst MOERING: *Liberalismus und Demokratie*. In: *Die Hilfe*, Nr. 22 v. 15.12.1925, S. 451 f. hier S. 451.

36 Vgl. Anton ERKELENZ: *Die Überwindung des Klassenstaates durch die Demokratie*. In: *Die Hilfe*, Nr. 8 v. 15.4.1925, S. 172-174, hier S. 174: «Praktische Arbeit führt zusammen!».

«Nur die Demokratie kann Deutschland wieder aufrichten». Was leistet der demokratische Staat?

Die Absage an utopische Gesellschaftsentwürfe hinderte die Autoren der *Hilfe* nicht, ihre hohen Erwartungen an die Problemlösungskapazität der Demokratie immer wieder vorzutragen. In dieser Hinsicht hatte das Kaiserreich, darüber bestand kein Zweifel, versagt. Im «großen Fegefeuer der Weltgeschichte», so Naumann vor der Nationalversammlung, habe die Monarchie ihren «Befähigungsnachweis» nicht «geliefert»: «Die Monarchie hat uns nämlich im Kriege nicht die Einheit gebracht. Einheitlicher als wir waren demokratisch eingerichtete Völker.»[37] Mit dem Schlagwort von der «Einheit» war benannt, was die *Hilfe* von der Demokratie zuallererst erwartete: Die *Integration* der in Klassen-, Parteien- und Interessengegensätze zerfallenden und zudem von separatistischen Tendenzen gefährdeten Nation. In geradezu apodiktischer Form fand diese Erwartung Eingang in das Programm der DDP: «Innere Einheit tut uns vor allem not und der einzige Weg zu ihr ist die Demokratie.»[38] Die These von der einheitsstiftenden Kraft der Demokratie wurde im *Hilfe*-Kreis vielfach variiert und von Heile kontrafaktisch auf den Weltkrieg angewandt: «Demokratie, wirkliche Demokratie, hätte das Kaisertum, und nicht bloß das Kaisertum retten können, sondern mit ihm uns alle, Volk und Vaterland.» Denn «je folgerichtiger der demokratische Staatsaufbau, desto stärker die Kräftezusammenfassung».[39] Während sich Erkelenz von der Demokratie vor allem die «Überwindung des Klassenstaats» erhoffte, setzten andere auf die Entbindung «sittlicher Energien» im Prozess der politischen Partizipation, die vor allem der inneren Nationsbildung zugute kommen sollte.[40] So erhoffte sich Bäumer von der demokratischen Direktwahl des Reichspräsidenten, dass sie zum «Volkserlebnis» werde und das «Reichsgefühl» stärke, während Heile betonte, dass demokratische und nationale Gesinnung nur zwei Seiten derselben Medaille seien.[41] Auf der Ebene der Einstellungen und Haltungen ging es diesem «demokratischen Nationalismus» (Jürgen C. Heß) also um die motivierende und mobilisierende Funktion

---

37 NAUMANN: *Rede* (wie Anm. 28), S. 102. Ebenso Wilhelm HEILE: *Die Politik der deutschen Demokratie*. In: *Die Hilfe*, Nr. 51 v. 18.12.1919, S. 722-724, hier S. 723.
38 Parteiprogramm der DDP vom Dezember 1919, in: Wilhelm MOMMSEN: *Deutsche Parteiprogramme*. München ²1960, S. 508-514, hier S. 509.
39 HEILE: *Politik* (wie Anm. 37), S. 723.
40 ERKELENZ: *Überwindung* (wie Anm. 36); MEYER-BENFEY (wie Anm. 34) S. 192.
41 Gertrud BÄUMER: *Die Republik als Aufgabe*. In: *Die Hilfe*, Nr. 6 v. 25.2.1921, S. 87 f. hier 88; HEILE: *Politik* (wie Anm. 37), S. 724; Paul ROHRBACH: *Welche Partei?* In: *Die Hilfe*, Nr. 20 v. 13.5.1920, S. 293-295, hier S. 295, wo Rohrbach vom «Primat des nationalen Gedankens» spricht.

demokratischer Verfahren im Interesse der Stärkung der Nation. Auf der Ebene der Institutionen setzten die Autoren der *Hilfe* unter dem Stichwort «Reichsreform» auf eine weitere Entföderalisierung des Reiches, die sie – ein Argument aus dem Kaiserreich aufgreifend – als einen Zugewinn an Effizienz und an Demokratie interpretierten.[42] Nach außen schließlich beinhaltete die demokratische Mobilisierung der Nation den Anspruch auf die Errichtung eines «Großdeutschland», das gemäß dem nationalen Selbstbestimmungsrecht Österreich sowie die mehrheitlich von Deutschen bewohnten Gebiete in Polen, der Tschechoslowakei, im Saarland und im Elsass umfassen sollte.[43] Integration nach innen und Revision nach außen: Diese Ziele genossen bei den Autoren der *Hilfe* hohe Priorität, und als das probate Mittel zu ihrer Realisierung galt ihnen die parlamentarische Demokratie von Weimar.

Die Rekrutierung politischer Eliten zählte in der Weimarer Republik zu den besonders intensiv diskutierten Themen. Hier konnten die Autorinnen und Autoren der *Hilfe* an Max Webers Kritik am Beamtenregiment des Kaiserreichs anknüpfen und auf die Vorzüge der parlamentarischen Demokratie verweisen.[44] Die These, dass demokratische Verfahren nicht nur den Volkswillen zur Geltung bringen, sondern vor allem dazu geeignet sind, das am besten qualifizierte politische Führungspersonal hervorzubringen, gehörte zu den Kernüberzeugungen des *Hilfe*-Kreises. Die Demokratie biete die «einzige gerechte und würdige Möglichkeit der Auswahl der Führenden», schrieb Emmy Beckmann 1920. Heinrich Meyer-Benfey stand mit seiner Einschätzung nicht alleine, wenn er die Lösung des Problems der politischen Elitenrekrutierung geradezu zum entscheidenden Legitimationsgrund der Demokratie erklärte und dabei erneut auf die Erfahrungen des Weltkrieges verwies, als die mehr oder weniger autokratisch regierten Reiche im Unterschied zu den

---

42 Vgl. z.B. die Stellungnahmen von Wilhelm Külz und Peter Reinhold zur «Einheitsstaatsbewegung nach der Länderkonferenz», in: *Die Hilfe*, Nr. 3 v. 1.2.1928, S. 56 f. der Effizienzgesichtspunkt steht im Vordergrund bei Georg ALBRECHT: *Einheitsstaat oder Bundesstaat*. In: *Die Hilfe*, Nr. 7 v. 12.2.1920, S. 101 f.; dagegen Karl PFISTER: *Ein Aktionsprogramm der preußischen und nichtpreußischen Föderalisten*. In: *Die Hilfe*, Nr. 7. v 12.2.1920, S. 102 f.
43 Wilhelm HEILE: *Die deutsche Revolution*. In: *Die Hilfe*, Nr. 46 v. 14.11.1918, S. 541-543; Anton ERKELENZ: *Rede auf dem Parteitag der Demokratischen Partei in Weimar am 6. April 1924*. In: DERS.: *Junge Demokratie*. Reden und Schriften politischen Inhalts. Berlin 1925, S. 11-33, hier 32 f. Vgl. umfassend dazu Jürgen C. HESS: *Das ganze Deutschland soll es sein*. Demokratischer Nationalismus in der Weimarer Republik am Beispiel der Deutschen Demokratischen Partei. Stuttgart 1978.
44 Max WEBER: *Wahlrecht und Demokratie in Deutschland (1917)*. In: DERS.: *Gesammelte politische Schriften*. 2 Aufl. Tübingen 1958, S. 233-279.

Demokratien des Westens zusammengebrochen seien.[45] Bäumer fasste das Argument in die Terminologie der Zeit, wenn sie von einer «demokratischen Aristokratie der Auslese» sprach, die «den *Fähigen,* aber auch *nur* den und *nur* nach Maßgabe seiner Leistungen dorthin stellt, wo er wirken kann».[46]

Es liegt auf der Hand, dass solche Postulate an den Weimarer Realitäten scheitern mussten. So musste Erkelenz bereits 1924 einräumen, dass die Krise der Demokratie zum Teil auf einen «Mangel an führenden Persönlichkeiten» zurückgehe.[47] Der Praxis des Weimarer Parlamentarismus bescheinigte die *Hilfe* ein «niedriges Niveau», dem durch die Aufhebung der Listenwahl und Einführung einer «Persönlichkeitswahl» – also der Rückkehr zum Mehrheitswahlrecht – zu begegnen sei.[48] Kein Wahlrecht, so Carl Petersen 1932, sei für die «Auslese» einer politischen Leistungselite so wenig geeignet wie das Verhältniswahlsystem mit seinen gebundenen Listen.[49]

Von den demokratisch gewählten Führern wurden indessen nicht nur fachliche Qualifikation, persönliche Integrität und Durchsetzungskraft erwartet, sondern auch eine starke charismatische Ausstrahlung, auf die vor allem Gertrud Bäumer setzte.[50] Diese Akzentuierung charismatischer Qualitäten verweist auf die fortwährende Legitimationskrise der politischen Institutionen der Weimarer Demokratie. Indem Bäumer nicht allein dem rationalen Verfahren der demokratischen Wahl vertraute, sondern ihr die durch «Eros» und «Magie» bestimmte charismatische Beziehung zwischen dem Führer und seiner Anhängerschaft zu Grunde legte, lieferte sie ein Beispiel für eine bereits zeitgenössisch vielfach konstatierte Krise der Rationalität, die auch den politischen Liberalismus, wenngleich in moderater Form, erfasst hatte.

Insgesamt legt die Diskussion, die im *Hilfe*-Kreis über das Problem der politischen Führung in der Demokratie geführt wurde, die Vermutung nahe,

---

45 Emmy BECKMANN: *Verteidigung der Demokratie.* In: *Die Hilfe,* Nr. 33 v. 5.9.1920, S. 502-504, hier S. 503; MEYER-BENFEY: *Gesinnung* (wie Anm. 34), S. 193; vgl. auch Anton ERKELENZ: *Die Krise der Demokratie in Deutschland.* In: *Die Hilfe,* Nr. 6 v. 15.3.1924, S. 91-93, hier S. 93; DERS.: *Bekenntnis zur parlamentarischen Demokratie.* In: *Die Hilfe,* Nr. 18 v. 3.5.1930, S. 449-452.
46 Gertrud BÄUMER: *Demokratie und Kultur.* In: *Die Hilfe,* Nr. 18 v. 29.4.1920, S. 264-268, hier S. 266.
47 ERKELENZ: *Krise* (wie Anm. 45), S. 93.
48 Robert CORWEGH: *Kein Parlamentarismus oder Wandlung des Parlamentarismus.* In: *Die Hilfe,* Nr. 17 v. 1.9.1925, S. 369 f. hier S. 370.
49 Carl PETERSEN: *Durch nationale Demokratie zur deutschen Einheit.* In: Hermann DIETRICH, Carl PETERSEN, Reinhold MAIER: *Der Weg der nationalen Demokratie.* Reden auf der Kundgebung der Deutschen Staatspartei in Mannheim am 2.10.1932. Mannheim 1932, S. 15-22, hier S. 20.
50 «Der Wesenskern des Führertums und seiner Wirkung ist geistig, aber die dienenden Mittel sind Magie und Eros», Gertrud BÄUMER: *Das Führerproblem.* In: *Die Hilfe,* Nr. 24 v. 15.12.1928, S. 651-563, hier S. 562.

dass die Theorie der «Führerdemokratie» dazu beigetragen hat, den Erwartungsdruck gegenüber den demokratischen Institutionen, vor allem aber gegenüber dem politischen Spitzenpersonal, weiter zu erhöhen.[51] Ein besonders starkes Argument der Demokraten, das der Legitimation der Republik dienen sollte, verkehrte somit seine Wirkung, wenn sich immer wieder herausstellte, dass in der politischen Praxis weder die Institutionen noch das Personal den an sie gerichteten Erwartungen genügten.

Angesichts der offenkundigen Strukturmängel der Republik haben die Autoren der *Hilfe* darauf hingewiesen, dass die Weimarer Demokratie ein unvollendetes Projekt sei, das der ständigen Überprüfung und Reform bedürfe. Gerade die *strukturelle Fähigkeit zur Anpassung*, zur Selbstkorrektur und zur Reform galt ihnen als eine besondere Stärke der Demokratie. Bereits in der Möglichkeit der Abwahl eines ungeeigneten Staatsoberhaupts sollte sich diese Qualität zeigen,[52] aber auch in strukturellen Reformen. Die «moralische Kraft», die solche Reformen freisetzten, so Josef Winschuh 1931, könne «gar nicht hoch genug veranschlagt» werden.[53] Bäumer beschrieb die Demokratie als eine Art System kommunizierender Röhren («Kanalsystem»), das die letzte Verantwortung dem souveränen Volk überlässt und in der legitimen Korrektur von Fehlentscheidungen einen kollektiven Lernprozess erzwingt.[54] Als selbstregulierendes System ist die Demokratie der Diktatur überlegen, indem sie etwa wirksame Kontrollmechanismen gegen die Korruption ausbildet, lautet das Ergebnis einer Analyse des sozialdemokratischen Juristen Hermann Heller, aus dessen Studie «Der starke Staat» die *Hilfe* 1930 einen Auszug publizierte.[55]

Man sieht: In der *Hilfe* wurden starke und keineswegs anspruchslose Argumente zur Verteidigung der Demokratie von Weimar vorgetragen, von denen manche auf nach 1945 entwickelte Demokratietheorien vorausweisen. Insgesamt fällt auf, dass die Autoren der *Hilfe* die Weimarer Demokratie bevorzugt funktional interpretieren. Die Demokratie erscheint als diejenige Herrschaftsform mit dem bestmöglichen «Output»: Sie integriert das nach Klassen und Interessen zersplitterte Volk, sie garantiert die Hervorbringung einer leistungsfähigen politischen Elite und sie ist in einem institutionalisierten

---

51 Zu den überzogenen Erwartungsstrukturen in der Weimarer Republik vgl. Thomas MERGEL: *Führer, Volksgemeinschaft und Maschine*. In: Wolfgang HARDTWIG (Hrsg.): *Politische Kulturgeschichte der Zwischenkriegszeit 1918-1939* (=GG Sonderheft 21). Göttingen 2005, S. 91-127.
52 So Wilhelm HEILE: *Folgerichtige Demokratie*. In: *Die Hilfe*, Nr. 8 v. 15.3.1922, S. 115-117, hier S. 116.
53 Josef WINSCHUH: *Aktive Demokratie. Sechs Randnoten zum Thema: Neue Mitte.* In: *Die Hilfe*, Nr. 9 v. 28.2.1931, S. 211-216, hier S. 212.
54 Gertrud BÄUMER: *Grundlagen demokratischer Politik*. Karlsruhe 1928, S. 15-18.
55 Hermann HELLER: *Der starke Staat*. In: *Die Hilfe*, Nr. 40 v. 4.10.1930, S. 996-1000.

Lernprozess zu permanenter Selbstkorrektur fähig. Darin liegt ihre Überlegenheit gegenüber anderen Herrschaftssystemen. Mit dieser funktionalen Interpretation der Demokratie von Weimar bleibt die *Hilfe* dem Argumentationsmuster Naumanns verhaftet. Hatte dieser um die Jahrhundertwende die Monarchie über ihre Leistungen für die moderne Industrienation zu legitimieren versucht, so war es nun die demokratische Republik, die ihre funktionale Überlegenheit sowohl gegenüber dem untergegangenen Kaiserreich als auch gegenüber zeitgenössischen Formen der Diktatur zu erweisen hatte.

Im Lichte der politischen Entwicklung der Republik zeigt sich allerdings die Zweischneidigkeit dieses Deutungsmusters. Zwar liegt es nahe, ein politisches System, über das kein normativer Konsens besteht, vorwiegend über seinen «Output» zu verteidigen. Doch bleibt diese Argumentation defensiv, und sie gerät dann sofort in Schwierigkeiten, wenn das System die entsprechenden Leistungen nicht oder nur unzureichend zu erbringen vermag. So mussten die Autoren der *Hilfe* mit wachsender Sorge registrieren, dass die Weimarer Republik auf keinem der drei Felder den an sie gerichteten Erwartungen entsprach: Es gelang ihr weder, die Klassengesellschaft zu integrieren, noch ein überzeugendes politisches Führungspersonal hervorzubringen oder auf dem Weg der Strukturreform die vielfach kritisierten politischen Blockaden zu beseitigen. Wilhelm Heiles Versprechen vom Dezember 1918, «nur die Demokratie» könne «Deutschland wieder aufrichten»,[56] musste spätestens mit Beginn der umfassenden Staats- und Wirtschaftskrise zu Beginn der dreißiger Jahre fragwürdig erscheinen.

«Gleiche Freiheit für alle»: Über die normativen Grundlagen der Demokratie

Mit den normativen Grundlagen der demokratischen Republik taten sich die Weimarer Demokraten nicht nur deshalb schwer, weil die Aussicht gering war, über solche Grundlagen Konsens zu erzielen – und sei es auch nur ein Konsens in den eigenen Reihen. In «Demokratie und Kaisertum» hatte Naumann die Idee naturrechtlich fundierter *Grundrechte* in Übereinstimmung mit der vorherrschenden Staatsrechtslehre ausdrücklich verworfen. Die Naturrechtslehre bezeichnete er als «Quelle von einseitigen Konstruktionen und Sentimentalitäten», die es «aus dem Gedankenschatz einer um Macht kämp-

---

56 Wilhelm HEILE: *Deutsche Demokratie*. In: *Die Hilfe*, Nr. 51 v. 19.12.1918, S. 613-615, hier S. 615.

fenden Volksbewegung» zu streichen gelte.[57] Im Frühjahr 1919 hielten sowohl Hugo Preuß als auch Max Weber und andere Liberale die Aufnahme von Grundrechten in die Weimarer Verfassung für überflüssig.[58] Aus ihrer Sicht hätte eine Grundrechtsdebatte, wie schon 1848, nur wertvolle Zeit gekostet, zumal ihnen nach vorherrschender Lehre ohnehin kaum rechtsverbindliche Bedeutung zukam.

Um so mehr musste es überraschen, dass ausgerechnet Friedrich Naumann am 18. März 1919 dem Verfassungsausschuss der Weimarer Nationalversammlung einen «Versuch volksverständlicher Grundrechte» vortrug, den er kurz darauf auch in der *Hilfe* publizierte.[59] In seinem Entwurf warnte Naumann vor der Gefahr, dass der neue Staat «nur auf vorübergehende Nützlichkeitserwägungen» gegründet werde[60] – eine Warnung also vor jenem bloß pragmatischen Verhältnis zur Republik, wie es von vielen gepflegt wurde. Zugleich kritisierte er die klassischen liberalen Grundrechtskataloge des 19. Jahrhunderts als unzeitgemäß und museal, eine «archaistische Sammlung».[61] Der lange Katalog an Grundrechten, den er selbst präsentierte, unterstreicht, wie wenig bei ihm vom liberalen Grundrechtsdenken übrig geblieben war. Zwar nahm Naumann auch eine Reihe klassischer Grundrechte in seine Liste auf, etwa die Gleichheit der Staatsbürger vor dem Gesetz oder die Freiheit der Wissenschaft und Lehre. Doch ist sein «Versuch volksverständlicher Grundrechte» vor allem ein Katalog von Postulaten, deren vage Formulierungen entweder kaum normative Kraft zu entfalten vermochten oder eine skurrile Kasuistik an den Tag legten.[62] Naumanns «volksverständliche Grundrechte» gerieten so zu unverbindlichen Deklarationen, die den Grundgedanken allgemeiner Grundrechte verfehlten.[63] Als die Weimarer Verfassung dann in ihrem zweiten Hauptteil 57 Grundrechtsartikel sehr

---

57 NAUMANN: *Demokratie* (wie Anm. 21), S. 32 f., Zit. S. 33. Zur Grundrechtsauffassung der vorherrschenden Staatsrechtslehre vgl. Peter C. CALDWELL: *Popular Sovereignty and the Crisis of German Constitutional Law. The Theory and Practice of Weimar Constitutionalism.* Durham/London 1997, S. 30-39.

58 PORTNER: *Verfassungspolitik* (wie Anm. 19), S. 167-170; CALDWELL: *Sovereignty* (wie Anm. 57), S. 73; Jürgen C. HESS: *Überlegungen zum Demokratie- und Staatsverständnis des Weimarer Linksliberalismus.* In: Hartmut BOOKMANN, Kurt JÜRGENSEN, Gerhard STOLTENBERG (Hrsg.): *Geschichte und Gegenwart. Festschrift für Karl Dietrich Erdmann.* Neumünster 1980, S. 289-311, hier S. 293 f.

59 Friedrich NAUMANN: *Versuch volksverständlicher Grundrechte.* In: *Die Hilfe*, Nr. 19 v. 27.3.1919, S. 156 f.

60 Zit. bei HEUSS: *Friedrich Naumann* (wie Anm. 5), S. 614.

61 Zit. nach ebd., S. 615.

62 Etwa: «Freie Bahn dem Tüchtigen!»; «Jede ehrliche Arbeit ist gleichen Rechts und gleicher Würde»; «Künstliche Düngung liefert der Staat als Entgelt für Bodenabgaben»; «Weltverkehr ist Lebensluft», vgl. NAUMANN: *Versuch* (wie Anm. 59).

63 Vgl. auch HESS: *Überlegungen* (wie Anm. 58), hier S. 293 f.

unterschiedlichen Charakters stipulierte, sprach Theodor Heuss, einer von Naumanns engsten Mitarbeitern, abschätzig von einer «Lyrik der Menschen- und Grundrechte».[64] Auch wenn die Bedeutung der Grundrechte ab Mitte der zwanziger Jahre in der deutschen Staatsrechtslehre zunehmend erkannt und juristisch fruchtbar gemacht wurde,[65] so spielte sie doch in den Demokratiedebatten der *Hilfe* kaum eine Rolle. Nach den Erfahrungen des 20. Jahrhunderts ist man überrascht, wie wenig die Autoren der *Hilfe* die Idee des freiheitlichen Rechtsstaats, in dem die Bürger einklagbare Individualrechte und institutionelle Garantien genießen, als qualitativen Vorzug der neuen Demokratie stark gemacht haben – und sei es gegenüber dem ansonsten vielfach kritisierten Kaiserreich, dessen Verfassung bekanntlich keine Grundrechte gewährt hatte.[66]

Mit dieser Geringschätzung der Grundrechte korrespondiert ein ambivalentes Verhältnis zum *Liberalismus*. Selten und ohne jede Emphase, fast verschämt und durchaus kritisch wurde dieser Begriff ins Spiel gebracht, etwa in einem spürbar distanzierten Definitionsversuch, den Theodor Heuss in einer von Erkelenz herausgegebenen Jubiläumsschrift unternommen hat.[67] In einem Artikel in der *Hilfe* hatte Heuss die Schwierigkeiten, die zahlreiche Weimarer Demokraten mit dem Liberalismus hatten, zur Sprache gebracht: Er sei «skeptisch gegenüber dem, was mit dem Begriff und Wesen des ‹Liberalismus› an festigender Kraft gefunden werden kann». Manches sei «banale Selbstverständlichkeit» geworden, manche der kulturpolitischen Grundsätze des Altliberalismus habe sich die Sozialdemokratie auf ihre Fahnen geschrieben. Dies alles sei, so Heuss, «ein bißchen verjährt».[68] In der Wirtschaftspolitik hielt Bäumer die liberale Doktrin geradezu für eine «gefährliche Kraft», die den Erfordernissen der Güterversorgung nicht gerecht werde. Gegen das Freiheitspostulat des Liberalismus führt sie die Sehnsucht der Menschen nach «neuer Form und Bindung» ins Feld. Nicht Freiheit, nicht «Lösung», sondern «Ordnung und Festigung», «Sammlung der Kräfte» sei der Inhalt des politisch-sozialen Aufbaus: «Gemeinschaft» statt «Indivi-

---

64 Theodor HEUSS: *Das Verfassungswerk* In: *Deutsche Politik* 4/II v. 1.8.1919, S. 132 f.
65 Christoph GUSY: *Die Weimarer Reichsverfassung*. Tübingen 1997, S. 275-280.
66 Noch im Jahr 1933 sprach sich Erich Koch-Weser, bis 1930 Vorsitzender der DDP, gegen Grundrechte aus, da sie ihre ursprüngliche Funktion, Schutz gegen Fürstenwillkür zu bieten, eingebüßt hätten und der Gesetzgebung nur vorgreifen würden, Erich KOCH-WESER: *Und dennoch aufwärts! Eine deutsche Nachkriegsbilanz*. Berlin 1933, S. 19-22.
67 Theodor HEUSS: *Demokratie und Parlamentarismus, ihre Geschichte, ihre Gegner, ihre Zukunft*. In: Anton ERKELENZ (Hrsg.): *Zehn Jahre deutsche Republik. Ein Handbuch für demokratische Politik*. Berlin 1928, S. 98-117, hier S. 102.
68 Theodor HEUSS: *Zur Problematik der deutschen Parteipolitik*. In: *Die Hilfe*, Nr. 19 v. 1.10.1926, S. 406 f., hier S. 407.

dualismus» lautet ihr Fazit.[69] Damit stand sie in Übereinstimmung mit zahllosen Zeitdiagnosen, denen das Postulat der individuellen Freiheit bestenfalls als ein Relikt des 19. Jahrhunderts erschien.[70] Das Spannungsverhältnis zwischen Liberalismus und Demokratie wurde in der *Hilfe* allenfalls in Ansätzen diskutiert.[71] Eine Verteidigung des liberalen Grundwerts der Freiheit, die sich allerdings in nebulösen Formulierungen verlor, unternahm Heuss 1930 ausgerechnet in seiner Ansprache auf dem Gründungsparteitag der Deutschen Staatspartei:

> «Liberal»? Das sagt man schon nicht mehr, seitdem «liberalistisch» ein modisches Schlagwort wurde. [...] Wir wollen die Begriffe reinigen. Ohne die bürgerliche Freiheit könnten wir nicht atmen – wir wollen, wir müssen gegen den Zwangsgeist, gegen die grobe Suggestion unserer Tage ihrem Wesen das Wagende der tapferen Selbstbehauptung und Selbstverantwortung zurückgewinnen.[72]

Noch in dieser sehr vagen Umschreibung des Zentralbegriffs liberalen Denkens schwingt die elementare Verunsicherung des Liberalen mit. Die Analysen von Bäumer und Heuss werfen deshalb ein so bezeichnendes Licht auf die Krise des Liberalismus, weil sie von Exponenten eines politischen Liberalismus vorgetragen wurden, der offenkundig an sich selbst und seiner Zeit verzweifelt war. Zugleich lassen sich Heuss' Formulierungen als Ausdruck einer um 1930 einsetzenden «liberalen Selbstbesinnung» lesen,[73] die nachdrücklicher als zuvor wieder den einen Katalog liberaler Essentials in Erinnerung rief: Freiheit und Verantwortlichkeit, Rechtsstaatlichkeit, Gleichheit der Chancen und Toleranz. Dabei stellte sich freilich heraus, dass der Liberalismus seinen programmatisch-weltanschaulichen Überbau nicht mehr zu reformulieren vermochte und dadurch gegenüber seinen Gegnern nicht nur politisch, sondern auch ideologisch in die Defensive geraten war.[74] Was

---

69   Gertrud BÄUMER: *Die Träger der politischen Macht*. In: *Die Hilfe*, Nr. 45 v. 15.12.1920, S. 663 f. hier S. 664.
70   Vgl. Peter GAY: *Die Republik der Außenseiter. Geist und Kultur der Weimarer Zeit 1918-1933*. Frankfurt 2004 (Neuausgabe); Peter SLOTERDIJK: *Weltanschauungsessayistik und Zeitdiagnostik*. In: Bernhard WEYERGRAF (Hrsg.): *Literatur der Weimarer Republik 1918-1933*. München 1995, S. 309-339.
71   Formelhaft und wenig erhellend etwa Ernst MOERING: *Liberalismus und Demokratie*. In: *Die Hilfe*, Nr. 22 v. 15.11.1925, S. 451 f.
72   Theodor HEUSS: *Abschied und Aufbruch*. In: *Die Hilfe*, Nr. 47, v. 22.11.1930, S. 1153-1157, hier S. 1155 f.
73   So der Titel der engagierten Bilanz von Wilhelm GOLDSCHMIDT: *Liberale Selbstbesinnung*. In: *Die Hilfe*, Nr. 39 v. 27.9.1930, S. 961-966.
74   Ebd., sowie Werner WILMANNS: *Freiheit, die ich meine...* In: *Die Hilfe*, Nr. 32. v. 6.8.1932, S. 759-761.

übrig blieb, war der stoisch-resignierte Rückzug auf den «Heroismus des ‹Dennoch›».[75]

Dagegen war der Begriff der *Demokratie* in der Weimarer Republik erheblich leichter zu verteidigen als der des Liberalismus. Auf den Versuch einer normativen Begründung der Demokratie ließen sich gleichwohl nur wenige Beiträger der *Hilfe* ein. Die vorherrschende pragmatisch-funktionale Sicht der Demokratie hat insbesondere Heinrich Meyer-Benfey kritisiert, indem er an die normativen Grundlagen der Aufklärung erinnerte. Die Demokratie sei nicht eine beliebige Staatsform, für die man sich entscheide, «weil ihr gewisse Vorzüge eigen sind» oder weil sie momentan als «die zweckmäßigste» erscheine, «sondern weil sie diejenige Staatsform ist, die allein unseren Begriffen von Menschenrecht und Menschenwürde entspricht».[76] Zusammen mit Paul Barth, Emmy Beckmann und Rudolf Stockhausen gehörte der Germanist und Naumann-Biograph Meyer-Benfey zu einer kleinen, streitbaren Gruppe von Demokraten, die sich in ihrer Verteidigung der Republik ausdrücklich auf Immanuel Kant bezogen. Für sie folgte die politische Freiheit unmittelbar aus den von Kant herausgearbeiteten Prinzipien der Autonomie und der sittlichen Freiheit. Kant habe, so Paul Barth, die Sittlichkeit demokratisch und die Demokratie sittlich gefasst: Freiheit sei nur in der Demokratie möglich, zumal in der demokratischen Mehrheitsregel die Vernünftigkeit jedes einzelnen unterstellt würde.[77] Diese Argumentation hatte den Vorzug, dass sie sich nicht auf die von Carl Schmitt und anderen unternommene Entgegensetzung von demokratischen und liberalen Prinzipien einließ, sondern vielmehr die gegenseitige Bedingtheit der beiden Herrschafts- und Ordnungsmodelle herausarbeitete.[78]

Dass auch die kantianisch argumentierende Begründung der Demokratie politischen Zündstoff in sich barg, zeigt eine von Rudolf Stockhausen 1925 angestoßende Diskussion über «soziale oder liberale Demokratie». Wie Meyer-Benfey kritisierte er die vorherrschende Auffassung der Demokratie als einer «Zweckmäßigkeitsform ohne jede tiefere ethische Begründung». Gegenüber dieser Auffassung führte Stockhausen die «kantische Demokratie»

---

75 GOLDSCHMIDT: *Selbstbesinnung* (wie Anm. 73), S. 965.
76 MEYER-BENFEY: *Gesinnung* (wie Anm. 34), S. 192.
77 Paul BARTH: *Die sittliche Bedeutung der Demokratie*. In: *Die Hilfe*, Nr. 43 v. 15.12.1920, S. 660-662, hier S. 661. Ähnlich BECKMANN: *Verteidigung* (wie Anm. 45), S. 502-504; auch Bäumer berief sich vor allem in ihrer Rede auf dem DDP-Parteitag 1924, gerne auf Kant, den sie als einen demokratischen Patrioten interpretierte, Gertrud BÄUMER: *Kant und die deutsche Freiheit*. In: *Die Hilfe*, Nr. 8 v. 15.4.1924, S. 129-131, hier S. 130, auch als selbständige Broschüre erschienen.
78 Thomas HERTFELDER: *Franz Schnabel und die deutsche Geschichtswissenschaft*. Geschichtsschreibung zwischen Historismus und Kulturkritik. München 1998, S. 580-590.

ins Feld, die nicht durch Gleichheit aller vor dem Gesetz, sondern durch «gleiche Freiheit aller zur Selbstgesetzgebung» gekennzeichnet sei. In dieser Interpretation dient die Demokratie nicht der Verwirklichung sozialer Zwecke; die Naumannsche Formel «nationalsozial» erschien dem Naumannianer Stockhausen daher als ein unbrauchbares, das liberale Anliegen vernebelndes Schlagwort. Stattdessen plädierte er für eine konsequent liberale, mit Kant argumentierende Verteidigung der Demokratie, die den Freiheitsgedanken an Stelle des Zweckmäßigkeitsprinzips in den Mittelpunkt rückt. Über die richtigen Zwecke werde man keine Einigkeit erzielen können. Es komme daher darauf an, sich an der Freiheitsidee Kants als eindeutiger Richtschnur zu orientieren: «freiheitlich oder unfreiheitlich» laute die Kernfrage demokratischer Politik.[79] Stockhausens Beitrag, der neben einer Kritik der kollektiven Tarifverträge vor allem eine theoretische Besinnung des Weimarer Liberalismus einforderte, stieß zum einen auf den Widerspruch von «jungdemokratischer» Seite: Stockhausens Liberalismus bedeute einen Rückfall in das individualistische Denken vergangener Tage, von dem gerade die Jugend sich abwende; ein schranken- und orientierungsloser Liberalismus sei verantwortlich für die Schäden und Auswüchse des Wirtschaftssystems.[80] Zum andern wurde Stockhausens Kritik an der «sozialen Demokratie» zurückgewiesen: «Wir Demokraten [...], wir wissen, warum wir soziale Demokratie wollen: Damit auch die wirtschaftlich und sozial Schwächeren frei bleiben und nicht unter die Knechtschaft der Stärkeren kommen.»[81]

Die Debatte zwischen Stockhausen und seinen Kritikern lässt eine Schwierigkeit der Weimarer Demokraten erkennen, auf die Erkelenz mehrfach hingewiesen hatte: Es fehlte den Vertretern einer bürgerlichen Demokratie erkennbar an programmatischen Köpfen. Naumann war bereits 1919 verstorben; seine Konzepte entstammten der Vorkriegszeit und waren nur bedingt auf die «Krisenjahre der klassischen Moderne» (Peukert) anwendbar. Unter den wenigen zeitgenössischen Theoretikern, auf die man sich in der *Hilfe* beziehen konnte, ragte der Wiener Staatsrechtler Hans Kelsen heraus. Kelsen hatte 1920 in einer schmalen, aber ebenso anspruchsvollen wie einflussreichen Schrift «Vom Wesen und Wert der Demokratie» eine stringente, auf Rousseau, Kant und Max Weber zurückgreifende Ableitung der parlamentarisch-repräsentativen Demokratie vorgelegt und die These vertreten, die Demokratie sei Ausdruck eines politischen Relativismus, ohne den eine

---

79 Rudolf STOCKHAUSEN: *Soziale oder liberale Demokratie?* In: *Die Hilfe*, Nr. 17 v. 1.9.1925, S. 363-365.
80 Kurt WOLF: *Reine Demokratie.* In: *Die Hilfe*, Nr. 24 v. 15.12.1925, S. 492 f.
81 Fritz AST: *Soziale oder liberale Demokratie?* In: *Die Hilfe*, Nr. 22 v. 15.11.1924, S. 456.

auf Mehrheitsbeschluss beruhende Ordnung nicht denkbar sei.[82] Kelsens Schrift stieß in der *Hilfe* auf unterschiedliche Resonanz. Während sein Entwurf in einer ersten, eher referierenden Besprechung begrüßt wurde,[83] trat Friedrich Dessauer 1922 sowohl Kelsens kantianischer Trennung zwischen «Sein» und «Sollen» als auch seinem Relativismus entgegen. Die Demokratie werde, so Dessauer, keineswegs nur von Relativisten unterstützt, auch sei der Kompromiss kein notwendiger Wesenszug der Demokratie, vielmehr würden «Kraft, Leidenschaft, Ehrlichkeit und Mut» über das Maß der Geltung von Werten entscheiden. Anders als Kelsen es sehe, gehe der wahre Politiker nicht von Idealen aus, sondern er finde seine Aufgaben in seiner Zeit:

> Er sieht Seiendes und Sein-Sollendes in unlösbarer Einheit, erkennt im Bestehenden die Wurzel des Werdenden, spürt das Mögliche aus den gegebenen Keimen. Hinter den Außenseiten der Dinge, an denen der bloße Gelegenheitsausnützer haften bleibt, sieht er ihr wahres Wesen und die Gesetze ihrer Entwicklung.[84]

Dessauer stellt einen organologischen Essentialismus, ein verstecktes Hegelianertum gegen den Kantianer Kelsen; er argumentiert empirisch statt konstitutionslogisch und fällt damit hinter Max Webers Kritik an den organologischen Entwicklungslehren seiner Zeit zurück.[85] Sein Beitrag wirft ein bezeichnendes Licht auf die Defensive, in der sich die wenigen kantianisch argumentierenden Demokraten in der Weimarer Republik befanden; er steht für jenen Mainstream Weimarer Demokraten, die den antiindividualistischen, essentialistischen und organologischen Tendenzen der Zeit folgten und aus der permanenten Krise der parlamentarischen Demokratie ein ausgeprägtes Pathos der Gemeinschaft ableiteten, ohne darüber das Prinzip der Demokratie selbst preiszugeben.

---

82 Hans KELSEN: *Vom Wesen und Wert der Demokratie*. In: *Archiv für Sozialwissenschaft und Sozialpolitik* 47 (1920/1921), S. 50-85.
83 E. HELMS: *Vom Wesen der Demokratie*. In: *Die Hilfe*, Nr. 36 v. 15.10.1920, S. 554 f.
84 Friedrich DESSAUER: *Die Weltanschauung der Demokratie*. In: *Die Hilfe*, Nr. 17 v. 15.6.1922, S. 262-264, hier S. 263.
85 Max WEBER: *Roscher, Knies und die logischen Probleme der historischen Nationalökonomie* [1903-06]. In: DERS.: *Gesammelte Aufsätze zur Wissenschaftslehre*. Hrsg. v. Johannes WINKELMANN, 7. Aufl. Tübingen 1988, 1922, S. 1-145.

«Bringen wir die besten Charaktere ins Parlament»:[86]
Republikanische Tugendlehren

Mehr als monarchische und autokratische Herrschaftsformen ist die demokratische Republik auf bestimmte Einstellungen und Verhaltensweisen ihrer Bürger angewiesen – diese Einsicht, die Naumann schon während der Verfassungsberatungen formuliert hatte, fand bei den Autoren der *Hilfe* vielfach Zustimmung.[87] So sah Bäumer in der Pflege republikanischer Tugenden einen zentralen Bestandteil der staatsbürgerlichen Erziehung, der sie das Studium der Antike empfahl.[88] Der Tugendkatalog, den die Autoren der *Hilfe* von den Bürgerinnen und Bürgern der Republik einforderten, umfasste neben Unbestechlichkeit, Dienstbereitschaft und Bürgersinn ein stolzeres, selbstbewussteres Auftreten, Freude und Begeisterung für die Ideale der Republik, ein staatsbürgerliches Bewusstsein, «lebensgemeinschaftliches Gefühl» und Opferbereitschaft.[89] Der Historiker Wilhelm Mommsen wollte die republikanische Tugendhaftigkeit am Verfassungstag einer Art protestantischer Gewissenserforschung unterziehen: Jeder Republikaner müsse sich am Verfassungstag die Frage vorlegen, «ob er auch dem Geist republikanisch-demokratischer Staatsgesinnung in seinem politischen und gesellschaftlichen Handeln, sei es im kleinen oder im größeren Kreise, jederzeit treu geblieben ist».[90] Ein besonderes Maß an republikanischer Tugendhaftigkeit erwartete die *Hilfe* von den Eliten. So forderte Bäumer von den «in Besitz und Bildung führenden Schichten» besondere Opferbereitschaft.[91] In die Erörterung um die Wiederzulassung von Orden griff die *Hilfe* ein, indem sie von der republikanischen Elite ein Höchstmaß an Puritanismus forderte: Der «neue

---

86 So Otto GRUND: *Volksvertretung oder Diktatur?* In: *Die Hilfe*, Nr. 13 v. 1.7.1923, S. 221-223, hier S. 223.
87 Friedrich NAUMANN: *Der neue Parlamentarismus.* In: *Die Hilfe*, Nr. 9 v. 27.2.1919, S.99 f. hier S. 100: «Sowenig es beim Monarchen gleichgültig ist, mit wieviel Stilgefühl er auftritt, so *ist der wohlerzogene Takt ein zu erwerbendes Lebensgut einer beginnenden Demokratie.*»
88 BÄUMER: *Republik* (wie Anm. 41), S. 87.
89 Vgl. ebd.; Erich KOCH: *Republikanische Einigung.* In: *Die Hilfe*, Nr. 17 v. 1.9.1926, S. 348-352, hier S. 349; Ludwig MARX: *Erziehung zum Staatsgedanken.* In: *Die Hilfe*, Nr. 22 v. 15.11.1926, S. 484-486; Gertrud BÄUMER: *Die Republik und die Jugendbünde.* In: *Die Hilfe*, Nr. 21. v. 1.11.1928, S. 497 f.
90 Wilhelm MOMMSEN: *Zum Verfassungstag. Sicherung der Demokratie.* In: *Die Hilfe*, Nr. 15 v. 1.8.1926, S. 301-303, hier S. 302.
91 Gertrud BÄUMER: *Demokratie und Kultur.* In: *Die Hilfe*, Nr. 18 v. 29.4.1920, S. 264-268, hier S. 268.

Adel der Republik» habe «puritanisch bis zur äußersten Strenge» zu sein;[92] 1931 vermisste Josef Winschuh einen «Cato», der über die Tugend der Republik wacht.[93]

Indem der *Hilfe*-Kreis von den republikanischen Eliten ein besonderes Maß an Tugend einforderte, suchte er der Republik moralisches Kapital als zusätzliche Legitimationsressource zu erschließen. Als Bildungsbürger, die sie waren, griffen sie dabei bevorzugt auf entsprechende Topoi der römischen Antike zurück. Der Tugenddiskurs war zum einen als klassisch *republikanischer* Diskurs geeignet, erneut einen impliziten Gegenakzent zum Kaiserreich mit seinen noch in der Weimarer Republik nachwirkenden politischen Skandalen zu setzen.[94] Zum andern ist er als Reaktion auf die insbesondere von der politischen Rechten betriebene, mit Friedrich Eberts berühmtem Badehosenfoto einsetzende moralische Diskreditierung der republikanischen politischen Klasse zu lesen.[95] Mit der Eröffnung eines republikanischen Tugenddiskurses begaben sich die Demokraten allerdings erneut auf schwieriges Terrain. Denn das politische Führungspersonal Weimars erschien keineswegs tugendhafter als der Rest der Republik, im Gegenteil: In der öffentlichen Wahrnehmung schienen die nicht eben wenigen, von antirepublikanischen Kräften gezielt geschürten politischen Skandale geeignet, insbesondere demokratische Politiker moralisch zu diskreditieren.[96] Vor diesem Hintergrund trugen die Tugendforderungen der *Hilfe* mit ihren zum Teil uneinlösbar hohen Erwartungen eher dazu bei, der auch unter Republikanern sich ausbreitenden Enttäuschung über die Republik Argumente zu liefern.

---

92 Wilhelm BAAKE: *Zum Stil der Republik*. In: *Die Hilfe*, Nr. 11 v. 1.6.1927, S. 289 f. hier S. 290.
93 WINSCHUH: *Demokratie* (wie Anm. 53), S. 213.
94 Martin KOHLRAUSCH: *Der Monarch im Skandal*. Die Logik der Massenmedien und die Transformation der Wilhelminischen Monarchie. Berlin 2005.
95 Zum Kontext des Badehosenfotos sowie zur Diskreditierung Eberts vgl. Walter MÜHLHAUSEN: *Friedrich Ebert*. Reichspräsident der Weimarer Republik. Bonn 2006, S. 790 f. S. 911-936.
96 Zur moralischen Diskreditierung der Republik vgl. als Schlaglicht den Bericht von Reichsinnenminister Carl SEVERING vom Dezember 1929. In: *Ursachen und Folgen*. Band 7: Die Weimarer Republik. Vom Kellogg-Pakt zur Weltwirtschaftskrise 1928-1930. Hrsg. v. Herbert MICHAELIS u. Ernst SCHRAEPLER, Berlin 1962, S. 243; zu den Skandalen Stephan MALINOWSKI: *Politische Skandale als Zerrspiegel der Demokratie*. Die Fälle Barmat und Sklarek im Kalkül der Weimarer Rechten. In: *Jahrbuch für Antisemitismusforschung* 5, 1996, S. 46-65.

Der Staat im Dickicht der Interessen

Die DDP verstand sich als die republikanische Partei par excellence. Sie war nicht nur an nahezu allen Regierungen der Weimarer Republik mit mindestens einem Minister beteiligt und befand sich insofern stets in einer «konservativen Defensive»,[97] sie ließ auch in ihren programmatischen Verlautbarungen keinen Zweifel daran, dass für sie der republikanische Staat die angemessene politische Organisationsform der deutschen Nation war. Dabei hatten ihre bildungsbürgerlichen Vertreter ein Staatsverständnis vor Augen, das sich vornehmlich an den Staatsentwürfen des deutschen Idealismus orientierte: Für sie standen Kant, Fichte und Hegel bei der Gründung der Weimarer Republik Pate.[98] Der Staat von Weimar galt ihnen somit als «sittlicher Staat», als «Erziehungsstaat» und vor allem als «objektiver» Staat über den Parteien.[99] Lange bevor sich die DDP im Sommer und Herbst 1930 unter dem Namen «Deutsche Staatspartei» neu gründete, schrieb ihr Walter Goetz die Aufgabe zu, «den Staatsgedanken in den Mittelpunkt ihrer Arbeit in Volk und Parlament zu stellen». «Von niemand» dürfe sich die bürgerliche Demokratie in ihrem «Verständnis für den Staat» übertreffen lassen.[100]

Nicht ohne Grund hat die Liberalismusforschung also auf den Etatismus der Weimarer Linksliberalen hingewiesen.[101] Dieser Etatismus äußerte sich in Form eines Primats der Exekutive, den die DDP angesichts der Krise des Reichs bereits in den Verfassungsberatungen vertreten hat.[102] Mit dem Primat der Exekutive korrespondierte in der *Hilfe* eine Tendenz zum Antipluralismus, eine scharfe Kritik am Einfluss der Fraktionen auf die Regierungsbildung und die Skepsis gegenüber dem Ausgleich der Interessen in Form von Aushandlungsprozessen. Diese Tendenz zum Antipluralismus findet sich

---

97 SCHNEIDER: *Deutsche Demokratische Partei* (wie Anm. 4), S. 49.
98 HERTFELDER: *Meteor* (wie Anm. 26), S. 44 f.
99 Jürgen C. HESS: *Wandlungen im Staatsverständnis des Linksliberalismus der Weimarer Republik 1930-1933*. In: Karl HOLL (Hrsg): *Wirtschaftskrise und liberale Demokratie*. Göttingen 1978, S. 53 f.
100 Walter GOETZ: *Deutsche Demokratie*. Leipzig o.J. [1919], S. 33 f.
101 HESS: *Wandlungen* (wie Anm. 99), S. 53 f.; DERS.: *Überlegungen* (wie Anm. 58), S. 304; DERS.: *Theodor Heuss vor 1933*. Ein Beitrag zur Geschichte des demokratischen Denkens in Deutschland. Stuttgart 1973, S. 47-52; SCHNEIDER: *Deutsche Demokratische Partei* (wie Anm. 4), S. 48 f.; LANGEWIESCHE: *Liberalismus* (wie Anm. 4), S. 265.
102 Lothar ALBERTIN: *Liberalismus und Demokratie am Anfang der Weimarer Republik*. Düsseldorf 1972, S. 269-272. Die Vorstellung vom Primat der Exekutive spielte auch bei der Zustimmung der Staatspartei zum sog. Ermächtigungsgesetz am 23. März 1933 eine wichtige Rolle, vgl. Ernst Wolfgang BECKER: *Ermächtigung zum politischen Irrtum*. Stuttgart 2001.

besonders in Bäumers Beiträgen. Bereits 1920 kritisierte sie die «Interessenpolitik» als «blind und selbstmörderisch» und setzte ihr die «lebendigen, aufbauenden Kräfte unseres Volkes» entgegen.[103] Der Staat werde, so ihre Klage 1923, nur noch als «Geschäftsführung für einen Interessenausgleich» gesehen, die Gesetzgebung sei ein «geist- und schonungsloses Kompromißwerk, [...] ohne Plan und Sinn, die auf den Staat gerichtet sind». Der «Interessenherrschaft bei uns» fehle schlechthin «jede staatliche Note, jede staatliche Einstellung».[104] Auch Erkelenz geißelte den «Verbandsegoismus», der den «Bürgersinn» zu ersticken drohe.[105] Als Erkelenz im Sommer 1930 in die SPD übertrat, grenzte Bäumer die Staatspartei scharf von den Sozialdemokraten ab, in dem sie darauf hinwies, dass die Staatspartei es ablehne, zu einem «Interessenhaufen» zu werden.[106]

In den Begriffen, die die Linksliberalen der so heftig kritisierten Interessenpolitik entgegenstellten, liegen Glanz und Elend des bürgerlichen demokratischen Denkens der Weimarer Zeit eng beieinander. Wenn Erkelenz mehr «Bürgersinn» einfordert, verweist dies auf die Notwendigkeit eines zivilgesellschaftlichen Common Sense, ohne den eine Demokratie ihre Krisen nicht zu meistern vermag. Damit hat Erkelenz ein Defizit der politischen Kultur Weimars zutreffend erkannt. Dies gilt auch für die von ihm wiederholt angemahnte, selbstbewusste republikanische Symbolpolitik: Gerade auf Grund des in Gesellschaft und Staat vorherrschenden Pluralismus ist die demokratische Republik auf Formen symbolischer Integration angewiesen, auf Farben und Hymnen, Feiertage und Feste, auf Rituale und kanonische Texte.[107] Zugleich aber verband sich, vor allem bei Bäumer, ein am deutschen Idealismus gebildeter Begriff vom «objektiven Staat» mit volksnationalen, organologischen Vorstellungen zu einer Erwartung, vor der die konflikthafte Aushandlung von Interessengegensätzen als unpatriotisch erscheinen musste. Der «Hunger nach Ganzheit», den Peter Gay in der Kultur der Weimarer Republik ausgemacht hat,[108] hatte auch die bürgerlichen Demokraten erfasst, und unter ihnen insbesondere die junge Generation.

---

103 Gertrud BÄUMER: *Die Träger der politischen Macht*. In: *Die Hilfe*, Nr. 45 v. 15.12.1920, S. 663 f. hier S. 664; DIES.: *Die deutsche Staatskrisis*. In: *Die Hilfe*, Nr. 33 v. 13.8.1932, S. 776-780.
104 Gertrud BÄUMER: *Krise des Staates*. In: *Die Hilfe*, Nr. 13 v.1.7.1923, S. 217.
105 Anton ERKELENZ: *Rede zur Verfassungsfeier der Stadt Düsseldorf am 11. August 1924*. In: DERS.: *Demokratie* (wie Anm. 43), S. 81-91, hier S. 86.
106 Gertrud BÄUMER: *Staatspartei und Sozialdemokratie*. In: *Die Hilfe*, Nr. 33 v. 13.8.1930, S. 817-819, hier S. 819.
107 HERTFELDER: *Meteor* (wie Anm. 26), S. 48-52.
108 GAY: *Republik* (wie Anm. 70), S. 99-137.

Demokratie – eine Generationenfrage?

Unter den vielen Spannungslinien, die die Geschichte der Weimarer Republik durchziehen, gehören die zwischen den Generationen zu den historisch besonders aufschlussreichen, weil in ihnen unterschiedliche zeitspezifische Sozialisationserfahrungen, Dispositionen und daraus abgeleitete Selbstdeutungen aufeinandertreffen und politisch aufgeladen werden. Der Begriff der «Generation» kursierte in den Auseinandersetzungen um die Republik allenthalben; er war deshalb so attraktiv, weil er ein scheinbar nicht kontingentes, auf dem unverrückbaren Faktum des Geburtsjahrgangs beruhendes Vergemeinschaftungskonzept versprach und entsprechend mächtige kollektive Selbstzuschreibungen ermöglichte. So grenzte sich die «junge Generation» von der «alten» ostentativ ab und beharrte auf ihren spezifischen, nicht ohne weiteres teilbaren Erfahrungen, ohne dass immer so recht deutlich wurde, worin das generationsprägende Erfahrungsprivileg im einzelnen lag.[109]

Der Konflikt der Generationen war in der *Hilfe* nicht nur Thema, er wurde dort auch mit einiger Vehemenz ausgetragen. So blies Alfons Steininger als Vertreter der «Jungen» bereits 1923 in polemischen Formulierungen zum Angriff:

> Es gilt – sowohl nach dem Geburtsschein wie nach der Geistesverfassung – die heute fast überall wirkende oder werkelnde Generation von 1870 zu ersetzen durch das Geschlecht von 1900, das das Werk seiner Großväter, der 48er Generation, fortzuführen und rücksichtslos zu erweitern und durchzusetzen gewillt ist. Die Lateiner hatten das böse Wort: Sexagenarii de ponte (oc in Tiberum) – die Sechzigjährigen von der Brücke! (nämlich in den Tiber).[110]

In Steiningers Pamphlet bedeutete das Konstrukt der «jungen Generation» keinen Ausstieg aus der Geschichte; vielmehr legitimierte sich die Generation der jungen Demokraten über ihre Enkelschaft gegenüber den 1848ern, deren Erbe die Generation der Väter in dieser Sicht offenbar schlecht verwaltet

---

109 Zu den politischen Generationen, die die Weimarer Republik prägten, vgl. Detlef J.K. PEUKERT: Die Weimarer Republik. Krisenjahre der klassischen Moderne. Frankfurt 1987, S. 25-31; vgl. auch Frank TROMMLER: *Mission ohne Ziel*. In: Rolf Peter JANZ, Thomas KOEBNER, Frank TROMMLER (Hrsg.): *Mit uns zieht die neue Zeit. Der Mythos Jugend*. Frankfurt a.M. 1985, S. 14-49; Irmtraud GÖTZ VON OLENHUSEN: *Jugendreich – Gottesreich – Deutsches Reich. Junge Generation, Religion und Politik 1928-1933*. Köln 1987; zu den Schwierigkeiten der bürgerlichen Parteien, junge Mitglieder zu mobilisieren, vgl. Wolfgang KRABBE: *Die gescheiterte Zukunft der ersten Republik. Jugendorganisationen bürgerlicher Parteien im Weimarer Staat*. Opladen 1995.

110 Alfons STEININGER: *Demokratische Selbstkritik*. In: *Die Hilfe*, Nr. 18 v. 15.9.1923, S. 328 f. hier S. 329.

hatten. Ein schneidender Ton, ein Gestus der Unbedingtheit sowie die bedrohliche Anspielung auf die Praxis der alten Römer sollte den Anspruch der jungen, um 1900 Geborenen, in der Partei maßgeblich mitwirken zu können, unterstreichen. Steinigers Diagnose war zumindest nicht ganz aus der Luft gegriffen: Als Theodor Heuss im Mai 1924 für die DDP in den Deutschen Reichstag einzog, war er mit seinen vierzig Jahren zunächst der jüngste Abgeordnete seiner Fraktion.[111] Wie den anderen bürgerlichen Parteien bereitete der DDP nach beachtlichen Anfangserfolgen die Rekrutierung von Nachwuchs zunehmend Schwierigkeiten;[112] das Zusammengehen mit dem Jungdeutschen Orden im Sommer 1930 war nicht zuletzt von der Hoffnung bestimmt, auf diese Weise die «Jugend» für die Partei gewinnen zu können.[113]

Währenddessen kritisierten die jungen Demokraten in der *Hilfe* die Berliner Politik als steril, unfruchtbar und von «unproduktivem Leerlauf» bestimmt; der Republik hielten sie eine «Politik der Halbheiten und Zweideutigkeiten» vor. «Klarheit» tue not, forderte 1926 der Vorsitzende des Reichsbunds Deutsch-Demokratischer Jugendvereine, Ernst Lemmer, und diese Klarheit stelle sich wohl erst im Kampf her.[114] Während der Wirtschafts- und Staatskrise zu Beginn der dreißiger Jahre wurde der Ton schärfer. Im Juni 1932 rechnete G.W. Kellner, ein sich zur jungen Generation zählender Autor, ab. In seiner kulturkritisch aufgeladenen Krisendiagnose machte er aus der Bewunderung für Benito Mussolini keinen Hehl und denunzierte die «liberalistischen» und «kollektivistischen» Tendenzen des 19. Jahrhunderts gleichermaßen – und mit ihnen die Weimarer Verfassung. «Nun, wir haben diesen Liberalismus, diese Sozialdemokratie ja kennengelernt! Freiheit ruft man dort, Selbstbestimmungsrecht! Was für eine Freiheit ist das eigentlich? [...] Es ist die Freiheit der Zerstörung.» Demgegenüber suche die Jugend die «Gemeinschaft» und das «wahre Führertum». In dieser Suche sei sie freilich von den Nationalsozialisten betrogen worden.

111 Vgl. die Datenbank der Reichstagsabgeordneten der Bayerischen Staatsbibliothek: http://mdz1.bib-bvb.de/~rt/select.html, 21.1.2009.
112 Zu den Jugendorganisationen der DDP vgl. Ludger GREVELHÖRSTER: *Organisatorische Entwicklung und Flügelkämpfe in der Demokratischen Jugend von 1919 bis zu ihrem Auseinanderbrechen 1930*. In: Wolfgang KRABBE (Hrsg.): *Politische Jugend in der Weimarer Republik*. Bochum 1993, S. 87-105; KRABBE: *Zukunft* (wie Anm. 109), S. 111-144.
113 Beim Wahlkampf zu den Reichstagswahlen vom 14. September 1930 plakatierte die Deutsche Staatspartei den Slogan «Jugend an die Front!».
114 Werner STEPHAN: *Junge Republikaner und die Unfruchtbarkeit der Zeit*. In: *Die Hilfe*, Nr. 5. v. 15.3.1927, S. 144 f.; Erich HERZOG: *Jungdemokratie und Staatspartei*. In: *Die Hilfe*, Nr. 37 v. 13.9.1930, S. 919-921, hier S. 920; Ernst LEMMER: *Der Geist von Weimar*. In: *Die Hilfe*, Nr. 19 v. 1.10.1926, S. 417 f., hier S. 418.

Nicht kollektivistischer und zugleich überindividualistischer Massenwahnsinn, sondern Verinnerlichung der Persönlichkeit; nicht Byzantinertum und Vergottung hyperindividualistischen Übermenschentums, sondern Volksgemeinschaft und charaktervolles Führertum; nicht vergreister Rationalismus materieller Zwecke, sondern neue Sicherheit kameradschaftlichen Lebensgefühls: das sind die Ideale der Jugend, das sind die Forderungen unseres Jahrhunderts.

Der «älteren Generation» rief Kellner zu: «Euren Machtanspruch lehnen wir ab, wir zerbrechen ihn!»[115]

Man sieht: Im Zeichen einer seit Herbst 1930 verstärkt eingeforderten liberalen Selbstkritik[116] und des Rechtsrucks der zur Deutschen Staatspartei mutierten Demokraten verbanden sich traditionelle antiliberale Topoi mit solchen aus dem Umfeld der Konservativen Revolution und hielten in die *Hilfe* Einzug. In der zitierten, apodiktischen Weise wurden sie freilich nur vereinzelt vorgetragen und dabei in der Regel als politisches Bekenntnis der jungen Generation formuliert.[117] «Wir stehen in der dritten Front», konstatierte Fritz Hermann im Herbst 1932: «wir» – das war die «Front der Jungen», die sowohl gegen den autoritären Staat als auch gegen den «erstarrten Parlamentarismus» kämpfte, auf die «wahre, organische Volksvertretung» setzte und die Bildung eines «Rings der Anständigen» forderte.[118] Dabei bildeten in der Rhetorik der «Jungen» Begriffe wie «Ring», «dritte Front» und «junge Generation» ein semantisches Feld mit heilsgeschichtlichen Konnotationen.

Auf den jugendlichen Furor reagierten die Älteren defensiv, beschwichtigend, zuweilen auch selbstkritisch. Man habe die Demokratie, so R.F. Freiherr von Feilitzsch, wie ein fertiges Geschenk der Alten an die Jungen vor deren erstaunten Augen zelebriert, statt sie der Jugend zu überantworten.[119] Erkelenz wies das von der Frontgeneration reklamierte Erfahrungsprivileg zurück, indem er bestritt, dass aus der Fronterfahrung eine besonders geläuterte Auffassung folge. Was die Jugend vielmehr an den Tag lege, sei Haltlosigkeit und Apathie.[120] Theodor Heuss suchte den Konflikt kulturtheoretisch zu erklären, als er 1930 in seiner Rede auf dem Gründungsparteitag der Deutschen Staatspartei eine Kommunikationsstörung zwischen den

---

115 G.W. KELLNER: *Entscheidet Euch!* In: *Die Hilfe*, Nr. 24 v. 11.6.1932, S. 561-571, hier S. 563, 570 f.
116 Vgl. beispielhaft GOLDSCHMIDT: *Selbstbesinnung* (wie Anm. 73), S. 961-966; R.F. Freiherr VON FEILITZSCH: *Selbstbesinnung!* In: *Die Hilfe*, Nr. 20 v. 14.5.1932, S. 465-467. Vgl. auch O. BIERINGER: *Die nationale und soziale Aufgabe der Staatspartei.* In: *Die Hilfe*, Nr. 9 v. 28.2.1931, S. 216-218, hier S. 218.
117 Weitere Artikel hat Kellner für die *Hilfe* offenbar nicht geschrieben.
118 Fritz HERMANN: *Aber was nun?* In: *Die Hilfe*, Nr. 41 v. 8.10.1932, S. 970-772, hier S. 971.
119 Von FEILITZSCH: *Selbstbesinnung!* (wie Anm. 116).
120 Anton ERKELENZ: *«Junge» und «Alte».* In: *Die Hilfe*, Nr. 8 v. 15.4.1929, S. 180-182.

Generationen feststellte, die deshalb so scharfe Formen annehme, weil die unterschiedlichen Erfahrungen der Generationen nunmehr – im Unterschied zu früheren Zeiten – rationalisiert und ideologisiert würden.[121] Gleichwohl gab die *Hilfe* die Hoffnung nicht auf, dass jenseits der ideologischen Radikalisierungen eine «Jugend der Mitte» zu gewinnen sei, die statt des Kompromisses den «Vorstoß ins Wesentliche» suche, dazu aber eines «neuen Führertums» bedürfe.[122] Den Ansatzpunkt für die Mobilisierung der Jugend für die Republik sahen die *Hilfe*-Autoren in der Kategorie des «Volkes» und den affektiven Vergemeinschaftsformen der diversen Jugendbünde.

Auch wenn wir über die zitierten Vertreter der «jungen Generation» nur wenig wissen, so bestätigen die angeführten Beispiele, dass es sich bei dem Weimarer Generationendiskurs um Selbstzuschreibungen handelte. Die Dichotomie von «Wir Jungen» versus «die Alten» erleichterte die symbolische Vergemeinschaftung als «junge Generation». Bei den «jungen» Autoren der *Hilfe* fällt auf, dass sie dazu neigten, das klassische Parteiensystem und insbesondere das Links-Rechts-Schema für überholt zu erklären, um sich selbst als «dritte Kraft» («dritte Front») zu positionieren. Was sie verband, war das grundsätzliche Bekenntnis zur Demokratie bei scharfer Kritik an deren parlamentarischer Form und Praxis. Die meisten jungdemokratischen Autoren huldigten einem Pathos der Gemeinschaft, des Führertums und der Entscheidung, und sie neigten mehr oder weniger offen zu antiliberalen Positionen. Schon 1926 hatte Kurt Wolf, ein bekennender Jungdemokrat, rundheraus bestritten, dass der Liberalismus über die nötige Kompetenz zur Lösung der Gegenwartsprobleme verfüge.[123] Diese Tendenz verfestigte sich ab 1930 just zu einer Zeit, als unter den Älteren sich wieder Stimmen zur Verteidigung des Liberalismus erhoben.

Krisen, nichts als Krisen

Die Hilfe stand in der Weimarer Zeit vor einem grundsätzlichen Dilemma: Einerseits wurde sie nicht müde, die Republik und das sie tragende System der parlamentarischen Demokratie in ihren Leistungen zu preisen und vor ihren Gegnern zu verteidigen; immerhin war die DDP bzw. Deutsche Staatspartei die republikanische Verfassungspartei par excellence. Anderer-

---

121 HEUSS: *Abschied* (wie Anm. 72), S. 1156.
122 FAMULUS [Gertrud BÄUMER?]: *Die Stellung der Jugend zu den politischen Fragen und Aufgaben*. In: *Die Hilfe*, Nr. 25 v. 18.6.1932, S. 585-590.
123 WOLF: *Demokratie* (wie Anm. 80).

seits konnte sie die Augen vor den offenkundigen Problemen und dysfunktionalen Entwicklungen des Systems von Weimar nicht verschließen. Es galt also systemimmanente Kritik zu üben, ohne dabei Wasser auf die Mühlen der Gegner der Republik zu leiten. Die hohen funktionalen Erwartungen, die man anfangs an die Republik geknüpft hatte, schlugen dabei im Lauf der Jahre zusehends in Enttäuschung um; auch die *Hilfe* beteiligte sich folglich an den Krisendebatten der Zeit.

Die in der Weimarer Republik nahezu allgegenwärtige Rede von der «Krise» war zuallererst ein wortmächtiger bürgerlicher Diskurs, der die spezifischen Problemlagen und Abstiegsängste der verschiedenen bürgerlichen Sozialformationen, vor allem der des Bildungsbürgertums, reflektierte. Das in der Weimar-Geschichtsschreibung kanonische Deutungsmuster von der «Krise der Weimarer Republik» bedarf insofern einer Korrektur, als man die diversen zeitgenössischen Krisendiagnosen nicht unbesehen beim Wort nehmen darf, sondern sie vielmehr auch als Selbstthematisierungen bestimmter soziokultureller Gruppen und strategische Dramatisierung gegebener Problemlagen lesen sollte.[124] Allerdings wäre mit einer pauschalen Etikettierung der Krisendiagnosen als narrative Konstruktionen nicht viel gewonnen. Denn zum einen lassen sich die beiden fundamentalen Krisen der Zeit, nämlich die der parlamentarischen Demokratie und die der kapitalistischen Wirtschaftsordnung, auch unabhängig von zeitgenössischen Wahrnehmungen sozialwissenschaftlich als Systemkrisen plausibel beschreiben. Zum andern ist die Art und Weise, in der die Zeitgenossen die Weimarer Republik als krisenhaft wahrgenommen haben, ihrerseits Ausdruck einer tiefen Legitimationskrise der politischen Ordnung.

In der *Hilfe* reflektieren die seit 1930 sprunghaft zunehmenden Krisendiagnosen erneut die Erwartungen und Ideale der Autoren, die kaum eine der zeitgenössisch diskutierten Krisen ausließen: Zur Krise der Parteien[125] kamen die Krisen der bürgerlichen Mitte,[126] des Parlaments,[127] der Führung,[128] der

---

124 Moritz FÖLLMER, Rüdiger GRAF (Hrsg.): *Die «Krise» der Weimarer Republik. Zur Kritik eines Deutungsmusters.* Frankfurt/New York 2005; Rüdiger GRAF: *Die Zukunft der Weimarer Republik. Krisen und Zukunftsaneignungen in Deutschland 1918-1933.* München 2008, dazu die Kritik von Ulrich SIEG in http://hsozkult. geschichte.hu-berlin.de/rezensionen/2008-4-091, 20.11.2008.
125 Anton ERKELENZ: *Die Krise der Parteien.* In: *Die Hilfe,* Nr. 17 v. 26.4.1930, S. 425-430; Berthold BRINKEN: *Neues Parlament – alter Parlamentarismus?* In: *Die Hilfe,* Nr. 46, v. 15.11.1932, S. 1094-1098.
126 Etwa Gertrud BÄUMER: *Parlament und Volk.* In: *Die Hilfe,* Nr. 42 v. 18.10.1930, S. 1033-1035, bes. S. 1034; DIES.: *Erneuerung der Mitte?* In: *Die Hilfe,* Nr. 25 v. 18.6.1932, S. 578-581.

Bildungselite,[129] des Rechtsstaats,[130] der Wirtschaft[131] und schließlich eine allgemeine intellektuelle «Kulturkrisis».[132] Die im Mittelpunkt stehende Krise des politischen Systems wurde unter zwei Gesichtspunkten diskutiert. Zum einen erschien sie als eine *Krise der politischen Institutionen* im allgemeinen sowie der Parteien und des Parlaments im besonderen. In den Parteien hätten sich, so Erkelenz, soziale Gegensätze so sehr verfestigt und verschärft, dass der politische Gestaltungswille auf der Strecke bleibe; außerdem verhindere weltanschaulicher Dogmatismus und «Intellektualismus» die parlamentarischen Mehrheitsbildungen.[133] Im Widerspruch dazu hat die *Hilfe* der DDP bzw. Staatspartei gerne und wiederholt ein programmatisches Defizit sowie ein Übermaß an Taktik attestiert.[134]

In der Debatte um die Krise des Parlaments war es vor allem Anton Erkelenz, der die Fahne der parlamentarischen Demokratie unverdrossen hoch hielt: Sie sei «die einzige Regierungsform, die unter modernen Verhältnissen eine gute Regierung sichern kann. Halten wir diesen Grundgedanken fest», beschwor er seine Leser zu Beginn der Ära Brüning.[135] Mit bemerkenswerter Klarsicht sah er im Sommer 1930 «Krisenmacher» am Werk, die darauf abzielten, ein außerparlamentarisches Regime zu errichten.[136] Auch Gertrud Bäumer brach noch im August 1932 eine Lanze für den Parlamentarismus,

---

127 Etwa BRINKEN: *Parlament* (wie Anm. 125); BÄUMER: *Parlament* (wie Anm. 126); Werner CHRISTIANSEN: *Bewährung der Demokratie.* In: *Die Hilfe*, Nr. 12 v. 19.3.1932, S. 266-268.
128 Etwa WINSCHUH: *Demokratie* (wie Anm. 53).
129 Etwa Kurt SCHEDEL: *Abdankung des Geistes.* In: *Die Hilfe*, Nr. 5 v. 31.1.1931, S. 112-114.
130 BÄUMER: *Staatskrisis* (wie Anm. 103), hier S. 778.
131 Z. B. Arno HERZBERG: *Walther Rathenau und die Tendenzen gegenwärtiger Wirtschaftsentwicklung.* In: *Die Hilfe*, Nr. 26 v. 25.6.1932, S. 611-615, der ein Wiederanknüpfen an Rathenaus gemeinwirtschaftliche Vorstellungen anmahnt.
132 Beide bei Gertrud BÄUMER: *Politische Bewegung als Seelenzustand.* In: *Die Hilfe*, Nr. 3 v. 17.1.1931, S. 49-51.
133 ERKELENZ: *Krise* (wie Anm. 125), S. 428; BRINKEN: *Parlament* (wie Anm. 125).
134 BÄUMER: *Parlament* (wie Anm. 126), S. 1034; ERKELENZ: *Krise* (wie Anm. 125), S. 428: «Aber eine Partei ist mit Taktik allein nicht zu erhalten» – bereits im Hinblick auf die sich anbahnende Gründung der Staatspartei. Zum intellektuellen Defizit vgl. auch HERTFELDER: *Meteor* (wie Anm. 26), S. 33 f.
135 Anton ERKELENZ: *Bekenntnis zur parlamentarischen Demokratie.* In: *Die Hilfe*, Nr. 18. v. 3.5.1930.
136 *Politische Notizen.* In: *Die Hilfe*, Nr. 26 v. 28.6.1930, S. 644 (ohne Autorenangabe, aber sehr wahrscheinlich von Erkelenz).

indem sie die für eine Demokratie zentrale Alternativfunktion des Parlaments betonte:[137]

> Die Erfahrung des Parlamentarismus, daß gerade durch die Aussicht auf Machtwechsel sich bei allen Parteien allmählich eine Bindung an das im Regierungswechsel bleibend Stabile, das Staatliche an sich, herausbildet – ist sie nicht als geschichtliche Erfahrung immer noch sehr viel überzeugender als die undeutlichen Vorstellungen einer «deutschen Staatsidee» oder die deutlichen Eindrücke des faschistischen oder bolschewistischen Herrschaftsprinzips, dem die Dauer nicht gerade ins Antlitz geschrieben zu sein scheint?[138]

Ihre optimistische Prognose, dass die Weimarer Verfassung im 20. Jahrhundert die Grundlage der deutschen Demokratie bleiben werde, stützte sie auf die Beobachtung, dass sowohl in der sozialdemokratischen als auch in Teilen der nationalsozialistischen Wählerschaft die «Demokratie als Grundgefühl» verwurzelt sei. Während sie somit den Parlamentarismus grundsätzlich verteidigte, ließ sie in den «Politischen Notizen» vom 2. Juli 1932 unter der Überschrift «Ende des Parlaments» gleichwohl die Frage nach möglichen Alternativen zum parlamentarischen System aufwerfen.[139]

Den gewichtigen Stimmen, die an der parlamentarischen Regierungsweise festhielten,[140] standen vereinzelt Autoren gegenüber, die das Parlament abgeschrieben hatten, stattdessen in plebiszitären Verfahren wie in der Wiederwahl Hindenburgs zum Reichspräsidenten im Frühjahr 1932 die «große geschlossene Front» zu entdecken meinten und darauf hofften, die Demokratie außerparlamentarisch auf eine neue Grundlage zu stellen.[141] Solche Vorstellungen mündeten gelegentlich in eine Fundamentalkritik an der Weimarer Verfassung – ein «Werk der Abstraktion» ohne jeden «schöpferischen Gedanken».[142] Über die Frage, in welcher Weise die Verfassung zu reformieren sei, herrschte im Sommer 1932 also kein Konsens; die von einem Autor ausgesprochene Empfehlung, die im Gang befindliche Umbildung der Verfassung einfach weiterlaufen zu lassen, entsprach der vorherrschenden Ratlosigkeit.

---

137 Zu den Funktionen des Parlaments im parlamentarischen System vgl. Thomas RAITHEL: *Funktionsstörungen des Weimarer Parlamentarismus*. In: FÖLLMER/GRAF (Hrsg.): *Krise* (wie Anm. 124), S. 243-266.
138 Gertrud BÄUMER: *Die deutsche Staatskrisis II*. In: *Die Hilfe*, Nr. 34 v. 20.8.1932, S. 793-797.
139 *Politische Notizen*. In: *Die Hilfe*, Nr. 27 v. 2.7.1932, S. 628-632, hier S. 631.
140 Etwa Karl PFISTER: *Ein antiparlamentarisches Staatsbild*. In: *Die Hilfe*, Nr. 8 v. 20.3.1932, S. 179-182.
141 So CHRISTIANSEN: *Bewährung* (wie Anm. 127), S. 268.
142 EBERL: *Zur Kritik der politischen Ideologie*. In: *Die Hilfe*, Nr. 32 v. 6.8.1932, S. 753-757, hier S. 754.

Die Notverordnungspolitik Brünings fand – allerdings im Licht des Primats der Außenpolitik – den Beifall der *Hilfe*,[143] während das Minderheitskabinett Papens hingegen als undemokratisch und verfassungsfeindlich verurteilt wurde.[144] Auch in der akuten Staatskrise der frühen 1930er-Jahre gehörte die Errichtung einer Diktatur rechter wie linker Provenienz nicht zu den politischen Alternativen, die zur Diskussion gestellt wurden; dies gilt auch für andere autoritäre bzw. ständestaatliche Experimente, wie sie etwa der Regierung Papen und ihren Beratern unter dem Schlagwort des «Neuen Staates» vorschwebten.[145] Deren Vorgehen in Preußen verurteilte die *Hilfe* als Akt der Willkür und Gewalt.[146] Dies ist bemerkenswert, denn seit Hugo Preuß' umstrittenem Verfassungsentwurf gehörten das ungelöste Problem zwischen Preußen und dem Reich sowie der schlecht funktionierende Länderparlamentarismus zu den bevorzugten Reformprojekten von DDP und Staatspartei.[147]

Bäumers Überzeugung von der «Demokratie als Grundgefühl» bildete auch den Hintergrund für jene eigenartige Parole, die sie im Juni 1932 für den Kurs der *Hilfe* ausgegeben hatte: «Wir suchen die Formen eines demokratischen Nationalsozialismus – im Gegensatz zum faschistischen Nationalsozialismus.»[148] Hier spielte Bäumer unter Rückgriff auf Naumanns nationalsoziale Bewegung mit den Begriffen «demokratisch», «national» und «sozial», um die Möglichkeiten einer neuen demokratischen Basis auszuloten. So sind auch ihre Überlegungen zu verstehen, die politischen Begriffe neu zu definieren und in ihrem Sinn zu besetzen. 1931 entwickelte sie die These, dass die politischen Entwicklungen nicht mehr mit Begriffen wie «Konservativismus» oder «Liberalismus» zu fassen seien. Zugleich beobachtete sie eine «Umprägung politischer Grundbegriffe», die neue Konstellationen und Koa-

---

143 Vgl. die anonyme Eloge auf Brüning *Nur zwei Jahre*. In: *Die Hilfe*, Nr. 26 v. 25.6.1932, S. 601-607.
144 Scharf gegen Papen: ANONYMUS: *Klare Fronten?* In: *Die Hilfe*, Nr. 24 v. 11.7.1932, S. 553-557; R.F. VON FEILITZSCH: *Zum Verfassungstag*. In: *Die Hilfe*, Nr. 33 v. 13.8.1932, S. 769-772.
145 Eberhard KOLB, Wolfram PYTA: *Die Staatsnotstandsplanung unter den Regierungen Papen und Schleicher*. In: Heinrich August WINKLER (Hrsg.): *Die deutsche Staatskrise 1930-1933. Handlungsspielräume und Alternativen*. München 1992, S. 155-181.
146 Arno STEIN: *Das neue Stadium des Reichsproblems*. In: *Die Hilfe*, Nr. 31 v. 31.7.1932, S. 722-723, Zit. S. 722; *Politische Notizen*. In: *Die Hilfe*, Nr. 31 v. 30.7.1932, S. 725 f.
147 SCHNEIDER: *Deutsche Demokratische Partei* (wie Anm. 4), S. 151-160.
148 Gertrud BÄUMER: *Hilfe-Kreis*. In: *Die Hilfe*, Nr. 25 v. 18.6.1932, S. 577; vgl. bereits DIES.: *Nationalsozialismus* (wie Anm. 12).

litionen möglich erscheinen lassen.[149] So griff sie im Juni 1931 die Anregung eines Lesers auf, «Zellen für eine neue Durchdringung der deutschen Mitte von heute» zu bilden, «neue junge Freundeskreise der ‹Hilfe›».[150] Ihr besonderes Interesse galt 1931/32 dem Zustand der bürgerlichen Mitte, aus deren «zerrüttetem Ideenbestand»[151] sie zu retten suchte, was zu retten war: die Erhaltung der staatsbürgerlichen Freiheit, die entschlossene Ablehnung des Nationalsozialismus, die Reform des Parlamentarismus etwa durch die Abschaffung des Verhältniswahlrechts, die Reichsreform, die Formulierung einer Wirtschaftspolitik jenseits des Laissez-Faire im Rahmen der Weltwirtschaft und schließlich das Hinwirken auf die Zusammenarbeit Deutschlands mit den anderen europäischen Nationen.[152] Doch Bäumer war klar: Dieser noble Wunschkatalog würde bei einer sozialen Schicht, die gerne «51% der Aktien in der Hand hat», ohne dabei etwas riskieren zu wollen, nicht allzuviel Unterstützung finden.[153]

Im Licht der Diagnose einer Doppelkrise – der bürgerlichen Mitte und der überlieferten politischen Begrifflichkeit – ist bereits Bäumers lebhafte Befürwortung des Zusammenschlusses von DDP und Jungdeutschem Orden im Zuge der Gründung der Staatspartei im Sommer 1930 zu verstehen; ihn interpretierte sie als den Durchbruch des republikanisch-demokratischen Gedankens in christlich-sozialen und in jungnationalen Kreisen.[154] Damit befand sie sich in Übereinstimmung mit Vertretern der «jungdeutschen» Richtung, die für sich selbst Etikettierungen wie «liberal» oder «konservativ» ablehnten.[155] Als sie 1932 im Zusammenhang mit den preußischen Landtagswahlen für eine Einbindung des Nationalsozialismus in die preußische Regierungsverantwortung plädierte und diesen Schritt auch für das Reich in Erwägung zog, begründete sie dies erneut mit den «verlebten Ideenbeständen», durch die «zwecklose Schranken» aufgerichtet würden.[156] Wie wenige andere stand Gertrud Bäumer zu Beginn der dreißiger Jahre dezidiert für

---

149 Gertrud BÄUMER: *Umprägung politischer Grundbegriffe*. In: *Die Hilfe*, Nr. 17 v. 25.4.1931, S. 393-396, hier S. 396.
150 *An die Leser*. In: *Die Hilfe*, Nr. 26 v. 27.6.1931, S. 610.
151 Gertrud BÄUMER: *Deutschland erwache!* In: *Die Hilfe*, Nr. 10 v. 5.3.1932, S. 221-223. Marie-Elisabeth Lüders sprach im gleichen Zusammenhang von «seelischer Fahnenflucht» des deutschen Bürgertums, Marie-Elisabeth LÜDERS: *Seelische Fahnenflucht*. In: *Die Hilfe*, Nr. 18 v. 30.4.1932, S. 417 f.
152 BÄUMER: *Erneuerung* (wie Anm. 126).
153 Ebd., S. 580.
154 Gertrud BÄUMER: *Staatspartei und Sozialdemokratie*. In: *Die Hilfe*, Nr. 33 v. 16.8.1930, S. 817-819.
155 Fritz H. HERMANN: *Individuum und Staat*. In: *Die Hilfe*, Nr. 9 v. 28.2.1931, S. 204-206.
156 Gertrud BÄUMER: *Verdientes Schicksal*. In: *Die Hilfe*, Nr. 18 v. 30.4.1932, S. 409-412, hier S. 412.

jene Öffnung und Erweiterung der demokratischen Mitte nach rechts – bei grundsätzlichem Festhalten am Rechtsstaat und der parlamentarischen Demokratie. Die politische Krise wurde folglich nicht nur als ein Problem der Institutionen, sondern auch als eine *Krise der politischen Semantik* wahrgenommen. So bezeichnete der Rezensent von Hans Freyers Schrift *Revolution von rechts* 1931 die Gegenwart als «unbegriffen und unbeherrscht».[157] Häufig wurde in dieser Debatte, die auch außerhalb des bürgerlich-demokratischen Lagers geführt wurde, die politischen Begriffe des 19. Jahrhunderts in Frage gestellt und als «Denkschablonen» und «Zeitgötzen» kritisiert: Es gelte, so ein Autor im August 1932, den «Gedankenschutt eines ganzen Jahrhunderts» abzuräumen, um eine «wahre Erkenntnis der Wirklichkeit» wieder zu ermöglichen.[158] Theodor Heuss teilte zwar die erkenntniskritische Diagnose, dass die «Denkformen das Tatsächliche nicht mehr decken», verzichtete aber auf die Polemik gegen das 19. Jahrhundert, um stattdessen die altliberalen Ideen der Freiheit und des Individuums wieder zu beschwören.[159] Gertrud Bäumer hatte die Diskussion um die Krise der demokratischen Institutionen und um die Krise der politischen Semantik bereits 1930 in einer umfassenden kulturkritischen Diagnose zusammengefasst, die sie im Begriff einer «Formkrisis der Politik» bündelte. Die traditionellen politischen Begriffe und Ideen entstammten, so Bäumer, einem vortechnischen Zeitalter und seien daher nicht mehr geeignet, die Problemlagen der hoch technisierten Gegenwart adäquat zu bearbeiten. Vielmehr würden sie die «Probleme des technischen Weltzustandes» nur noch mehr verwirren, statt sie zu gestalten. Der Gestaltungsraum war unter den Vorzeichen des technischen Zeitalters freilich knapp: In einer vorwegnehmenden Diagnose der Risikogesellschaft sah Bäumer die ebenso unvorhersehbaren wie unbeherrschbaren Nebenfolgen der technischen Entwicklung «jenseits von Gut und Böse ihren automatischen Weg laufen».[160]

Es fällt auf, dass der Krisendiskurs in der *Hilfe* keineswegs überwiegend von Niedergangsstimmung bestimmt war, obwohl die Wahlergebnisse seit

---

157 Kurt SCHEDEL: *Revolution von rechts*. In: *Die Hilfe*, Nr. 25 v. 20.6.1931, S. 591-593, hier S. 591.
158 EBERL: *Kritik* (wie Anm. 142) S. 757.
159 Theodor HEUSS: *Zum Stande der politischen Ideologie*. In: *Die Hilfe*, Nr. 39 v. 24.9.1932, S. 913-918, hier S. 914. Dass Heuss in seinem Buch «Hitlers Weg» den Nationalsozialismus mit der Brille des 19. Jahrhunderts zu lesen versuchte, war insofern konsequent und ließ seine Form der Auseinandersetzung mit der NS-Bewegung im Rückblick merkwürdig unangemessen erscheinen; vgl. Theodor HEUSS: *Hitlers Weg*. Eine historisch-politische Studie über den Nationalsozialismus. Stuttgart/Berlin/Leipzig 1932.
160 Gertrud BÄUMER: *Die «Formkrisis» der Politik*. In: *Die Hilfe*, Nr. 24. v. 14.6.1930, S. 593-595, hier S. 594.

den Septemberwahlen von 1930 dazu allen Anlass gegeben hätten. Zwar füllte manches kulturkritische Lamento die Spalten des Blattes, zwar artikulierten die Autorinnen und Autoren immer wieder ihre Sorge um den Zerfall der Demokratie von Weimar. Doch liegt zugleich die Pointe der Debatte um die Krise der politischen Begriffe darin, dass diese Krise auch als Chance zu einer Reformulierung liberaler Politik jenseits der verbrauchten Rezepte wie auch zu einer Neujustierung der politischen Mehrheitsverhältnisse zugunsten der Demokratie interpretiert wurde. Manche setzten, wie Theodor Heuss oder Annemarie Doherr, auf einen erneuerten, an Naumann anknüpfenden Liberalismus und hofften 1932, dass die Staatspartei zu einem Sammelbecken «für viele, dem Liberalismus kulturell verpflichtete Menschen» werden könne.[161] Andere suchten, ebenfalls im ausdrücklichen Rückgriff auf Naumann, nach neuen kollektiven Bindungen, die in der Regel auf die Beschwörung der Volksgemeinschaft oder gemeinwirtschaftlicher Ansätze hinausliefen.[162] Die bürgerliche Demokratie und der Rechtsstaat als politische Legitimations- und Ordnungsmodelle hingegen standen in der *Hilfe* vor 1933 nirgends auch nur theoretisch zur Disposition – im beharrlichen Festhalten an diesem normativen Minimum liegt nicht das geringste Verdienst der *Hilfe* während der Weimarer Jahre.

Zusammenfassung

Während der Weimarer Republik diente die *Hilfe* auch nach dem Tod ihres Gründers als zentrales Diskussionsforum für jenes Netzwerk von Personen, die sich im Umkreis der Deutschen Demokratischen Partei (DDP) bzw. Deutschen Staatspartei für die bürgerliche Demokratie in Deutschland engagierten. Die Autorinnen und Autoren der *Hilfe* verteidigten die Weimarer Republik mit historischen, funktionalen und normativen Argumenten. In funktionaler Sicht erhoffte sich die *Hilfe* von der neuen parlamentarischen Demokratie zum einen die Integration der in Klassen, Interessen und Ideologien zerfallenden Nation, sodann die Rekrutierung einer besonders fähigen politischen Elite und schließlich auch die Fähigkeit der Republik zur Reform.

---

161 Annemarie DOHERR: *Ende des Liberalismus?* In: *Die Hilfe*, Nr. 36 v. 3.9.1932, S. 853-855, hier S. 855.
162 Etwa Joachim HILD: *Um Volksgemeinschaft und Volksstaat.* In: *Die Hilfe*, Nr. 48 v. 26.11.1932, S. 1140-1142; wirtschaftspolitisch z.B. HERZBERG: *Walther Rathenau* (wie Anm. 131).

Diese hohen Erwartungen schlugen im Lauf der zwanziger Jahre in Enttäuschung um. Gleichwohl hielten die Autorinnen und Autoren der *Hilfe* in ihrer weit überwiegenden Mehrzahl an der Weimarer Verfassung und der parlamentarischen Demokratie fest. Dabei blieb die Bedeutung des Liberalismus umstritten: Während eine kleine Gruppe von Autoren sich auf Immanuel Kant berief und eine konsequente Synthese von Liberalismus und Demokratie zu entwickeln suchte, begegneten zahlreiche Autoren dem klassischen Liberalismus, besonders dessen Staatsverständnis, dem ökonomischen Laissez-faire und dem Individualismus, mit Skepsis und Kritik. In diese Diskussion kam zu Beginn der dreißiger Jahre unter dem Eindruck der Staats- und Wirtschaftskrise Bewegung, als Gertrud Bäumer und andere eine Krise der klassischen politischen Begriffe konstatierten und nach neuen politisch-ideologischen Konstellationen rechts von der Mitte suchten. Zugleich wurde vor dem Hintergrund der autoritären Präsidialregierungen die Forderung nach einer Rückbesinnung auf liberale Prinzipien erhoben. Dabei ließ die *Hilfe* unterschiedliche Positionen zu Wort kommen, vereinzelt auch solche, die den Parlamentarismus und die Weimarer Verfassung für überholt hielten. Trotz der intensiv diskutierten Krise der «bürgerlichen Mitte» hielt die *Hilfe* bis zum Untergang der Republik an der Idee einer bürgerlichen Demokratie unter Einschluss der Arbeiterschaft, an den Prinzipien des Rechtsstaats und an einer antitotalitären Grundhaltung fest.

Résumé

Sous la République de Weimar, *Die Hilfe* fut, y compris après la mort de son fondateur, un forum de discussion essentiel pour le réseau des personnalités engagées en faveur de la démocratie bourgeoise en Allemagne et proches du Parti Démocrate Allemand (DDP) – devenu en 1930 le Parti de l'Etat Allemand *(Deutsche Staatspartei)*. Celles et ceux qui écrivaient pour *Die Hilfe* avançaient, pour défendre la République de Weimar, des arguments d'ordre historique, fonctionnaliste et normatif. D'un point de vue fonctionnaliste, *Die Hilfe* attendait du nouveau régime de démocratie parlementaire non seulement l'intégration de la nation allemande divisée par des conflits de classes, d'intérêts et d'idéologie, mais aussi le recrutement d'une élite politique particulièrement compétente, et enfin une République apte à la réforme. Au fil des années vingt, ces attentes très fortes cédèrent la place à la déception. La très large majorité des auteurs de *Die Hilfe* restèrent néanmoins fidèles à la constitution de Weimar et à la démocratie parlementaire. Pour autant, la définition du libéralisme continua de susciter la controverse:

tandis qu'un petit groupe d'auteurs, se référant à Emmanuel Kant, tentait de développer une synthèse entre libéralisme et démocratie, de nombreux auteurs appréhendaient le libéralisme classique, et notamment sa conception de l'Etat, le laissez-faire économique et l'individualisme, avec scepticisme et non sans esprit critique. Cette discussion s'anima au début des années trente, sous l'effet de la crise politique et économique, lorsque Gertrud Bäumer et d'autres diagnostiquèrent une crise des concepts politiques classiques et cherchèrent de nouvelles constellations politico-idéologiques à droite du centre. Dans le même temps, des voix s'élevèrent, dans le contexte du passage au régime présidentiel autoritaire, pour appeler à un retour aux principes libéraux. Dans ces discussions, *Die Hilfe* donna la parole à des positions diverses, y compris, de manière sporadique, à celles qui déclaraient le parlementarisme et la constitution de Weimar caducs. En dépit de la crise du «centre bourgeois», sujet de débats nombreux et intenses, *Die Hilfe* resta fidèle, jusqu'à l'effondrement de la République, à l'idée d'une démocratie bourgeoise incluant les travailleurs, aux principes de l'Etat de droit et à des convictions antitotalitaires.

National-sozial versus Nationalsozialistisch? Die Hilfe und der Aufstieg des Nationalsozialismus, 1923-1933

Jürgen FRÖLICH

Vorbemerkung

Wie viele andere Blätter mit liberal-bürgerlichem Hintergrund hat auch *Die Hilfe* zumindest ab einem bestimmten Zeitpunkt[1] dem «Nationalsozialismus» große Aufmerksamkeit gewidmet. Dabei konnte an der mehr oder minder starken ablehnenden Haltung der jeweiligen *Hilfe*-Autoren angesichts der politischen Verortung der Zeitschrift kein Zweifel bestehen: *Die Hilfe* war in den 1920er-Jahren zwar kein direktes Parteiblatt der linksliberalen Deutschen Demokratischen Partei, wohl aber mit dieser ideologisch und personell eng verbunden.[2] Allerdings stellte sich für *Die Hilfe* im Gegensatz zu ähnlich ausgerichteten Printmedien von vornherein ein semantisch-politisches Problem, das die Begriffe «national» und «sozialistisch» betraf. Denn nicht nur hatte die Zeitschrift selbst eine Zeitlang – von Oktober 1901 bis Juli 1905 – den Untertitel «nationalsoziales Wochenblatt» geführt, die Zeitschrift bzw. ihre Redaktion fühlte sich auch in den Anfangsjahren als Organ der nationalsozialen Bewegung und wollte so einem «nationalen Sozialismus auf christlicher Grundlage» dienen.[3] Natürlich waren Friedrich Naumanns «Nationalsozialer Verein» von 1896 und die spätere National-sozialistische Deutsche Arbeiterpartei in ihren letzten Zielen sehr unterschiedlich, ja gegensätzlich,

---

1 Reiner MARCOWITZ: *Weimarer Republik 1929-1933*. 3. Aufl. Darmstadt 2009, S. 92, setzt «die drastisch gestiegene politische Bedeutung der NSDAP» mit der Jahreswende 1929/30 und der Regierungsbeteiligung in Thüringen an; für die drei führenden liberal-demokratischen Zeitungen wird auch das Jahr 1929 als eine neuerliche Thematisierung des Nationalsozialismus dort angegeben, vgl. Michael BOSCH: *Liberale Presse in der Krise. Die Innenpolitik des Jahres 1930 bis 1933 im Spiegel des «Berliner Tageblatts», der «Frankfurter Zeitung» und der «Vossischen Zeitung»*. Frankfurt/M./München 1976, S. 259.
2 Vgl. dazu zuletzt Thomas HERTFELDER: *Meteor aus einer anderen Welt. Die Weimarer Republik in der Diskussion des Hilfe-Kreises*. In: Andreas WIRSCHING/Jürgen EDER (Hrsg.): *Vernunftrepublikanismus in der Weimarer Republik*. Stuttgart 2008, S. 29-55, hier S. 37.
3 Vgl. N(AUMANN): *Zum Neuen Anfang*. In: *Die Hilfe*, Nr. 40 v. 3.10.1897, S. 1.

worauf schon die «christliche Grundlage» bei Naumann hinweist. Aber die programmatische und verbale Verbindung von Nationalismus und Sozialismus konnte und musste später zu falschen Assoziationen führen, zumal ganz zu Beginn die national-soziale Bewegung auch in Naumanns Umfeld sogar mit dem Adjektiv «national-sozialistisch» belegt worden war.[4] Hinzu kam, dass sich die *Hilfe*-Redaktion der Weimarer Zeit diesem nationalsozialen Erbe verpflichtet fühlte und zwar umso mehr, je mehr die Krise der Weimarer Republik voranschritt: «Einer nationalsozialen Idee hat diese Zeitschrift gedient, seit sie besteht.»[5]

Erstes Aufwallen 1923

Diese Namensverwandtschaft spielte in den ersten Auseinandersetzungen mit der Hitler-Bewegung noch keine größere Rolle. Die problematische politische Entwicklung in Bayern geriet 1923 erst dann in den Blickwinkel, als dort mit der Ernennung Gustav von Kahrs zum Generalstaatskommissar ein quasi-autoritäres Regime errichtet wurde. Kahr wurde zwar als «Möchtegerndiktator» abgetan, die Entwicklung im «oberbayrischen Saustall» aber als bedrohlicher eingeschätzt als im «sächsischen», wo Kommunisten in die Regierung eingezogen waren.[6] Anfang November 1923 forderte man zu einem energischen Vorgehen gegen den «Kahristenspuk» und die Bestrebungen des «Kahr-Hitler-Bayern» auf – soweit erkennbar die erste Nennung dieses Namens –, da sie Frankreich in die Hände arbeiten würden.[7] In der gleichen Nummer schob Gertrud Bäumer eine Erklärung für die Münchner Vorgänge nach, die zwar einerseits Ausfluss der allgemeinen «Krisis des Reiches», aber dennoch andererseits auch wiederum von besonderer Qualität seien: «Das bayrische Vorgehen ist der ungeheuerlichste Dolchstoß von hinten, den die deutsche Politik jemals bekommen hat. Und schlimmer als

---

4   H. OBERWINDER: *Die national-sozialistische Vereinigung*. In: Ebd., Nr. 44 v. 1.11.1896, S. 1 f.
5   *An die Leser*. In: *Die Hilfe*, Nr. 12 v. 21.3.1931, S. 273; anders als in diesem vermutlich von Gertrud Bäumer verfassten Aufruf taucht der Begriff in dem Rückblick von E.(RKELENZ): *Dreißig Jahre «Hilfe»*. In: Ebd., Nr. 1/1925, S. 6 f nicht auf, dort wird lediglich das politische Scheitern des National-sozialen Vereins indirekt erwähnt.
6   Vgl. *Die Lage im Reich*. In: *Die Hilfe*, Nr. 19 v. 1.10.1923, S. 334 u. *Das Reich muss uns bleiben!* In: Ebd., Nr. 20 v. 15.10.1923, S. 350 (Zitate).
7   Vgl. *Der Marsch nach Berlin*. In: *Die Hilfe*, Nr. 21 v. 1.11.1923, S. 365 (Zitate) u. *Bayern und Frankreich*. In: Ebd., S. 367.

durch seinen Mangel an Reichsmoral ist er das Symptom der hoffnungslosen Verwirrung der weitesten Kreise des deutschen Bürgertums.»[8]

Ein Theobald Schwab, ein Pseudonym von Theodor Heuss,[9] machte sich an gleicher Stelle eher lustig darüber: «Seit Herr Hitler seinen krausen Wirtschaftsdilettantismus aus Demagogie nationalen ‹Sozialismus› getauft hat (es gibt leider in der politischen Geschichte keinen Firmenschutz!), braucht man [auf der Rechten, J.F.] ein neues Schimpfwort. Sozialismus wird rehabilitiert.»[10] Hier deutete sich zum ersten Mal der Komplex national-sozial/ nationalsozialistisch zumindest an, ohne dass es bereits direkt thematisiert wurde.

Bei diesem Schwanken zwischen Alarmiertheit und Belustigung setzte sich alsbald eher die zweite Komponente durch, denn nach dem Scheitern des «Putsches» sprach man von «Münchner Revolutionshanswursterei», für die man vor allem Kahr, Lossow und Ludendorff verantwortlich machte,[11] während sich Theobald Schwab/Theodor Heuss über die Münchner «Bühnenkunst» mokierte: «Deutschland spielt eine Groteske, der zur Tragik die Würde fehlt.»[12] Gertrud Bäumer blieb aber weiterhin besorgt, vor allem weil sie die Münchner Ereignisse weiterhin als symptomatisch für die politische Orientierungslosigkeit des Bürgertums ansah, die bewusst von der der Schwerindustrie nahen Presse zur Spaltung von Bürgertum und Arbeiterschaft geschürt werde.[13]

Der Hitler-Prozeß wenige Monate später ließ erneut Ambivalenzen unter den *Hilfe*-Autoren aufkommen. Der satirische Zeitkommentator Schwab/ Heuss sprach von einem «wüste(n) politische(n) Gerichtsfasching», dessen Deutschland sich «schämen» müsse.[14] Zugleich stimmte er aber einer Analyse zu, die bereits einige Nummern zuvor der damals junge Thomas Dehler aus München geliefert hatte: «Der 9. November hat die Illusion von der deutschen Mission des bayerischen Volkes zerschlagen.»[15] Auch hielt die Zeitschrift

---

8   Gertrud BÄUMER: *Die Krisis des Reiches.* In: Ebd., S. 367 f.
9   Vgl. Reiner BURGER: Theodor Heuss als Publizist. Münster u. a. 1999, S. 320, und Theodor HEUSS: *Bürger der Weimarer Republik.* Briefe 1918-1933. Hrsg. u. bearb. von Michael DORMANN (= Stuttgarter Ausgabe. Briefe). München 2008, S. 26 u. 191.
10 Theobald SCHWAB: *Randbemerkungen.* In: *Die Hilfe*, Nr. 21 v. 1.11.1923, S. 377.
11 *Die Hilfe*, Nr. 22 v. 15.11.1923, S. 382.
12 Theobald SCHWAB: *Randbemerkungen.* In: Ebd., S. 390.
13 Gertrud BÄUMER: *Die «nationalen Kräfte».* In: Ebd., S. 386 u. DIES.: *Die Krise der Krisen.* In: *Die Hilfe*, Nr. 23 v. 1.12.1923, S. 402 f.
14 Theobald SCHWAB: *Randbemerkungen.* In: *Die Hilfe*, Nr. 6 v. 15.3.1924, S. 97.
15 Thomas DEHLER: *Aus Bayern.* In: *Die Hilfe*, Nr. 4 v. 15.2.1924, S. 64; vgl. SCHWAB: *Randbemerkungen* (wie Anm. 14): «Eine zage Hoffnung meldet sich: dass die Legende zertreten wird, dass in München die Erneuerung Deutschlands ihren Quell gefunden habe.»

ihren Lesern Hitlers O-Ton nicht mehr vor, musste allerdings dann konstatieren, dass der Prozess der NSDAP, die unter anderem Namen im April bei der Landtagswahl 17% bekam, nicht geschadet hätte.[16] Zwar setzte sich dieser «Zug nach rechts» auch bei den Reichstagswahlen im folgenden Mai fort, wobei die Zugewinne der Rechtsextremen aus Sicht der *Hilfe* von ehemaligen Linkswählern kamen,[17] aber bei einer neuerlichen Wahl im Dezember 1924 kam dieser Trend zum Stoppen, so dass in der *Hilfe* schon frohlockt wurde: «Der Rechtsradikalismus hat abgewirtschaftet und befindet sich in voller Zersetzung.»[18] Damit trat dann auch das Interesse an dem Thema Nationalsozialismus zunächst einmal weit in den Hintergrund zurück.

Die Inkubationsphase 1928/1930

Bei der nächsten Reichstagswahl 1928 blieb das Ergebnis der NSDAP unauffällig, so dass es in der *Hilfe*-Wahlanalyse von Anton Erkelenz gar nicht erwähnt wurde. Allerdings machte ein Kommentar zu Bayern darauf aufmerksam, dass die Nationalsozialisten gegenüber dem Abschneiden der Völkischen bei der Dezember-Wahl 1924 und im Gegensatz zu den Deutschnationalen dazugelegt und bei der gleichzeitigen Landtagswahl immerhin neun Mandate erreicht hätten, während die Demokraten leer ausgegangen wären. Als Trost bliebe immerhin, dass sie noch nicht wieder an ihre Stärke zur Zeit des Hitler-Prozesses anknüpfen könnten.[19]

Dieser Trend, nämlich dass die Nationalsozialisten auf Kosten der anderen Rechtsparteien und insbesondere der DNVP größer wurden, verstärkte sich

---

16 Vgl. *Phrasen für revolutionäre Kleinbürger*. In: *Die Hilfe*, Nr. 6 v. 15.3.1924, S. 90 u. *Zu den Bayrischen Wahlen*. In: Ebd., Nr. 8 v. 15.4.1924, S. 122. Zu den Weimarer Wahlergebnissen hier und im Folgenden vgl. Jürgen FALTER u.a.: *Wahlen und Abstimmungen in der Weimarer Republik*. München 1986, vgl. auch die im Anhang abgedruckte Tabelle.
17 Vgl. Werner STEPHAN: *Die Parteibewegung in Deutschland seit der Revolution*. In: *Die Hilfe*, Nr. 10 v. 15.5.1924, S. 159 (Zitat) u. Dr. DARMSTAEDTER-HELVERSEN: *Ein Nachwort zu den Reichstagswahlen*. In: Ebd., Nr. 11 v. 1.6.1924, S. 176 f.
18 Anton ERKELENZ: *Der Stand des politischen Barometers*. In: *Die Hilfe*, Nr. 24 v. 15.12.1924, S. 444. Ähnliche Einschätzung bei Theodor HEUSS: *Bürger der Weimarer Republik. Ein Nachschlagewerk für Theorie und Praxis*. Halberstadt o.J., 1927, S. 138.
19 Günther OHLBRECHT: *Die Wahlen in Bayern*. In: *Die Hilfe*, Nr. 11 v. 1.6.1928, S. 247 f; vgl. Anton ERKELENZ: *Die Auswirkungen des Parlamentarismus auf den Volkswillen*. In: Ebd., S. 245 f.

bekanntlich seit Ende 1929. Bereits zuvor hatte die *Hilfe* Alarmzeichen für die politische Stimmung ausgemacht. Vor allem unter Jugendlichen und besonders Studenten konstatierte sie eine verbreitete antidemokratische und antirepublikanische Gesinnung aus, deren Ursache unter anderem die spröde Selbstdarstellung der Republik sei.[20] Offenbar erblickte man darin aber noch keine «faschistische Gefahr», allenfalls günstige Umstände für die Deutschnationalen Hugenbergs.

Sehr aufschlussreich ist in diesem Zusammenhang die Buchbesprechung eines Dr. R.W., der ein Sammelwerk über den «Internationalen Faschismus» vorstellte. Dabei wollte er die Gefahren, die «von völkisch-nationalistisch-romantisch-terroristische(n) Rechtsbewegungen» ausgehen würden, nicht verkennen, sah aber Deutschland davor, offenbar im Gegensatz zu Italien und Spanien, aber auch Österreich oder Frankreich, weitgehend gefeit.[21] Das war eigentlich nicht ganz folgerichtig, denn den Ursprung des Faschismus machte der Rezensent im Weltkriegspsychosen breiter Massen und der Landknechtsmentalität ehemaliger Offiziere aus, dazu in der Abstiegsangst des besitzenden Bürgertums, das sich des Faschismus zur «Abwehr gegen die Machtüberhebung der sozialen Linken» bediente.[22] Beide Phänomene waren in Deutschland nicht unbekannt, während Spanien, das der Autor zu den wenigen verbliebenen Hochburgen des Faschismus zählte, gar nicht am Ersten Weltkrieg teilgenommen hatte.

Im Widerspruch zu der hier angestellten Vermutung, Bayern habe seine faschistische Phase hinter sich, stand kurz darauf ein Bericht aus Kiefersfelden an der bayrisch-österreichischen Grenze, in dem eine «Braunhemden-Versammlung» thematisiert wurde, die zwar inhaltlich nichts Neues gebracht habe, aber bei den Einheimischen gut angekommen sei.[23] Jedoch tröstete man sich, selbst als die erwartete «Stärkung der demokratischen Mitte»[24] bei der sächsischen Landtagswahl ausgeblieben war und die NSDAP dort die DDP knapp überrundet hatte, damit, dass dies noch im Rahmen des zu Erwartenden sei:

> Dass die Nationalsozialisten auf 5 Mandate kamen, beweist nicht viel; die Gruppe wird innerhalb einer beschränkten Zone vorläufig noch auf längere Zeit hin- und

---

20 Vgl. Dr. KNEISEL: *Demokratie und Jugend. Lücken staatsbürgerlich-republikanischer Gesinnungsbildung.* In: *Die Hilfe*, Nr. 1 v. 1.1.1929, S. 14 f u. Werner STEPHAN: *Burschenschaftsgeist?* In: Ebd., Nr. 3 v. 1.2.1929, S. 70 f.
21 Dr. R.W.: *Literatur über den Faschismus.* In: *Die Hilfe*, Nr. 5 v. 1.3.1929, S. 127 f., rezensiert wird Gustav LANDAUER/Hans HONEGGER: *Der internationale Faschismus.* Karlsruhe 1927.
22 Ebd.
23 Günther OHLBRECHT: *Bayrische Glossen.* In: *Die Hilfe*, Nr. 7 v. 1.4.1929, S. 167.
24 Else ULICH-BEIL: *Die sächsischen Landtagswahlen.* In: *Die Hilfe*, Nr. 9 v. 1.5.1929, S. 214.

herschwanken, und die Grenze wird nur von einem gewissen Mindestmaß politischer Intelligenz bestimmt; über diese Grenze hinaus kann sie nicht vordringen.[25]

Dieser Prophezeiung widersprach aber die kurz darauf getroffene Feststellung, dass «die völkisch-nationalistische Welle in der Studentenschaft weiter im Steigen begriffen» war;[26] es sei denn, man wollte auch dieser Gruppe nur ein «Mindestmaß politischer Intelligenz» zugestehen.

Wie dem auch sei, zumindest Mit-Herausgeber Anton Erkelenz, der bekanntlich aus der liberalen Arbeiterbewegung und damit nicht aus dem nationalsozialen Umfeld kam, zeigte sich zusehends besorgt, vor allem als sich das Zusammengehen von Deutschnationalen und Nationalsozialisten gegen den «Young-Plan» abzeichnete. Vermutlich von ihm inspiriert sprach die *Hilfe* von einem «Generalangriff auf das ganze System der Demokratie».[27] Das angestrebte Volksbegehren werde zwar keinen Erfolg haben, aber «große Massen einer hemmungslosen Agitation aussetzen, die die Gehirne noch vollends vernebelt».[28] Die *Hilfe* machte sich jetzt sogar Sorgen um die Deutschnationalen, zu Recht, wie die badischen Landtagswahlen von Ende Oktober 1929 beweisen sollten, wo die NSDAP doppelt so stark wurde wie die DNVP: «Der Effekt ist also: Radikalisierung der bisherigen deutschnationalen Wählerschaft und ihr Übergang zu einer Partei der verantwortungslosesten und unfruchtbarsten Opposition.»[29] Obwohl diese Veränderungen im rechten Lager unübersehbar waren und sich bei anderen Wahlen fortsetzten, glaubte die *Hilfe*-Redaktion noch nicht an einen dauerhaften Trend: «Die geistige Erkrankung, von der er und seine Leute leben [Hitler und die NSDAP, J.F.], wird die Nation in absehbarer Zeit ohnehin ausschwitzen.»[30]

Im folgenden Jahr 1930 sollte sich dieser Optimismus als vollkommen verfehlt erweisen. Zu dessen Beginn analysierte zwar Gertrud Bäumer ausführlich die Veränderungen in der Parteienlandschaft, sah davon aber hauptsächlich die Parteien rechts der Mitte betroffen.[31] Drei Monate später warnte

---

25 *Die sächsischen Wahlen*. In: *Die Hilfe*, Nr. 11 v. 1.6.1929, S. 266.
26 *Unreife Studenten*. In: *Die Hilfe*, Nr. 15 v. 1.8.1929, S. 362.
27 *Das Dreimännerkollegium als Retter*. In: *Die Hilfe*, Nr. 19 v. 1.10.1929, S. 462.
28 *Das Volksbegehren auf dem Marsche*. In: Ebd., vgl. Anton ERKELENZ: *Gefahren in der inneren Politik*. In: *Die Hilfe*, Nr. 18 v. 15.9.1929, S. 441 ff. Zu Erkelenz vgl. Axel KELLMANN: *Anton Erkelenz. Ein Sozialliberaler im Kaiserreich und in der Weimarer Republik*. Berlin/Münster 2007.
29 *Die badischen Landtagswahlen*. In: *Die Hilfe*, Nr. 21 v. 1.11.1929, S. 509; vgl. *Eine hilflose Oppositionspartei*. In: Ebd., Nr. 20 v. 15.10.1929, S. 486.
30 *Unerwünschter Zuwachs*. In: *Die Hilfe*, Nr. 22 v. 15.11.1929, S. 534, vgl. *10.05 Prozent*. In: Ebd., S. 533 u. *Der Ausgang der Kommunalwahlen*. In: Ebd., Nr. 23 v. 1.12.1929, S. 567.
31 Gertrud BÄUMER: *Die innerpolitische Gärung*. In: *Die Hilfe*, Nr. 1 v. 4.1.1930, S. 1-5 u. Nr. 2 v. 11.1.1930, S. 26 f.

jedoch der ehemalige Reichsminister Wilhelm Külz bei der Konstituierung des ersten Kabinetts Brüning dringend vor einer Reichstagsauflösung und anschließenden Neuwahlen, da dabei nur «der politische Radikalismus den stärksten Nährboden finden» würde.[32] Man hatte also durchaus eine Ahnung davon, was andernfalls kommen könnte. Irritiert hatte dazwischen vor allem der erste Versuch, die Nationalsozialisten politisch einzubinden, der in Thüringen seit Anfang des Jahres stattfand. Insbesondere am neuen nationalsozialistischen Innenminister Frick stieß sich die *Hilfe*.[33] Sie befand sich damit vollkommen im Einklang mit anderen großen liberalen Medien.[34]

Zu Beginn des Sommers 1930 setzte sich dann Anton Erkelenz sehr ausführlich mit der «Gefahr des Nationalsozialismus» auseinander. Als Ursache für dessen Aufstieg machte er die von sozialer Deklassierung bedrohten Mittelschichten aus, die nunmehr von «sozialen Ressentiments» und «Neid» erfüllt und für Irrationalismus und Gefühlspolitik empfänglich seien. Die Gefahr werde vor allem durch die Attraktivität gestärkt, die der Nationalsozialismus auf Jugendliche und Nichtwähler ausübe.[35] Noch wurde diese Gefährlichkeit aber nicht von allen *Hilfe*-Autoren geteilt, wie zwei unterschiedliche Einschätzungen der Landtagswahlen in Sachsen nahe legen, wo die NSDAP Ende Juni 1930 ihren Stimmenanteil mit über 14% fast verdreifachte: Für die einen war dies ein schlimmes Omen und eine schallende Ohrfeige für die Regierung Brüning, für andere hatte die NSDAP damit ihr Potential vollkommen ausgereizt.[36] Gertrud Bäumer, nach dem Wechsel von Erkelenz zur Sozialdemokratie und seinem Ausscheiden aus der Hilfe-Redaktion[37] nun die einzige Herausgeberin, zeigte am Vorabend jener fatalen Reichstagswahl vom 14. September sogar Verständnis für die Anliegen der Jugend.[38]

---

32 Wilhelm KÜLZ: *Die Demokratische Partei und das Kabinett Brüning*. In: *Die Hilfe*, Nr. 16 v. 19.4.1930, S. 403.
33 Vgl. *Der thüringische Polizeiminister*. In: *Die Hilfe*, Nr. 4 v. 25.1.1930, S. 79 u. ebd., Nr. 13 v. 29.3.1930, S. 326 f, Nr. 14 v. 5.4.1930, S. 348 f, Thüringen und Sachsen. In: Nr. 22 v. 31.5.1930, S. 554 f sowie *Immer wieder Herr Frick*. In: Ebd., Nr. 23 v. 7.6.1930, S. 576.
34 BOSCH: *Liberale Presse in der Krise* (wie Anm. 1), S. 265-271.
35 Josef HOLTER: *Die Gefahr des Nationalsozialismus*. In: *Die Hilfe*, Nr. 25 v. 21.6.1930, S. 617-621, Zitate S. 618; nach KELLMANN: *Erkelenz* (wie Anm. 28), S. 201, ist das ein Pseudonym für Erkelenz.
36 Vgl. *Die Quittung in Sachsen* u. *Hitler und Mahraun*. In: *Die Hilfe*, Nr. 26 v. 28.6.1930, S. 645 f.
37 Vgl. *Die Hilfe*, Nr. 33 v. 16.8.1930, S. 818 sowie KELLMANN: *Erkelenz* (wie Anm. 28), S. 197 ff.
38 Gertrud BÄUMER: *Ende des Wahlkampfes*. In: *Die Hilfe*, Nr. 37 v. 13.9.1930, S. 954.

Nach den Septemberwahlen

Wilhelm Külz sollte mit seiner Warnung vollkommen Recht behalten, denn eine Woche später sprach die *Hilfe* dann von der «eindrucksvolle(n) Energie der Nationalsozialisten», wollte aber zugleich im kometenhaften Aufstieg der NSDAP, die alle «bürgerlichen» Parteien überrundet hatte und zweitstärkste Fraktion im Reichstag wurde, nur einen wenig dauerhaften Erfolg erkennen.[39] Weitere kleinere Wahlakte im Spätjahr 1930 machten aber deutlich, dass diese Einschätzung nicht stimmte. Deshalb wurde nun in der *Hilfe* einerseits diskutiert, wie mit den erstarkten Nationalsozialisten umzugehen sei. Zwei namentlich nicht bekannte Autoren warnten vehement vor jeder irgendwie gearteten Einbindung.[40] Am Jahresende lieferte andererseits der ehemalige DDP-Reichsgeschäftsführer Werner Stephan eine soziologische Analyse der NSDAP-Reichstagsfraktion und kam dabei zu dem Schluss, «in den entwurzelten Schichten des Bürgertums liegt die wahre Keimzelle des Nationalsozialismus».[41] Die Nationalsozialisten würden erst dann geschwächt werden, wenn es dem Mittelstand wieder besser ginge.

Genau das trat in der Folgezeit aber nicht ein, im Gegenteil verschärfte sich die Wirtschaftskrise, was dann wiederum die *Hilfe*-Autoren und -Redaktion wie viele andere Linksliberale auch zunehmend ratlos werden ließ. Das deutete sich schon unmittelbar nach der Jahreswende 1930/1931 an, als man unter den «Worte(n) aus der Zeit» einen Ausspruch des Vizekanzlers und Staatsparteivorsitzenden Hermann Dietrich abdruckte: «Das Zeitalter des Liberalismus liegt hinter uns. Das Gute, was er gebracht hat, übernehmen wir in die Zukunft: die Geistesfreiheit und die Duldsamkeit.»[42] Ob «Duldsamkeit» wirklich das richtige Rezept angesichts der innenpolitischen Lage war, dürfte wohl auch in der *Hilfe* kaum jemand geglaubt haben. Hier waren

---

39 DIES.: *Fieberwahlen*. In: *Die Hilfe*, Nr. 38 v. 20.9.1930, S. 937 f, Zitat, S. 937. Dass «die 107 Hakenkreuze u. 76 Sowjetsterne vorübergehen» würden, glaubte auch der mit DDP sympathisierenden jüdische Romanist Viktor Klemperer, vgl. Viktor KLEMPERER: *Leben sammeln, nicht fragen wozu und warum*. Tagebücher 1918-1924/ 1925-1932. Bd. 2. Berlin 1996, S. 659, zu seiner politischen Einstellung, die sich immer mehr von der DDP enttäuscht zeigte, vgl. ebd., Bd. 1, S. 45 u. 893, sowie Bd. 2, S. 424 u. 658 f.

40 Vgl. –sd–: *Die Nationalsozialisten*. In: *Die Hilfe*, Nr. 39 v. 27.9.1930, S. 969 u. C.P.: *Der Wille zur Macht*. In: Ebd., Nr. 41 v. 11.10.1930, S. 1009, vgl. auch ebd., Nr. 47 v. 22.11.1930, S. 1159 (Kommunalwahlen in Baden und Mecklenburg) und 49 v. 5.12.1930, S. 1205 (Bürgerschaftswahlen in Bremen).

41 Werner STEPHAN: *Entwurzelter Mittelstand*. Zur Berufsstatistik der nationalsozialistischen Reichstagsfraktion. In: *Die Hilfe*, Nr. 52 v. 27.12.30, S. 1285-1288, Zitat S. 1288.

42 *Die Hilfe*, Nr. 2 v. 10.1.1931, S. 41.

Gertrud Bäumer inzwischen wieder drei Mit-Herausgeber an die Seite gestellt worden, dazu hatte sie selbst zusätzlich die Redaktion übernommen.⁴³ Als sich kurz darauf gleich zwei Artikel mit der politischen Gesinnung der deutschen Studenten beschäftigten, kamen sie trotz unterschiedlicher Nuancen zu ähnlich niederschmetternden Schlussfolgerungen: Die politische Kultur unter den Studenten würde «allem Akademischen ins Gesicht» schlagen.⁴⁴ Wenn man die bekannte Verachtung Hitlers für Akademiker in Betracht ziehe, sei dies doch umso erstaunlicher, weshalb der zweite Artikel nur noch sarkastisch resümierte: «Wenn der Nationalsozialismus aus dem wirtschaftlichen Bankerott des Mittelstandes soziologisch herauswächst, wie immer behauptet wird, so ist er auf dem besten Wege, den geistigen Bankerott des Mittelstandes selbst herbeizuführen.»⁴⁵

Was sollte dagegen gesetzt werden? In einem Artikel mit der Überschrift «Die Republik in Gefahr» wurde auf die Überlegenheit der NSDAP-Propaganda hingewiesen, weshalb die staatstragenden «Honoratiorenklubs alten Stils» umdenken und umlernen müssten: «Wer Demokratie will, muss Demagogie betreiben, das ist: die planmäßig gepflegte Technik der Massenbeherrschung.»⁴⁶ Dazu war die *Hilfe*-Leitung offenbar aber nicht bereit oder fähig, denn Erscheinungsbild und Stil änderten sich in der Folgezeit nicht. Stattdessen empfahl man, nachdem sich bereits ein neuer Autor nach dem Motto, er sei weder liberal noch konservativ, sondern jungdeutsch, vorgestellt hatte,⁴⁷ den Lesern das Rückbesinnen auf und das Neubedenken von «national-sozial».

Gertrud Bäumer, die man unschwer als Spiritus Rector dahinter vermuten darf, hatte dies zwar auch schon zu anderen Zeiten getan, dabei aber dann ganz bewusst auf die Unterschiede zum Nationalsozialismus abgestellt, indem sie die Bejahung von Kapitalismus und Demokratie unter den ursprünglichen Nationalsozialen ausdrücklich hervorhob.⁴⁸ Dieses durchaus auf liberaler

---

43 Der allerdings erst seit 1929 amtierende Redakteur Reinhold Issberner, zugleich Hauptgeschäftsführer der DDP – mit deren Reichsgeschäftsstelle auch die Redaktionsanschrift bislang identisch gewesen war –, ausgeschieden, die beiden alten Naumannianer Wilhelm Heile und Walter Goetz sowie der ehemalige DDP-Abgeordnete in der Nationalversammlung Wilhelm Vershofen wurden nun Mitherausgeber, vgl. Die Hilfe, Nr. 1 v. 3.1.1931, S. 1.
44 Kurt HIRCHE: *Der Faschismus der Studentenschaft*. In: *Die Hilfe*, Nr. 5 v. 31.1.1931, S. 105-109, Zitat S. 109.
45 Kurt SCHEDEL: *Abdankung des Geistes*. In: Ebd., S. 112-114, Zitat S. 113.
46 Eberhard HETTENNBACH: *Die Republik in Gefahr*. In: *Die Hilfe*, Nr. 9 v. 28.2.1931, S. 207-211, Zitat S. 211.
47 Fritz H. HERRMANN. In: Ebd., S. 204, Herrmann sollte 1932 sogar kurzzeitig Mitherausgeber werden.
48 Gertrud BÄUMER: *Der Nationalsozialismus Friedrich Naumanns*. In: *Die Hilfe*, Nr. 16 v. 15.8.1924, S. 267. Differenziert hat später Theodor Heuss das Verhältnis

Linie liegende Bekenntnis wurde jetzt – sechseinhalb Jahre später – ziemlich weit zurückgenommen. Denn Bäumer konstatierte, die nationalsoziale Idee habe immer noch nicht «die endgültige Verkörperung in einer ihr entsprechenden Staats-, Wirtschafts- und Gesellschaftsordnung» gefunden.[49] Das konnte man auch als Absage an die bestehende Republik interpretieren, zumindest war es eine Distanzierung von dieser. Ihrerseits fühlte sich die *Hilfe* wieder auf ihre politisch randständige Position zurückgedrängt, die sie ursprünglich als Organ einer geistig regen, aber zahlenmäßig sehr beschränkten und nicht allzu sehr beachteten politischen Bewegung eingenommen hatte.[50]

Im weiteren Verlauf des Jahres 1931 verdichteten sich die Anzeichen dafür, dass der Vormarsch der NSDAP ebenso wie der Verfall der Mittelparteien weiter gehen würde.[51] Zwar gab es auch immer einmal Momente der Entspannung, so als im August der von der NSDAP initiierte Volksentscheid zur Auflösung des preußischen Landtages scheiterte.[52] Doch selbst innere Streitigkeiten dort änderten für die meisten Hilfe-Autoren nichts am generellen Trend zu Gunsten der NSDAP, dazu sei deren Propaganda psychologisch einfach zu geschickt: «Die Macht des Nationalsozialismus liegt wesentlich darin, dass er seinen Mitgliedern ein Überlegenheitsgefühl vermittelt, das sie unter dem Einkaufpreis erstehen können – eine Genossenschaft für den billigen Bezug nationaler Ideale.»[53] Gegenmittel wie die Übernahme des britischen Wahlrechts oder die Bildung von außerparlamentarischen Reformforen wurden kurzzeitig erwogen und bald wieder verworfen.[54]

Vor allem die Landtagswahl in Hessen-Darmstadt, wo die Nationalsozialisten zur bei weitem stärksten Partei wurden, wirkte sich deprimierend aus: «Die Lage der demokratischen Republik war noch nie so schwierig wie

---

von Naumanns Nationalsozialer Idee zum Liberalismus dargestellt, vgl. Theodor HEUSS: *Friedrich Naumann. Der Mann, das Werk, die Zeit.* 2. Aufl. Tübingen 1949, S. 170 ff.
49 *An die Leser.* In: *Die Hilfe*, Nr. 12 v. 21.3.1931, S. 273.
50 *An die Leser.* In: *Die Hilfe*, Nr. 26 v. 27.6.1931, S. 609 f.
51 Vgl. *Wahlen in Oldenburg.* In: *Die Hilfe*, Nr. 21 v. 23.5.31, S. 497 f u. Gustav HERRMANN: *Der Landtag in Oldenburg.* In: Ebd., Nr. 24 v. 13.6.1931, S. 573.
52 Vgl. *Die Bedeutung des 9. Augusts.* In: *Die Hilfe*, Nr. 33 v. 15.8.31, Nr. S. 780 u. Gertrud BÄUMER: *Nach dem Volksentscheid.* In: Ebd., S. 777-779.
53 Kurt SCHEDEL: *Was wird aus dem Nationalsozialismus?* In: *Die Hilfe*, Nr. 46 v. 14.11.1931, S. 1090-1091, Zitat S. 1091.
54 Vgl. Fritz LENSEN: *Was bedeutet der politische Radikalismus in Deutschland?* In: *Die Hilfe*, Nr. 40 v. 3.10.1931, S. 953-957; Alfons STEINRÖTTER: *Aktion der positiven Kräfte.* In: Ebd., Nr. 41 v. 10.10.1931, S. 979-982 u. Werner WILMANNS: *Weckung – nicht Aktion der positiven Kräfte.* In: Ebd., Nr. 44 v. 31.10.1931, S. 1057 f.

nach diesem 15. November!»⁵⁵ Jetzt kamen auch Zweifel am Sinn eines demokratisch-parlamentarischen Systems auf; ein Autor erklärte, es sei die – wohl gemerkt nicht mit parlamentarischer Mehrheit agierende – Regierung «Brüning-Dietrich-Groener», welche «zweifellos dem Sinne der Weimarer Verfassung besser entspricht als die Art der parlamentarischen Demokratie, die wir in den ersten zehn Jahren der Republik hatten».⁵⁶

Von dieser Position aus war es dann nur im folgenden Jahr noch ein kleiner Schritt, ausgerechnet in Hindenburg, dessen Kandidatur zum Reichspräsidentenamt vordem 1925 so heftig bekämpft worden war,⁵⁷ jetzt den letzten Rettungsanker des Weimarer Systems zu sehen. Anders als bei der Wahl vor sieben Jahren stellte dieser nunmehr für Gertrud Bäumer «die einzige wahrhaft volksverbindende deutsche Persönlichkeit der Gegenwart» dar.⁵⁸ Die Wiederwahl Hindenburgs als Staatsoberhaupt wurde dann aber von einem anderen Kommentator weniger als Sieg der republikanischen Kräfte, die Hindenburg diesmal unterstützt hatten, sondern vielmehr in erster Linie als Niederlage der NSDAP auf ihrem Weg zur «baldigen Machtübernahme» gedeutet, deren Auswirkungen auf ihren Zusammenhalt und ihre zukünftige Strategie unklar sei:

> [...] eine Partei, die bei 13 ½ Millionen Stimmen weit vom selbst gesteckten Ziel entfernt blieb, kann der Schicksalsfrage, ob sie die Mitverantwortung in opferreicher Zusammenarbeit mit anderen Gruppen will oder die Isolierung im aussichtslosen Ringen um die Alleinherrschaft, nicht mehr aus dem Wege gehen.⁵⁹

---

55   *Ernste Folgen der hessischen Landtagswahl.* In: *Die Hilfe*, Nr. 47 v. 21.11.1931, S. 1118, Zitat S. 1119. Schon früher meinte ein politisch wachsamer Beobachter liberaler Provenienz wie Viktor Klemperer, «von Tag zu Tag wird die deutsche Gesamtlage verzweifelter u. undurchsichtiger», KLEMPERER: *Leben* (wie Anm. 39), Bd. 2, S. 721 (Eintrag vom 16.7.1931).
56   Walter GERLACH: *Aktion der positiven Kräfte – Geistige Belebung der Mitte.* In: *Die Hilfe*, Nr. 47 v. 21.11.1931, S. 1129. Der Autor verband dies mit dem Ruf nach einer teilweise ständischen Umwandlung der Verfassung. Intern hatte Theodor Heuss kurz zuvor vom «Sauzustand des deutschen Parlamentarismus» gesprochen, vgl. HEUSS: *Bürger* (wie Anm. 9), S. 428.
57   Vgl. z.B. *Die neue Verschärfung der politischen Lage.* In: *Die Hilfe*, 8/1925; S. 169, *Offener Brief an Hindenburg.* In: Ebd., S. 175 f., *Die Wahl der Unpolitischen.* In: Ebd., Nr. 9/1925, S. 193, *Zwei Welten: Hindenburg und Löbe.* In: Ebd., Nr. 10/1925, S. 217.
58   G. BÄUMER: *Die Kandidatur Hindenburgs.* In: *Die Hilfe*, Nr. 8 v. 20.2.1932, S. 171. Dass Hindenburg selbst dies ähnlich sah, allerdings nicht im liberalen und republikanischen Sinne, dazu vgl. jetzt Wolfram PYTA: *Hindenburg. Herrschaft zwischen Hohenzollern und Hitler.* München 2007.
59   Werner CHRISTIANSEN: *Die Deutung des 10. Aprils.* In: *Die Hilfe*, Nr. 16 v. 16.4.1932, S. 361-364, Zitat S. 364.

Einen wirklichen Schwachpunkt des Nationalsozialismus meinte man im Wirtschaftsprogramm der NSDAP ausgemacht zu haben, wobei man sich ausdrücklich auf die Analyse berief, die Theodor Heuss in seinem kurz zuvor publizierten Buch *Hitlers Weg* vorgenommen hatte.[60] In diese Kerbe hieben verschiedene Autoren, so Erich Koch-Weser,[61] Gertrud Bäumer[62] oder der anonyme Verfasser der *Politischen Notizen*.[63] Aber auch diese Argumentation wurde nicht durchgehalten. Theodor Heuss selbst sah übrigens diese Passagen seiner Untersuchung nach wenigen Monaten zwar als korrekturbedürftig an, aber den Ansatz insgesamt als richtig.[64]

Stattdessen suchte Gertrud Bäumer verstärkt nach dem «richtigen Verhältnis von Freiheit und Bindung, von konservativen und freiheitlichen Elementen», das sie einerseits bei Ernst Robert Curtius und seinem Buch «Deutscher Geist in Gefahr» zu finden vermeinte.[65] Andererseits natürlich bei der national-sozialen Idee, die – aufbauend auf drei Elementen: «de(m) Wille zur nationalen Macht, de(m) Glaube(n) an die konservativen Kräfte der sittlich-religiösen Bindung und [...] d(er) sozialen Haltung in der Arbeiterfrage» – selbst eine Volksgemeinschaft angestrebt habe.[66] Während Bäumer hier zumindest einige Gemeinsamkeiten mit dem Nationalsozialismus erkennen wollte, weigerte sich der Aufmacher in der zweiten *Hilfe*-Ausgabe unter der nunmehr alleinigen Herausgeberschaft von Walter Goetz – auch er wie erwähnt ein alter Naumannianer –, im Nationalsozialismus den «Ausdruck einer wahren national-sozialen Volksbewegung» zu sehen.[67]

---

60 «Theodor Heuss hat in seinem ruhigen, sachlichen und geistvollen Buch ‹Hitlers Weg› [...] sich um die Feststellung des Gehalts der nationalsozialistischen Politik ehrlich bemüht [...] (fand) gerade zu den wirtschaftlichen Fragen (Arbeit und Brot!) so gut wie nichts [...]». Gertrud BÄUMER: *Umbau der Parteien*. In: *Die Hilfe*, Nr. 11 v. 12.3.1932, S. 243; vgl. Theodor HEUSS: *Hitlers Weg*. Eine historisch-politische Studie über den Nationalsozialismus. Nachdruck der achten Aufl. Hildesheim u. a. 2008, S. 74-95, bes. S. 83 ff.
61 Erich KOCH-WESER: *Letzter Appell*. In: *Die Hilfe*, Nr. 49 v. 5.12.1931, S. 1167.
62 Gertrud BÄUMER: *Deutschland erwache*. In: *Die Hilfe*, Nr. 10 v. 6.3.1932, S. 222.
63 *Hessen als Probe aufs Exempel*. In: *Die Hilfe*, Nr. 51 v. 19.12.31, S. 1216 .
64 HEUSS: *Bürger* (wie Anm. 9), S. 513 f.
65 BÄUMER: *Umbau* (wie Anm. 60), S. 244.
66 DIES.: *Nationalsoziale Demokratie*. In: *Die Hilfe*, Nr. 43 v. 22.10.19.1932, S. 1009-1013, Zitat S. 1009.
67 *Die Frage des 31. Juli*. In: *Die Hilfe*, Nr. 31 v. 30. 7.1932, S. 721. Auch Bäumer hatte zuvor letztlich auch einen Zusammenschluss von Demokraten, Zentrum und SPD befürwortet, BÄUMER: *Nationalsoziale Demokratie* (wie Anm. 66), S. 1012 f.

Die Agonie der Weimarer Republik

Schon bis zu diesem Zeitpunkt war die Verwendung des Begriffs Liberalismus in der politischen Argumentation – zumindest aus heutiger Sicht – schon fast peinlich vermieden wurde. Wenn also der oben zitierte Spruch des Staatsparteivorsitzenden vom «Tod» des Liberalismus eine unter den *Hilfe*-Autoren verbreitete Stimmung wiedergab, dann war der Ausgang der Reichstagswahl vom 31. Juli 1932, bei der die Staatspartei auf den Status einer Splittergruppe zurückfiel, natürlich nicht angetan, daran etwas zu ändern. Im Gegenteil, danach wurden der Liberalismus, ebenso wie der Sozialismus und der Nationalismus, sogar zu einer überholten Ideologie erklärt: «Der weiteren Zersetzung unseres Volkskörpers [...] kann nur dann wirksam begegnet werden, wenn es gelingt, das ideologische Denken überhaupt zu überwinden.»[68] Den Mann, der allein dies leisten könnte, erblickte dieser weitgehend unbekannte Autor in Hindenburg: «In Hindenburg lebt weiter, was bewahrt werden muss; dass er sich, alle Hemmungen überwindend, dem Vaterland zur Verfügung stellte, ist seine unvergänglich wirkende Tat.»[69]

Mit den großen Erfolgen der Nationalsozialisten bei der preußischen Landtagswahl im April und der Reichstagswahl zehn Wochen später nahm man auch wieder jene Diskussion um eine politische Einbindung der NSDAP auf, die man zwei Jahre früher schon einmal mit negativem Ergebnis geführt hatte. Nachdem nun offensichtlich die politische Mitte am Ende sei,[70] müsse man, wie Gertrud Bäumer fand, die Nationalsozialisten «in ein Koalitionssystem einbauen».[71] Hoffnungen, wenn es um die Regierungsfähigkeit der NSDAP ging, setzte man auf Gregor Strasser, der sich positiv von dem in der NSDAP üblichen «Mangel an Selbstkritik» abheben würde.[72] Grundsätzlich bestätigt fühlen konnte man sich einerseits durch eine Analyse

---

68 H. EBERL: *Ideologisches Deutschtum*. In: *Die Hilfe*, Nr. 42 v. 15.10.1932, S. 993-996, Zitat S. 995 f.

69 Ebd., S. 996 u. DERS.: *Hindenburg und Hitler*. In: *Die Hilfe*, Nr. 49 v. 3.12.1932, S. 1168 (Zitat). Allerdings standen die Hilfe-Autoren um Bäumer mit dieser Fehleinschätzung Hindenburgs auch im linksliberalen Lager nicht allein, vgl. Michael KREJCI: *Die Frankfurter Zeitung und der Nationalsozialismus 1923-1933*. Diss. MS Würzburg 1965, S. 125.

70 R.F. Freiherr VON FREILITZSCH: *Selbstbesinnung!* In: *Die Hilfe*, Nr. 20 v. 12.5.1932, S. 465.

71 Gertrud BÄUMER: *Verdientes Schicksal*. In: *Die Hilfe*, Nr. 18 v. 30.4.1932, S. 409-412, Zitat S. 411, vgl. *Umbildung in Reich und Preußen*. In: Ebd., Nr. 19 v. 7.5.1932, S. 436 f. u. E. THOMAS: *Tragödie der Irrungen*. In: Ebd., Nr. 21 v. 21.5.1932, S. 481.

72 *Die Regierungsfähigkeit der Nationalsozialisten*. In: *Die Hilfe*, Nr. 21 v. 21.5.1932, S. 486 f (Zitat) u. THOMAS: *Tragödie* (wie Anm. 71), S. 482.

des Leipziger Hochschullehrers Thalheim, der zwar bei 37% die Grenzen für das Wachstum des Nationalsozialismus sah, aber nicht mit seinem schnellen Verschwinden rechnete angesichts der von ihm gewonnenen Positionen in der deutschen Gesellschaft.[73] Zugleich zeigte diese Analyse auf, dass eigentlich nur noch in der Arbeiterschaft und in den katholischen Bevölkerungsteilen Barrieren gegen ein weiteres Vordringen der NSDAP vorhanden waren, was im Umkehrschluss hieß, dass gerade das soziale Spektrum, auf das die Liberalen und auch die *Hilfe* zielten, der protestantische Mittelstand, weitgehend zum Rechtsradikalismus übergegangen war.[74] Als sich nun mit der Reichstagswahl zeigte, dass diese Annahmen zutreffend waren, forderte Gertrud Bäumer beinahe ultimativ, mit Unterstützung des Zentrums «die Nationalsozialisten in die Verantwortung zu bringen».[75]

Einige Wochen später zeigten sich in der *Hilfe* jedoch wieder Bedenken gegenüber einem solchen Konzept, da die Hitlerbewegung «noch nicht bündnis- und regierungsfähig» sei.[76] Dieses fast schon orientierungslose Schwanken wurde unübersehbar bei einem großen zweiteiligen Aufsatz von Gertrud Bäumer mit der Überschrift *Die deutsche Staatskrisis*. Schon der Titel weist auf das stark staatszentrierte Denken hin, bei dem die Autorin sich für heutige Liberale auf eine sehr abschüssige Argumentation einließ. Die Verwirrung wird schon bei Kleinigkeiten sichtbar, etwa wenn ausgerechnet das demokratische Wahlrecht als «liberale» Stütze beim «Bau unserer Verfassung» angesehen wurde, was die Argumentation der Liberalen des 19. Jahrhunderts quasi auf den Kopf stellte.[77] Überhaupt behandelte Bäumer an dieser Stelle liberales Gedankengut nicht besonders schonend; mehrfach fiel der von den Nationalsozialisten geprägte Begriff «liberalistisch», insbesondere im Zusammenhang mit den in der Weimarer Verfassung gewährten Rechtsgarantien, welche wiederum zu den Essentials des älteren Liberalismus gehörten. Da solche Rechte ein Ausfluss des «individuellen oder Gruppenegoismus» seien, müsse ihnen gegenüber der «volksstaatliche Grundgedanke der Reichsverfassung» herausgestellt werden.[78]

---

73 Carl C. THALHEIM: *Die Zukunft des Nationalsozialismus*. In: *Die Hilfe*, Nr. 24 v. 16.6.1932, S. 571-574.
74 Vgl. dazu auch BÄUMER: *Umbau* (wie Anm. 60), S. 243, *Hindenburgs und Hitlers Hochburgen*. In: *Die Hilfe*, Nr. 16 v. 16.4.1932, S. 364 u. *Zu den preußischen Kirchenwahlen*. In: Ebd., Nr. 47 v. 19.11.1932, S. 1113.
75 Gertrud BÄUMER: *Was nun?* In: *Die Hilfe*, Nr. 32 v. 6.8.1932, S. 745-749, Zitat S. 748.
76 *Nationalsozialistische Komödie*. In: *Die Hilfe*, Nr. 40 v. 1.10.1932, S. 944 f.
77 Gertrud BÄUMER: *Die deutsche Staatskrisis II*. In: *Die Hilfe*, Nr. 34 v. 20.8.1932, S. 793.
78 DIES.: *Die deutsche Staatskrisis I*. In: *Die Hilfe*, Nr. 33 v. 13.8.1932, S. 779 f., Zitat S. 780.

Bäumer ging es vor allem um den Zusammenhalt, sie wollte der «Zersetzung des Staatsbewusstseins» entgegenarbeiten. Denn: «Zwischen diesen beiden Gegenpolen – dem Rechtsstaat der Reichsverfassung und dem völkischen Machtsstaat – schwankt (sic) heute Rechtsbewusstsein und Praxis in bedenklichster Weise hin und her [...]».[79] So sehr Bäumer ein gefühlsmäßiges Verständnis für die nationalsozialistische Polemik gegen die liberaldemokratische Republik zeigte,[80] so sehr wollte sie aber noch keineswegs Rechtsstaat und Demokratie völlig preisgeben.[81] Vielmehr sollte eine neue «Staatsgesinnung», für die England das Vorbild sei, durch gewisse Verfassungsänderungen von Seiten des Staates selbst aufgebaut werden.[82] Auch wenn Bäumer in diesem Zusammenhang auf das positive Beispiel der Sozialdemokraten verwies, wo immer noch «Demokratie als Grundgefühl» vorhanden sei,[83] dürften die *Hilfe*-Leser nach diesen Ausführung ziemlich ratlos geblieben sein: Einerseits wurde hier vollkommen ausgeblendet, dass die SPD verglichen mit 1919 rund 40% ihrer Wähler verloren hatte und dass damit das demokratische Grundgefühl zu einer Minderheitenposition geworden war, die selbst in Verbindung mit anderen halbwegs republikanischen Parteien weit davon entfernt war, eine verfassungsändernde Mehrheit zu schaffen. Zudem warf dieser Aufsatz doch auch das Problem nach der Staatsvorstellung von Bäumer auf. Selbstverständlich war es schwierig, das Heil von der Gesellschaft her zu erwarten, wo gerade die Extremisten auf demokratischem Weg immer mehr gestärkt wurden.[84] Aber vollkommen realitätsblind erscheint uns heute rückblickend, ausgerechnet von einem Staat, der durch den Reichspräsidenten Hindenburg und den Kanzler Papen repräsentiert wurde, Reformen in Richtung einer Stärkung des «rechtsstaatlich-demokratischen Bewusstseins» zu erwarten.

Bäumer selbst trat übrigens dann kurze Zeit später wieder für das Zusammenrücken aller vernünftigen Teile des Bürgertums um Sozialdemokratie und politischem Katholizismus ein.[85] Mit der Ernennung des neuen Kanzlers Schleicher wurden wieder die Fürsprecher der Präsidialkabinette in der *Hilfe* laut: Da sein Kabinett offenbar Hindenburgs Vertrauen besaß,

---

79 Ebd., S. 780.
80 Vgl. BÄUMER: *Staatskrisis II* (wie Anm. 77), S. 794.
81 Vgl. BÄUMER: *Staatskrisis I* (wie Anm. 78), S. 780 u. Dies.: *Staatskrisis II* (wie Anm. 77), S. 794.
82 DIES.: *Staatskrisis II* (wie Anm. 77), S. 796.
83 Ebd. S. 797.
84 Vgl. ebd., S. 795.
85 BÄUMER: *Nationalsoziale Demokratie* (wie Anm. 67), S. 1012 f.

wurde sein Amtsantritt als eine «glückliche Konstellation» angesehen.[86] Damit gelangte man erneut zu der Position, die Bäumer im Sommer vertreten hatte und die das Heil von den Präsidialkabinetten und von dem durch Hindenburg repräsentierten «monarchischen Prinzip, das auch einer deutschen Republik, wie die Erfahrung gezeigt hat, nicht ganz fehlen darf»,[87] erwartete. Konsequent war das alles nicht, aber es deckte vielleicht ein breites Spektrum an unterschiedlichen Erwartungen ab, die Herausgeber und Redaktion unter ihren Lesern vermuteten. Kämpferische Gegenwehr gegen die nationalsozialistische Gefahr hätte vermutlich anders ausgesehen. Auch ein weit stärker im liberalen Gedankengut verwurzelter Mann wie Theodor Heuss rechnete zu diesem Zeitpunkt ungeachtet der Verluste, die die Nationalsozialisten bei einer erneuten Reichstagswahl im November erlitten, nicht mit derem schnellen Verschwinden und äußerte allenfalls privat die verhaltene Hoffnung, dass mittelfristig «der Zeitpunkt wiederkommt, wo eine tapfere bürgerliche Gesinnung und eine Neuprägung liberaler Gedanken den Deutschen notwendig genug sein werden».[88]

Theodor Heuss trat dann zum Jahreswechsel 1932/1933 in das Herausgebergremium der *Hilfe* ein. In dieses kehrte auch Gertrud Bäumer zurück, während Walter Goetz dort blieb und der erwähnte Jungdeutsche Herrmann gleichfalls neu eintrat.[89] Diese permanenten Änderungen waren sicherlich auch kein Ausweis von Stabilität. Und die Neuformierung unter den Herausgebern hat am schwankenden Kurs der Zeitschrift zunächst nichts geändert. Bei Jahrbeginn 1933 wurde den Leser indirekt mitgeteilt, dass die *Hilfe* sich nun nicht mehr als «Organ einer Partei» verstünde, mithin die Beziehungen zur Staatspartei/DDP nun auch offiziell gekappt wurden, obwohl Heuss für diese alsbald nochmals zum Reichstag kandidieren sollte. Vielmehr sei die Zeitschrift jetzt «Trägerin einer Politik [...], die an die nationalsoziale Bewegung der Vergangenheit anknüpft und in ihrem Geiste ohne Bindung an vorhandene parteipolitische Programme der Klärung unserer gegenwärtigen nationalen Lebensfragen dienen will».[90]

---

86 E. THOMAS: *Politische Stromschnellen*. In: *Die Hilfe*, Nr. 51 v. 15.17.1932, S. 1205. Zu ähnlichen Stimmen in der Frankfurter Zeitung vgl. KREJCI: *Frankfurter Zeitung* (wie Anm. 69), S. 89.
87 EBERL: *Hindenburg und Hitler* (wie Anm. 68), S. 1169. Der Autor steigerte sich zu einer wahren Apotheose des Reichspräsidenten und Generalfeldmarschalls a. D.: «Seine Person ist eine Vereinigung von Feldherrentum und staatsmännischer Weisheit, wie sie seit Friedrich dem Großen unter den Deutschen nicht mehr erschienen ist».
88 HEUSS: *Bürger* (wie Anm. 9), S. 494.
89 Vgl. *An die Leser*. In: *Die Hilfe*, Nr. 1 v. 7.1.1933, S. 1.
90 Ebd.

Überrascht wurde die *Hilfe* dann auch dadurch, dass die eigentlich auf dem Niedergang gewährten Nationalsozialisten vier Wochen später plötzlich den Kanzler stellten.[91] Die Folgen davon jedoch machten bald unverständlich klar, wie «ungeheuer ernst» die deutsche Lage geworden war.[92] Theodor Heuss, von dem diese Feststellung stammt, sorgte dann nach dem Ausscheiden von Bäumer und Herrmann als Herausgeber dafür, dass die *Hilfe* wieder zu einem klareren liberalen Kurs fand, natürlich unter schnell stark erschwerten Bedingungen für Publizisten.[93] Es ist nicht zynisch gemeint, wenn man feststellt, dass die «Machtergreifung» die Situation für die *Hilfe* übersichtlicher und, da nun viel journalistische Konkurrenz ausfiel, in gewisser Weise auch das Leben einfacher machte. Kehrseite war natürlich die zunehmende Gängelei durch die Zensur, der schließlich auch der Herausgeber Heuss und mit ihm der «widerständige» Kurs der Zeitschrift 1936 zum Opfer fielen.[94]

Vorläufiges Fazit

Es ist wohl nicht allein wegen des Umfangs an Material generell schwierig, eine Zeitung oder Zeitschrift, die sich einem gewissen Pluralismus verschrieben hat – was bei liberalen Medien vorausgesetzt werden sollte –, auf einen einheitlichen Nenner zu bringen. Gerade die *Hilfe* zeugt in den 1920er- und frühen 1930er-Jahren dreißiger Jahren von einer beträchtlichen Vielstimmigkeit. Dabei wird man sicherlich unter den Autoren eine gewisse Hierarchisierung vornehmen können: Äußerungen von Herausgebern kommt ein größeres Gewicht zu als denen von außen stehenden Autoren. Einen ähnlichen Unterschied wird man auch hinsichtlich der Häufigkeit machen können: Wer öfters schreibt, steht der Generallinie eines Blattes wahrscheinlich näher als vereinzelte Stimmen. Allerdings wird dies in gewisser Weise aufgehoben durch den Grad der Prominenz unter den Autoren: Bekannte

---

91 Jürgen FRÖLICH: *Die Umformung des deutschen Seins erlaubt keine passive Resignation. Die Zeitschrift «Die Hilfe» im Nationalsozialismus.* In: Christoph STUDT (Hrsg.): «Diener des Staates» oder «Widerstand zwischen den Zeilen». Die Rolle der Presse im «Dritten Reich». Münster u.a. 2007, S. 115-129, hier S. 118, vgl. auch HEUSS: *Bürger* (wie Anm. 9), S. 536.
92 Theodor HEUSS: *Umbruch.* In: *Die Hilfe*, Nr. 4 v. 18.2.1933, S. 99.
93 Vgl. FRÖLICH: *Umformung* (wie Anm. 91), S. 119 -124.
94 Vgl. ebd. S. 127 f. und Jürgen C. HESS: *Die deutsche Lage ist ungeheuer Ernst geworden. Theodor Heuss vor den Herausforderungen des Jahres 1933.* In: *Jahrbuch zur Liberalismus-Forschung* 6 (1994), S. 65-136, hier S. 112 u. 119 f.

DDP-Politiker fanden mit ihren Beiträgen sicherlich weit mehr Aufmerksamkeit als unbekanntere Autoren, auch wenn diese sich häufiger zu Wort meldeten. Dazu will aber nicht so recht passen, dass durchaus bekannte bzw. im Aufstieg befindliche Autoren wie Theodor Heuss oder Anton Erkelenz zu bestimmten Phasen Pseudonyme benutzten.[95]

Der vorliegenden Untersuchung hat deshalb die Auffassung zugrunde gelegen, dass Meinungsäußerungen von *Hilfe*-Herausgebern, genauer gesagt von Anton Erkelenz und Gertrud Bäumer, besonderes Gewicht zukommt. Die übrigen Editoren der Jahre 1931/1932 haben sich kaum ähnlich in der Zeitschrift exponiert, konnten es einerseits schon wegen des rasanten Wechsels nicht oder wollten es vielleicht – wie im Falle von Walter Goetz[96] – nicht. Erst mit Theodor Heuss kam Anfang 1933 wieder ein vergleichbares Schwergewicht in das Editoren-Board, sein Wirken ist aber bereits anderweitig untersucht worden.[97]

Lassen wir kurz noch einmal die Haltung der *Hilfe* gegenüber dem Nationalsozialismus zwischen Herbst 1923 und Anfang 1933 Revue passieren: Das erste, reichsweit beachtete Auftreten von Hitler und seinen Gefolgsleuten wurde 1923 mit einer Mischung von Alarmiertheit und Kuriosität betrachtet. Für ersteres stand – aus außenpolitischen Gründen – vor allem Gertrud Bäumer, für letzteres Theodor Heuss. Beide sollten ihre Einschätzung der Ereignisse und unmittelbaren Folgen des 9. Novembers 1923 später korrigieren, Heuss, indem er darin nachträglich durchaus einen «Glücksfall» für Hitler sah,[98] und Bäumer, weil sie versuchte, die «politischen Anliegen» der Nationalsozialisten zu verstehen.

In der Zeit 1930/1932 übte Bäumer den weitaus größeren Einfluss auf die Generallinie der *Hilfe* in dieser Frage, die sich dann zur zentralen innenpolitischen Frage wandelte, aus und war somit entscheidend verantwortlich für die wachsende Distanz des Blattes zu den Grundlagen der Weimarer Verfassung und des (linken) Liberalismus. Dabei berief sie sich immer wieder auf die national-sozialen Wurzeln, ob zu Recht oder zu Unrecht, sei dahinge-

---

95 Bei Erkelenz hatte es vermutlich mit seiner Distanzierung von der DDP zu tun, bei Heuss war es wohl eher taktisch gemeint, um seinen Ruf als seriöser Autor nicht zu schädigen, vgl. HEUSS: *Bürger* (wie Anm. 9), S. 191.
96 Zur Haltung von Goetz zum Nationalsozialismus vgl. Wolf Volker WEIGAND: *Walter Wilhelm Goetz 1867-1958.* Eine biographische Studie über den Historiker, Politiker und Publizisten. Boppard am Rhein 1992, S. 311 ff., ziemlich resignativ ist sein Rückblick in der Festschrift für Gertrud Bäumer, vgl. Walter GOETZ: *Der politische Liberalismus.* In: Vom Gestern zum Morgen. Eine Gabe für Gertrud Bäumer. Berlin 1933, S. 114-120.
97 Vgl. FRÖLICH: *Umformung* (wie Anm. 91) sowie HESS: *Lage* (wie Anm. 92).
98 Vgl. HEUSS: *Hitlers Weg* (wie Anm. 60), S. 3 ff sowie dagegen noch DERS.: *Politik* (wie Anm. 18), S. 83.

stellt. Jedenfalls vermeinte sie gewisse Gemeinsamkeiten zwischen den Grundanliegen von Naumanns national-sozialer Idee und der nationalsozialistischen Ideologie auszumachen. Es sei an dieser Stelle nochmals betont, dass auch sie – Gertrud Bäumer – keineswegs mit den Zielen von Hitlers Politik übereinstimmte oder sie im Endeffekte teilte. Aber sie sah darin Anliegen eingebettet, die ihr einleuchteten und über deren – gewissermaßen entschärfte – Realisierung sie zumindest nachdachte. Gegen den Kult um Personen wie Hindenburg oder um Begriffe wie Volksgemeinschaft vertrat die *Hilfe* als Folge keineswegs offensiv die Werte der individuellen Freiheit, der Demokratie und des Rechtsstaates.

Andere *Hilfe*-Autoren waren besorgter und zugleich kritischer gegenüber dem Nationalsozialismus eingestellt. Es sei an dieser Stelle vor allem auf Anton Erkelenz verwiesen. Gemeinsam mit anderen wie Wilhelm Külz oder Werner Stephan legte er in der Phase 1929/1930, als der Durchbruch der NSDAP erfolgte, erstaunlich klarsichtige Analysen und Einschätzungen vor. Alle drei genannten Autoren verschwanden dann aber aus unterschiedlichen Gründen mehr oder minder aus der *Hilfe*-Autorenschaft: Erkelenz, weil er insgesamt mit dem linksliberalen Lager nach dessen Transformation in die Staatspartei brach,[99] Külz, weil er, zum Dresdner Oberbürgermeister gewählt, sich von der Reichspolitik weg orientierte,[100] und Stephan, weil er inzwischen in den Dienst der Reichsregierung übergewechselt war.[101]

Diese kritischen Analysen waren aus zwei Gründen nicht typisch für die Haltung der *Hilfe*: Einerseits gingen sie einher mit anderen, beschwichtigenden Stimmen, die die vom Nationalsozialismus ausgehenden Gefahren wie schon zuvor weiterhin unterschätzten. Seit Ende des Jahres 1930 war dies zwar kaum noch möglich, aber Schlussfolgerungen aus den genannten Analysen zog man nicht, konnte es vermutlich auch nicht, da dem gesamten liberalen Lager dazu inzwischen die Kraft fehlte. So gehörte auch die *Hilfe* in den Jahren 1931/1932 zu den «Getriebenen», die die innenpolitischen Veränderungen mit einer Mischung aus Anpassung und Widerstand kommentierte, dabei aber doch mehr oder minder klare Linien verfehlte. Damit soll nicht so weit gegangen werden, «Zweideutigkeit» generell zum Signum des Weimarer Liberalismus zu machen.[102] In Bezug auf die nationalsozialistische Bedrohung der Republik jedoch vermisst man in der Tat in den Jahren 1931/1932

---

99 Vgl. KELLMANN: *Erkelenz* (wie Anm. 28), S. 195-200.
100 Vgl. Thomas KÜBLER: *Wilhelm Külz als Kommunalpolitiker*. In: *Jahrbuch zur Liberalismus-Forschung* 18 (2006), S. 101-110.
101 Vgl. Barthold C. WITTE: *Liberaler in schwierigen Zeiten*. Werner Stephan (1895-1984). In: Ebd., S. 239-254, hier S. 244 f.
102 So Modris EKSTEINS: *Theodor Heuss und die Weimarer Republik*. Stuttgart 1969, S. 122.

eine «eindeutigere» Haltung. Allerdings gab es selbst im mit dem Linksliberalismus ursprünglich verbundenen Judentum Tendenzen, auf eine autoritäre Lösung à la Mussolini zu hoffen.[103]

Die aus *Hilfe*-Sicht dann doch eher überraschende «Machtergreifung» vom 30. Januar 1933 wurde mittelfristig zu einem Wendepunkt, da nun die Lage übersichtlicher und das politische Feindbild klarer war. Und da – vielleicht zur eigenen Überraschung – die Zeitschrift anders als viele Konkurrenzorgane nicht umgehend verboten wurde, sie vielmehr weiter erscheinen durfte und ihr dabei zunächst zumindest sogar ein gewisser Spielraum eingeräumt wurde,[104] waren die Herausgeber unter der Führung von Theodor Heuss gewillt, diese Chance zu nutzen. Der schrieb im März 1933 an einen Vertrauten: «Dann ist die Publizistik einstweilen, wenn sie vorsichtig gehandhabt wird, der einzige Weg, um eine bestimmte Gesinnungsgemeinschaft aufrecht zu erhalten.»[105] Bei diesem Versuch, die liberale Flagge hochzuhalten, hat auch Gertrud Bäumer mitgemacht. Wer dabei der eigentliche Motor, etwa Theodor Heuss, wie hier angenommen wird, oder ob alle Herausgeber und führenden Mitarbeiter dabei an einem Strang zogen, kann beim jetzigen Stand der Forschung[106] noch nicht abschließend gesagt werden. Trägt man den unterschiedlichen Rahmenbedingungen für Publizisten vor und nach der nationalsozialistischen «Machtergreifung» Rechnung, ist die Einschätzung nicht verfehlt, dass das liberale Profil der *Hilfe* danach nicht geringer war als davor, eher im Gegenteil.

---

103 Vgl. KLEMPERER: *Leben* (wie Anm. 39), Bd. 2, S. 753 (Eintrag vom 29.5.1932).
104 Nachweise dafür bei FRÖLICH: *Umformung* (wie Anm. 91), S. 120 f., 123 f.
105 Zitiert nach EKSTEINS: *Theodor Heuss* (wie Anm. 102), S. 195.
106 Der hier interessierende Fragenkreis wird bei Angelika SCHASER: *Helene Lange und Gertrud Bäumer. Eine politische Lebensgemeinschaft*. Köln u. a. 2000 nicht thematisiert; Walter Goetz aber hatte in seinem Beitrag für die nach der «Machtergreifung» erschienene Bäumer-Festschrift etwas trotzig geschrieben, «der Liberalismus trägt Werte in sich, nach denen sich vielleicht viele in kurzer Zeit sehnen werden», GOETZ: *Liberalismus* (wie Anm. 96), S. 114.

Anhang

Die Wahlentwicklung von DDP/DStP und NSDAP 1924-1933

Datum	Wahl	Anteil Linksliberale	Anteil NSDAP
06.04.1924	Bayern Landtag	3,2%	17,1%[107]
04.05.1924	Reichstag	5,7%	6,5%[108]
07.12.1924	Reichstag	6,3%	3,0%
20.05.1928	Reichstag	4,9%	2,6%
20.05.1928	Bayern Landtag	3,3%	6,1%
12.05.1929	Sachsen Landtag	4,3%	5,0%
27.10.1929	Baden Landtag	6,7%	7,0%
08.12.1929	Thüringen Landtag	2,9%	11,3%
22.06.1930	Sachsen Landtag	3,2%	14,4%
14.09.1930	Reichstag	3,8%	18,3%
30.11.1930	Bremen Landtag	4,1%	25,4%
15.11.1931	Hessen Landtag	1,4%	37,1%
13.03.1932	Reichspräsident 1. Wahlgang	49,6%[109]	30,1%
10.04.1932	Reichspräsident 2.Wahlgang	53,0%[110]	36,8%
24.04.1932	Landtag Preußen	1,5%	36,3%
31.07.1932	Reichstag	1,0%	37,3%
06.11.1932	Reichstag	1,0%	33,1%
05.03.1933	Reichstag	0,9%	43,8%

Nach: Jürgen Falter u.a.: Wahlen und Abstimmungen in der Weimarer Republik. München 1986.

---

107 «Völkische» Gruppen.
108 «Völkische» Gruppen.
109 Hindenburg als Gemeinschaftskandidat von SPD, Zentrum, DVP und DStP.
110 Hindenburg als Gemeinschaftskandidat von SPD, Zentrum, DVP und DStP.

Zusammenfassung

Das erste reichsweit beachtete Auftreten von Hitler und seinen Gefolgsleuten wurden in der *Hilfe* 1923 mit einer Mischung von Alarmiertheit und Kuriosität betrachtet. Für ersteres stand Gertrud Bäumer, für letzteres Theodor Heuss. Beide sollten ihre Einschätzung der Ereignisse und unmittelbaren Folgen des 9. Novembers 1923 später korrigieren: Heuss, indem er darin nachträglich eher einen «Glücksfall» für Hitler sah, und Bäumer, weil sie versuchte, die «politischen Anliegen» der Nationalsozialisten zu verstehen.

In der Zeit 1930/1932 übte Bäumer den weitaus größeren Einfluss auf die Generallinie der *Hilfe* aus und war somit entscheidend verantwortlich für die wachsende Distanz des Blattes zu den Grundlagen der Weimarer Verfassung und des (linken) Liberalismus. Dabei berief Bäumer sich immer wieder auf die national-sozialen Wurzeln. Sie meinte, gewisse Gemeinsamkeiten zwischen Naumanns national-sozialer Idee und der nationalsozialistischen Ideologie ausmachen zu können, wobei auch sie keineswegs mit den Endzielen von Hitlers Politik übereinstimmte. Aber sie sah darin Anliegen eingebettet, die ihr einleuchteten und über deren – entschärfte – Realisierung sie zumindest nachdachte. Als Folge vertrat die *Hilfe* keineswegs offensiv die Werte der individuellen Freiheit, der Demokratie und des Rechtsstaates.

Andere *Hilfe*-Autoren waren zu diesem Zeitpunkt kritischer gegenüber dem Nationalsozialismus eingestellt. Es sei hier vor allem auf Anton Erkelenz verwiesen. Gemeinsam mit Wilhelm Külz oder Werner Stephan legte er erstaunlich klarsichtige Analysen und Einschätzungen vor. Diese kritischen Analysen waren nicht typisch für die Haltung der *Hilfe*, denn sie gingen einher mit anderen, beschwichtigenden Stimmen; und es fehlte der *Hilfe* wie inzwischen dem gesamten linksliberalen Lager die Kraft, daraus geeignete Konsequenzen zu ziehen. So gehörte auch die *Hilfe* in den Jahren 1931/1932 zu den «Getriebenen», die die innenpolitischen Veränderungen mit einer Mischung aus Anpassung und Widerstand kommentierte, dabei aber doch eine klare Linie vermissen ließ. Die «Machtergreifung» vom 30. Januar 1933 wurde mittelfristig zu einem Wendepunkt, da nun die Lage übersichtlicher und das politische Feindbild klarer war. Unter dem neuen «Chef-Herausgeber» Theodor Heuss fand die *Hilfe* – unter allerdings sehr veränderten und erschwerten Bedingungen – wieder zu einem liberaleren Profil.

Résumé[111]

La première entrée en scène remarquée d'Hitler et de ses partisans, dont on prit note dans le Reich, fut observée en 1923 dans *Die Hilfe* avec un mélange d'alarme et de curiosité: si Gertrud Bäumer appartenait surtout au premier cas, Theodor Heuss reflétait plutôt le second.

Chacun d'eux devait corriger plus tard leurs jugements respectifs des événements et des suites immédiates du 9 novembre 1923: Heuss en rectifiant sa première sous-estimation d'Hitler et Bäumer en tentant de comprendre les «objectifs» des nationaux-socialistes.

Devenue éditrice, Bäumer exerça dans les années 1930-1932 l'influence de loin la plus importante sur la ligne générale de *Die Hilfe* ; c'est elle qui porte la responsabilité du fait que la revue s'éloigna de plus en plus des fondements de la constitution de Weimar et du libéralisme (de gauche).

Gertrud Bäumer se référait pour cela constamment aux sources national-/sociales et croyait déceler une certaine communauté de vues entre les idées nationale-sociales de Friedrich Naumann et l'idéologie national-socialiste, sans qu'il y eût pour autant d'accord avec les objectifs de la politique d'Hitler. Elle voyait dans cette politique des buts qui lui paraissaient évidents. Il en découlait que de *Die Hilfe* ne représentait pas de manière offensive les valeurs que sont la liberté individuelle, la démocratie et l'Etat de droit.

D'autres auteurs adoptaient en revanche une position plus critique envers le national-socialisme comme tout particulièrement Anton Erkelenz mais aussi Wilhelm Külz ou Werner Stephan. Leurs appréciations d'une remarquable perspicacité n'étaient cependant pas typiques de l'attitude de *Die Hilfe*, car, d'une part, se faisaient aussi entendre des voix qui prônaient l'apaisement ; il manquait, d'autre part, au camp libéral dans son ensemble la force d'en tirer les conséquences appropriées. *Die Hilfe* fut portée dans les années 1931/1932 par les événements ; elle commenta les changements de politique intérieure avec un mélange de souplesse et de résistance, mais sans guère suivre une ligne claire.

La «prise du pouvoir» par Hitler le 30 janvier 1933 marqua un tournant, car à partir de ce moment-là la situation fut «plus claire» et les fronts politiques plus nets.

Avec le nouvel éditeur en chef, Theodor Heuss *Die Hilfe* retrouva, dans des conditions devenues très compliquées, son profil libéral.

---

111 Für die Übersetzung ins Französische danke ich Raymond Pradier, Gummersbach, für kollegiale Hilfe.

Die Deutung des Zweiten Weltkrieges in der *Hilfe*

Wolfram PYTA

Welchen Erkenntnisgewinn kann ein Beitrag über die Frage erzielen, wie der Zweite Weltkrieg in der *Hilfe* Niederschlag gefunden hat? Welche tiefergehenden Aufschlüsse kann die publizistische Auseinandersetzung mit dem Krieg in diesem Organ vermitteln?

Eine Durchsicht der nicht sehr zahlreichen Beiträge in der *Hilfe*, die dezidiert dem Krieg gewidmet sind, ist in dreierlei Hinsicht erkenntnisträchtig. Zum einen vermag er uns vor Augen zu führen, inwieweit in die Deutung des Krieges bestimmte liberale Traditionslinien eingeflossen sind. Dies setzt allerdings voraus, daß das geistige Erbe von Friedrich Naumann in der *Hilfe* zumindest in groben Umrissen noch erkennbar war – und dies ist daran ablesbar, ob und wie viele aus der alten Garde des Liberalismus in der *Hilfe* zur Feder griffen und sich dabei auch über den Zweiten Weltkrieg ausließen. Da nicht wenige Beiträge über den Krieg von so prominenten Liberalen wie Theodor Heuss oder Wilhelm Külz verfaßt wurden, erlaubt eine Analyse ihrer Beiträge zweitens Rückschlüsse darauf, welche Gratwanderung die Verfasser unternehmen mußten, um unter den Bedingungen der NS-Pressezensur bestimmte Grundüberzeugungen durchscheinen zu lassen. Speziell ein Blick auf Theodor Heuss ist in diesem Zusammenhang lohnend, weil Heuss bis 1942 unter den Beiträgern, die sich zum Kriege äußerten, weitaus am häufigsten vertreten war. Inwieweit mußte er unter den gegebenen Umständen lavieren und inwieweit konnte er dem Kern seiner politischen Überzeugungen treu bleiben? Drittens fällt auf, daß ab 1942/1943 eine neue, junge Garde das Gesicht der Zeitschrift bestimmte, die nicht mehr in der Tradition Friedrich Naumanns stand. Hier lautet die Frage, ob sich diese Newcomer überhaupt noch in den Überlieferungsstrang des politischen Liberalismus zumindest im weitesten Sinne einrücken lassen oder ob sie einen politischen Standort repräsentierten, der nichts mehr mit den Traditionsbeständen des Naumann-Kreises gemein hatte.

Nationalliberale Traditionsbestände bei der Deutung des Weltkrieges

Wir gehen mithin zunächst davon aus, daß die Wahrnehmung des Zweiten Weltkrieges wichtige Aufschlüsse über politische Ordnungsvorstellungen gewährt, wie sie in Kreisen altgedienter liberaler Politiker anzutreffen waren. Vor diesem Hintergrund muß es als strategischer Schachzug der Redaktion erscheinen, daß diese geschickt alle Themen umschiffte, die in besonderer Weise geeignet waren, mit nationalsozialistischer Rassenideologie kontaminiert zu werden. Es wird daher kein Zufall sein, daß eine Behandlung des Krieges im Osten in der *Hilfe* gezielt gemieden wurde. Denn eine offensive Auseinandersetzung mit diesem Thema hätte dazu geführt, daß sich die Redaktion in irgendeiner Weise mit der nationalsozialistischen These vom «jüdischen Bolschewismus» hätte auseinandersetzen müssen, was auf seriöse Weise nicht möglich gewesen wäre. Deswegen wich man diesem Thema geschickt aus und schwieg sich praktisch bis zum Schluß über den Krieg im Osten und damit über den eigentlichen nationalsozialistischen Weltanschauungskrieg aus.

Im Zentrum der Kriegsbetrachtung der *Hilfe* stand die Konfrontation mit Großbritannien und den USA – und diese Reduzierung eröffnete der Redaktion die Möglichkeit, den Krieg im traditionellen Sinne als eine mit kriegerischen Mitteln ausgetragene klassische Mächterivalität zu interpretieren. Hier darf man die Vermutung äußern, daß die Redaktion der *Hilfe* ihre Ansichten nicht zu verbiegen brauchte, wenn sie in revisionistischer Sicht die Ursachen des Krieges darin erblickte, daß den drei «Habenichtsen» Japan, Italien und Deutschland von dem Kartell der Siegermächte des Ersten Weltkriegs eine legitime Machtausweitung nicht zugestanden worden sei und diese daher auf dem Wege der Selbsthilfe sich das nehmen würden, was ihnen vermeintlich zustand. In der ersten Phase des Krieges kann man den Eindruck gewinnen, daß hier eine bereits im Ersten Weltkrieg aufscheinende traditionelle Englandkritik des deutschen Nationalliberalismus zum Tragen kam. England – so äußerte sich beispielsweise der baltendeutsche Redakteur Axel Schmidt, der ein enger journalistischer Weggefährte von Theodor Heuss war[1] und durchaus in die Tradition des Liberalismus eingeordnet werden kann – wolle einfach keine aufstrebende Kontinentalmacht dulden, habe deswegen «Einkreisungspolitik» betrieben und sei für die «Entfesselung des Krieges» ver-

---

1 Theodor HEUSS: *Axel Schmidt zum Gedächtnis*. In: *Die Hilfe*, Nr. 47, 1941, S. 8-10.

antwortlich, obgleich es – worauf schon Bismarck hingewiesen habe – in «Osteuropa nichts zu suchen» habe.[2]

In dieselbe Kerbe hieb mit Wilhelm Külz auch ein ehemaliger liberaler Spitzenpolitiker, der 1926 ein gutes Jahr als Reichsinnenminister amtiert hatte und von 1931 bis 1933 der sächsischen Landeshauptstadt Dresden als Oberbürgermeister vorstand. Auch er machte die Politik Großbritanniens für die kriegerische Eskalation eines an sich legitimen machtpolitischen Ringens haftbar und beschuldigte Großbritannien, alles daran zu setzen, die Vereinigten Staaten von Amerika in einen Krieg hineinzutreiben.[3] Die Englandkritik von Külz speiste sich nicht zuletzt aus seinem ausgeprägten Interesse für koloniale Fragen.[4] Als Reichskommissar für Selbstverwaltung im ehemaligen Deutsch-Südwestafrika hatte er in den Jahren 1907 bis 1909 die Kommunalverwaltung in der deutschen Musterkolonie entscheidend geprägt; und von daher war für ihn der Anspruch des Deutschen Reiches auf Kolonien ein einer Großmacht angemessener Anspruch, der von Großbritannien aus eigensüchtigen Gründen abgelehnt werde.[5]

Letztlich fußten solche Analysen auf einer einfachen geopolitischen Prämisse, wonach regionale Vormächte autarke Großwirtschaftsräume zu schaffen berechtigt seien, in denen raumfremde Mächte nichts zu verlieren hätten. Diese im intellektuellen Diskurs weit verbreitete Einstellung fand etwa auch beim altgedienten Redakteur Axel Schmidt ihren Ausdruck: «Es geht um die Neuaufteilung der Welt in natürliche Großräume vom hohen Norden bis zum fernen Osten.»[6] Diese Einstellung war durchaus kompatibel mit Sympathien für eine ausdrücklich gegen England gerichtete Europaideologie, wie sie auch in nationalsozialistischen Kreisen präsent war: Europa müsse als Kontinent endlich die raumfremde Macht England ausschließen und ein «europäisches Kontinentalgefühl» entwickeln.[7]

---

2 Axel SCHMIDT: *Im Kriegszustand.* In: *Die Hilfe,* Nr. 45, 1939, S. 385-387, Zitate S. 386 f.
3 Wilhelm KÜLZ: *Weitere Kriegsschauplätze.* In: *Die Hilfe,* Nr. 46, 1940, S. 36-38.
4 Vgl. auch Armin BEHRENDT: *Wilhelm Külz. Aus dem Leben eines Suchenden.* Berlin 1968, S. 159.
5 Zu Külz vgl. in diesem Kontext Thorsten TONNDORF: *Die Politiker – Karriere des Wilhelm Külz bis zur Errichtung der nationalsozialistischen Diktatur.* In: *Sächsische Heimatblätter,* Nr. 41, 1995, S. 28-35.
6 Axel SCHMIDT: *Das Jahr 1940.* In: *Die Hilfe,* Nr. 46, 1940, S. 355-359, Zitat S. 359.
7 Paul ROHRBACH: *Europa ohne England.* In: *Die Hilfe,* Nr. 46, 1940, S. 209-211, Zitat S. 209.

Gratwanderungen zwischen Prinzipientreue und Anpassung

Gab es mithin in der Außenpolitik durchaus Berührungspunkte zwischen der liberalen Kernmannschaft der *Hilfe* und der expansiven Politik des NS-Staates, so darf dieser Befund nicht den Blick dafür verstellen, daß die alte Garde liberaler Protagonisten durchaus Möglichkeiten fand, den Krieg zu kommentieren, ohne ihre Auffassungen preiszugeben und sich weltanschaulich anzubiedern. Diese Haltung mag auch dem Umstand geschuldet sein, daß die Betreffenden ein Lebensalter erreicht hatten, in dem keine beruflichen Karrieresprüngen mehr zu erwarten waren. Bei den liberalen Urgesteinen Wilhelm Külz, Theodor Heuss und Axel Schmidt handelte es sich allesamt um Angehörige einer im wilhelminischen Kaiserreich oder im zarischen Rußland sozialisierten Generation. Geboren in den Jahren 1875, 1884 sowie 1870 hatten sie den machtpolitischen Aufstieg des Deutschen Reiches mit Wohlgefallen registriert, ohne einem aggressiven Imperialismus das Wort zu reden. Wenn sie in der *Hilfe* nach 1939 weiterhin zur Feder griffen, dann taten sie dies ohne jeden Anschein der Anbiederung an die herrschende Meinung. Ihr journalistisches Ethos und ihr politisches Selbstverständnis feite sie vor opportunistischen Konzessionen, wie sie für die meisten jüngeren Angehörigen des journalistischen und publizistischen Berufsstandes kennzeichnend waren und über die Wilhelm Külz in seinen ungedruckten Erinnerungen wenig schmeichelhafte Worte fand:

> Als im Jahre 1933 der grundlegende Wandel in der deutschen Staatsführung sich vollzog, zeigte es sich mit erschütternder Deutlichkeit, wie wenig die Haltung der Zeitungen aller Richtungen ethisch fundiert war. Einige wenige publizistische Organe versuchten Haltung und Charakter zu wahren, die überwiegende Mehrzahl ging auf ein tieferes Niveau zurück [...] [Solche Journalisten] schrieben gegen ihre eigene angebliche bisherige Überzeugung, sie konnten nicht schnell genug in die befohlenen Stellungen einschwenken.[8]

Theodor Heuss war unter den Altliberalen in der *Hilfe* derjenige, der sich am häufigsten zum Weltkrieg ausließ. Insgesamt sieben Mal ist sein Name zwischen dem 10. Oktober 1939 und dem 14. Juni 1941 verzeichnet als nüchterner Analytiker des Krieges. Es dürfte kein Zufall sein, daß Heuss nach dem Beginn des nationalsozialistischen Vernichtungskriegs gegen die Sowjetunion verstummt und sich nicht mehr zum Kriegsgeschehen äußert. Sein Schweigen kann als Indiz dafür gelten, daß die Ausweitung des Krieges zu

---

8   Die zitierte Stelle stammt aus den um 1945 entstandenen maschinenschriftlichen Passagen der Erinnerungen «Aus dem Leben des Dr. Wilhelm Külz»; Fundort: Archiv des Liberalismus, Gummersbach, L 7-468. Der Verfasser dankt Dr. Jürgen Frölich für wertvolle Hinweise auf diesen Bestand.

einem rassistischen Vernichtungs- und Eroberungsfeldzug im Osten und zur Kampfansage gegen die westlich-kapitalistische Lebens- und Denkweise in Gestalt der Kriegserklärung an die USA im Dezember 1941, also die Transformation von einer mit herkömmlichen macht- und geopolitischen Maßstäben noch zu erfassenden militärischen Konfrontation zu einem im Weltmaßstab ausgetragenen Weltanschauungskrieg, dem altliberalen Kreis eine publizistische Zurückhaltung aufnötigte, da man seiner Abneigung gegen diesen Krieg nicht offen Ausdruck verliehen konnte. Bemerkenswert ist in diesem Zusammenhang auch, daß sich kein einziger Artikel aus dem erwähnten Autorenkreis in der *Hilfe* findet, der den Krieg gegen die Sowjetunion als Selbstbehauptung Europas gegen die asiatisch-kommunistische Bedrohung aus dem Osten beurteilte; die sich aus dem Liberalismus gleichsam natürlich ergebende Abneigung gegen den Kollektivismus sowjetischer Prägung führte Heuss, Külz und ihre Weggefährten eben nicht in eine Zweckgemeinschaft mit denjenigen NS-Größen, die den Krieg im Osten als europäische Kulturmission zu legitimieren trachteten. Nur der Publizist Paul Rohrbach ließ sich von der offiziellen Lesart des Krieges beeindrucken und verstand den Ostkrieg als Feldzug, «den Deutschland im Namen der europäischen Gesittung gegen den Bolschewismus führt».[9]

Man wird sogar in einigen Beiträgen von Theodor Heuss eine weise Vorausahnung erkennen, welche materiellen und seelischen Verwüstungen der am 1. September 1939 ausgebrochene Krieg zwischen Deutschland und den beiden Westmächten anrichten würde. Es war wohlgemerkt noch nicht der eigentliche Weltkrieg, der sich vor Heuss' geistigem Auge auftat, sondern ein zunächst noch auf Europa beschränkter militärischer Konflikt mit Frankreich und Großbritannien, als Heuss am 10. Oktober 1939 seine erste Betrachtung zum Kriege mit dem bezeichnenden Titel «Der ‹totale Krieg›» in der *Hilfe* veröffentlichte. Doch bereits zu dieser frühen Stunde machte sich Heuss keine Illusionen, daß angesichts der lebhaften Erinnerungen an den Ersten Weltkrieg ein erneuter Waffengang zwischen Großmächten die Bestie einer ungezähmten Bellona freilassen würde – mit verheerenden Konsequenzen für bürgerliche Vorstellungen von Recht, Wirtschaft und Gesellschaft. Die Logik des nun entfesselten «totalen Krieges» liege in der ungebändigten Freisetzung destruktiver Energien – mit dieser scharfsinnigen Analyse verband Heuss implizit sogar einen Appell an das deutsche Militär, um der professionell gebotenen Trennung der Sphären von Kriegführung und Politik willen eine Ausuferung zu einem «totalen Krieg» zu verhindern. Dahinter steckte nicht nur eine Ahnung davon, daß eine Kombattanten und Nicht-

---

9   Paul ROHRBACH: *Stalins Kriegspolitik*. In: *Die Hilfe*, Nr. 47, 1941, S. 225-228, Zitat S. 228.

Kombattanten nicht mehr unterscheidende Kriegführung in die Barbarei führen würde. Man wird auch die Vermutung wagen dürfen, daß Heuss indirekt die Militärs aufrufen wollte, sich aus professioneller Selbstbehauptung gegen politisch angeordnete Aufgabenüberfrachtung zu wehren:

> Der ‹totale Krieg› zerstört das geltende Recht, das geschichtliche Kriegsrecht und das Völkerrechtsleben aus der Zeit, da das Kriegführen sonderliche Aufgabe der bewaffneten Macht war; es ist dessen ganz bestimmte, auch aus dem militärischen Ethos fließende Aufgabe, das zivile Leben in einer von den Kriegsnotwendigkeiten getrennten Sphäre zu sehen. [...] Die Soldaten müssen aus ihrer Tradition in dieser ihrer eigentlichen Sphäre die schärfsten Gegner des ‹totalen Krieges› sein. [...] Er macht die Vernichtung von Werten zum Selbstzweck und nicht bloß von materiellen.[10]

Ansonsten beschränkte sich Heuss darauf, die allmähliche Ausweitung der Kriegsschauplätze nüchtern zu schildern: Er ließ seine Leser spüren, daß der Überfall der Sowjetunion auf Finnland im Winter 1939/1940 nicht nur Großbritannien auf den Plan rufen könne, sondern auch das Interesse der USA an den europäischen Angelegenheiten vermehrte.[11] Überhaupt rückte Heuss den Faktor USA als womöglich kriegsentscheidende Größe in das Gesichtsfeld des Lesers zu einer Zeit, als die Vereinigten Staaten von Amerika noch vor der Schwelle zum Kriegseintritt standen. Dabei hielt sich Heuss vollkommen frei von jener Mischung aus antikapitalistischen, antijüdischen und antiwestlichen Versatzstücken, die bis in nationalkonservative Kreise das Amerikabild bestimmten. Sein letzter Beitrag über *Amerikas Weg* vom 14. Juni 1941 enthält eine bis heute lesenswerte Analyse der amerikanischen Politik. Diese sieht er nicht nur von handelspolitischen Interessen, sondern auch von einem idealistischen «Messianismus» geprägt, was mehr als aufscheinen läßt, daß er die moralischen Antriebskräfte der USA überaus ernst nahm und vielleicht im tiefsten Inneren seines Herzens gehofft haben mochte, daß dieses weltweite Eintreten für Freiheitsrechte mit dazu beitragen möge, die Welt von Hitler zu befreien. Überaus zutreffend ist auch seine Analyse des Umstandes, daß die USA im Juni 1941 zu einem stillen Teilhaber des Krieges an Seiten der Gegner von Hitler-Deutschland geworden waren: «Potentiell *ist* Amerika bereits heute kaum etwas anderes als eine wenn auch nicht unmittelbar kriegführende, so doch am Krieg beteiligte Macht.»[12]

---

10 Theodor HEUSS: Der «totale Krieg». In: *Die Hilfe*, Nr. 45, 1939, S. 417-421, Zitat S. 419 f.
11 Theodor HEUSS: *Ausweitung des Krieges?* In: *Die Hilfe*, Nr. 46, 1940, S. 17-21.
12 Theodor HEUSS: *Amerikas Weg*. In: *Die Hilfe*, Nr. 47, 1941, S. 177-182, Zitat S. 178.

Generationswechsel im Kreis der Herausgeber und Beiträger

Allerdings waren neben solchen Stimmen in der *Hilfe* auch Töne zu registrieren, die einen eindeutigen Traditionsbruch repräsentierten. Eine jüngere Generation von Redakteuren ohne feste geistige Verankerung im Liberalismus fand Gefallen daran, Brücken zur NS-Weltanschauung zu schlagen, wo immer dies möglich erschien. Hier markiert der Jahrgang 1942 einen Wendepunkt: 1941 war der Heuss-Vertraute Hans Bott als Hauptschriftleiter der *Hilfe* ausgeschieden;[13] Bott hatte überdies *Die Hilfe* in seinem Verlag, dem Hans Bott Verlag in Berlin-Tempelhof, herausgebracht.

Als neuer Herausgeber fungierte Werner Ziegenfuß, dessen Herausgeberschaft gleich in doppelter Weise den Gestaltwandel der *Hilfe* zum Ausdruck brachte. Zum einen repräsentierte Ziegenfuß einen generationellen Neuanfang, nämlich die Ersetzung der im wilhelminischen Kaiserreich geprägten Generation durch die nach 1900 geborene «Kriegsjugendgeneration». Zum anderen stand Ziegenfuß für einen politischen Transformationsprozeß, der bereits durch die Verschmelzung des parteipolitisch organisierten demokratischen Liberalismus in Gestalt der «Deutschen Demokratischen Partei» mit der «Volksnationalen Reichsvereinigung» zur «Deutschen Staatspartei» im Jahre 1930 eingesetzt hatte[14] und nun in Person von Werner Ziegenfuß seine personelle Bestätigung fand.

Die verfügbaren Zeugnisse berechtigen zu der Annahme, daß Ziegenfuß zu der unter anderem von Ulrich Herbert mit großer Eindringlichkeit beschriebenen Alterskohorte der zwischen 1900 und 1910 geborenen «Kriegsjugendgeneration» zu rechnen ist, die sich am Weltkrieg abarbeitete und dabei einen eigenen generationellen Stil entwickelte, der mit erbarmungsloser Nüchternheit Probleme sezierte und – ohne sich an Traditionen gebunden zu fühlen – vor denkbar radikalen Lösungen nicht zurückschreckte.[15] Kennzeichnend für diese Gruppe junger Akademiker war eine Einstellung, welche herkömmliche, nicht zuletzt bürgerliche Wertvorstellungen nicht respektierte

---

13 Vgl. Jürgen FRÖLICH: *Die Umformung des deutschen Seins erlaubt keine passive Resignation. Die Zeitschrift Die Hilfe im Nationalsozialismus*. In: Christoph STUDT (Hrsg.): *«Diener des Staates» oder «Widerstand zwischen den Zeilen»? Die Rolle der Presse im «Dritten Reich»*. Münster 2007, S. 115-129, hier S. 125 f.

14 Vgl. Lothar ALBERTIN: *Die Auflösung der bürgerlichen Mitte und die Krise des parlamentarischen Systems von Weimar*. In: Eberhard KOLB, Walter MÜHLHAUSEN (Hrsg.): *Demokratie in der Krise. Parteien im Verfassungssystem der Weimarer Republik* (=Schriftenreihe der Stiftung Reichspräsident-Friedrich-Ebert-Gedenkstätte, Bd. 5). München 1997, S. 59-111.

15 Ulrich HERBERT: *Best. Biographische Studien über Radikalismus, Weltanschauung und Vernunft, 1903-1989*. 2. Aufl. Bonn 1996, S. 42-45.

und stattdessen ein Ethos der Sachlichkeit pflegte, das die Dinge nüchtern zu analysieren beanspruchte und dabei in letzter Konsequenz auch einen neuen Krieg guthieß, wenn er denn rational geboten zu sein schien.

Ziegenfuß war mithin ein typischer Vertreter dieser – wie Michael Wildt sie bezeichnet hat[16] – *Generation des Unbedingten*: ein 1904 geborener hoffnungsvoller Akademiker, der 1927 in Berlin promoviert wurde im Fach Philosophie, von 1928 bis 1933 eine Oberassistentenstelle am Philosophischen Seminar der Universität Berlin bekleidete und sich nach einem Rückschlag seiner akademischen Karriere an der Wirtschaftshochschule in Berlin im Jahre 1941 für das Ausweichfach Wirtschaftspädagogik habilitierte. Ziegenfuß philosophische und soziologische Schriften weisen eine beachtliche wissenschaftliche Qualität auf, wie sie bei den Angehörigen dieser Generation durchaus nicht selten anzutreffen ist; aber wenn sie sich auf das Feld der Politik begaben, machte sie der Gestus unnachsichtiger sachlicher Notwendigkeit zu überzeugten Verfechtern einer wissenschaftlich begründeten Bejahung des Weltkrieges als «totalem Krieg».

> Totaler Krieg bedeutet, daß das ursprünglich zur eigenen Lebenserhaltung, Lebensförderung und Lebenssteigerung errichtete, vielseitige und spannungsreiche Gefüge der Wirtschaft und der Kultur, dessen schöpferischer Ursprung und bewegende Kraft auf allen Gebieten der Wille zum Guten, zum Besseren ist, das aufbauen und positive Leistungen vollbringen will, von innen her vollkommen umdirigiert wird. Die ursprüngliche, zielgebende Absicht wird auf das geringste notwendige Maß zurückgedrängt, und darüber hinaus wird nur ein Wille von Grund auf bestimmend, lenkend und Motor jeder ausführenden Tätigkeit: der Wille zur Vernichtung des Gegners.[17]

Ziegenfuß' Herausgeberschaft ist ebenfalls ein Indiz dafür, wie die seit der Bildung der Staatspartei zu registrierenden Tendenzen, die Herstellung einer homogenen nationalen Gemeinschaft zu Lasten der Entwicklungsfähigkeit des Individuums zu erkaufen, die ursprüngliche Antriebskraft des politischen Liberalismus, nämlich die Hervorkehrung der Freiheit des Einzelnen, allmählich erstickten. Ziegenfuß hatte sich im Oktober 1930 erstmals als junger Akademiker in die Autorenschaft der *Hilfe* eingereiht mit einem programmatischen Artikel über *Staatspartei und Kulturstaat*. Bereits hier läßt sich diese Akzentverlagerung eindeutig ausmachen, da sich Ziegenfuß zum Fürsprecher einer Staatsauffassung machte, die den «sozialaktiven Kulturstaat» propagierte, dem die Aufgabe zuerkannt wurde, die Kultur gegen eine Unterwerfung unter ökonomische Verwertungsinteressen zu schützen – wobei für Ziegenfuß immer außer Frage stand, daß diese staatlicherseits

---

16 Michael WILDT: *Generation des Unbedingten. Das Führungskorps des Reichssicherheitshauptamtes.* Hamburg 2002.
17 Werner ZIEGENFUß: *Der Krieg um den Sozialismus.* In: *Die Hilfe*, Nr. 50, 1944, S. 129-137, hier S. 136.

ermöglichte Kultur immer auf die Schöpfung einer «lebendigen Gemeinschaft» zielte.[18]

Noch in der Endphase der Weimarer Republik nahm Ziegenfuß Positionen ein, die eine eindeutige Abkehr von klassisch liberalen Standpunkten markierten. Ziegenfuß begnügte sich nämlich nicht damit, das sich selbst genügende Individuum als überholt zu deklarieren («Der Einzelmensch ist nicht mehr die unserer Weltlage angemessene Form ihrer [der Kunst] Verwirklichung»).[19] Er unterwarf das Individuum, auch das künstlerisch Tätige, zudem der Pflicht, einen Beitrag zur Stiftung wahrhaft nationaler Gemeinschaft zu leisten: «Volkheit heißt die Form, in der allein in unserer Welt sich noch Individualität des Lebens verwirklichen kann, auch auf dem Gebiet der Kunst.»[20] Aus diesem Grund rühmte Ziegenfuß insbesondere das künstlerische Schaffen von Gerhart Hauptmann, den er als Vorbild eines deutschen Dichters pries, der niemals den Kontakt zur Volkskunst verloren und allem sich über das einfache Volk erhebenden Intellektuellendünkel fern gestanden habe.[21]

Noch zu Zeiten der Weimarer Republik legte Ziegenfuß den Primat der Herstellung einer nationalen Bekenntnisgemeinschaft politisch in einer dezidiert antiliberalen Weise aus und fand in der *Hilfe* ein Forum für solche Ideen. Er blickte voller Sympathie auf politische Vorstellungen, die den Vorrang der nationalen Gemeinschaft vor dem Willen des Einzelnen propagierten und konstatierte, «daß eindeutig und klar aus dem Ganzen der antiindividualistischen und antiliberalistischen Kritik ein positiver Wille zutage tritt».[22] Was ihn im Jahre 1932 allein vom «nationalen Sozialismus» trennte, war der von ihm kritisierte radikalistische Überschwang der politischen Repräsentanten des soldatischen Nationalismus, denen er eine Verengung der Nationsvorstellung vorhielt, da sie dazu neigten, «unser ganzes Leben aus einer starren inneren Fixierung an das sogenannte Fronterlebnis heraus zu verneinen».[23] Dabei mag eine Rolle gespielt haben, daß Ziegenfuß den aus dem Fronterlebnis abgeleiteten politischen Führungsanspruch der Frontsoldatengeneration auch deswegen ablehnte, weil er selbst nicht über das politische Kapital des Frontsoldatentums verfügte.

18 Werner ZIEGENFUß: *Staatspartei und Kulturstaat*. In: *Die Hilfe*, Nr. 36, 1930, S. 1057-1059.
19 Werner ZIEGENFUß: *Vom Kulturstaat der Deutschen*. Berlin 1931, S. 45.
20 Ebd.
21 Ebd., S.5 und 46 f.
22 Werner ZIEGENFUß: *Kulturpolitik und Erneuerung der Kultur*. In: *Die Hilfe*, Nr. 38, 1932, S. 636-641, Zitat S. 639.
23 Werner ZIEGENFUß: *Der Kampf um die Kultur im Deutschen Staat*. In: *Die Hilfe*, Nr. 38, 1932, S. 33-38, Zitat S. 37.

Aber auf jeden Fall stand Ziegenfuß mit seinen 1932 in der *Hilfe* verkündeten Positionen einem auch mit rassischem Gedankengut angereicherten «nationalen Sozialismus» näher als den klassischen Gewährsmännern des bürgerlichen Liberalismus. Zum 50. Todestag eines der Wegbereiter der wissenschaftlich argumentierenden Rassenlehre, des französischen Grafen Gobineau, lesen wir im Jahre 1932 einen Aufsatz aus seiner Feder, der Gobineau ausdrücklich dafür lobt, daß er die «Rasse» nicht nur als kulturschöpferische Kraft identifiziert, sondern auch deren biologische Entsprechung betont habe. Ziegenfuß wirbt geradezu dafür, Gobineaus Leitgedanken zu beherzigen und in der Verhinderung einer «Rassenvermischung» den Schlüssel zur Erhaltung der europäischen Kultur zu erblicken: «Wir möchten hoffen, daß die Tat ihr nicht allzu lange nachhinke, damit es nicht wirklich zu spät wird, um durch sinnvolle Planung den schlimmsten Schäden biologischer Entartung vorzubeugen, von der in so weitem Maße das Schicksal der Kultur abhängt, wie Gobineau uns gelehrt hat.»[24]

Insofern ist schon vieles von dem im politischen Denken von Werner Ziegenfuß vor 1933 angelegt gewesen, was er ab 1941/42 als Hauptschriftleiter der *Hilfe* propagierte.[25] Hierzu zählt insbesondere ein aggressiver Antiamerikanismus, der bereits 1932 in kaum gebändigter Form in der *Hilfe* zum Vorschein kam. Die schroffe Ablehnung des «american way of life» und seiner deutschen Entsprechung einer amerikanistischen Nachahmung amerikanischer «Unsitten» («Wir haben da den Schlager an der Stelle des Liedes, die Songs statt der Lyrik, Kunstprodukte des Ateliers an Stelle jener kostbaren deutschen Bilder, wie sie etwa die Romantik uns geschenkt hat»[26]) war Ausdruck einer vehementen Kapitalismuskritik, die dem Kapitalismus amerikanischer Prägung eine strukturell bedingte Kulturlosigkeit vorhielt, weil er durch sein einseitig am Gewinnstreben ausgerichtetes Wirtschaftssystem einen erheblichen Teil der Bevölkerung proletarisiere und sie damit von dem Zugang zu den Kulturgütern abschneide: «Der Kapitalismus in seiner neuesten Entwicklung hat seinem Wesen nach keine produktive Beziehung zur Kultur.»[27]

---

24 Werner ZIEGENFUß: *Graf Gobineau.* In: *Die Hilfe*, Nr. 38, 1932, S. 1046-1051, Zitat S. 1051.
25 Insofern greift es zu kurz, die Hinwendung von Ziegenfuß zum Nationalsozialismus ausschließlich auf opportunistische Erwägungen zurückzuführen, wie es der mit Ziegenfuß befreundete Soziologe René König in seinen Erinnerungen tut: René KÖNIG: *Leben im Widerspruch.* Versuch einer intellektuellen Autobiographie. München 1980, S. 74 f. und S. 86 f.
26 Werner ZIEGENFUß: *Der Kampf um die Kultur im Deutschen Staat.* In: *Die Hilfe*, Nr. 38, 1932, S. 33-38, Zitat S. 36.
27 Ebd., S. 35.

Von dieser Position aus war es nur ein winziger Schritt, um den Zweiten Weltkrieg als einen Kulturkampf zu deuten, in dem die gemeinschaftsorientierte europäische Kultur sich der Verflachung des Geistes durch einen seelenlosen US-Kapitalismus in den Weg stellte. Dahinter stand die Vorstellung, daß zwei unvereinbare ökonomische und politische Systeme miteinander um die Existenz in einem totalen Krieg rangen: der durch die USA – und mit Abstrichen auch Großbritannien – repräsentierte Westen, der wirtschaftlich durch einen schrankenlosen Liberalismus und politisch durch eine Oligarchie wirtschaftlicher Interessengruppen bestimmt sei auf der einen Seite und der «deutsche Sozialismus» auf der anderen Seite, der in wirtschaftlicher Hinsicht individuelle Leistungsbereitschaft mit Dienst am Volkswohl vereinbare und in politischer Hinsicht wahre Herrschaft des zu nationaler Einheit gelangten Volkes sei.[28] Ziegenfuß verwendete viel Energie darauf, gerade in wirtschaftlicher Hinsicht den «deutschen Sozialismus» als eine geradezu ideale Synthese der Entfaltung individuellen Tätigkeitsdrangs im Wirtschaften mit den übergeordneten Bedürfnissen des Volkswohls zu preisen. In seiner Habilitationsschrift aus dem Jahre 1941 hatte er auch einen Königsweg identifiziert, um private wirtschaftliche Schaffenskraft in den Dienst der Gemeinschaft stellen zu können, nämlich eine entsprechende Erziehung des Wirtschaftssubjekts zu einer am Volksganzen ausgerichteten Wirtschaftsgesinnung[29] – eine Anforderung, der weder eine freie Wirtschaft noch eine sich frei organisierende Gesellschaft genügen konnte. Allein daran wird ersichtlich, wie weit sich Ziegenfuß und mit ihm die *Hilfe* von den Ursprüngen des Liberalismus entfernt hatte.

Lutz Raphael hat darauf verwiesen, daß gerade eine junge Wissenschaftselite sich aus dem Konglomerat der NS-Weltanschauung die aus ihrer Sicht an die eigenen Vorstellungen anschlußfähigen Bestandteile heraussuchte und übernahm.[30] Der eklektische Charakter des Nationalsozialismus erwies sich mithin als Vorzug für die Aneignung bestimmter Interpretamente aus dem Fundus dessen, was als nationalsozialistisch gelten konnte, ohne daß es

---

28   Vgl. zwei entsprechende Aufsätze: Werner ZIEGENFUSS: *Die Wirklichkeit des Krieges*. In: *Die Hilfe*, Nr. 46, 1940, S. 161-164 und DERS.: *Der Krieg um den Sozialismus*. In: *Die Hilfe*, Nr. 50, 1944, S. 129-137.
29   Werner ZIEGENFUSS: *Der Mensch und die Gestaltung der Wirtschaft*. Eine Untersuchung über die geistig – gesellschaftlichen Zusammenhänge von Wirtschaft und Erziehung. Stuttgart 1943; dazu siehe auch Hans-Dieter HÖGERL: *Die Erziehung des Menschen als Gesellschaftswesen*. Eine Auseinandersetzung mit den erziehungssoziologischen Lehren von Werner Ziegenfuß. Phil. Diss. Regensburg 1988, vor allem S. 69-79 und S. 117-120.
30   Lutz RAPHAEL: *Radikales Ordnungsdenken und die Organisation totalitärer Herrschaft: Weltanschauungseliten und Humanwissenschaften im NS-Regime*. In: *Geschichte und Gesellschaft*, Nr. 27, 2001, S. 5-40.

jemals eine führeramtliche oder gar parteiamtliche Festschreibung der NS-Weltanschauung gegeben hätte. Genauso verfuhren diejenigen jungen Akademiker, die von 1943 an das Profil der *Hilfe* prägten. Wegen der Unbestimmtheit der ideologischen Vorgaben konnten sie hier ihre eigenen Schwerpunkte setzen; und dies bedeutete, daß sie am Nationalsozialismus vor allem dessen vermeintliche Fähigkeit schätzten, das deutsche Volk zu einer nationalen Kampfgemeinschaft zu verschweißen und zu einer kollektiven Kraftanstrengung – eben zu einem «deutschen Sozialismus» – zu führen.[31]

Genau in diesem Zusammenhang wurde auch die Person Hitler ins Spiel gebracht, wobei zu bemerken ist, daß sich erst ab dem Jahr 1943 einige wenige Beiträge in der *Hilfe* finden, in denen der «Führer» in das Zentrum gerückt wurde. Hitlers zentrales Verdienst sei «die umfassende Aussöhnung aller Gegensätze» und die «durch die nationalsozialistische Revolution geschaffene unzerstörbare Einheit des deutschen Volkes»[32] – und just in dieser Funktion als unverzichtbarer Garant für die Mobilisierung der Volksgemeinschaft stimmte Hans Uhle das Loblied auf den «Führer» an. Hitler erschien hier als ein mit charismatischen Gaben bedachter Integrator, wobei der Krieg seinem Charisma noch eine zusätzliche Komponente hinzufügte, weil Hitler nun auch auf militärischem Gebiet seine überragenden, als genialisch bezeichneten Fähigkeiten entfalten könne: «Wie der Führer in den wenigen Friedensjahren der erste Arbeiter seines Volkes war, so ist er nun im Kriege des Reiches erster Soldat und sein größter Feldherr. Mit seinem Namen verbinden sich [...] die größten und gewaltigsten Siege aller Zeiten.»[33] Solche Huldigungen fallen jedoch unter den übrigen Beiträgen der *Hilfe* aus dem Rahmen. Es dürfte kein Zufall sein, daß deren Verfasser, über dessen Herkunft wenig bekannt ist, in der Vorkriegszeit Publikationen verfaßte, die auf eine ziemlich eindeutige nationalsozialistische Gesinnung hinweisen.[34] Uhle dürfte mithin der einzige unter den Autoren der *Hilfe* sein, der mit geradezu demonstrativem Bekenntnis zur Person Hitlers die intellektuelle Dürftigkeit seiner Beiträge überdecken wollte.

---

31 Vgl. die beiden Beiträge von Ziegenfuß in Anm. 28.
32 Hans UHLE: *Die nationalsozialistische Revolution.* In: *Die Hilfe,* Nr. 49, 1943, S. 29-33, Zitat S. 29 f.
33 Hans UHLE: *Treue um Treue,* ebd., S. 101 f., Zitat S. 102.
34 Vgl. Hans UHLE: *Im Kampf um deutsches Wesen.* «Der Türmer». In: Ernst Herbert LEHMANN (Hrsg.): *Ein deutscher Verlag.* Heinrich Beenken Verlag 1888-1938. Berlin 1938, S. 109-222, vor allem S. 116-121.

Fazit

Das Resümee der vorangegangenen Ausführungen kann angesichts des begrenzten Quellenkorpus knapp ausfallen. Deutlich geworden dürfte sein, daß die alte liberale Garde unter den Beiträgern der *Hilfe* durchaus Möglichkeiten fand, den Krieg zu kommentieren, ohne sich weltanschaulich verbiegen zu müssen. Allerdings wurde dies ihnen dadurch erleichtert, daß zumindest bis zum Ausbruch des Weltanschauungskrieges im Osten der bis dahin im Kern europäische Krieg noch mit denselben Maßstäben wie der Erste Weltkrieg gemessen werden konnte. Mit der ideologischen Verschärfung und territorialen Entgrenzung des Krieges schwiegen diejenigen, die es besser wußten und überließen das Feld den nachdrängenden Repräsentanten einer jüngeren Generation, die außerhalb der Tradition des bürgerlichen Liberalismus standen. Diese hatten keine Schwierigkeiten, dem nun zum eigentlichen Weltkrieg ausgeweiteten Konflikt einen Sinn zu attestieren, weil sie gezielt ideologische Schnittstellen mit den eklektischen nationalsozialistischen Ordnungsvorstellungen in den Blick nahmen, ohne die NS-Rassenideologie dezidiert zu teilen. Sie hegten auch keinerlei Bedenken, einen «deutschen Sozialismus» zu preisen und die globale Auseinandersetzung mit der kapitalistischen Plutokratie als eigentlichen Auftrag des Krieges zu identifizieren.

Zusammenfassung

Die Berichterstattung über den Zweiten Weltkrieg in der *Hilfe* zeugt von der Heterogenität des Personenkreises, die regelmäßig in der *Hilfe* publizierten. Die aus liberaler Tradition schöpfenden Beiträger wie Theodor Heuss, Wilhelm Külz oder Axel Schmidt versuchten zunächst, den Krieg als eine mit den Kriterien traditioneller Mächterivalität zu fassende Auseinandersetzung zu deuten; als ihnen offenbar wurde, daß der Staat Hitlers einen rasseideologisch motivierten Vernichtungskrieg führte, entzogen sie sich einer weltanschaulichen Kompromittierung dadurch, daß sie sich über diese Art des Krieges in der *Hilfe* nicht äußerten. Mit dieser Zurückhaltung kontrastiert die Haltung einer jungen Generation von Kontribuenten, die sich keinem klassisch liberalen Gedankengut verpflichtet fühlten und daher ohne Bedenken Brücken zu nationalsozialistischen Anschauungen schlugen. Vor diesem Hintergrund erschien der Weltkrieg als globale Auseinandersetzung mit dem von den USA verkörperten Modell einer kapitalistischen «Plutokratie». Es fällt jedoch auf, daß diese vehemente antiwestlich-antikapitalistisch Tendenz solcher Beiträge im Regelfall ohne schroffe antisemitische Ausfälle auskam.

Résumé

Les articles relatifs à la Seconde Guerre mondiale qui ont été publiés dans *Die Hilfe* témoignent de l'hétérogénéité de l'ensemble des personnes qui ont collaboré régulièrement à cette revue. Les collaborateurs se situant dans la tradition libérale, comme Theodor Heuss, Wilhelm Külz ou Axel Schmidt, ont d'abord cherché à interpréter la guerre comme un affrontement s'expliquant en fonction des critères utilisés pour décrire la rivalité entre les puissances. Mais lorsqu'il leur apparut que l'Etat hitlérien avait entrepris une guerre de destruction dont les buts étaient dictés par une idéologie raciste, ils évitèrent la compromission idéologique en ne s'exprimant pas, dans *Die Hilfe*, sur cette sorte de guerre. Cette réserve contraste avec l'attitude d'une jeune génération de collaborateurs qui ne se sentaient pas liés à la pensée classique du libéralisme et qui, de ce fait, ont, sans état d'âme, jeté des ponts qui les rapprochaient des conceptions du national-socialisme. Dans ce contexte, la guerre apparaissait comme un affrontement, au niveau mondial, avec le modèle « ploutocratique » capitaliste incarné par les USA. Il est toutefois frappant de voir que cette tendance antioccidentale et anticapitaliste, radicale, s'exprime, dans de tels articles, en général sans sorties antisémites brutales.

Register / Index

A

Abd ül-Hamid II. 135, 137, 138, 141, 144
Adenauer, Konrad 219
Alexander I. 120, 121, 124, 128
Arndt, Ernst Moritz 183

B

Barth, Paul 296
Barthelémy, Joseph 206, 211, 215
Barthou, Louis 182
Bäumer, Gertrud 174, 180, 197, 247, 254, 255, 258, 260, 262, 263, 268-274, 277-280, 288, 290, 291, 294, 295, 299, 302, 308, 310-312, 314, 315, 318, 319, 322, 323, 325-336, 338, 339
Bebel, August 228
Becker, Otto Eugen Hasso 188, 190
Beckmann, Emmy 289, 296
Benfey, Meyer 289, 296
Bergsträsser, Ludwig 179
Bernstorff, Johann Heinrich Graf von 202, 207, 212
Bethmann Hollweg, Theobald von 224, 235, 239, 245, 246
Bismarck, Otto von 99, 135, 136, 165, 167, 168, 171, 257, 260, 263, 343
Blum, Léon 211
Borel, Emile 206, 210-213
Bornemann, Otto 218
Bott, Hans 347
Breitscheid, Rudolf 56, 215
Briand, Aristide 172, 173, 175-179, 181, 192, 194, 196, 210, 213, 215, 216
Brüning, Ära 308
Brüning, Heinrich 323, 327
Bülow, Bernhard von 141, 167

C

Carol I. 146

Charmatz, Richard 169
Churchill, Winston 191
Clemenceau, Georges, 251
Coudenhove-Kalergi, Richard Nikolaus Graf von 172, 173, 176-178, 192, 201-212, 214, 215, 219, 220
Curtius, Ernst Robert 328
Curtius, Julius 216

D

Damaschke, Adolf 142
Daskaljuk, Orestes 127
David, Eduard 213, 214
De Bade, Max 232
Delaisi, Francis 211
Delbrück, Hans 148
Delcassé, Théophile 167
Dernburg, Bernhard 104-106, 109-111
Dessauer, Friedrich 298
Dietrich, Hermann 216, 324, 327
Doherr, Annemarie 313
Dohrn, Wolf 127
Doumer, Paul 212
Doumergue, Gaston 210

E

Ebert, Friedrich 260, 261, 271, 273, 274, 300
Eckardt, Hans von 176
Engelbrecht, Hugo 187
Erhard, Ludwig 95
Erkelenz, Anton 67, 75-77, 173, 175, 177, 179, 277-280, 288, 290, 294, 297, 302, 305, 308, 320, 322, 323, 334, 335, 338, 339
Erzberger, Matthias 59, 268, 271
Esenwein, Albert 141

F

Feilitzsch, Freiherr von 305

Ferry, Jules 32, 33, 36
Fichte, Johann Gottlieb 270, 301
Flemmig, Walter 191
Foerster, Friedrich Wilhelm 198
François IV d'Autriche-Este 31
François-Poncet, André 206
Frankenberg, G. von 264
Freyer, Hans 312
Frick, Wilhelm 323
Friedrich, Léo 191

G

Gaevernitz, Schulze 127
Garnett, Maxwell 212
Gay, Peter 302
George, Lloyd 251-253
Gerlach, Helmut von 41, 52-63, 139, 166
Giesberts, Johannes 204
Gleichauf, Wilhelm 67
Gobineau, Arthur de 350
Goetz, Walter 180, 182, 279, 280, 283, 284, 286, 301, 328, 332, 334
Göhre, Paul 227, 228
Groener, Wilhelm 327
Guillaume II 194, 224, 232
Guizot, François 33

H

Haas, Ludwig 174
Haase, Hugo 226
Hashagen, Justus 185
Hauptmann, Gerhart 349
Hegel, Georg Wilhelm Friedrich 301
Heile, Anton 278
Heile, Wilhelm 173, 175, 176, 197-220, 224-228, 231, 232, 235-239, 241-244, 247, 248, 252, 255-257, 266, 267, 269, 271-274, 278, 280, 282, 288, 292
Heller, Hermann 291
Hermann, Fritz H. 180, 279, 305, 332

Herriot, Edouard 182, 203, 206
Herz, Ludwig 233, 234
Heuss, Theodor 162, 163, 172, 180, 182, 184, 188, 189, 193, 271, 280, 281, 294, 295, 304, 305, 312, 313, 319, 328, 332, 333, 334, 336, 338, 339, 341, 342, 344-347, 353, 354
Heydebrand, Ernst von 241
Hildebrand, Gerhard 169
Hindenburg, Paul von 252, 253, 268, 309, 327, 329, 331, 332, 335
Hitler, Adolf 180-182, 185, 186, 188, 189, 193, 195, 318-320, 322, 334, 338, 339, 346, 352
Holdermann, Friedrich 229, 230
Holl, Karl 57, 61
Holter, Josef 279
Honnorat, André 206
Höpker-Aschoff (Hermann) 182
Hörsing, Otto 207
Hugenberg, Alfred 321
Hurgronje, Snouck 150

J

Jäckh, Ernst 144, 145, 147, 148, 153, 156, 157, 168, 169, 183
Jaurès, Jean 168

K

Kahn, Bernhard 145
Kahr, Gustav von 318, 319
Kant, Immanuel 173, 189, 287, 296, 297, 301, 314, 315
Kantorowicz, Hermann 174
Kellner, G.W. 304, 305
Kelsen, Hans 297, 298
Kiderlen-Wächter, Alfred von 167
Klingg, Thomas (pseudonyme de Peter F. Stubmann) 184
Koch-Weser, Erich 73, 176
Krause, Karl Christian Friedrich 190
Külz, Wilhelm 184, 187, 323, 324, 335,

Register / Index

338, 339, 341, 343, 344, 345, 353, 354

L

Lagarde, Paul de 183
Lavisse, Ernest 266
Ledebour, Georg 226
Leipart, Theodor 207
Lemmer, Ernst 304
Lenz, Friedrich 190, 191
Lepsius, Johannes 138, 149, 150
Leroy-Beaulieu, Paul 33
Lessing, Gotthold Ephraim 173
Liebknecht, Karl 59, 226, 260
List, Friedrich 82
Löbe, Paul 211
Lossow, Otto von 319
Loucheur, Louis 211
Ludendorff, Erich 252, 253, 255, 268, 273, 274, 319
Lüders, Marie Elisabeth 215
Ludwig, Emil 74
Luther, Hans 184
Luxemburg, Rosa 59, 260

M

Mac Mahon, Patrice de 31
Mackay, Freiherr L. von 148, 150
Marx, Karl 88
Marx, Wilhelm 176, 203, 207
Mayer, Gustav 169
Meinecke, Friedrich 70, 172, 239
Méline, Jules 33
Menger, Carl 82
Mommsen, Wilhelm 299
Montesquieu, Charles-Louis de Secondat, baron de La Brède et de 189
Mulert, Hermann 187
Mussolini, Benito 74, 76, 77, 304

N

Napoléon I. 249

Naumann, Friedrich 55, 56, 81-87, 89-97, 99-102, 105, 109, 111, 115-125, 129, 130-132, 135, 138-140, 142, 143, 145-148, 152-156, 162-171, 173, 174, 178-180, 183-185, 192-195, 197, 198, 202, 219, 220, 223, 227, 229-232, 234, 235, 237-248, 250, 251, 253, 254, 256-260, 262, 263, 265, 266, 268-274, 277-281, 283-285, 287, 288, 292-294, 296, 297, 299, 310, 313, 317, 318, 335, 339, 341
Nicolas II 166
Nikolaus II. 121, 124, 126
Noske, Gustav 260
Nossig, Alfred 200-203, 205-211
Nuschke, Otto 203

O

Offe, Hans 186
Oppenheimer, Franz 169, 171

P

Pabst, Waldemar 59
Painlevé, Paul 206
Papen, Franz von 310
Paşa, Enver 149
Poincaré, Raymond 32, 35, 36, 175, 176, 178, 210
Preuß, Hugo 280-283, 286, 293, 310
Prinzen Max von Baden 252, 254

Q

Quidde, Ludwig 49, 174, 179, 198, 202, 267, 270

R

Rade, Martin 138, 139, 144
Rais, Jules 212, 213
Ranke, Leopold von 185

Rathenau, Walther 59
Rohrbach, Paul 102-109, 111, 123, 124, 126, 142-145, 153, 156, 157, 165, 168, 169, 183, 186, 243, 251, 258, 261, 267, 271, 281, 345
Roland, Ida 208
Roloff, Max 150, 152
Roosevelt, Franklin 191
Rothbarth, Margarethe 267
Rousseau, Jean-Jacques 189
Ruyssen, Théodore 212

S

Sangnier, Marc 204
Say, Léon 33
Schacht, Hjalmar 107, 108
Schairer, Erich 148
Scheidemann, Philipp 225, 227, 228, 266, 268
Schleicher, Kurt von 331
Schmidt, Axel 123, 127, 177, 178, 183, 342-344, 353, 354
Schmitt, Carl 296
Schmölder, Robert 175
Schmoller, Gustav 82
Schober, Johannes 173, 178, 181, 193, 195, 196
Scholz, Ernst 74
Schubring, Paul 148
Schücking, Walther 202, 203, 207, 211, 212, 216, 217
Schulze-Gaevernitz, Gerhard von 116, 128
Smith, Adam 84, 86, 87
Smuts, Jan Christiaan 191
Solf, Wilhelm Heinrich 252
Sollmann, Wilhelm 213
Sombart, Werner 81, 86, 95, 96
Srbik, Heinrich von 187
Staline, Joseph 191
Steininger, Alfons 303, 304
Stephan, Werner 324
Stier, Ewald 144, 151
Stockhausen, Rudolf 296, 297

Strasser, Gregor 329
Streckers, Karl 126
Stresemann, Gustav 41, 52-56, 58-63, 69-71, 74, 76, 77, 175, 178, 201, 207, 213, 217
Ströbel, Heinrich 204
Stubmann, Peter F. 184

T

Thalheim, Karl Christian 330
Thierfelder, Franz 188
Thiers, Adolphe 33
Thugutt, Stanislaw 212
Traub, Gottfried 139, 166

U

Uhland, Ludwig 183
Uhle, Hans 185, 186, 189, 352

W

Waldeck-Rousseau, Pierre 32, 33, 36
Waltemath, Kuno 286
Warburg, Max 154
Weber, Alfred 72, 73
Weber, Max 83, 99, 100, 125, 163, 281, 282, 289, 293, 297, 298
Wenck, Martin 166
Wild, Adolf 61
Wilhelm II. 136-138, 140, 155, 283
Wilson Woodrow 251-253, 261, 262, 266, 267
Winschuh, Josef 291, 300
Wolf, Georg 249, 250, 271
Wolf, Kurt 306
Wolff, Theodor 7

Z

Ziegenfuß, Werner 189, 347-351

Verzeichnis der Beiträgerinnen und Beiträger
Liste des auteurs

Philippe ALEXANDRE, Université Nancy 2

Patricia COMMUN, Université de Cergy-Pontoise

Etienne CRIQUI, Université Nancy 2

Eberhard DEMM, Politechnika Koszalińska

Michel DURAND, Université Paul Verlaine – Metz

Jürgen FRÖLICH, Friedrich-Naumann-Stiftung für die Freiheit

Thomas HERTFELDER, Stiftung Bundespräsident-Theodor-Heuss-Haus

Karl HOLL, Universität Bremen

Reiner MARCOWITZ, Université Paul Verlaine – Metz

Philipp MENGER, Universität Potsdam

Karl Heinrich POHL, Christian-Albrechts-Universität zu Kiel

Wolfram PYTA, Universität Stuttgart

Julia SCHRODA, Université Paul Verlaine – Metz

Christina STANGE-FAYOS, Université Paul-Valéry – Montpellier 3

Liste des publications de la collection Convergences

Michel Grunewald (éd./Hrsg.) en collaboration avec Helga Abret et Hans Manfred Bock: *Le discours européen dans les revues allemandes (1871-1914) / Der Europadiskurs in den deutschen Zeitschriften (1871-1914)*. Berne: Peter Lang (Convergences, vol./Bd. 1) 1996.

Paul Distelbarth: *Das andere Frankreich. Essays zur Gesellschaft, Politikund Kultur Frankreichs und zu den deutsch-französischen Beziehungen 1932 bis 1945*. Eingeleitet und mit Anmerkungen versehen von Hans Manfred Bock. Berne: Peter Lang (Convergences, Bd. 2) 1997.

Michel Grunewald (éd./Hrsg.) en collaboration avec Hans Manfred Bock: *Le discours européen dans les revues allemandes (1918-1933) / Der Europadiskurs in den deutschen Zeitschriften (1918-1933)*. Berne: Peter Lang (Convergences, vol./Bd. 3) 1997.

Pierre-André Bois, Roland Krebs et Jean Moes (éds/Hrsg.): *Les lettres françaises dans les revues allemandes du XVIIIe siècle / Die französische Literatur in den deutschen Zeitschriften des 18. Jahrhunderts*. Berne: Peter Lang (Convergences, vol./Bd. 4) 1997.

Catherine Julliard: *Gottsched et l'esthétique théâtrale française: la réception allemande des théories françaises*. Berne: Peter Lang (Convergences, vol. 5) 1998.

Helga Abret et Ilse Nagelschmidt (Hrsg.): *Zwischen Distanz und Nähe. Eine Autorinnengeneration in den 80er Jahren*. Berne: Peter Lang (Convergences, Bd. 6) 1998, 2000.

Michel Grunewald (éd./Hrsg.): *Le problème d'Alsace-Lorraine vu par les périodiques (1871-1914) / Die elsaß-lothringische Frage im Spiegel der Zeitschriften (1871-1914)*. Berne: Peter Lang (Convergences, vol./Bd. 7) 1998.

Charles W. Schell et Damien Ehrhardt (éds/Hrsg.): *Karl Ristenpart et l'orchestre de chambre de la Sarre (1953-1967) / Karl Ristenpart und das Saarländische Kammerorchester (1953-1967)*. Berne: Peter Lang (Convergences, vol./Bd. 8) 1999.

Frédérique Colombat-Didier: *La situation poétique de Peter Rühmkorf*. Berne: Peter Lang (Convergences, vol. 9) 2000.

Jeanne Benay et Gilbert Ravy (éds/Hrsg.): *Ecritures et langages satiriques en Autriche (1914-1938) / Satire in Österreich (1914-1938)*. Berne: Peter Lang (Convergences, vol./Bd. 10) 1999.

Michel Grunewald (éd./Hrsg.) en collaboration avec Hans Manfred Bock: *Le discours européen dans les revues allemandes (1933-1939) / Der Europadiskurs in den deutschen Zeitschriften (1933-1939)*. Berne: Peter Lang (Convergences, vol./Bd. 11) 1999.

Hans Manfred Bock und Ilja Mieck (Hrsg.): *Berlin-Paris (1900-1933) – Begegnungsorte, Wahrnehmungsmuster, Infrastrukturprobleme im Vergleich*. Berne: Peter Lang (Convergences, Bd. 12) 2006.

Pierre-André Bois, Raymond Heitz et Roland Krebs (éds): *Voix conservatrices et réactionnaires dans les périodiques allemands de la Révolution française à la Restauration*. Berne: Peter Lang (Convergences, vol. 13) 1999.

Ilde Gorguet: *Les mouvements pacifistes et la réconciliation franco-allemande dans les années vingt (1919-1931)*. Berne: Peter Lang (Convergences, vol. 14) 1999.

Stefan Woltersdorff: *Chronik einer Traumlandschaft: Elsaßmodelle in Prosatexten von René Schickele (1899-1932)*. Berne: Peter Lang (Convergences, Bd. 15) 2000.

Hans-Jürgen Lüsebrink et Jean-Yves Mollier (éds), avec la collaboration de Susanne Greilich: *Presse et événement: journaux, gazettes, almanachs (XVIIIe-XIXe siècles)*. *Actes du colloque international «La perception de l'événement dans la presse de langue allemande et française» (Université de la Sarre, 12-14 mars 1998)*. Berne: Peter Lang (Convergences, vol. 16) 2000.

Michel Grunewald: *Moeller van den Brucks Geschichtsphilosophie: «Ewige Urzeugung», «Ewige Anderswerdung», «Ewige Weitergabe»*. Band I. Michel Grunewald (Hrsg.): *Moeller van den Brucks Geschichtsphilosophie: Rasse und Nation, Meinungen über deutsche Dinge, Der Untergang des Abendlandes. Drei Texte zur Geschichtsphilosophie*. Band II. Berne: Peter Lang (Convergences, Bd. 17) 2001.

Michel Grunewald (éd./Hrsg.) en collaboration avec Hans Manfred Bock: *Le discours européen dans les revues allemandes (1945-1955) / Der Europadiskurs in den deutschen Zeitschriften (1945-1955)*. Berne: Peter Lang (Convergences, vol./Bd. 18) 2001.

Patricia Brons: *Erich Kästner, un écrivain journaliste*. Berne: Peter Lang (Convergences, vol. 19) 2002.

Dominique Lingens: *Hermann Hesse et la musique*. Berne: Peter Lang (Convergences, vol. 20) 2001.

Valérie Chevassus: *Roman original et stratégies de la création littéraire chez Joseph Roth*. Berne: Peter Lang (Convergences, vol. 21) 2002.

Raymond Heitz et Roland Krebs (éd./Hrsg.): *Théâtre et «Publizistik» dans l'espace germanophone au XVIIIe siècle / Theater und Publizistik im deutschen Sprachraum im 18. Jahrhundert*. Berne: Peter Lang (Convergences, vol. 22) 2001.

Jeanne Benay und Gerald Stieg (Hrsg.): *Österreich (1945-2000). Das Land der Satire*. Berne: Peter Lang (Convergences, Bd. 23) 2002.

Michel Grunewald (éd./Hrsg.) en collaboration avec Hans Manfred Bock: *Le milieu intellectuel de gauche en Allemagne, sa presse et ses réseaux (1890-1960) / Das linke Intellektuellenmilieu in Deutschland, seine Presse und seine Netzwerke (1890-1960)*. Berne: Peter Lang (Convergences, vol./Bd. 24) 2002.

Martine Carré: *Les Elégies de Duino, tomes 1 et 2. Essai de lecture*. Berne: Peter Lang (Convergences, vol. 25) 2002.

Michel Durand und Volker Neuhaus (Hrsg./éd.): *Die Provinz des Weiblichen. Zum erzählerischen Werk von Clara Viebig / Terroirs au féminin. La province et la femme dans les récits de Clara Viebig*. Berne: Peter Lang (Convergences, Bd./vol. 26) 2004.

Michel Grunewald et Uwe Puschner (éds/Hrsg.) en collaboration avec Hans Manfred Bock: *Le milieu intellectuel conservateur en Allemagne, sa presse et ses réseaux (1890-1960) / Das konservative Intellektuellenmilieu in Deutschland, seine Presse und seine Netzwerke (1890-1960)*. Berne: Peter Lang (Convergences, vol./Bd. 27) 2003.

Christina Stange-Fayos: *Lumières et obscurantisme en Prusse. Le débat autour des édits de religion et de censure (1788-1797)*. Berne: Peter Lang (Convergences, vol. 28) 2003.

Liste des publications de la collection Convergences 363

Jeanne Benay, Alfred Pfabigan und Anne Saint-Sauveur (Hrsg.): *Österreiche Satire (1933-2000). Exil – Reemigration – Assimilation.* Berne: Peter Lang (Convergences, Bd. 29) 2003.

Régine Battiston-Zuliani (Hrsg./éd.): *Funktion von Natur und Landschaft in der österreichischen Literatur / Nature et paysage: un enjeu autrichien.* Berne: Peter Lang (Convergences, Bd./vol. 30) 2004.

Pierluca Azzaro: *Deutsche Geschichtsdenker um die Jahrhundertwende und ihr Einfluss in Italien. Kurt Breysig, Walther Rathenau, Oswald Spengler.* Berne: Peter Lang (Convergences, Bd. 31) 2005.

Michel Durand: *Michael Georg Conrad à Paris (1878-1882). «Années d'apprentissage» d'un intellectuel critique.* Berne: Peter Lang (Convergences, vol. 32) 2004.

Maurice Godé et Michel Grunewald (éds): *La volonté de comprendre. Hommage à Roland Krebs.* Berne: Peter Lang (Convergences, vol. 33) 2005.

Jeanne Benay und Alfred Pfabigan (Hrsg.): *Hermann Bahr – Für eine andere Moderne. Anhang: Hermann Bahr, Lenke. Erzählung (1909) / Korrespondenz von Peter Altenberg an Hermann Bahr (1895-1913) (Erstveröffentlichung).* Berne: Peter Lang (Convergences, Bd. 34) 2004.

Claire Moreau Trichet: *Henri Pichot et l'Allemagne de 1930 à 1945.* Berne: Peter Lang (Convergences, vol. 35) 2004.

Friedrich Albrecht: *Bemühungen. Arbeiten zum Werk von Anna Seghers 1965–2004.* Berne: Peter Lang (Convergences, Bd. 36) 2005.

Anne Feuchter-Feler: *Le drame militaire en Allemagne au XVIIIe siècle. Esthétique et Cité.* Berne: Peter Lang (Convergences, vol. 37) 2005.

Pierre Béhar et Michel Grunewald (éds): *Frontières, transferts, échanges transfrontaliers et interculturels. Actes du XXXVIe Congrès de l'Association des Germanistes de l'Enseignement Supérieur.* Berne: Peter Lang (Convergences, vol. 38) 2005.

Jeanne Benay et Jean-Marc Leveratto (éds): *Culture et histoire des spectacles en Alsace et en Lorraine. De l'annexion à la décentralisation (1871-1946).* Berne: Peter Lang (Convergences, vol. 39) 2005.

Michel Grunewald et Uwe Puschner (éds/Hrsg.) en collaboration avec Hans Manfred Bock: *Le milieu intellectuel catholique en Allemagne, sa presse et ses réseaux (1871-1963) / Das katholische Intellektuellenmilieu in Deutschland, seine Presse und seine Netzwerke (1871-1963).* Berne: Peter Lang (Convergences, vol./Bd. 40) 2006.

Stéphanie Dalbin: *Visions croisées franco-allemandes de la Première Guerre mondiale. Etude de deux quotidiens: la* Metzer Zeitung *et* L'Est Républicain. Berne: Peter Lang (Convergences, vol. 41) 2007.

Raymond Heitz et Roland Krebs (éd./Hrsg.): *Schiller publiciste / Schiller als Publizist.* Berne: Peter Lang (Convergences, vol. 42) 2007.

Stefanie Müller: *Ernst Robert Curtius als journalistischer Autor (1918-1932). Auffassungen über Deutschland und Frankreich im Spiegel seiner publizistischen Tätigkeit.* Berne: Peter Lang (Convergences, Bd. 43) 2008.

Julia Schroda: *Nationaler Anspruch und regionale Identität im Reichsland Elsass-Lothringen im Spiegel des französischsprachigen Elsassromans (1871-1914).* Berne: Peter Lang (Convergences, Bd. 44) 2008.

Jean Schillinger et Philippe Alexandre (éds): *Le Barbare. Images phobiques et réflexions sur l'altérité dans la culture européenne.* Berne: Peter Lang (Convergences, vol. 45) 2008.

Françoise Lartillot und Axel Gellhaus (Hrsg.): *Dokument / Monument. Textvarianz in den verschiedenen Disziplinen der europäischen Germanistik – Akten des 38. Kongresses des französischen Hochschulgermanistikverbandes.* Berne: Peter Lang (Convergences, Bd. 46) 2008.

Michel Grunewald und Uwe Puschner (Hrsg.) in Zusammenarbeit mit Hans Manfred Bock: *Das evangelische Intellektuellenmilieu in Deutschland, seine Presse und seine Netzwerke (1871-1963) / Le milieu intellectuel protestant en Allemagne, sa presse et ses réseaux (1871-1963).* Berne: Peter Lang (Convergences, Bd./vol. 47) 2008.

Sabine Kremser-Dubois: *Dramaturgie de la provocation. Carl Sternheim.* Berne: Peter Lang (Convergences, vol. 48) 2008.

Christian Bank Pedersen: *Le suicide de Don Quichotte. Récits de Franz Kafka.* Berne: Peter Lang (Convergences, vol. 49) 2009.

Olivier Dard et Michel Grunewald (éds): *Charles Maurras et l'étranger – L'étranger et Charles Maurras. L'Action française – culture, politique, société II.* Berne: Peter Lang (Convergences, vol. 50) 2009.

Friedrich Albrecht: *Klaus Mann der Mittler. Studien aus vier Jahrzehnten.* Berne: Peter Lang (Convergences, vol. 51) 2009.

Françoise Lartillot et Axel Gellhaus (éds/Hrsg.): *Années vingt – Années soixante. Réseau du sens – Réseaux des sens / Zwanziger Jahre – Sechziger Jahre. Netzwerk des Sinns – Netzwerke der Sinne.* Berne: Peter Lang (Convergences, Bd./vol. 52) 2009.

Didier Musiedlak (éd.): *Les expériences corporatives dans l'aire latine.* Berne: Peter Lang (Convergences, vol. 53) 2010.

Christine Aquatias et Catherine Desbois (Hrsg./éds): *Turbulenzen in Deutschland zu Beginn des 21. Jahrhunderts: Was bleibt von der deutschen wirtschaftlichen Identität? / Allemagne, début XXIe siècle: une identité économique en pleine transformation.* Berne: Peter Lang (Convergences Bd./vol. 54) 2010.

Michel Grunewald und Uwe Puschner (Hrsg.): *Krisenwahrnehmungen in Deutschland um 1900. – Zeitschriften als Foren der Umbruchszeit im wilhelminischen Reich / Perceptions de la crise en Allemagne au début du XXe siècle. – Les périodiques et la mutation de la société allemande à l'époque wilhelmienne.* Berne: Peter Lang (Convergences Bd./vol. 55) 2010.

Philippe Alexandre et Reiner Marcowitz (éds/Hrsg.): *La revue «Die Hilfe», un laboratoire d'idées en Allemagne, 1894-1944 / Die Zeitschrift «Die Hilfe», ein Ideelabor in Deutschland, 1894-1944.* Berne: Peter Lang (Convergences Bd./vol. 56) 2011.

Olivier Dard et Michel Grunewald (éds): *Jacques Bainville – Profils et réceptions.* Berne: Peter Lang (Convergences vol. 57) 2010.

Olivier de Lapparent: *Raymond Aron et l'Europe. Itinéraire d'un Européen dans le siècle.* Berne: Peter Lang (Convergences vol. 58) 2010.

Olivier Dard (éd.): *Georges Valois: itinéraire et réceptions.* Berne: Peter Lang (Convergences vol. 59) 2011.

Jean Bonnet: *Dékantations. Fonctions idéologiques du kantisme dans le XIXe siècle français.* Berne: Peter Lang (Convergences vol. 60) 2011.

Dorle Merchiers et Gérard Siary (éd./Hrsg.): *Transmission de la mémoire allemande en Europe centrale et orientale depuis 1945 / Spuren deutscher Identität in Mittel- und Osteuropa seit 1945.* Berne: Peter Lang (Convergences vol. 61) 2011.

Olivier Dard, Michel Grunewald, Michel Leymarie et Jean-Michel Wittmann (éds): *Maurice Barrès, la Lorraine, la France et l'étranger.* Berne: Peter Lang (Convergences vol. 62) 2011.